国家出版基金项目

NATIONAL PUBLICATION FOUNDATION

主编 曾繁仁

副主编 祁海文 刘彦顺

中国美育思想通史

明代卷

潘黎勇 著

山东人民出版社

国家一级出版社 全国百佳图书出版单位

图书在版编目（CIP）数据

中国美育思想通史．明代卷/曾繁仁主编；潘黎勇著．—济南：山东人民出版社，2017.6
ISBN 978-7-209-09840-3

Ⅰ．①中…　Ⅱ．①曾…　②潘…　Ⅲ．①美育—思想史—中国—明代　Ⅳ．①G40-014

中国版本图书馆CIP数据核字(2017)第043895号

责任编辑　刘　晨
助理编辑　李　涛　刘娇娇

中国美育思想通史　明代卷
曾繁仁　主编　祁海文　刘彦顺　副主编
潘黎勇　著

主管部门　山东出版传媒股份有限公司
出版发行　山东人民出版社
社　　址　济南市胜利大街39号
邮　　编　250001
电　　话　总编室（0531）82098914
　　　　　市场部（0531）82098027
网　　址　http://www.sd-book.com.cn
印　　装　北京图文天地制版印刷有限公司
经　　销　新华书店

规　　格　16开（170mm×240mm）
印　　张　31
字　　数　440千字
版　　次　2017年6月第1版
印　　次　2017年6月第1次
印　　数　1—1000
ISBN 978-7-209-09840-3
定　　价　118.00元

目　录

第一章　概述

公元1644年农历三月十九日，崇祯皇帝（朱由检，1611—1644）自缢于煤山，在华夏大地开创了276年大一统政治格局的朱明王朝就此覆灭，也正是从此刻起，一个已转身走入历史的王朝背影便开始经受时间的冲刷和淘洗，走得愈远，洗练愈久，其形象亦愈加清晰。

一个王朝的历史形象应该由政治、经济、社会、文化、艺术、宗教等多种侧面综合构造而成，任何一个侧面既是整体形象的一部分，同时也构成了据以窥视整体的焦点。从这点来说，无论属于经济基础领域还是上层建筑范围，当我们把诸种历史侧面作为形塑明代历史全貌的有机内容来看待时，其重要性是不分轩轾的，就像不能将一张面孔上的五官区分出价值等级一样。在此意义上，以探讨如何通过心性的审美陶养和人文教化来培育道德人格、改善道德生活，并以此为条件改革社会政治环境的美育思想，便有理由成为我们据之认识明代这一复杂历史客体的一个独特且重要的思想面相。但需要指出的是，在由儒释道特别是儒家礼乐观念所支配的中国古典语境中，美育其实不存在固定、明晰的实践形式和独立的思想形态，而是广泛地渗透到各种人文思想和社会实践领域中。无须旁言其他，单从公认的明代学术思想主潮——阳明心学来看，带有审美化特质的修身论被认为是构成它的主要内容和价值主题，而阳明心学对后来政治、哲学、文艺、教育所产生的全方位影响自是不可低估。心学的修身教化论强化了儒家道德体验模式中的情感主义色彩和审美化倾向，将儒家的人文化育精神和宋代以来的内圣之学推向了一个新阶段。依照前述，我们对于明代美育思想的研讨就绝不是围绕单一对象所展开的孤立、封闭的理论叙事，而是要求一种能够涵摄、沟通多个知识学科和思想畛域的开放兼容的阐释方式。正如蔡元培将美育视作贯联其他教育实践的网络中介，美育思想资料在明代不同知识文化场域的广泛分布，使我们看到在后者多元错综的景象背后，实际存在着某种共享的思想基质，而在美育思想的阐释视角下，不同的人文知识场域和纷繁的思想文化形态有可能在一个共同的平台上被联结为一个整体，就此言，美育主义取向未必不可被看作是明代思想的总体特征之一。

下文将简要描述本书的基本内容，在此过程中勾勒明代美育思想史的发展线索，阐释其思想特征，并对所关涉的重要理论问题做初步的探讨，藉此使读者了解本书研究课题的概貌。

明初的社会风尚、审美观念及文化氛围在很大程度上受制于统治者采取的文化政策。朱元璋（1328—1398）虽出身布衣，崛起于行伍，但亦多与士大夫论道，深知“可以马上得天下，不可以马上治天下”的道理。开国之初的首务，不仅是恢复生产，稳定社会秩序，更亟需在意识观念层面使士大夫群体与普通民众认同新政权，此中关键便是建立新朝统治在政治上的合法性，质而言之，是要奠定一种政治法统，而这种政治法统显然是以儒家道统为价值内核的。于是，定鼎南京之后，朱元璋征召各方硕士鸿儒，希冀通过重修礼乐典章，以明教化而正人心，藉由建构稳固的政道价值体系来夯实统治基础。朱元璋相信，“治道必本于教化，民俗之善恶，即教化之得失”①，教化须由礼乐，“礼以道敬，乐以宣和。不敬不和，何以为治”②。对这位开国皇帝来说，推行礼乐教化的目的在于强化礼制中的尊卑等级观念，唯此方能明立纲纪，强化王权。他甚至把元朝的溃败看作是整个社会僭礼废乐的结果，言道：“近世风俗相承，流于僭侈，闾里之民，服食居处，与公卿无异，而奴仆贱隶，往

---

① 《明太祖实录》卷二〇三，台湾“中央研究院”历史语言研究所校勘本，第3035页。

② 《明太祖宝训》卷二，《明太祖实录》附录五，台湾“中央研究院”历史语言研究所校勘本，第141页。

往肆侈于乡曲，贵贱无等，僭礼败度。此元之失政也。”[①] 又说：“元时古乐俱废，惟淫词艳曲更唱迭和，又使胡虏之声与正声相杂，甚者以古先帝王祀典神祇饰为舞队，谐戏殿廷，殊非所以导中和，崇治体也。”[②] 朱元璋因此在洪武后期连颁《大诰》三编，告示全民，熟读为鉴，藉之严饬纲纪，整顿礼法秩序，在音乐上则反对流俗淫亵之乐，主张恢复“和平广大”的古乐。与之相关，朱元璋对诗文也完全持实用主义态度，要求摒弃文藻之虚饰，以益于世用。作为一位久征沙场、见惯鲜血和死亡的开国帝王，礼乐的治国效用在朱元璋这里绝非以和风细雨的风格来呈现，而完全是凭借雷霆万钧的霹雳手段。他将战场上的残酷和恐惧带入社会治理和国家政治当中，试图依靠严刑峻法重建在元末已崩解殆尽的政道秩序，温雅的礼乐教化迅速转变为酷烈的文化专制主义，明初的文人士夫为此付出了惨重的代价。

朱元璋对礼乐诗文所持的功利主义态度及其营造的谨肃、压抑的文化氛围，不仅对明代前期的思想文化发展产生重要的规束作用，也相当程度上决定了这一时期美育叙事的总体格调，这典型地体现在宋濂、方孝孺、刘基、高启这些明初最具代表性的文人的文学思想中。宋濂在师承谱系上可追溯至朱熹，其道学背景非常鲜明。他的文章观基本上是对宋以来载道论思想的承袭和发挥，核心观念是文、道一体观。概言之即是，文无道不立，道无文不彰，文的价值全然基于对道的含寓和宣扬，文辞功能则必然要在社会政治和道德文化活动中表现出来，无论是存心养性还是齐家治国，皆有赖于文辞之用。宋濂的文学功利主义不能简单说是对明初意识形态政策的直接响应，但可以看出，以明道立教、辅俗化民为价值诉求的文道一体论与统治者寻求建立政治合法性的政教目的甚相合契，有明一代的文学经世主义正肇源于此。宋濂在诗文理论中传

① 《明太祖实录》卷五五，台湾“中央研究院”历史语言研究所校勘本，第1076页。

② 《明太祖宝训》卷二，《明太祖实录》附录五，台湾“中央研究院”历史语言研究所校勘本，第141页。

达的经世美育观被他最杰出的弟子方孝孺所继承，且以极度惨烈的方式得到践行。方孝孺对文、道关系以及文艺功能的认识与宋濂并无二致，但在文艺的审美问题上比他的老师抱持更加开放的立场。刘基径直将诗文之道与世情国运关联起来，试图借助重彰“讽谕”这一儒家诗教中被湮没已久的重要主题来叙述他的经世美育思想，而这种诗教意图与明初的政治境域是格格不入的，这或许可从一方面为刘基晚年的命运提供一个注脚。无论采取何种路径，上述三人对于以文明教、以文化世的文学功能论是坚信不疑的，这也是在大兴文教的明初，多数侍事新朝的文人士大夫的普遍取向。然而，高启通过他的诗歌创作及诗学理念，为明代的文学教化论开辟了另一重价值维度。对于这位明初极有成就的诗人来说，诗歌是个体寄情骋怀的精神飞地，比起追求自我生命闲适安乐的超逸情怀，经世之志和政教功业就显得无足轻重了。

不难发现，明初的诗文理论包含了三种基本的教化观念形态，根据其对社会现实采取的不同姿态，可以分别名之为立世、刺世、避世，立世与刺世共属经世一路，与追求审美自适的避世主义对立两极。从美育理路看，不同的对世态度决定了对于不同文艺功能的取用，而这最终要付诸主体人文心性和道德人格的培育与教化。实际上，这三种教化观念普遍存在于传统美育思想当中，但其在明初诗文理论中的重述对于整个明代的美育思想发展具有全新的范导和奠基意义。

朱元璋的酷政经建文一朝的短暂缓和，又在永乐初年复苏，这主要是因为篡夺帝位的朱棣（1360—1424）不得不面临重建政治法统的困境，但这并不比洪武新朝的意识形态任务来得艰难。虽然不乏方孝孺这般持守忠义的死节之臣，但解缙（1369—1415，字大绅）、杨士奇（1365—1444，名寓，以字行）、杨荣（1371—1440，字勉仁）、杨溥（1372—1446，字弘济）这些在前朝已初露锋芒的文臣纷纷改换门庭，不仅成为馆阁重臣，同时主柄文坛，掌控意识形态话语权，方孝孺的忠节由此在一种新的政治语境和统治秩序中获得肯定和彰扬。王权合法性问题的迅速解决使朱棣停止了自“靖难之役”以来对士人的残酷迫害，进而通过倡导理学、兴修礼乐等措施，在15世纪上半叶构筑了一个较为宽松的文化环境。这在文学上的直接影响是促生了以传道宣教、颂美功德为内容，以雅正平和为风格特点的“台阁体”诗文。从永乐到正统年间，“台阁体”主导文坛近五十年，从文学本身来说，它的兴盛恰恰反映了这一时期诗文创作的萧条。若就美育观念言，台阁诗文已然沦为主流意识形态的宣教工具，实在乏善可陈。到成化末、弘治初，台阁文风的淡化和自然抒情文学的兴发为文学格局的改变提供了可能性，而当由前七子开创的复古运动蓬勃高涨之时，才昭示了一个新的文学时代的完全到来。复古主义立足儒家诗教观以重证诗歌的情感本质，力图从声律格调入手求得古典诗歌理想的复兴，其诗学中对于诗格与人格的互释互证则为我们把握复古主义的诗教理念提供了一条有效的理解路径。更具开创意义的是，李梦阳提出的“真诗乃在民间”的观点打破了传统文化精英主义的诗教典则，推动诗教的价值叙述由庙堂下移到民间，它因此可被视为明代中晚期社会文化世俗化、民间化浪潮的诗学先声。

自16世纪初直至明朝灭亡，有两种思想运动贯穿了这一时期的文学史和思想史，分别是文学上的复古运动和哲学上的心学运动。由前七子到后七子再到明末的复社、几社，复古主义虽几经辗转演变，却始终是明后半叶的文坛高擎的几支大旗之一。心学与复古运动几乎兴起于同时，而整个16世纪可被看作是心学的世纪。当王阳明认为朱子理学繁琐支离的格物工夫无力拔救日益陷落的世道人心时，一种基于个体良知本心之自觉自证的道德实践途径被提举出来，逐理于外的无尽穷索转换为本心自足的直截简易，朱子的心性修养论由此在新的历史文化境域中获得了一种批判性的重构。王阳明的良知学教义为日益陷入义与利、理与欲、个体与社会之价值纠结的士人提供了一套解决方案，乃是对处于物欲贲张时代的士人身心的深层安顿。在阳明这里，“心即理”说内含的成圣法则，“知行合一”观阐发的心性化育模式，“致良知”说开创的本体与工夫合一的修身路径构成了心学美育论的主体内容，这些心学理论深刻塑造了明代后期的美育思想史。

王阳明弟子众多，各有成就，而王艮及其创立的泰州学派在心学的发展、传播史上占有特殊重要的地位。王艮的重要思想主张是把“圣人之道”等同于“百姓日用”，提出了“百姓日用即道”的说法，推动阳明心学走向平民化和世俗化。“百姓日用”注重修道立教的自然性和日常性，得道不是依赖一套繁琐、封闭的修炼程式，而是在个体的日用常行当中实现的，这无疑体现了对人的自然本能和现实生命的尊重。此外，王艮的“安身”说和“乐学”论更能说明，“百姓日用之学”确是一种感性色彩浓厚且具有强烈个体主义取向的道德修养工夫，而这一思想风格在泰州后学那里得到高度发扬。王栋再次强调了良知现成自在、具足圆满的特性，讲求个体在日用之间藉由自信、自悟来体证良知本义。王襞的审美修养论和心性教化论在他的“率性修道说”中获得充分的表达。率性即是不假人力，纯任自然，只要顺应本心明觉自然之应，便能去蔽复真，便是良知的发用流行，唯此能达到生命悠游坦荡的至乐境界。在“淮南三王”这里初萌的自然主义传至颜钧而被发挥到极致。颜钧提出“长生保命”说，以一种近乎偏执的态度肯定了个体物欲追求和感性经验的合理性，宣扬“天启”和“心悟”的修炼、启教手段，注重默识澄心的内省工夫，则使其思想具有了较强的神秘主义特质。与颜钧并称“颜何”的何心隐虽然也被视作泰州学派的代表人物，但其思想本身与泰州学派观点实无太多相似之处，不如说是他的行事风格和处世态度契合了泰州学派的精神旨趣。何心隐的贡献在于，通过创设养、教一体的乡村组织，相当成功地践行了泰州学派的平民主义，使儒家的人文教化理想落实到了社会底层。

我们知道，阳明心学不是纯理论的书斋学问，它是王阳明结合自己丰富、坎坷的人生经历所创发出来的性命之学，故而具有强烈的实践性特征，这亦决定了心学美育思想不会停留在理论层面，而必定要被付诸教育实践之中。如我们所知，明代中叶兴起的由阳明学者主导的大规模的讲学活动就为心学美育思想的传播和应用提供了最有利的途径。讲学兼具学术交流和道德修养的目的，成员主要有乡绅士子、学者及地方官员，但也有教化大众、类似乡约的社会讲学。[①] 王艮、颜钧、何心隐、罗汝芳等泰州学者便把讲学推广到平民群体，落实到了教化层次上，这一过程也使得心学美育论真正能够在教育实践中实现它的心性化育的人文意旨。犹如王阳明一直重视的“知行合一”之教，知和行构成了心学美育论的两翼，知中有行、以行扬知成为其最具特色和最有意义的学术品格。

王阳明及其弟子总体上对艺术不是抱持十分积极的态度，因而直接有关艺术的文字论述相当有限，但他们在哲学上表现出的对个体趣味的尊重，对感性经验的肯定，对世俗欲望的辩护，无不成为16世纪美育思想叙事的新主题，并在一定程度上促成了儒家心性修养论的巨大变革。不过这里须着重指出的是，在当代通常认为阳明心学具有某种解放和启蒙意味的同时，更应警惕对之做过度性的阐释。不可否认，当阳明心学倡导对天理采取个人化和自主性的体验与担当时，理学中固有的理与欲的紧张关系松弛下来了，而泰州学派“百姓日用即道”的体证方式被认为给包括自然情欲在内的世俗价值提供了直接的合理性依据。诸如颜钧、王襞、罗汝芳等泰州学者对自然情性论的鼓吹更进一步加深了这样的印象，即心学包含了近代意义上的令人解放的精神要素。然在我们看来，这种判断是研究者以预设的启蒙现代性立场所做的价值追认，是现代知识视角和文化思维过分介入而导致的过度性阐释，其突出症结便是用一种抽象的启蒙主义话语对观念对象做大而化之的处理，却忽视了这些观念表达赖以产生的思想语境及其针对的具体问题。

以所谓解放的名义来阐说阳明心学中的某些思想质素未尝不可，但必须在对之充分历史化和语境化的前提下展开，这样才能避免缺乏理论真实性的本质主义判断。于是可以看到，阳明心学中有限的个体主义和情性主张，其实是针对明中叶随着市民阶层的崛起而渐趋泛滥的情欲浪潮去寻求更加有效的遏制手段。面对由新的世俗生活经验所促发的价值

① 杨布生、彭定国:《中国书院与传统文化》,湖南教育出版社1992年版,第84页。

危机，王阳明确信，必须重新加强天理与世道的联系，解决的办法是通过良知本心的自证明觉，将天理直接落实到个体意志当中。王艮等泰州学派诸子的平民主义的教化实践，则是要为天理在世俗社会构筑一个广泛的践行基础。泰州学者借讲学开展道德教化运动，所宣扬的仍是孝悌忠义等传统礼教人伦，颜钧、何心隐的乡村建设实践，亦是基于传统儒家伦教的怀抱和意趣，通过重建宗族伦理来达到改良社会风俗和政治秩序的目的。据此不妨说，阳明心学的勃兴不是来自对程朱理学义无反顾的反叛，而是出于对后者无力应对人欲炽盛时代的道德困境的深刻焦虑，道学去欲存理、成己成圣的价值追求不仅没有弱化，反而要求以新的方式对之进行强化，理、欲关系的缓和恰恰反映了前者正在重新实现对欲的有效规范和约束。但无论如何，一条裂缝不可避免地在内部产生了，这条裂缝虽然无法径直通向某个外部的新世界，但裂痕本身却有可能导致原有世界的彻底崩解，心学在此意义上确实蕴含了一种并非完全由思想者的主观意图所决定的颠覆性力量。而当这股思想力量在晚明社会借助市民化运动的推力变得愈发纵恣狂荡，甚至大有“冲决名教”的势头时，士人们便立即全面开展对心学的修正、批判和清算，这也正是刘宗周（1578—1645，字起东）、黄宗羲（1610—1695，字太冲）、王夫之（1619—1692，字而农）等明末大儒的主要学术工作之一。

理解阳明心学的上述理论意旨对于我们准确把握中晚明时期美育思想的学术精神和价值内蕴不无裨益，尤其在讨论李贽这等影响甚巨的异端人物的美育思想时，以完整的理论分析和相对客观的历史视野来克服预设的现代知识立场是至为重要的。众所周知，李贽对道学的攻击和一系列背反礼教的极端言行成了后世认定其为近代启蒙先锋的主要依据。李贽反道学确是一个显明的思想事实，他对道学宿弊之激烈批判和深刻揭露，堪称明代思想界的惊天巨响，这也构成其美育思想论述最重要的问题背景。然正如李贽坦言，他所反之道学乃是已堕变成为士人君子营私谋利之道德工具的假道学，他所反之礼教是与真实的情感生命无涉的教条化、形式化的假礼教。而若是以通达身心合一的道德境界为旨归，以追求和谐的生命状态为目标的真道学、真礼教，李贽不仅不反对，反而正是自己汲汲以求的学术理想。故此，可被视为李贽美育思想纲领的“童心说”所提出的以“真心”“真人”为内核的人性主张，在对假道学、假礼教进行彻底批判的同时，其实也寄寓了一种新的道学思维和礼教主张。此外尤可注意的是，李贽“穷究生死根由”的学思旨趣使他毫无顾忌地穿梭往来于儒释道三教门径，只要能够解答人生意义的终极困惑，他并不在乎是否脱离儒学轨道。实际上，李贽道学批判所援用的理论资源主要就是来自佛禅和老庄。由此可知，李贽的离经叛道，并未从根本上僭越道学的藩篱，更未走出传统思想的宫墙，所以，对其美育思想性质的判断和定位亦不能超离这样的基本情实。

对李贽的评价思路在一定意义上也适用于汤显祖、冯梦龙等人，他们是文学史上影响深远的情本主义思潮的倡导者。从思想背景看，王阳明个性化、情感化的“致良知”之教是情本论的启导者，前者为个体真情的大胆抒写提供了观念支持。若就社会环境言，则是晚明商品经济的繁荣为世俗情欲的表达创造了充分的物质条件和社会空间，这对儒家原有的义利观和情理关系准则带来了巨大冲击，进而促使部分士大夫在承认现实道德危机的前提下去探求新的平衡。汤显祖借“至情说”表达的尚情抑法、以情抗法的美学主张将晚期宗法社会中的情、理（礼）矛盾前所未有地凸显出来。但我们认为，汤显祖揭示的情、理（礼）矛盾和依之创构的情本思想，就内容本身来看，很难说是近代性的（如当代研究者通常相信的），将之看作古典主义美学（当然也包括美育诉求）的一种变异形式或许更加合适。汤显祖期冀的“有情之天下”则是儒家政教理想的另一幅图景。他说的“情”绝不仅是随意倾泄的个体私欲，却是一套支配社会、裁度世情的新律法，其背后隐含着强烈的道德理性精神。汤氏所谓“以人情之大窦，为名教之至乐”① 实是对自己美育思想的最

① 汤显祖:《宜黄县戏神清源师庙记》,《汤显祖诗文集》,上海古籍出版社 1982 年版,第 1127 页。

好概括。冯梦龙拥有与汤显祖相似的情本哲学。尽管冯氏对情的表达更少禁忌以致露骨，但这丝毫没有减弱其思想中的名教意味。“情教说”对情感价值的高度张扬与对纲常伦理的执守并不矛盾，因为在冯梦龙看来，最有效的道德实践机制恰恰要以情感为动力和机轴，而以情化俗、以情育德、以情修礼就是他所构划的社会教化方案。

与汤显祖、冯梦龙这种关联着名教意识的情本美育论相比，袁宏道的性灵美育观表现出了更加浓重且自觉的个体本位主义意识。“性灵说”虽是针对复古主义积累的沉疴痼弊而提出的文学革新主张，但“独抒性灵，不拘格套”这一核心原则实际是就如何真实、自由地表达个体情感意志所提出的要求，性灵文学观因此必然也是一种人性论。袁宏道在文学意义上赋予“性灵”的真、趣、俗、淡的审美特征，同时也构成了他寄寓其中的人格理想和生命境界的全部内涵。概而言之，性灵美育观基本抛离了儒家那种以道德教化为本位的美育模式，将晚明美育的个体化叙事推向了高峰。然而，单论袁宏道而忽略袁宗道和袁中道的思想，无法全面理解性灵美育论的内涵，性灵说的提出、发展和演化，与公安三袁都是息息相关的。而且抛开性灵说不谈，袁宗道和袁中道各自都有相当丰富的美育思想，值得梳理、剖析并予以思想史的定位。

汤显祖和冯梦龙首先是以戏曲、小说创作而名世的作家，冯梦龙又以极大热忱投入对民歌俚曲的编修整理，且成绩斐然，他们的美学主张和美育意图通过自己的文学作品得到了很好的传播。袁宏道的文学业绩在诗文，但他对小说、民歌亦抱持十分积极的态度。这里反映出明代美育思想发展的一个重要趋向，即审美趣味由高雅到通俗的转变，以及与之关联的教化形式由传统的诗教、乐教向小说教、戏曲教的根本转移。两宋以后，儒家诗教在整体上呈衰落之势，与此相反，小说、戏曲、民歌等通俗文学类型却伴随着市民化运动而日趋兴盛，终于在明代达至高峰。通俗文学的艺术表达方式和审美表现力使越来越多的士大夫认识到，其在纲常伦教功能上拥有高雅文学无可比拟的优势。

明代的小说、戏曲美育思想在 16 世纪之前基本处在萧寂阶段，到嘉靖、隆庆时期，才开始活跃起来，并迅速走向繁荣。小说美育思想主要分布在数量繁多的作品序跋和批注当中，比如最具代表性的“四大奇书”的大量序跋、批注和评论。从理论内涵看，鼓吹忠孝节义的伦常教化仍是小说美育论的价值主流，从明初对“剪灯二话”的评论到明末围绕《金瓶梅》《水浒传》“三言”“二拍”展开的批评热潮，小说劝善止恶、移风易俗的教化功能被反复阐发和宣扬，小说的艺术地位亦在对政教职责的成功担负中获得了提升。不能否认且绝不可忽视的是，明代小说理论在小说的审美特征、文学手法、鉴赏技巧等艺术本体问题上展开了前所未有的深入探讨，取得了超越前代的巨大成就，但也不难发现，大多数有关小说艺术本体的论述总是带有一定的功能论指向。究竟言之，这其实是基于这样一种认识逻辑：小说的审美表现力必然转换为对于读者的艺术作用力，这自然就与教化问题直接相关，因此，审美问题的辨析顺理成章地指向了对于教化功能的探索。反过来说，这种以审美体验为心理机制的教化思路比起被扭曲的僵化的文学载道论，无疑也更符合美育本旨。另外值得肯定的是，由于受阳明心学特别是泰州学派的影响，明代后期的小说美育观被注入了某些新的思想质素，对情欲的张扬和对新的道德人格的企望（李贽将他对“真人”的追求贯彻到小说批评中）使得这一时期的小说美育理念显现出不同于传统诗教的别样精神品格。小说美育论的上述思想特质同样涵备于戏曲美育论当中。与小说理论主要以序跋、批语作为表达形式不同，明代的戏曲理论出现了数量可观、篇幅宏大的体系性著作，这从一个方面说明戏曲美学在明代已走向完备与成熟。主导戏曲美育思想的自然还是风教之旨，不过李开先、徐渭及后期的王世贞大力阐扬真情文学观，使戏曲美育论从由高明、朱权开创的集体主义的家国伦理叙事开始转向对世俗情感经验和个体生命境遇的观照，这种转向产生的最杰出的成果当然是汤显祖的“至情说”，这也是明代美学和美育论中的情、理张力在戏曲思想中的典型体现。

小说、戏曲美育思想的繁荣昭示了传统美育在观念和形式上的深刻转变，两宋以来，社会文化场域中渐趋显明的高雅和通俗、精英和大众的美学张力在这个过程中被再次强化。毫无疑问，不论是小说、戏曲的创作还是藉此倡导的文学教化理念基本都来自士人阵营，这在某种意义上确实是为儒家的政教价值观找到了更加大众化亦更为有效的表说形式。但这些流行于市民阶层的通俗文艺所必然表现出的对情欲的宽容，对个体趣味的褒赏，以及对建基于市民社会的世俗生活的肯定，被认为在16世纪后期的中国社会引领了一股近代性的文化思潮。当然，这绝非思想史的全部，起码在绘画、书法、音乐乃至园林的艺术实践及其理论表述中，士人顽强地挺立着儒道精神，并意图藉之在新兴的商品化语境中重彰儒道文化的价值立场，因此，在这些艺术理论和与之关联的美育思想中，我们尤其能够感受明季士人对古典人文理想的持守。

在明代众多的艺术理论门类中，绘画理论占据突出地位。明代画学思想驳杂、门派纷立，达到空前繁荣，但可以发现，在三百年的画学史上，有一个理论问题是贯穿始终的，那就是对文人画的探讨。从明初王履将画事当作士人修身之道的一部分而为文人画所做的美学奠基，中经何良俊、王世贞等人的深度拓展，直到明末董其昌鼓吹南北宗说而集大成，关于文人画的论说构成了明代画学最耀眼的内容。文人画美学概而言之，便是崇尚摹古，追求“士气”，注重创作个性和画家情性的抒发。在文人画观念中，不存在纯粹形式意义上的笔墨技法，一切都与画家的精神品格相关，作品的艺术意蕴完全来自画家的精神境界，简单说就是人品决定画品，画品表现人品，这一点构成了绘画美育论的根本逻辑。文人画的美育逻辑同样表现在这一时期的书学思想中。明代书学蔚为大观，项穆所著《书法雅言》尤为系统，是对传统书法美育思想的总结，其核心观点是“书学皆心学”，心正、人正乃可得书正，并将书法当作礼乐教化体制的一部分。而丰坊、董其昌一方面强调摹古立法的重要性，同时注重开新求变，后者尤其大力标举自家精神，主张“自运机轴”，将书法视为士人个体的情性艺术。明代音乐美学、美育思想最杰出的人物是徐上瀛，其所著《溪山琴况》代表了古代琴学和明清音乐美学的最高成就。徐上瀛遵奉儒家的乐教精神，在肯定主体性情与音乐风格的相互作用原则的基础上，倡导“藉琴以明心见性”的音乐美育理念。他据此重雅乐而轻俗调，以中和之美为琴道之至。明代园林艺术的兴盛带来了园林美学的繁荣。明清时期的造园大多由文人主导，园林因此本质上是一种文人艺术，体现了士夫文人的精神格调和人生志趣，是前者安顿身心、超脱现实的生命家园。由是我们在计成《园冶》这部造园理论的圣经中可以看到，其无处不在宣扬一种自然主义的风格意蕴，并以清高雅正为最高艺术追求，而这种崇正尚雅的美学旨趣在文震亨的《长物志》中被提升到极致。对文震亨来说，这是对其时因受商品化冲击而衰败的文人趣味不得不采取的拔救措施。至此不难认识，无论是标榜文人画的士气，抒表音乐、书法的主体情性，还是营造园林的幽风雅意，某种程度上皆可看作士大夫阶层对逐渐崛起的市民社会的精神应变，是他们不合俗流、坚守儒道理想的审美表现。在我们普遍关注晚明美育思想中的所谓解放面相的同时，上述具有保守主义性质的美育叙事是绝对不可忽视的。

以上便是对本书内容的概述以及对与理解明代美育思想密切相关的几个问题的说明。正如本文开头所述，所谓的明代美育思想，乃是一个相当庞杂的思想客体，其材料分布之广泛、言说形式之多样、所涉问题和人物之繁多，无不对我们的研究工作构成极大的挑战。巨细无遗地描画明代美育思想的全景并非本书意图，而这事实上也是一项不可能完成的任务。我们的想法是，在突出重点人物的重点思想的同时，尽可能观照到美育思想所在的不同形式的知识内容和学科领域（本书所论美育思想涉及哲学、诗文、小说、戏曲、民歌、音乐、绘画、书法、园林等领域），这便形成了现在看到的以人物为经、以学科题域为纬、以问题为坐标而修编成的明代美育思想图谱。不得不承认，当前的这张思想图谱还是相当不完备的，比如，在人物的选择上就难免挂一漏万。尽管现在拣选的人物，不论就重要性抑或影响力而言都无可置疑，皆为美育思想史上无法规避的经典人物，但必须承认，也有许多公认的思想大家被舍弃了，这些人既包括陈献章、湛若水、王畿、罗汝芳、刘宗周等拥有丰富修身、教化思想的理学宗师，也有像徐渭、王世贞（二人在第八章戏曲美育论部分有所讨论，但篇幅较少）这样的文艺巨擘。放弃对这些人物的详尽讨论显然不是因为他们的思想本身不重要，而是立足美育这一阐释视角，他们在此方面的论述并不比书中人物的思想具有更高的典型性，再出于对全书篇幅和结构体例的考虑，暂时搁置对他们的讨论应是可以理解的。当然，若从美育思想图谱的完整性来说，上述人物皆有充分理由成为我们的研讨对象，但这已不是本书所能企望的学术目标了。

第二章　明初诗文理论中的美育思想

在朱元璋集团成功推翻元帝国在华夏的统治，并逐步建立稳固的中央政权后，汉人渴望已久的大一统的升平之世似乎重现有望了，这是自宋室南渡以来，中原士人一直抱有的复国（更确切说是重兴汉文化）之愿。不少士人相信，朱氏集团建立的这个汉人政权能够接续被异族统治阻断的儒家圣学余脉，重彰早已晦暗不明的圣王之道。于是，建朝初期，重修礼乐法度、昭明纲纪刑罚，进而重建社会政治秩序就不单是最高统治者的要求，也是士人阶层的普遍愿望。而他们认为，在思想文化场域中重述进而重建儒家意识形态体系对于达成上述目的具有关键意义，这种观念直接决定了明初诗文美学强烈的载道、经世诉求，并由此建构了这一时期的诗文美育论。士大夫们坚信，诗文创作的根本目的是要宣扬圣道，教化生民，以实现其经时济世的价值。作家不应过多地钻营辞章、声律等形式因素，这会导致以文害道（教）；也不应该过分地宣泄个体的情感意志，因为容易掺杂私欲的个体情志会遮蔽天理，理想的表达是“发乎情而止乎礼”。那么，道从何来？何处有道呢？自然不外乎经典，不外乎古代的圣贤和文章。由此，“宗经”“师古”不仅成为支配明初诗文理论的一种思维取向，也彰显出这个时代的文学教化论所依持的价值立场。但除此之外，这一时期也出现了像高启这种以个体之精神自适为美学追求的另类诗人，他代表了此阶段美育理论的另一种价值维度。

第一节　宋濂、方孝孺的美育观

基于社会政治秩序和道德文化规范重建的需要，明初的美育思想具有浓重的道学色彩，这突出表现在以宋濂和方孝孺为代表的士大夫文人所表达的诗文美育观当中。宋濂在元明易代之际的文坛是一位开风气、创典制的领袖人物，其倡导的明道、宗经、师古的文学思想对明初近百年的文学创作与批评都产生了深远影响，故将宋濂标举为明代第一位具有重要意义的美育思想家并非毫无根由。继宋濂之后，方孝孺是另一位明初文坛和士林中的卓越人物。他的诗文观念一方面承袭于宋濂，强调文章的经世作用和教化意旨，但与宋濂相比，方孝孺具有更加开放的思想姿态，他注重文学的情感抒发功能，并且在文学形式上表现出初步的审美独立意识。

一、"明道立教"：宋濂的道学美育观

宋濂（1310—1381），字景濂，号潜溪，浙江浦江人，曾受业于元末古文大家吴莱（1297—1340，字立夫）、柳贯（1270—1342，字道传）、黄溍（1277—1357，字文晋）等。入明后应诏任江南儒学提举，为太子讲经，又奉命领修《元史》，官至翰林院学士、知制诰。后因其长孙宋慎受胡惟庸案牵连，致使全家被流放四川茂州，宋濂病死途中。宋濂与刘基、高启并称"明初诗文三大家"，更被朱元璋"屡推为开国文臣之首"。《明史》本传赞其"为文醇深演迤，与古作者并"，著有《宋文宪公全集》。

宋濂的美育思想与他的文学观紧密关联，而其文学观又根植在他的道学思想中，后者直接决定了他对"文"这一概念的定义和理解。宋濂说：

> 呜呼，文岂易言哉！日月照耀，风霆流行，云霞卷舒，变化不

常者天之文也；山岳列峙，江河流布，草木发越，神妙莫测者地之文也。群圣人与天地参，以天地之文发为人文，施之卦爻而阴阳之理显，形之典谟而政事之道行，咏之"雅""颂"而性情之用著，笔之《春秋》而赏罚之义彰，序之以礼、和之以乐而扶导防范之法具。虽其为教有不同，凡所以正民极、经国制、树彝伦、建大义，财成天地之化者，何莫非一文之所为也。①

又：

吾之所谓文者，天生之，地载之，圣人宣之，本建则其末治，体著则其用彰，斯所谓乘阴阳之大化，正三纲而齐六纪者也，亘宇宙之始终，类万物而周八极者也。呜呼！非知经天纬地之文者，恶足以语此。②

"文"在宋濂那里具有非常宽泛的意涵，有关乎日月运行、风云流会的天文，也有昭显于山川河岳、花草木石的地文，两者可合称为天地自然之文，而更重要的则是圣人参照天地自然之文所创发的人文。何谓人文？在宋濂看来，"天衷民彝之叙，礼乐刑政之施，师旅征伐之法，井牧州里之辨，华夷内外之别，复皆则而象之。故凡有关民用及一切弥纶范围之具，悉囿乎文，非文之外别有其他也"③。人文即包括政治、法律、礼乐、伦理等在内的用以构筑人间秩序的一切社会制度和文化形式，当然，其中也少不了具"性情之用"的文学。宋濂所说的"文"远远超出了一般的文学概念，"天地之间，万物有条理而弗紊者，莫非文，而三纲九法，尤为文之著者"④。"文"的形式虽包罗万象，并含具天、地、人之无穷

① 宋濂：《华川书舍记》，《宋濂全集》第一册，浙江古籍出版社 1999 年版，第 56 页。
② 宋濂：《文原》，《宋濂全集》第二册，浙江古籍出版社 1999 年版，第 1404 页。
③ 宋濂：《文原》，《宋濂全集》第二册，浙江古籍出版社 1999 年版，第 1404 页。
④ 宋濂：《曾助教文集序》，《宋濂全集》第二册，浙江古籍出版社 1999 年版，第 1167 页。

理则，但宋濂最重视的还是表征人文世界之极则的纲常伦理，这也是其所处现实社会的急切需要。

“文”虽有天地自然之文与人文的区分，但有一样东西是一以贯之的，这就是“道”。道是一切“文”之原，对于构成人文系统重要内容的各类文章和文学作品来说，对它们的价值评判亦完全是以道为最终依据，所以宋濂说，“文者，道之所寓也”① “文之至者，文外无道，道外无文”②。这里的“文”是指文章，而“道”是指由尧、舜、文王、周公开创并延承的所谓“先王之道”，它是儒家政治伦理的价值基础，是后世儒家所构“道统”之始源。宋濂据此深入论述文、道关系：

> 自先王之道衰，诸子之文，人人自殊。……文日以多，道日以裂，世变日以下，其何故哉？盖各以私说臆见哗世惑众，而不知会通之归，所以不能参天地而为文……上下一千余年，惟孟子能辟邪说、正人心，而文始明。孟子之后，又惟舂陵之周子、河南之程子、新安之朱子，完经翼传，而文益明尔！③

宋濂所谓“文”是载有“先王之道”之文，而非他鄙斥的“流俗之文”，故此处对这种载道之文的文统谱系的描述便尤可注意。在宋濂看来，自孟子后，唯有宋代的周敦颐（1017—1073，字茂叔）、程颢（1032—1085，字伯淳）、程颐（1033—1107，字正叔）、朱熹（1130—1200，字元晦）才是这种文统的继承者和发扬者，而这个文统显然与宋儒构筑的儒家道统是重合的，故宋濂所说的寓于文之中、与文合为一体的那个“道”，在很大程度上就来自程朱理学。

以程颢、程颐兄弟以及朱熹为代表的宋代理学是以体认并追求圣人

① 宋濂：《徐教授文集序》，《宋濂全集》第二册，浙江古籍出版社1999年版，第1351页。
② 宋濂：《徐教授文集序》，《宋濂全集》第二册，浙江古籍出版社1999年版，第1352页。
③ 宋濂：《华川书舍记》，《宋濂全集》第一册，浙江古籍出版社1999年版，第56—57页。

之道为治学的内容与宗旨的，所以这样的学问被称为“道学”。而程朱又以理或天理来解说这个道，程颢即谓：“理便是天道也。”[①] 朱熹说：“此理即道也。”[②] 道即是理，理即是道，这也是人们把宋代的新儒学称为理学的原因。理学对于“道”的根本理解主要来自《周易·系辞》中的“形而上者谓之道，形而下者谓之器”这句话。简单地说，具体的、物质的东西（自然万物）皆属于形而下之“器”，而普遍的、抽象的东西（规律、本质）则属于形而上之“道”。在程颢看来，宇宙间的事物虽千差万别，但这个“道”或“理”是贯通于一切事物之中的，并通过它们表现出来，“道之外无物，物之外无道，是天地之间无适而非道也”[③]。进而言之，无论是天地自然还是人间社会，都是受这个普遍的、绝对的天道所支配，它主导自然、社会和一切具体事物的存在与发展。然而，宋代理学对道和天理的阐说并不是作纯粹的形而上玄思，程、朱等人以不同方式为儒家的圣人之道提供宇宙论、本体论的证明，其真正的着眼点乃是人间社会，目的是以天道言人道，将世俗社会中的某些规范原则——儒家的纲常伦理——提高到天道的本体意义上来论证其合理性与普遍性。

宋濂心契理学，于宋代诸儒，尤崇朱熹，他的老师柳贯（1270—1342，字道传）、黄溍（1277—1357，字文晋）也是元代著名的理学家，由此可知其为文为学的思想渊源。在《白牛生传》这篇自述小传中，宋濂写道：“生好著文，或以文人称之，则又艴然怒曰：‘吾文人乎哉！天地之理欲穷之而未尽也，圣贤之道欲凝之而未成也，吾文人乎哉？’”[④]“穷天地之理”“凝圣贤之道”的说法都是理学的语式，宋濂在这里表达鄙弃文人、求慕圣道的态度，表面上是弃文求道的决心，内中则包含了一种以道为文的文学（文章）观。我们还可以看到，宋濂由天地之文而

---

① 程颢、程颐：《河南程氏遗书》卷二二，《二程集》，中华书局 1981 年版，第 290 页。
② 朱熹：《朱子语类》卷七四，中华书局 1986 年版，第 1896 页。
③ 程颢、程颐：《河南程氏遗书》卷四，《二程集》，中华书局 1981 年版，第 73 页。
④ 宋濂：《白牛生传》，《宋濂全集》第一册，浙江古籍出版社 1999 年版，第 80 页。

及人文的论述逻辑一方面是受到《文心雕龙·原道》所阐发的“人文之原，肇自太极，幽赞神明，《易》象惟先”[①] 这样一种文道观的影响，但程朱理学那种道统万物、以天道证人道的思路无疑对宋濂有关道的看法以及文、道关系的认识有着更深层的塑造，故有“所谓文者……乘阴阳之大化，正三纲而齐六纪者也，亘宇宙之始终，类万物而周八极者也”[②]这样的说法。“阴阳之大化”[③] 即是道，这是一切“文”的宇宙论基础和存在的本体之维，明此文之体，才有正三纲、齐六纪的文之用，而“亘宇宙之始终，类万物而周八极者”与其说是“文”的功用，不如说是表明了道的普遍、恒有的性质。宋濂在此是将“文”上升到道的高度来论证它的价值，或者说是把道视作“文”的价值内核。在这种文道观的支配下，文原于道，文统于道，甚至文即是道。“道”固然是指理学家眼中那个统配万物的唯一的宇宙本体（理一），但所谓“道理则同，其分不同”（分殊）[④]，具体到伦理领域则表现为君臣父子之理，即三纲五常的道德规范。宋濂说：“粲然载于道德仁义之言者即道也；秩然见诸礼乐刑政之具者即文也。”[⑤] 可见，现实社会政治中的伦常之道才是宋濂文学、美学思想的真正语意所寄。

明确了“文者，道之所寓”这一根本观点之后，宋濂赋予文章以经国治世的重要使命。由于文所寓之道，主要指儒家的圣人之道，以及衍生出的具体的社会、政治伦理，因此，文章最重要的功用是“使人人改德而易行，亲亲而尊尊……辅俗而化民”[⑥]，即为人类社会齐正伦常纲纪。

在《欧阳文公文集序》中，宋濂说明了文章在政治事业中的重要作用，他说：

---

① 范文澜：《文心雕龙注》，人民文学出版社 1958 年版，第 2 页。

② 宋濂：《文原》，《宋濂全集》第二册，浙江古籍出版社 1999 年版，第 1404 页。

③ 《周易·系辞》所谓“一阴一阳之谓道”的说法是宋代道学的基本观念之一。

④ 朱熹：《朱子语类》卷六，中华书局 1986 年版，第 99 页。

⑤ 宋濂：《徐教授文集序》，《宋濂全集》第二册，浙江古籍出版社 1999 年版，第 1352 页。

⑥ 宋濂：《文说·赠王生黼》，《宋濂全集》第二册，浙江古籍出版社 1999 年版，第 1569—1570 页。

文辞与政化相为流通，上而朝廷，下而臣庶，皆资之以达务。是故祭飨郊庙则有祠祝，播告寰宇则有诏令……吟咏鼓舞则有诗骚。所以著其典章之懿，叙其声明之实，制其事为之变，发其性情之正，阖辟化原，推拓政本，盖有不疾而速、不行而至者矣。①

在宋濂看来，政治、文化活动的开展与文辞之用密切相关，前者需要各类文体发挥达务、制事的作用。而《徐教授文集序》一文则把为文致用的思想辟解得更加透彻：

凡存心养性之理，穷神知化之方，天人应感之机，治忽存亡之候，莫不毕书之。皇极赖之以建，彝伦赖之以叙，人心赖之以正，此岂细故也哉？……必也旋转如乾坤，辉映如日月，阖辟如阴阳，变化如风霆，妙用同乎鬼神，大之用天下国家，小而为天下国家用，始可以言文。不然，不足以与此也。故所贵乎文者，前乎千万世而不见其始，后乎千万世而不知其终，有不可一刻而离去者，其能致不朽也宜哉！②

"建皇极""叙彝伦""正人心"显然符合明初统治者重建意识形态的要求，皇权的稳固不唯与客观的器物制度和政治、军事力量有关，更有赖于人心的归服和伦常秩序的齐正，而文章的功用正在于此。作为开国文臣之首，宋濂在论文时所暴露出的经世致用的心态甚是迫切，在他看来，只有将文章置于"天下国家"的政道教化层面才能揭示其真正的价值功能，概而言之，那就是："明道之谓文，立教之谓文，可以辅俗化民之谓文。"③

---

① 宋濂：《欧阳文公文集序》，《宋濂全集》第三册，浙江古籍出版社1999年版，第1909页。

② 宋濂：《徐教授文集序》，《宋濂全集》第二册，浙江古籍出版社1999年版，第1351—1352页。

③ 宋濂：《文说·赠王生黼》，《宋濂全集》第二册，浙江古籍出版社1999年版，第1568页。

既然文章的根本价值在于明圣道、宣教化，那么，宗经就成为论文、作文的必然依据。宋濂道：“天地未判，道在天地；天地既分，道在圣贤；圣贤之殁，道在‘六经’。”① 何谓“经”，“‘经’者，天下之常道也。大之统天地之理，通阴阳之故，辨性命之原，序君臣上下内外之等；微之鬼神之情状，气运之始终；显之政教之先后，民物之盛衰，饮食、衣服、器用之节，冠昏朝享、奉先送死之仪；外之鸟兽、草木、夷狄之名，无不毕载”②。“六经”乃是经天纬地的“圣贤之文”，无所不包，无所不能，道在其中，文在其中，载道之文，舍“六经”便无所从，故立言作文必无背于经。

《六经论》是一篇阐发儒家经典的教化功能及其经世意义的重要论文，宋濂在文中提出了“六经皆心学”的观点。宋濂认为，圣道天理其实是涵具于人心之中的，“六经”所载正是人心之理（道），“因心有是理，故经有是言”。问题在于，圣人固然“一心皆理”，心与理一，但普通人的心灵容易陷入欲望的迷障，导致心不正而理不明，为复其心中固有之理，圣人编“六经”以教之：

> 其人之温柔敦厚，则有得于《诗》之教焉；疏通知远，则有得于《书》之教焉；广博易良，则有得于《乐》之教焉；洁静精微，则有得于《易》之教焉；恭俭庄敬，则有得于《礼》之教焉；属辞比事，则有得于《春秋》之教焉。③

不同的经典对于人的性格和精神会起到不同的教化效果，但其共同目的皆是“教之以复其本心之正”，而“心一正，则众事无不正……心既不正，则乡闾安得有善俗？国家安得有善治乎？”④ 很明显，以“六经”教

① 宋濂:《徐教授文集序》,《宋濂全集》第二册,浙江古籍出版社 1999 年版,第 1351 页。
② 宋濂:《经畲堂记》,《宋濂全集》第三册,浙江古籍出版社 1999 年版,第 1670 页。
③ 宋濂:《六经论》,《宋濂全集》第一册,浙江古籍出版社 1999 年版,第 72 页。
④ 宋濂:《六经论》,《宋濂全集》第一册,浙江古籍出版社 1999 年版,第 72—73 页。

化人心是为了实现善俗、善治的社会政治目的。如果说，圣人之道的本质是经国治世，那么，宋濂坚信，圣人之道的关键，“唯在乎治心”，也就是道德观念的教育，治心是为治国，心治则国治，这既是儒家士人信仰的“内圣外王”的内在逻辑，也是辅俗化民的必有之途。

根据宋濂的宗经思想，“六经”乃天下之至文，后世为文应以之为典范而不能与其相背。显然，无背于经的实质是无违于道，“六经”便是最完美的载道之文，所以在宋濂看来，道、经、文实乃一体，为文必宗经，宗经即明道，他由此提出一条最基本的，似乎也是唯一的作文标准：“大抵为文者，欲其辞达而道明耳！吾道既明，何问其余哉！”① 只要能够以准确的语言、通畅的语意来揭示道的内涵与意义，那么文章的其他构成因素以及载道之外的其余题材就都是多余的，甚至是有害的。宋濂强烈反对时人为文普遍存在的背离经典的倾向，其突出表现就是以文害道，也就是过分沉溺辞章之学和作者个体情志的抒泄而妨碍了明道的基本宗旨。他批评说：“奈何世教陵夷，学者昧其本原，乃专以辞章为文，抽媲青白，组织华巧，徒以供一时之美观。譬如春卉之芳秾非不嫣然可悦也，比之水火之致夫用者，盖寡矣。呜呼！文之衰也，一至此极乎！”② 宋濂认为，文章言辞优美，结构精巧固然能够带来形式上的愉悦，却是以“昧其本原（道）”为代价的。他把审美形式和内容截然对立起来，只求作文仅如水火之致用而摒弃一切外在虚饰，但殊不知，审美形式不仅是构成文章（文学）不可或缺的元素，而且后者功能价值的实现也绝对离不开形式的积极作用。比如，以枯燥直白的言辞来明道、宣教，其效果必定不比将道理蕴藉于“春卉之芳秾”中，以“嫣然可悦”的形式表达出来要好。“嫣然可悦”与“辅俗化民”并不一定是矛盾的。

宋濂对以文害道的警惕和反感还充分表现在他对诗之美的认识上：

---

① 宋濂:《文原》,《宋濂全集》第二册,浙江古籍出版社 1999 年版,第 1406 页。
② 宋濂:《讷斋集序》,《宋濂全集》第四册,浙江古籍出版社 1999 年版,第 2032 页。

> 诗其可学乎？诗可学也。然宫羽相变，低昂殊节，而孚声切响，前后不差，谓之诗乎？诗矣，而非其美者也。辞气浩瀚，若春云满空，倏聚而忽散，谓之诗乎？诗矣，而非其美者也。斟酌二者之间，不拘不纵，而臻夫厥中，谓之诗乎？诗矣，而非其美者也。然则诗之美者其将何如哉？盖诗者，发乎情，止乎礼义者也。情之所触，随物而变迁，其所遭也忳以郁，则其辞幽；其所处也乐而艳，则其辞荒。推类而言，何莫不然，此其贵乎止于礼义也欤？止于礼义，则幽者能平而荒者知戒矣。……嗟夫！诗道之不古久矣！世之号善吟者，往往流连光景，使人驰骛于玄虚荒忽之场，控之非有，挹之非无，至造为奇论，谓诗有生意，须人持之，不尔便将飞去，此何为者哉？殊不知诗者，本乎性情，而不外于物则民彝者也。①

应该说，作为有明一代杰出的散文家和诗人，宋濂不可能完全漠视诗文的审美问题，比如，他承认诗歌发乎人心，本于性情，是“因事感触而成，非智力之所能增损”②，这是从情感层面认识到了诗歌的审美独特性。然而，宋濂虽然认为诗歌超脱于理智，却毫不犹豫地将之拘禁于道德的畛域。正因为诗情是“因事感触”“随物变迁”，便容易导致诗人“流连光景”，沉醉于自我的忧乐之中，这显然有背于风教之旨。他由是提出，只有“发乎情止乎礼义”才是诗道的根本，并将之奉为诗歌的审美典范。而“宫羽相变，低昂殊节”“辞气浩瀚，若春云满空”这些有关诗歌声律、词采的审美因素，在宋濂眼中就与真正的诗之美无关，相反，它们会妨碍诗之美——“止于礼义”——的表现。不难看出，宋濂是把诗歌的审美原则归化于道德原则，诗歌的美是来自对儒家道德精神的恪守，后者被视作美学判断的终极依据，原因就在于：“诗者，本乎性情而不外于物则民彝者也。”性情并非空洞玄虚之物，而是以道德伦常为

① 宋濂：《霞川集序》，《宋濂全集》第四册，浙江古籍出版社 1999 年版，第 2024—2025 页。
② 宋濂：《答章秀才论诗书》，《宋濂全集》第一册，浙江古籍出版社 1999 年版，第 209 页。

内容的。

与其明道、宗经的文学观念相适应，宋濂在审美上追求一种雅正平和的风格，遵奉的是典型的儒家美学。在为王廉《南征录》所作的序中，他便以和、雅评价王诗："今观其措辞，和而弗流，激而弗怒，雅而不凡，可谓能专对者非耶?"[①] 而对于自己的老师黄溍的文章，宋濂则如此评价："惟先师之文，和平渊洁，不大声色，而从容于法度，是以宗而师之者，虽有高下浅深之殊，然皆守矩蹈规，不敢流于诡僻迂怪者，先师之教使然也。"[②]"和平渊洁""不大声色""从容于法度"正是雅正平和具体的审美内涵。按照当代学者罗宗强的看法，宋濂"雅正平和的审美标准是不怨不怒、止于礼义的处世准则在艺术上的表现，与他宗经的思想，是一个不可分割的整体"[③]。"处世准则"即儒家的道德意识和伦常观念，它们皆由圣人之道所涵括，后者构成了宋濂美学思想的内核。反过来说，雅正平和的审美取向从根本上是由明道、宗经的道学立场所决定的，而道、经在宋濂那里乃是文艺美的源泉，某种程度上甚至是文艺美本身，所以，"道外无美"便可成为宋濂"道外无文"观点的一个合理推论，并可视作其美学思想的一项核心内容。

出于重建政治意识形态的需要以及对儒家道德功利主义的持守，明道、立教、辅俗化民成为了宋濂经世美育论的主要思想旨趣。在宋濂那里，文学的美源于其对道的彰扬，而不在于形式层面的操弄，故由明道而倡风教之旨便是诗文最重要的一项审美教化功能。宋濂的美育思想大部分是对儒家美育思想传统的重述，但这种重述在明初具有重要的奠基意义，并对当时及明代前期的美育理论带来了深刻的影响，故不可不予充分的重视。

---

① 宋濂:《南征录序》,《宋濂全集》第一册,浙江古籍出版社 1999 年版,第 467 页。

② 宋濂:《书刘生铙歌后》,《宋濂全集》第三册,浙江古籍出版社 1999 年版,第 1554—1555 页。

③ 罗宗强:《明代文学思想史》,中华书局 2013 年版,第 67 页。

二、“明道立政”：方孝孺的经世美育观

方孝孺（1357—1402），字希直，一字希古，号逊志，浙江宁海人。他早年即受朱元璋器重，却不为所用，建文时期任翰林侍讲，成为皇帝近臣，政事多所咨询，并受命领修《太祖实录》《类要》诸书。建文五年，朱棣篡位，欲借孝孺声名令草登基诏书，他大骂不从，被磔于市，遭灭十族。方孝孺二十岁时师从宋濂，文名冠盖当世，他的学问、文章和品节使其成为建文时期士人的精神领袖。方孝孺崇信理学，谨守道统，《明史》说他“轻文艺，重教化，以明王道、致太平为己任”，有《逊志斋集》传世。作为宋濂弟子，他的美育思想深受其师影响，但亦不乏独到之见。

方孝孺曾以伊尹、周公自任，来表明自己的立身之志：“夫人不生则止，生而不能使君如唐虞，致身如伊周，宣天地之精，正生民之纪；次之不能淑一世之风俗，揭斯道于无极，而窃取于文字间，受訾被垢，加以文士之号，不亦羞圣贤、负七尺之躯哉！”[①] 很明显，方孝孺抱有强烈的淑世情怀，是一位以治国平天下为己任的正统的儒家士大夫，他的文学观和美育论亦与此深切相关。方孝孺坦陈自己耻于为文人，因为修齐治平才是人生目标，故他对“文”是抱持一种功利主义态度的，其根本在于“明道”，据此也有了“文者，道之余耳”[②] 的评断。清代俞化鹏在《重辑方正学先生文集序》中说：“先生之文，如万斛源泉，随地奔涌，博综经济，穿贯天人，其中无所不有，而大旨一归于明道。”[③] 方孝孺的明道之旨基本上承袭于宋濂。

在《答王秀才》一文中，方孝孺更加明晰地阐释了对于文的态度：

---

① 方孝孺：《与郑叔度书八首·之二》，《逊志斋集》卷十，宁波出版社 2000 年版，第 314 页。

② 方孝孺：《答王仲缙·之二》，《逊志斋集》卷十，宁波出版社 2000 年版，第 328—329 页。

③ 俞化鹏：《重辑方正学先生文集序》，《逊志斋集》康熙三十七年刻本卷首。

凡文之为用，明道立政二端而已。道以淑斯民，政以养斯民。民非养不能群居以生，非教不能别于众物。故圣人者出，作为礼乐教化刑罚以治之，修其五伦、六纪、天衷、人极以正之，而一寓之于文。[①]

方孝孺不再像宋濂那样，按照由天道而及人道的价值逻辑来论证文的合法性，然后从中揭示后者的政治、道德效用。在他看来，文与道的关系是很清楚的，所谓“文与道相表里”[②]是也，这与宋濂的“文外无道，道外无文”的认识是一致的。然而，与宋濂耐心地解证文道一体论（可参看《文原》《华川书舍记》《文说赠王生黼》）稍有不同，方孝孺更乐于直接阐述“文”的功能性内涵，强调其工具论的主旨。于是，淑民、养民、治之以礼乐刑罚、正之以纲常伦理皆成为文之所用，而文何以能有此用？无他，唯道一以贯之耳！

方孝孺的功利主义文学观在他的诗论当中亦有鲜明的反映，他说：

诗者，文之成音者也，所以道情志，而施诸上下也。三百篇，诗之本也；风、雅、颂，诗之体也；赋、比、兴，诗之法也。喜怒哀乐动乎中，而形为褒贬讽刺者，诗之义也。大而明天地之理，辩性命之故，小而具事物之凡，汇纲常之正者，诗之所以为道也。[③]

“明天地之理，辩性命之故”，“具事物之凡，汇纲常之正”，乃是孝孺对于诗歌的价值判定，也是他所认为的诗道所在。相似的表述还出现在《刘氏诗序》中：“古之诗，其为用虽不同，然本于伦理之正，发于性情之真，而归乎礼义之极，三百篇鲜有违乎此者。……苟出乎道，有益于

① 方孝孺:《答王秀才》,《逊志斋集》卷一一,宁波出版社 2000 年版,第 357 页。
② 方孝孺:《与舒君》,《逊志斋集》卷一一,宁波出版社 2000 年版,第 379 页。
③ 方孝孺:《时习斋诗集序》,《逊志斋集》卷一二,宁波出版社 2000 年版,第 406 页。

教，而不失其法，则可以为诗矣。”[①] 有益于道德教化无疑是诗成其为诗的一个必要条件。基于这样的原则，方孝孺对诗歌的评价便完全立足于道学立场，犹如宋濂将宋代理学家的文章奉作是接续孟子文统（实为道统）的天下至文一样，孝孺把朱熹的《感性》诗二十首看作《诗经》之后真正的诗歌，原因是：“其于性命之理昭矣，其于天地之道著矣，其于世教民彝，有功者大矣。”[②] 总之，无论是文章还是诗歌（两者皆为方氏所称之“文”），在方孝孺看来，两者的理想形式就是所谓的“圣人之文”，“圣人之文，著于诸经，道之所由传也”[③]，故由此得出的结论就是宗经。方孝孺的宗经思想与宋濂并无太大的差异，皆是其文学功利主义的必然取向，在此无须赘述。

既然认为明圣道、益世教是作文的根本，那么一切违背这种道学宗旨的因素都应被否定，这就涉及诗文的语言、风格、情感等审美层面的问题。方孝孺对于《诗经》以后的诗歌大多不满，因为后者沉溺形式而远离诗道根本。他说：“工兴趣者，超乎形器之外，其弊至于华而不实。务奇巧者，窘乎声律之中，其弊至于拘而无味。或以简淡为高，或以繁艳为美，要之皆非也。”[④] “兴趣”本是一个与审美意象、审美情感和审美情境有关的重要的古典诗歌批评范畴，但在方孝孺看来，近世诗歌过于注重“兴趣”的营造而游逸出了诗歌本身应有的形式藩篱，导致华而不实的弊端。“华”是指浓郁的审美兴趣，“实”自然指儒家圣道。如果诗歌是载道之具，那么，由意象、情感构成的审美情趣有可能会妨碍道的昭显。方孝孺在这里似乎并不赞同诸如“韵外之致，味外之旨”“言有尽而意无穷”“象外之象”这些在明以前就已经流行的文艺批评准则，尤其对于以纲常伦理为核心内容的儒家圣道来说，丰沛的意象、模糊的语言、激荡的情感是绝对不利于明道、立教这一为文宗旨的。同样，诗歌

① 方孝孺:《刘氏诗序》,《逊志斋集》卷一二,宁波出版社 2000 年版,第 405—406 页。
② 方孝孺:《读朱子感兴诗》,《逊志斋集》卷四,宁波出版社 2000 年版,第 121 页。
③ 方孝孺:《张彦辉文集序》,《逊志斋集》卷一二,宁波出版社 2000 年版,第 403 页。
④ 方孝孺:《刘氏诗序》,《逊志斋集》卷一二,宁波出版社 2000 年版,第 405—406 页。

语言若拘囿于格式、声律，也将无力揭示道的丰富内涵，从而无法达到教化的效果。需要指出的是，这里的“味”与其是指由情感引发的审美兴味，毋宁指向理性化的道的蕴含。除此之外，刻意追求简淡或繁艳的审美风格更是与道相背，因为无论是天地之道还是社会中的道德伦理，皆自然呈其所是，审美风格是人力有意为之的创造，它只会使诗歌掩盖、远离道的真实，失落教化的价值。故此，方孝孺反问：若“于世教无补焉，兴趣极乎幽闲，声律极乎精协，简而止乎数十言，繁而至于数千言，皆苟而已，何足以为诗哉！”① 从这里看出，方孝孺重视的是圣人之道及其实践效果，而非语言、风格这些外在的审美形式。

进一步延伸开去，他还将关于诗歌的价值判断方式应用到了其他文学体裁上，从而否定了小说以及民间文艺在教化方面的合理性。他说，世人“或采摭异书怪说以为多闻，或蹈袭庸谈俚论以为易晓，而不知文之美，初不在是也”②。“异书怪说”指的就是小说、民间故事、说书等文学形式，鉴于这些体裁自身的特点，它们通常追求语言的通俗性和叙事的离奇性，即使讲道论理也显得肤浅庸常，所以方孝孺认为，它们无法承担明道、立教的使命，当然也与“文之美”无关。何谓真正的“文之美”？明道是也。在方孝孺那里，无论是诗歌过度营造兴趣、追求风格，或是通俗文艺在语言、叙事上的大众化追求，其问题的本质是一样的，皆有违圣人之道，有碍教化之行。方孝孺显然还不可能认识到，对于普通民众来说，通俗文艺在伦常教化方面的效果其实要远甚于诗歌、“六经”等精英文学。

方孝孺轻视文学外在的辞采风貌固然是出于政教方面的考量，而从作者主体角度来看，又莫不与其所追求的儒家君子人格密切相关。他说：

> 若夫言语之华，文词之工，期后世之所尚，岂君子之所汲汲哉！

---

① 方孝孺：《刘氏诗序》，《逊志斋集》卷一二，宁波出版社 2000 年版，第 406 页。

② 方孝孺：《与郭士渊论文》，《逊志斋集》卷一一，宁波出版社 2000 年版，第 377—378 页。

然君子之德果修矣，人必慕其人，慕其人，则其文亦为世所贵重。故文有以人而传者，以其德之可尊故也。苟不务此而惟其末，虽丽如相如，敏如枚皋，精奇雄健如柳子厚，亦艺而已矣！君子宁以是为贵乎？①

方孝孺相信，立德修身乃君子之本务，汲汲于言语文词乃是远离本务之事，于道无益，关键是要意识到，为文决定于为人，而为人之根本在于修德，所以，文章的价值是由作者的道德境界决定的。质而言之，文以人贵，人以德贵，德乃文之本，辞则文之末，“不务此而惟其末”，再好的文学也只是技艺的操弄，与道无关。有诗为证：“发挥道德乃成文，枝叶何曾离本根。末俗竞工繁缛体，千秋精意与谁论。”②

如果方孝孺的文艺教化思想仅限于上述的话，那也实在只能是宋濂思想的一个注脚，或者是后者的一种强化性的复述，然事实不止于此。在文与道的关系上，方孝孺尽管十分赞同文道一体的理想境界，却同样承认，在实际的文学实践中，文与道往往是非同一的，而恰恰是对这种非同一性的认识，使他的经世美育论开拓出了更广阔的思想空间。在《与郭士渊论文》中，方孝孺说明了文章能够名时传世的三种情况：第一种是“其道虽未至，而其言文，人好其文，故传”；第二种是“其言虽不文，而于道有明焉，人以其明道，故亦传”；最后一种便是文（文辞及其他审美因素）道“俱至者，其传无疑也”。③ 毫无疑问，文道俱至是传世之至文，即使道明而不文，也能被长期记诵，但这里更重要的是提出一种道未至而文传的情况，这种文章的价值不在明道，而是因文辞风格及表达方式为人所喜爱，故得流传。方孝孺认为，“辞之美恶，人之好恶系焉。人之好否，世之传否系焉”④。这便是从语言文辞的审美效果来看待

① 方孝孺：《白鹿子文集序》，《逊志斋集》卷一二，宁波出版社 2000 年版，第 407—408 页。
② 方孝孺：《谈诗五首 · 其三》，《逊志斋集》卷二四，宁波出版社 2000 年版，第 859 页。
③ 方孝孺：《与郭士渊论文》，《逊志斋集》卷一一，宁波出版社 2000 年版，第 378 页。
④ 方孝孺：《与楼希仁》，《逊志斋集》卷一一，宁波出版社 2000 年版，第 373 页。

文学的作用，而与理学家所谓的“文以害道”很不相同了。上述文道相裂、各有所重的状况隐约说明，文并非一定依附于道才成其文，文也有自身独立的价值。

方孝孺还从感人与否的角度谈论诗歌的教化效用，他说：

> 孟子言，仁言不如仁声之入人深也。……孟子所谓仁声，诗盖为近之。然其言虽存，而不易入人。诵说者且不解其意，况于闻之者哉！盖世远而事异，旨微而理密，人不为之感者，固宜也。后世之诗，出于一时之言，殆若可以感人矣。而病于道德不足，而辞采有余。故虽可以感人，而不能使人知性情之正。①

本于儒家的诗教宗旨，方孝孺将有助“性情之正”看作诗歌的最大功能，不过他显然注重教化策略，认为以情感人比直白的道德说教更有效果。世易时移，古代的诗歌语言已无法为时人所理解，更无法打动人们的心灵，诗教之旨可能由此隐没不彰，所以，方孝孺提出要以“一时之言为诗”，诗歌的言辞体式是随时而变的，而于时不变的，唯有道。

方孝孺对文辞的相对重视流露出一种文章（文学）审美独立的意愿，而他以开放的视野对待文章的叙事内容，则进一步表明其对功利主义文学观是持一种自由变通的态度的。他说：“士未足以明道，则博求当世非常可喜之事而述焉，亦文之美者也。”② 所以，文之所用，除了“宣伦理政教之原”外，还可“述风俗江山之美”“探草木虫鱼之情性”“状妇人稚子之歌谣”。从宏观上看，自然风物、人情世态都是天道的表现，但它们所蕴含的活泼、真实的自然情性无法被严格的伦常秩序所规范，从而具有了独特的文学价值。而在方孝孺看来，对人情风物的绘写是为了抒

---

① 方孝孺:《义门诗序》,《逊志斋集》卷一三,宁波出版社 2000 年版,第 433 页。

② 方孝孺:《题刘养浩所制本朝铙歌后》,《逊志斋集》卷一八,宁波出版社 2000 年版,第 610 页。

泄“胸中之所蕴”，其状“沛然而江河流，烂然而日星著，怨思喜乐，好恶慕叹无不毕见”[1]。这表明，吟诗作文乃是作者情感的自由抒发，是个体情志的身心一体之贯通，此显然已非明道旨趣所能涵括。

实际上，上文对于个体情志的抒泄状态的描绘与方孝孺关于“辞达”的解释具有内在的一致性。他说：“夫所谓达者，如决江河而注之海，不劳余力，顺流直趋，终焉万里。势之所触，裂山转石，襄陵荡壑。鼓之如雷霆，蒸之如烟云，登之如太空，攒之如绮縠，回旋曲折，抑扬喷伏，而不见艰难辛苦之态，必至于极而后止。”[2] 这里形容的是文章的一种贯通无碍、通沛激荡的气势，有了这样的气势，便可“发于智之所不及知，成于巧之所不能为”，而“几乎神”[3]。这里就不得不谈到方孝孺美育思想中的“气”说。

方孝孺的“气”说很大程度上来自宋濂。宋濂《文原》有云：“为文必在养气。气与天地同，苟能充之，则可配序三灵，管摄万汇，不然，则一介小夫尔。”[4] 此处所言的气与圣人所求的道是同一的。那么又如何养气呢？无非修道德、行仁义。宋濂说：“圣贤之心浸灌乎道德，涵泳乎仁义，道德仁义积而气因以充，气充，欲其文之不昌，不可遏也。”[5] 方孝孺首先将气看作是自然万物赖以存在与表现的一种基质或力量：

> 天地有至神之气，日月得之以明，星辰得之以昭，雷霆得之以发声，霞云电火得之以流形，草木之秀者得之以华实，鸟兽之瑞者得之以为声音毛质。……非是气孰能使之哉？山以是而不动，水以是而不息，有时而崩陨溢涸者，是气滞而不行，郁而不通也。[6]

---

① 方孝孺：《题黄东谷诗后》，《逊志斋集》卷一八，宁波出版社 2000 年版，第 611 页。
② 方孝孺：《与舒君》，《逊志斋集》卷一一，宁波出版社 2000 年版，第 379 页。
③ 方孝孺：《苏太史文集序》，《逊志斋集》卷一二，宁波出版社 2000 年版，第 399 页。
④ 宋濂：《文原》，《宋濂全集》第二册，浙江古籍出版社 1999 年版，第 1404 页。
⑤ 宋濂：《文说·赠王生黼》，《宋濂全集》第二册，浙江古籍出版社 1999 年版，第 1569 页。
⑥ 方孝孺：《赠郭士渊序》，《逊志斋集》卷一四，宁波出版社 2000 年版，第 451 页。

对于人来说，这种“天地至神之气”是生命得以可能的根本条件，但人“得是气而鲜得其纯。得其至纯者圣人，养而至于纯者贤者也”。即是说，即使圣人境界不可求，人人也可通过养气而得道成为贤者。方孝孺又道：

> 是气也，养之以其道，上之和阴阳，下之育庶类。以治天下则均，以事鬼神则格，以行三军则胜，以事君则忠，临下则仁。居乎富贵而不骄，处乎患难而不慑，施诸政事秩乎其理也，发诸文章焕乎其达也……孟子得是气，说东方诸侯，辅以致治而不能用，则著为七篇之书。故孟子曰：“我善养吾浩然之气。”其谓是乎?①

照此来看，气不仅沛然流通于天地之间，也是人间社会施行人文教化、构筑伦理秩序的根本力量。方孝孺认为，这种由人修养所得的至纯之气就是孟子所说的“浩然之气”，它具有丰富的道德内涵。与此同时，正是这种气，与道、文构成了一种相互影响、不可分割的有机整体。《三贤赞序》曰：“圣贤之道，以养气为本。今之人不如古者，气不充也。气不充，则言不章；言不章，则道不明。”② 可见，从作者主体条件来看，气是否得养是决定作文之成败、乃至圣道之显晦的关键。

而在另一处，方孝孺又如此阐释道、气、文三者的关系：“盖文与道相表里，不可勉而为。道者，气之君；气者，文之帅也。道明则气昌，气昌则辞达。文者，辞达而已矣。”③ 道不仅是气的主宰，也是为文的最高鹄的，但对于具体的文学创作来说，气的作用无疑更加明显，它通过作者对文学实践发生影响，故有气为“文之师”之喻。此处“道明则气昌，气昌则辞达”一说与上文“气不充则言不章，言不章则道不明”一句似有循环论证之嫌，但这无关紧要，因为这里的重点是揭示气之于文

① 方孝孺:《赠郭士渊序》,《逊志斋集》卷一四,宁波出版社 2000 年版,第 451—452 页。
② 方孝孺:《三贤赞序》,《逊志斋集》卷一九,宁波出版社 2000 年版,第 624 页。
③ 方孝孺:《与舒君》,《逊志斋集》卷一一,宁波出版社 2000 年版,第 379 页。

（言、辞）的直接作用关系。作文唯求“辞达”，欲求“辞达”，唯有“气昌”，即饱满的浩然之气贯通盈溢于文章之中，当然，这首先要求作者自身涵备充盈之气。由此可知，在方孝孺那里，养气已然成为主体在文艺修养方面的核心内容之一，也是主体在文学活动中进行自我身心教化的关键步骤。

方孝孺的美育思想在基本的道学立场上远溯程朱，直承宋濂。从他一生立身为学的实际来看，其对儒家圣道的坚守执着丝毫不亚于宋濂，且比宋濂有更强烈的经世意愿。然正如《四库全书总目提要》所论：“方孝孺自命太高，意气太盛，所学不及濂之粹。”（卷一六九《宋学士全集》条）也正因他为学不如宋濂醇粹，才不会因道废文、因文废辞，在坚持道学立场的同时，亦抱有开放的美学追求，从而使他的美育思想显出一种宽宏博大的气度。

第二节　刘基、高启的美育观

如果说，宋濂和方孝孺“立道为教”的美育思想反映了明初士人集团意欲重建儒家价值秩序与国家政治伦理的主流思维，那么，同样身处当时政治、文化舞台中心的刘基与高启，则在美育思想层面表达了与主流的建构性话语相异其趣的批判性意志，在审美意识形态内部构筑了一种重要的张力关系。刘基高度遵行“文章乃经国之大业”的儒家文学观，却不赞同某些腐儒将“以文载道”与“鸣国家之盛”的诵美旨趣等同起来，而是把讽时鞭世视为作文制艺的根本目的。高启诗才高异，却淡漠时事，刻意与现实政治保持疏离关系。他纵情诗歌，追求（尽管是出于无奈）文学的自得之乐，标举审美自适主义，此之于明初的文艺思想而言殊为难得。

一、“大抵主于风谕”：刘基的诗歌美育观

刘基（1311—1375），字伯温，青田县南田乡（今属浙江省文成县）

人。元至顺四年进士，曾官浙江行省都事，因为官廉直，屡受排挤，终挂冠归隐。后为朱元璋所招，佐成帝业，累官至御史中丞，封诚意伯。晚年遭权臣胡惟庸构陷，卒于故里，正德九年追谥文成。刘基博学经史，旁通百家，尤精于象纬术数之学。他以诗歌著称于元末明初文坛，“所为文章，气昌而奇，与宋濂并为一代之宗”（《明史·刘基传》）。“其诗沉郁顿挫，自成一家，足与高启相抗。”（《四库全书总目提要》）刘基生前自编诗文集《覆瓿集》和《犁眉公集》，后有《诚意伯文集》二十卷传世。

与宋濂和方孝孺那种以严肃的道学思想为立论基础的美育观不同，刘基的思想总体上秉承儒家立场，但道、法诸家之说杂糅其间，这就在相当程度上使他的美育论述在思想旨趣和言说风格方面都有别于宋、方诸人。特别是与宋濂温和、醇粹且概念化的宣道模式相比，刘基以一种稍显激烈亦更加实际的姿态，试图复兴儒家诗教中的重要主题：讽谕。这一主题早已隐没于元季失意文人的吟风弄月之中，而对于新王朝来说，诗文的风戒功能对营造清廉、谨肃的政治风气是有利的。

从诗学本体论的角度来看，刘基同样将儒家道学中的理和气作为诗文创作、运化的根本依据。在《苏平仲文集序》这篇撰于明初的重要文论的开头，刘基直言道：“文以理为主，而气以摅之。理不明，为虚文；气不足，则理无所驾。”[①] 通篇更是从“理明而气足”的视角阐释历代文运兴衰的缘由。需要说明的是，这里的“理”固然近似于“道”，但所谓“气”，并非理学中的概念，也与古代文论所说的文章之“气势”“气脉”无涉，它主要指向主体的情感意志层面，且受到时代环境的深刻影响，所以说“气之盛衰系乎时”[②]。而且结合全文来看，刘基重视“气”更甚于“理”。他相信，社会政治境域中的个体情志对文学实践的影响比起高悬的道要来得直接，而诗文的主要功能就是“言志”。此“志”为

---

① 刘基:《苏平仲文集序》,《刘伯温集》上册,浙江古籍出版社 2011 年版,第 117 页。

② 刘基:《王师鲁尚书文集序》,《刘伯温集》上册,浙江古籍出版社 2011 年版,第 126 页。

何？自然是作者对家国政治的抱负，对社情民瘼的关怀，属于情感心理的内容，而天道亦唯有在主体情志的申扬中才能真正落实。在刘基看来，上述两个相反相成的维度可以在诗文之“气”这一层面上被贯通起来并获得集中表现，进而言之，诗文之气、主体之志（包括作者和观者）、家国之运，这三者两两之间是相互映照、相互影响的，他由此提出“气昌而国昌，由文以见之”的论点。于是我们看到，刘基并没有过多地纠缠于文学的形而上论述，而是把“文之盛衰，实关时之泰否”[①] 这样的经世主义观念看作是一切诗文叙述的价值中心，其中便蕴含着他的审美教化思想。

将文学艺术不同的风格表现及演变与王朝盛衰、政治兴败相关联，一直是中国文艺思想中一个根深蒂固的观念。《礼记·乐记》道：“凡音者，生人心者也。情动于中，故形于声，声成文谓之音。是故治世之音安以乐，其政和；乱世之音怨以怒，其政乖；亡国之音哀以思，其民困。声音之道，与政通矣。”刘勰（约465—520，字彦和）《文心雕龙·时序》有云：“时运交移，质文代变，古今情理，如可言乎！”[②] 文章、音乐的内容与风格是政情民意的直接反映，是随着时代社会的变化而变化的。刘基以同样的逻辑表明了文章与时世的关系：“言生于心而发为声，诗则其声之成章者也。故世有治乱，而声有哀乐，相随以变，皆出乎自然，非有能强之者。”[③] 这也是对“文之盛衰，实关时之泰否”的具体申述。在我们看来，诗文与时世的关系在刘基的论述中包含了两层意思：以文（诗）观世与以文化世。

所谓以文观世，是说好的诗文作品应该不虚美、不隐恶，应该真切地反映民生民情，如实叙述社会政治状况，使统治者能够从中了解自己在修德施政方面的成毁得失，从而自考其正。孔子言“诗可以兴，可以

① 刘基：《苏平仲文集序》，《刘伯温集》上册，浙江古籍出版社2011年版，第117页。

② 范文澜：《文心雕龙注》，人民文学出版社1958年版，第671页。

③ 刘基：《项伯高诗序》，《刘伯温集》上册，浙江古籍出版社2011年版，第112—113页。

观，可以群，可以怨”（《论语·阳货》），其中的“观”便是“观风俗之盛衰”（郑玄注）以考见得失的意思。《礼记·王制》亦云：“命大师陈诗以观民风。”显然，刘基高度赞同并遵奉这样的诗学传统，言道：“《国风》、二《雅》列于《六经》……是故先王以之验风俗、察治忽，以达穷而在下者之情。”[①] 他相信，历代王朝政治的兴衰皆与诗文之“观”这一功能是否得到有效的发挥密切相关。既然诗文承担着察弊补失的政治任务，就必须对其内容和风格提出要求。刘基不满元末诗坛那种吟花弄月、朋附唱和的萎靡之气，痛诘道：“使为诗者俱为清虚浮靡，以吟莺花咏月露而无关于世事，王者当何所取以观之哉！”[②] 在他看来，以风月代风教而致诗道衰落的根本原因在于诗人（同时是士人）对“诗言志”传统的背叛，甚至在媚权附势、从众随俗的诗风中失去了诗人本有的理智和尊严：

> 今天下不闻有禁言之律，而目见耳闻之习未变，故为诗者，莫不以哦风月、弄花鸟为能事，取则于达官贵人而不师古，定轻重于众人而不辨其为玉为石。……诗之道无有能知者矣。[③]

刘基并不认为，诗道之不彰是由恶劣的政治条件和言论环境造成的，而是径直将之归咎于诗人本身的审美取向与价值操守。这种判断固然值得商榷，但亦可说明，刘基对于诗人群体在以明风教而行王化的政教体系中所应承担的职责是有着很高期待的。这就不仅要求诗文应该客观地反映风俗民情，以供统治者验察施政得失，更重要的是，诗人们应该主动在作品中论刺时政，针砭世弊，以期对现实政治造成影响，这就涉及诗文与时世关系的第二个层面——以文化世。

---

① 刘基：《照玄上人诗集序》，《刘伯温集》上册，浙江古籍出版社 2011 年版，第 99 页。
② 刘基：《王原章诗集序》，《刘伯温集》上册，浙江古籍出版社 2011 年版，第 108 页。
③ 刘基：《照玄上人诗集序》，《刘伯温集》上册，浙江古籍出版社 2011 年版，第 99—100 页。

以文化世凸显了刘基在元末明初文坛试图复苏儒家诗学经世精神的努力，他相信，诗人们必须通过重张诗歌的“风谕”功能来实践他们的政治职责和人文义务，以帮助统治者实现“经夫妇，成孝敬，厚人伦，美教化，移风俗”（《毛诗序》）的治世图景。他说：

> 余观诗人之有作也，大抵主于风谕。盖欲使闻者有所感动而以兴其懿德，非徒为诵美也。故崇奖之言，冀其有所劝而加勉；示事之告，愿其有所儆而加详也。然后言非空言，而言之者为直，为谅，为辅仁，为交相助而有益，而闻誉达于天下，而言与人相为不朽，不亦伟哉！①

如果说，儒家言诗的功能不出“美刺”二端，则刘基明显更重视“刺”的一面。而刺的效用如何达成呢？这又须联系到有关诗歌的发生原理和教化机制的认识上。儒家诗学的奠基者认为，诗是个体内在情志的一种抒发方式，是人的情感活动的语言表达，故有“情动于中而形于言”的说法。在刘基看来，正因是“情发于中而形于言”②，所以反过来看，诗歌对人的精神意志的影响实有赖于以情动人的效用。即是说，诗歌讽谕意旨的宣发绝非是一种枯燥的说理，而是藉由情感层面直接作用于接受者的心理，从而引起认知和道德上的变化，所谓“使闻者有所感动，以兴其懿德”。立足这样的诗教立场，刘基反驳了当时某些文人对诗歌论刺之旨的责难，批评了虚靡浮浪的自适主义诗文观。他借用《毛诗序》的话说：“诗者，志之所之也，上以风化下，下以风刺上，主文而谲谏，言之者无罪，闻之者足以戒。”讽谕被认为是自《诗经》以来就有的诗教传统，除“颂”为宗庙乐章外，“二雅”“国风”皆“多于论刺，至有直

① 刘基：《送张山长序》，《刘伯温集》上册，浙江古籍出版社 2011 年版，第 103 页。
② 刘基：《照玄上人诗集序》，《刘伯温集》上册，浙江古籍出版社 2011 年版，第 99 页。

指其事、斥其人而明言之者，《节南山》《十月之交》之类是也”[1]。这些诗篇绝非“居下而讪上”的忤逆之言，因为在孔子编订《诗三百》的时候，就没有将后世认为有讪上之嫌的篇什删去，可见，发扬诗歌论刺风戒的功能是符合儒家圣道之轨范的。

刘基的经世主义美育观不仅体现在他的诗文思想中，也与其重实事求实用的教育理念密切相关。在《沙班子中兴义塾诗序》一文中，刘基借沙班子中之口谈为学和育人，实际也申叙了他自己的教育主张：

> 夫学也者，学为圣人之道也。学成而以措诸用，故师行而弟子法之。是故搜罗天人，究极古人，旁通物情，达其智也；齐明盛服，非礼勿动，笃其敬也；见恶则违，见善则随，敦其仁也；存心养性，乐道尊德，致其大也；礼仪三百，威仪三千，尽其细也；忠信谨慤，固其内也；貌言容止，闲其外也；诗书六艺，昭其文也；刚毅木讷，培其质也；亲贤友仁，以辅德也；幼幼长长，顺天则也。[2]

刘基在这里既是讲学习之道，亦是讲施教之则，主旨是要阐明，应该如何通过教育来培养人格健全、发展全面的社会政治人才，这种全面性主要包括智德兼备、文质俱佳、内外通修等素质。虽然“学”的最高境界是要“为圣人之道”，但圣人之道并非高悬天际，而是要落实到现实行动中去，故所教所学必以能“措诸用”为价值依据。不过，此“用”显然不是指日常的物质功利之用，而是修内圣以践诸外王的社会政治功业。刘基批评当时教育中虚浮逐利的不良风气，说：“今之学，主以文墨为教，弟子上者华而鲜实，下者习字画以资刀笔官司，应酬廪粟之外，无他用心。”[3] 他规劝学子要做一个不放空言、身体力行的君子：“读书不

---

① 刘基:《王原章诗集序》,《刘伯温集》上册,浙江古籍出版社 2011 年版,第 108—109 页。
② 刘基:《沙班子中兴义塾诗序》,《刘伯温集》上册,浙江古籍出版社 2011 年版,第 91 页。
③ 刘基:《沙班子中兴义塾诗序》,《刘伯温集》上册,浙江古籍出版社 2011 年版,第 91 页。

可迂，检身不可疏。劝子慎勿学世儒，謷言耻行名为愚。”①

传统的儒家诗教一直持守“温柔敦厚”的审美风格和教化准则，《礼记·经解》道曰：“温柔敦厚，《诗》教也。”孔颖达对此解释说：“诗依违讽谏，不指切事情，故云温柔敦厚是诗教也。”② 儒家从来承认并主张发扬诗歌的讽谏作用，但在修辞和内容方面要求符合温柔敦厚的美学法度与价值要义，强调“止乎礼义”，崇尚“怨而不怒”。实际上，按照孔颖达的说法，温柔敦厚本身便是针对讽谏而言的，是对后者的一种内在规定，但这种规定极易迎合诗人、士人的乡愿心态和明哲保身的政治取向，导致后世只知张扬诗歌温柔敦厚的教化旨趣，却背弃了它的讽谏使命。在此背景下，刘基刚健、务实的诗学思想犹如一条利鞭，不仅对因沉积温柔敦厚之弊而陷入萎靡空虚之境的元末明初诗坛进行了猛烈的击打，同时也抽醒了儒家诗教中隐没良久的讽谏传统，进而开启了明代经世美育思想的另一个维度。

二、“以无用得安于闲”：高启的自适主义美育观

高启（1336—1373），字季迪，号槎轩，又号青丘子，江苏苏州人，元末明初著名诗人，与杨基、张羽、徐贲并称“吴中四杰”。高启早先任职于张士诚政权，入明后应诏编修《元史》，后擢户部右侍郎，自陈不善理财而辞官归里。洪武七年，因替苏州知府魏观改建府治作《上梁文》而获罪，腰斩于市，年仅三十九岁。高启天才高逸，博学敏思，乃冠绝元明两季的大诗人。李东阳在《怀麓堂诗话》中赞其曰：“国初称高、杨、张、徐。高季迪才力声调过三人远甚，百余年来亦未见卓然有以过之者。”③ 作品有《缶鸣集》《凫藻集》等，后人合编为《高太史大全

---

① 刘基：《送黄岩林生伯云还乡觐省》，《刘伯温集》上册，浙江古籍出版社2011年版，第383—384页。

② 孔颖达：《礼记正义》，《十三经注疏》（三），清嘉庆刊本影印本，中华书局2009年版，第3493页。

③ 李东阳：《怀麓堂诗话》，《李东阳集》卷二，岳麓书社1984年版，第535页。

集》。

高启早年撰有《四臣论》，纵论修政治国的理念，此文表面上是规谏统治者要广纳良才并善用之，实质是为士人群体的仕途经济而呐喊。高启虽以儒家思想为价值本位，且先后奉事过两个政权，但其为人孤高耿介、萧逸散淡，对功名利禄实无太大兴趣。而与政治上的冷漠相反，高启对诗歌投注了全部的生命热情。在《缶鸣集序》中，他说自己对诗"深嗜笃好，虽以之取祸，身罹困逐而不忍废"[①]。可谓一语成谶。

高启的美育观主要表现在他的诗歌理论当中，《独菴集序》集中表述了他的诗歌思想：

> 诗之要，有曰格、曰意、曰趣而已。格以辩其体，意以达其情，趣以臻其妙也。体不辩则入于邪陋，而师古之义乖；情不达则堕于浮虚，而感人之实浅；妙不臻则流于凡近，而超俗之风微。三者既得，而后典雅、冲淡、豪俊、秾缛、幽婉、奇险之辞变化不一，随所宜而赋焉。……夫自汉、魏、晋、唐而降，杜甫氏之外，诸作者各以所长名家，而不能相兼也。学者誉此诋彼，各师所嗜，譬犹行者埋轮一乡，而欲观九州之大，必无至矣。盖尝论之，渊明之善旷而不可以颂朝廷之光，长吉之工奇而不足以咏丘园之致，皆未得为全也。故必兼师众长，随事摹拟，待其时至心融，浑然自成，始可以名大方而免夫偏执之弊矣。[②]

此处所谓"格""意""趣"正是高启阐发的诗歌审美三要素。"格"在古代文论中经常是伴随"体"一起出现的。皎然（生卒年不详）《诗式》云："格虽弱，气犹正，远比建安，可言体变，不可言道表。"[③] 晚明胡

---

① 高启：《缶鸣集序》，《高青丘集》，上海古籍出版社1985年版，第906页。
② 高启：《独菴集序》，《高青丘集》，上海古籍出版社1985年版，第885页。
③ 李壮鹰：《诗式校注》，人民文学出版社2003年版，第273页。

应麟（1551—1602，字元瑞）言道："王、杨、卢、骆，格未纯，体未备。"① 可见，"格"与诗的体式有关，即体之格，高启在文中亦明确指出，"格"就是用来分辨"体"之正伪雅俗的。"意"则是指诗歌表达出来的情感和思想，相对于诗的外部形式的体格来说，"意"构成了作品的内在蕴含，是影响诗作审美效果的关键元素。"趣"是古代美学、文论的核心范畴之一。古人言趣，一般强调趣是一种得之自然、浑然天成并渗透作者真情实性的审美特质。如金代王若虚（1174—1243，字从之）《滹南诗话》云："古之诗人，虽趣尚不同，体制不一，要皆出于自得。"② 袁宏道也说："夫趣，得之自然者深，得之学问者浅。"③ 另一方面，自然而适意之"趣"是只可意会、不可言传的，它并不着落在具体的形态和意象上，而是融透于整个艺术作品当中，无迹可寻，却无处不在，散发着独特的审美感染力。关于"趣"的这一特点，严羽（生卒年不详）的描述最为人熟知："羚羊挂角，无迹可求。故其妙处，透彻玲珑，不可凑泊。"④ 高启的"趣"亦是基于上述层面来说的，它是外在形式之"格"与内在情思之"意"融合生化而得的一种审美韵致，是衡量作品艺术境界高低的重要标准。总之，在高启看来，作诗只有格高、情厚而趣味不俗，才能于各种风格中游刃有余，既合诗道之轨范，又能众妙兼备。

除强调诗歌"格""意""趣"的重要性，高启还提出"兼师众长，随事摹拟"的主张，实开明代诗歌复古运动风气之先。他认为，自汉、魏、晋、唐以来，除杜甫（712—770，字子美）之外，其他大小诗人皆以单一风格名家，而无法博采众长、赅备多体，这就无法应对多样化的诗歌题材。因此，欲成为杜甫那样的诗赋大家，就必须转益多师、兼工

① 胡应麟:《诗薮·外编》卷四,上海古籍出版社 1979 年版,第 189 页。

② 王若虚:《滹南诗话》卷三,《中国历代美学文库·宋辽金卷》下,高等教育出版社 2003 年版,第 473 页。

③ 袁宏道:《叙陈正甫会心集》,《袁宏道集笺校》,上海古籍出版社 1981 年版,第 463 页。

④ 严羽:《沧浪诗话·诗辨》,人民文学出版社 1983 年版,第 26 页。

各种诗体，尤其要学习古人的规格技法，不拘于一家一派。事实上，高启自己的诗歌创作便遵循了这种师古模拟的路径，《四库全书总目提要》说他："拟汉魏似汉魏，拟六朝似六朝，拟唐似唐，拟宋似宋，凡古人所长，无不兼之。"需要指出的是，高启讲师古模拟，并非对古人成法亦步亦趋，也不是盲目地是古非今，拟古的目的其实仍要落实到对诗之"格""意""趣"三者的追求上，即聚焦于诗歌普遍性的审美质素的创构上。而他认为，若要在立格、造意、营趣这三方面获得辨体、达情、臻妙的艺术效果，以一种开放的姿态来学习古人的各种经验与范式是非常必要的。但或许是拟古过甚，高启之诗虽能出入历朝诸家，兼得众长，有效地克服了"偏执之弊"，却最终无法挣脱古人窠臼，发展出自己的独特风格。

"格""意""趣"是中国古代文学理论中的基本范畴，高启则是明代第一位拈出这三大范畴来论诗的诗人。显然，与明初诸儒普遍以经世情怀寄注诗文创作、以道德政治功用来衡量作品价值的功利主义文艺观不同，高启的个人气质、处世态度和创作观念使他在相当程度上抛开了儒家的政教立场，更多地继承了"诗缘情"的诗学传统。他以"格""意""趣"论诗，便是强调了诗歌相对独立的审美特征，并充分注重其在抒发情感、感化心灵方面的效用。重要的是，这种情感与士大夫那种激生于道德、政治实践中的经时济世之情志无太大关涉，喜、怒、哀、怨非随政治境遇之变迁而流转。对于高启来说，这是个体自由抒泄的真实情性，更是不计得丧、纵浪大化的超逸志趣。

高启相信，作诗乃"不专意而为之也"，是"发于性情之不能已"①。所谓"不能已"，即"情"势之必然而不得不然，换言之，诗歌是个体情感的自然表现，不能有丝毫的做作与虚饰，亦无须符契于外在的目的和规范。唯其如此，作者和观者才能在诗中获得一种只有诗歌本身才能提供的精神乐趣，这种乐趣挣脱了名缰利锁的束缚，抛置了仕途经济的

① 高启:《缶鸣集序》,《高青丘集》,上海古籍出版社 1985 年版,第 906 页。

担负，在由大千万象创化的审美世界中独求生命的自适、自慊。高启曾坦述自己的笃嗜诗歌的心态：

> 余不幸而少有是好（按：指诗歌），含毫伸牍，吟声咿咿不绝于口吻，或视为废事而丧志，然独念才疏力薄，既进不能有为于当时，退不能服勤于畎亩，与其嗜世之末利，汲汲者争骛于形势之途，顾独事此，岂不亦少愈哉？遂为之不置。且时虽多事，而以无用得安于闲，故日与幽人逸士唱和于山巅水涯以遂其所好。虽其工未敢与昔之名家者比，然自得之乐，虽善辩者未能知其有异否也。①

生长于儒学传统的高启绝不乏济世之志。在《娄江吟稿序》中，他对那些以智勇才力成就不朽功业，且能在庙堂与江湖之间进退自如的贤达之士表现出浓烈的钦羡之意，但与此同时，他对于自己的政治能力有着清醒的认识，故上文所言“才疏力薄”并非自谦之辞，而是一种诚恳的坦白。正因为有这样的自知之明，高启一开始就放弃了搏求事功的念头，转而将全部精神寄托在诗歌当中，以求在山水风林、烟霞云石中自快其意。也是因为如此，他不像大多数政治上失意的士人那样，在庙堂与江湖、事功与逸乐之间踌躇不定，不甘而无奈。既无经济才具，不如彻底挣脱，与其以微才逐末利，不如“以无用得安于闲”。这里的“无用”具有政治和审美上的双重含义，具体讲，是同时指向政治与诗歌两个维度。相对于前者来说，“无用”（缺乏政治才能）的后果只能是“安于闲”，但就后者来看，只有摒弃了政教功利目的的“无用”的诗歌，才能使人达致“安于闲”的生命境界。按照老庄精神，此种“安于闲”的生命境界才是“无用”之诗歌所实现的“大用”，即所谓“自得之乐”。显然，高启对于自己在政治上的“无用”，并没有表现出太多的憾恨之意，他真正在意的，是如何在诗歌中求得生命的自在安乐。

---

① 高启：《缶鸣集序》，《高青丘集》，上海古籍出版社1985年版，第906页。

既不再以济世为念，亦抛开功名的桎梏，高启的诗歌创作及其诗学观念相比同时期那些正统的儒家诗教论，在思想风格上更显宏阔和深渺。高启在诗歌中所追求的自得之乐显然与世俗功利无关，但并非如佛家那样完全弃绝情欲、拒斥生活中的一切物象，而是表现为一种心接万物却不以物累的超越境界。心接万物乃审美之契机，不以物累则是在审美（诗歌）中超脱于物。故在高启看来，如“岁月之更迁，山川之历涉，亲友睽合之期，时事变故之迹”① 等一切自然风物、历史流变及人事情感皆可入诗，却不一定要以人伦教化为出发点，只要诗人能够自适其间、乐在其中，便是最高的价值。高启在《娄江吟稿序》中如此描述自己于娄江之滨登高揽胜的感受：“时登高丘，望江水之东驰，百里而注之海，波涛之所汹歘，烟云之所杳霭，与夫草木之盛衰，鱼鸟之翔泳，凡可以感心而动目者，一发于诗，盖所以遣忧愤于两忘，置得丧于一笑。”② 在这里，自然物事无须再以“比德”功能作为审美的依据，只要它们能直接给人带来身心的愉悦（感心而动目），便可成为诗歌的审美对象，其所达成的艺术效果能够让人获得一种超越利害、遗忘得失的审美心境。同样是登高远眺，王粲在《登楼赋》中由眼前的自然景物联想到自己的政治遭际，抒发了怀才不遇的失意情感，赋的结尾仍旧充溢着激愤难安的情绪：“……气交愤于胸。夜参半而不寐兮，怅盘桓以反侧。”很明显，高启与王粲在面对自然景物时产生的诗情文意是殊为不同的，这源于审美心胸的差异。

高启追求的自适情怀和超脱精神，既带有一部分道家的逍遥气象，同时也掺杂了少许禅宗的慧悟，但思想主调仍来源于儒家。它与孔子所谓“风乎舞雩，咏而归”的生命旨趣是相贯通的，与颜回一箪食、一瓢饮而不改其乐的人生境界是一脉相承的，这背后其实是对鄙弃物欲、超越世俗的儒家天道的持守。高启在一篇文章中以一种极为高迈的态度，

① 高启:《缶鸣集序》,《高青丘集》,上海古籍出版社 1985 年版,第 907 页。

② 高启:《娄江吟稿序》,《高青丘集》,上海古籍出版社 1985 年版,第 893 页。

谈到自己察史观物的意图："然而登高望远之情，怀贤吊古之意，与夫抚事览物之作，喜慕哀悼，俯仰千载，有或足以存劝戒而考得失……"① 望远之情，思古之意，诗人心志驰骋于宏阔的时空当中，其目的却是为了存劝戒、考得失，这似乎又回归到经世主义的情怀层面上了，而实际上，游走于世俗与超越之间以及由此构成的价值张力确实是儒家美学、美育思想的一个重要特质。无论如何，在儒家那种直切的、以集体为教化本位的功利主义诗教观占据主导地位的明初，高启这种注重诗歌独立的审美价值，强调个体化、相对超脱的精神趣味的诗教观是颇为难得的，它与这一时期的经世美育论既形成对抗，也构成有益的补充，而高启的诗文自娱说在某种程度上亦成为晚明审美解放运动的一个遥远的先肇。

---

① 高启:《姑苏杂咏序》,《高青丘集》,上海古籍出版社 1985 年版,第 907 页。

第三章　文学复古派的美育思想

明初沉闷、单调的文学景象和理论境况并没有在短时间内改变，文学创作中的名教意识和纲常理念甚至在15世纪初的永乐朝得到强化。朱棣违背儒家政治伦则的篡位行为反而使他强烈意识到，彰明圣贤之道、重整纲常秩序对于维护政权的合法性及其稳固地位具有至关重要的意义。于是，他下令将儒家经典类聚成编，名曰《性理大全》和《四书五经大全》，并亲自作序，颁行天下，目的是要牢固确立程朱理学的官学地位，通过尊经崇圣来统一思想，实行严格的精神管制。这样的政治文化环境对文学的突出影响，是造就了以杨士奇、杨荣、杨溥等人为代表的“台阁体”诗文在15世纪上半叶文坛的统治地位。“台阁体”作家认为，诗文的主要价值在于辅助政教、鸣颂盛世，作品表现的性情、趣味须严格合乎纲常名教的规范。罗宗强对台阁文学的风格做了准确的概括：“用理学观念约束感情，使之不温不火，和平温厚；少有激昂慷慨，少有大喜大悲，少有深情缠绵。文大体明白晓畅，直叙其事，间发议论，少有辞采修饰，甚少抒情性，也少语言之美。”①

台阁文学的这些特点束缚了诗文的情感表现力和艺术创造力，大量的酬唱应制之作使诗文的形式和内容变得陈腐、贫乏，“肤廓冗长，千篇一律”，由此激起了一场以反台阁为初衷、以复古为口号、历时百年而影响深远的诗文革新运动。这场所谓文学复古运动最初的推动力恰是来自“馆阁巨手”李东阳，他对诗歌的文学特质的强调，对“格调”说的阐

① 罗宗强:《明代文学思想史》上,中华书局2013年版,第153页。

发，对学古风气的张扬，启创了复古运动的思想理路。其后，以李梦阳、何景明为首的前七子（另外五人是徐祯卿、边贡、康海、王九思、王廷相）继承了李东阳的主张，并将之导向深入，从而掀起了第一次复古运动的高潮，明代诗文至此开一新风。《明史·文苑传》对此评述道："弘、正之间，李东阳出入宋元，溯流唐代，擅声馆阁。而李梦阳、何景明倡言复古，文自西京、诗自中唐而下一切吐弃，操觚谈艺之士翕然宗之。明之诗文，于斯一变。"总的来说，复古运动的美学目的是在学古宗旨的引领下，批判宋以来直至明初台阁体时期的理性、平俗的诗风，通过重证诗歌的情感本质特征，建立以"格调"说为中心的审美评鉴体系，恢复诗歌的古典主义审美理想。显而易见，由于情感直接关乎诗人及鉴赏者的主体精神，诗歌格调由是亦与诗人的人格境界存在深刻的关联，复古运动的理论主张因此包含了丰富的美育思想，而事实上，明代中后期美学、美育理论的深度拓进和多元发展便是起始于此。

第一节　情感与诗教

前七子倡导的文学复古运动是在诗、文两个领域同时展开的，其具有共识性的核心主张是王九思（1468—1551，字敬夫）在运动后期才概述出来的，他说："今之论者，文必曰先秦两汉，诗必曰汉魏盛唐，斯固然矣。"① 然而，前七子有关复古观念的阐述重心及文学实践主要仍体现在诗学理论和诗歌创作当中，比如对诗歌的情感属性的重张便体现了复古派意欲突破"台阁体"诗歌那种理性化的虚饰，执意追求审美真实性的文学意志，而这种文学意志在明中叶的凸显乃是与传统诗学观念和古典诗歌理想密切相关的，是对后者的回归。复古派强调诗歌的情感特征，其中一个重要目的是要将儒家诗教理念从渐趋固化的政道思维中解放出

① 王九思:《刻太微后集序》,《渼陂续集》卷下,《续修四库全书》第一三三四册,上海古籍出版社 2002 年版,第 236 页。

来，重新奠立在“真情实意”的人性基础之上，恢复诗歌“陶写情性、感发志意”的教化功能。要理解复古派诗学的情感诉求，理解后者在其整个诗学主张中的理论意义，还须对情感要素在传统诗歌理论中的流变轨迹做一个简要的描述。

一、诗学中的“情感”轨迹

“诗言志”与“诗缘情”是中国古典诗歌理论当中最重要的两种阐释观念，后世诗学理论基本都是围绕它们来展开。“诗言志”最早见于《尚书》，此所言之“志”，一般认为更多地指向一种群体性的理性诉求，表达了对重大社会政治历史事件的态度和立场，具有极为严肃的意义，个人情感抒发的成分相对较少。汉代的《毛诗序》发展了“诗言志”的思想内涵，其言曰：“诗者，志之所之也，在心为志，发言为诗。”[①] 心中之“志”通过语言形式而发为诗，但接着就说，“情动于中而形于言”，这里是把“形于言”的诗看作是内心情感驱动的产物，或者说，诗就是情感的一种语言表现，情与志的内涵在一定意义上是重合的，言志与抒情从诗歌的价值目的来看其实是一致的。于是，自《乐记》第一次将情感阐释为艺术（音乐）的本质特性，并据之揭示后者的教化原理之后，《毛诗序》又明确把诗的性质与情感表现联系起来，提出“吟咏情性”的说法。尽管这种情感明显要受到道德理性的规范（“发乎情，止乎礼义”），但无论如何，诗歌的情感属质已经在理论层面上被明晰地描述出来了，而且同《乐记》将“乐”对人的情感陶养视作达到教化目的的途径这一思路一样，《毛诗序》也把情感看作“诗教”之可能性的依据。

发展于汉代的“诗言志”说是作为国家统治思想的儒学在文艺领域所建立的一种话语模式，因此带有浓重的政治理性色彩，是统治阶层整体审美意志的体现。而到了儒家伦理在国家政治和社会生活领域遭遇衰

① 《毛诗序》,《中国历代文论选》(一),上海古籍出版社 2001 年版,第 63 页。

落的魏晋时期，个体的自然情性得到前所未有的彰显，任情纵性成为士人们一致的生命追求。王衍所说的“情之所钟，正在我辈”便是魏晋士人喊出的一则精神宣言。在这种背景下，人们对文学价值的认识也从政治道德的吁求转移到个体情感的张扬，故陆机（261—303，字士衡）在这一阶段提出的“诗缘情”说，实与其时普遍的重个性、任自然的世风与文风相契应。在“诗缘情”观念中，儒家诗学的伦理之维被弱化了，个体情思的自由表达被看作诗歌的宗旨所在。它开始从形式层面去探讨诗歌的审美特征，强调了诗歌的情感本质，从而为古典诗歌的抒情传统做出了有力的辩护。陆机之后，钟嵘（468—518，字仲伟）发展了“缘情”说的内涵，尤其就“情”这一范畴而言，他一方面汲取了陆机“遵四时以叹逝，瞻万物而思纷”的物感之情的意义，同时又注入了社会生活的内容，《诗品·总论》言道：“若乃春风春鸟，秋月秋蝉，夏云暑雨，冬月祁寒，斯四候之感诸诗者也。嘉会寄诗以亲，离群托诗以怨。至于楚臣去境，汉妾辞宫；或骨横朔野，魂逐飞蓬；或负戈外戍，杀气雄边，塞客衣单，孀闺泪尽；或士有解佩出朝，一去忘反；女有扬蛾入宠，再盼倾国。凡斯种种，感荡心灵，非陈诗何以展其义？非长歌何以骋其情？”① 不难看出，情与志（他说的“义”）在钟嵘已经发展了的“情”范畴中得到融合，“缘情”说由此涵纳了“诗言志”的部分意蕴，以一种更加成熟、圆融的观念形态达到了理论的高峰。

无论是“诗言志”或是“诗缘情”，皆从不同程度上强调了诗歌的情本属性，并认为正是因为诗由情而生，故能以情化人、感人之情。我们可以发现，在汉魏六朝这个古典诗歌发展的第一个高峰期，从中产生的诗学理论便是奠立在一种牢固的情本观念之上，这对其后的诗歌创作和诗学思想都产生了极其深刻的影响。

古典诗歌到唐代，特别是盛唐，发展到艺术的顶峰，体式赅备，情致饱满，风格多元，技法超迈，语言、意象、趣味皆达致浑融圆熟的高

① 陈廷杰：《诗品注·总论》，人民文学出版社 1961 年版，第 2—3 页。

逸境界。唐诗无疑为古典诗歌创造了一种后世难以企及的审美理想，它体现了情与理、美与善、意与象、个体与社会的完美统一，这种统一成为后世永远怀念、追慕却再也无法企及的艺术典范。与诗歌创作的高度繁荣相应，有唐一代诗学理论的发展也呈现出前所未有的蓬勃之势，论者从格律、体式、语言、技巧、风格等层面，对诗歌的艺术特征做了全方位的深入探讨，提出了许多影响深远的范畴和理论，而最著者莫如晚唐司空图（837—908，字表圣）的诗歌美学。司空图提出的“象外之象”“韵外之致”“味外之旨”“思与境偕”诸概念，在一定程度上突破了儒家诗学的政教中心主义立场，而将传统诗歌批评上升到纯粹美学的高度，开辟了古典诗歌理论的新境界。司空图的诗歌美学被认为构成了古代“意境说”的理论核心，他的《二十四诗品》不仅区分了诗歌意境的不同类型，而且阐述了意境的美学本质。

尽管历来论者对“意境”范畴的阐释不尽相同，但都承认情感在诗歌意境创造中的重要作用，这一点能够很容易在两汉魏晋的“物感说”、王昌龄(698—756，字少伯）的“情境说”、皎然的“取境”说、明代谢榛的“情景之合”论，乃至影响甚大的王夫之的“情景交融”说等理论当中找到相关的论证。司空图在其著述中没有明确论及情感，这并非是说他没有认识到情感在诗歌创作、品鉴中的重要性，相反，在“韵”“味”这类集中表述其意境理论的范畴中，就包含了主体情致的无限内涵。司空图明言：“辨于味而后可以言诗。”“味”本义上是指嗅觉、味觉等感官知觉在外物刺激下产生的如酸、甜、苦、辣等不同感觉，这些感觉必然会引发丰富的关于自然、人生的情感联想，故它同时也是一种感性地把握世界的活动。司空图将“味”看作是论诗、品诗的一种艺术标准，而“味”的最高品级即其所谓的“味外之味”，也就是超出诗歌“本味”（第一个味）的“味外之旨”（第二个味），此正是意境所由生之处。按照钟嵘的说法，诗唯有“味之者无极”，方能“闻之者动心”。[1]

---

① 陈廷杰:《诗品注・总论》,人民文学出版社 1961 年版,第 2 页。

“无极”者，正乃司空图所言之味外“不尽之意”。显然，在“味”这个审美范畴中，情感并不是一种张露在外的形式要素，而属于其深层的内蕴。与此同时，基于“味外之旨”“韵外之致”的审美追求，在司空图的意境观念中，所谓心与物、情与景的统一实际已不是核心问题，关键在于由这种统一所引生出的审美上的无穷意味。在这样的意境蕴含中，情感既生于物，也融于物，更超于物，而达致一种窥触宇宙本体和生命真趣的神逸境界，这显然也是唐代诗歌特别是盛唐诗歌的审美特征之一。

古典诗歌在历经盛唐的高度圆满和完善之后，自中唐开始便呈现出另一番面貌。艺术上那种“清水出芙蓉，天然去雕饰”的浑然之境逐渐失落了，诗人在创作上愈发讲究技巧，作品风格亦出现奇谲险怪一路，语言上则喜用佶屈聱牙的僻字晦句，更将散文笔法引入诗中，出现“以文为诗”的创作倾向。这种诗风的出现既可以被看作是诗歌艺术多元化发展的表现，但同时也表征了那种浑朴圆融的古典主义诗歌理想的破灭，是诗歌艺术走向衰落的开始。在后世诗论家看来，这种衰落集中反映在宋代的诗歌和诗论当中。

宋代是理学大张的时代，理学的精神原则渗透到社会政治和思想文化的各个层面，对宋及其后近千年的中国社会文化产生了决定性的塑造作用。在理学家们看来，无论天地自然还是人间社会，最终都是受普遍、绝对的天理（天道）所支配，后者是一切事物（务）存在和发展的根本依据。这种哲学理念同样对文艺实践和文艺观有深刻影响，宋代的文学艺术在相当程度上便是受制于理学的总体氛围。毋庸置疑，理学包含的理性原则（包括认知理性，更多的是道德理性）在提升传统知识阶层的逻辑思辨能力、重证儒家道德秩序方面具有绝对重要的意义，然而，对于像诗歌这样一个充溢着活泼、饱满的人间情感的文学世界来说，接受天理的宰制却很有可能将自身推向衰竭的命运。理学宗师程颐对杜甫诗句的评论便生动地反映了一个道学家对文学的典型态度，他说：“且如今言能诗无如杜甫，如云‘穿花蛱蝶深深见，点水蜻蜓款款飞’，如此闲言语，道出做甚。”[①] 生动、活泼而又蕴藉作者真情实性的审美意象在程颐那里因无关乎“道”而成了毫无意义的“闲言语”，可见，诗文之用，莫非载道，否则是没有价值的。不仅如此，程颐更对文艺表达了一种鄙夷的态度：“问：作文害道否？曰：害也。凡为文不专意则不工，若专意则志局于此，又安能与天地同其大也？《书》云‘玩物丧志’，为文亦玩物也。”[②] 对程颐来说，士人一生之志业唯在乎求道，此亦是为学根本，操弄诗文只会转移志趣，徒损精力，是一种“离真失正”之举，必有害于道。

理学这种唯道是举、扬理抑情的思想取向对当时的文学创作和文学批评影响甚巨，尤其是对北宋后期及整个南宋的诗歌主理之风的形成具有直接的导范作用，以致在诗歌创作中，论辩说理代替了写景抒情，堆砌学问典故代替了意境的经营，最终陷入严羽批评的“以文字为诗，以议论为诗，以才学为诗”的严重弊端，而宋诗的这些特点集中体现在宋代最具影响力的诗派——江西诗派的文学思想中。作为江西诗派的开山祖，黄庭坚（1045—1105，字鲁直）的诗学理论在这方面尤具典型性。首先，黄庭坚认为，诗歌创作要“以理为主，理得而辞顺，文章自然出群拔萃”[③]。此处所谓“理”虽不一定等同于理学的义理，但显然含有一般意义上的思想道理（也包括伦理道德规范）的意思，或亦可指涉文学发展的某种逻辑规律。具体来说，诗文创作要言之有物，表达明确的思想观点或道德立场，另一方面，则须把握其内在规律（理），才能文辞畅达，行止自然。其次，黄庭坚提倡诗歌创作要以精博的学问为基础。在《与王观复书》中，他批评王观复的诗说：“所送新诗，皆兴寄高远，但

---

① 程颢、程颐：《河南程氏遗书》卷一八，《二程集》，中华书局 1981 年版，第 239 页。

② 程颢、程颐：《河南程氏遗书》卷一八，《二程集》，中华书局 1981 年版，第 239 页。

③ 黄庭坚：《与王观复书三首之一》，《中国历代文论选》（二），上海古籍出版社 2001 年版，第 322 页。

语生硬，不谐律吕，或词气不逮初造意时。此病亦只是读书未精博耳。”[①]黄庭坚相信，诗歌的语言表达和整体艺术气象是与诗人的知识学问紧密相关的。此外，讲究法度也是黄庭坚诗学理论的核心原则。他在《答洪驹父书》中说：“凡作一文，皆须有宗有趣，终始关键，有开有阖。”又道：“老杜作诗，退之作文，无一字无来处……古之能为文章者，真能陶冶万物，虽取古人之陈言入于翰墨，如灵丹一粒，点铁成金也。”[②] 黄庭坚要求向杜诗韩文学习文学法度的经营，只要取法得当，即使是古人陈言旧语，亦能化腐朽为神奇。

黄庭坚的诗学观念大体表现为一种主理的取向，这种取向要求诗人在诗歌创作中更多地引入一种智识性操作，如雕琢文字，钻营技巧，讲究典故，以经史百家为素材等。当然，在理学主导的文化场域中，黄庭坚的理性主义也不可能逃脱前者的影响，其论诗有时甚至全然显出一副理学家的言貌。黄庭坚的诗歌创作和诗法理论直接开启了后来的江西诗派，该诗派与理学的关系相当密切，有些诗人本就是理学家，这导致一股以理为诗、以才学为诗、以诗谈理的创作风气在北宋后期蔓延开来，最终将作为一种抒情艺术的诗歌拖入了发展的困境。如果从情与理这对传统诗学及创作实践中的固有矛盾来看，盛唐诗歌中达到的情理合一的艺术胜境在这一时期彻底破灭了，进而更以理压倒情、吞灭情的态势宣告诗歌悲剧性地走向了自己的反面，“诗缘情”的美学传统在此被遗忘了。也正如此，严羽那抱有拨乱反正目的的呐喊才显得特别有力：“夫诗有别材，非关书也；诗有别趣，非关理也。”“诗者，吟咏情性也。”[③] 这是南宋时期批评黄庭坚和江西诗派诸言论中最有力的话语，它无疑与明代的复古派主张产生了美学上的共振。

以上简要地描绘了情感要素在传统诗学理论中生灭兴衰的轨迹，这

---

① 黄庭坚:《与王观复书三首之一》,《中国历代文论选》(二),上海古籍出版社 2001 年版,第 322 页。

② 黄庭坚:《答洪驹父书》,《中国历代文论选》(二),上海古籍出版社 2001 年版,第 316 页。

③ 严羽:《沧浪诗话 · 诗辨》,人民文学出版社 1983 年版,第 26 页。

有助于我们从较为完整的思想路径上理解复古派的某些文学主张和美育思想的历史依据和价值必然性。实际上，前七子与严羽所处的文学环境具有相似之处。尽管严羽面对的理性化诗风是受到当时理学思潮的影响，同时也与汉诗本身的发展演化有关，而前七子所反对的台阁体诗文则更多是政治文化的产物，但他们都看到了诗歌艺术在理性主义压迫下而遭致审美异化之后所结出的恶果，因此也都自觉承担起在各自时代将诗歌重新导入美学正轨，重彰诗之“正法眼”（严羽语）的历史使命。

二、“夫诗，发之情乎”：复古派对“情”的重新发现

针对当时诗坛空洞虚浮的诗风和严重泛滥的理化倾向，复古派意图从汉魏盛唐诗歌的古典主义理想中寻找突破此种审美困境的良方，而强调诗歌的情感特征、突出诗的情本价值，就是一味有效的药剂。严羽曾在南宋末年试图接续“诗缘情”的美学传统，故重新喊出了“诗者，吟咏情性”这样一句响亮的口号，通过对宋诗过度理化之弊的批判，为后世诗歌的发展指引了道路。而在复古派之前，较早援用严羽的相关诗论推动诗文革新的是李东阳，后者对前七子的诗歌创作理论及诗教观产生了直接的影响。

李东阳（1447—1516），字宾之，号西涯，谥号文正，湖南茶陵人，授翰林院编修，官至礼部尚书兼文渊阁大学士。李东阳以内阁首辅身份主柄文坛数十年，其诗文典雅工丽而不失自然真性，乃有明一代之大宗。李东阳对于复古运动可谓有筚路蓝缕之功，复古派的许多文学主张在东阳处实已发先声，并获得了初步的实践，其中就包括对诗歌之情感属质的重新发现和强调。我们知道，宋以来，所谓诗歌理性化倾向的一个重要表现就是“以文为诗”，将散文（更多地还是论理、纪事散文）创作的理性思维原则应用到诗歌当中，从而抽离了作为后者之本体特质的情感内核，取消了诗歌的审美独立性。有鉴于此，李东阳将诗文之别当作文学革新的一个标志性的口号而予以反复申辩。在《沧州诗集序》中，他说：

诗之体与文异，故有长于记述，短于吟讽，终其身而不能变者，其难如此。……盖其所谓有异于文者，以其有声律讽咏，能使人反复讽咏，以畅达情思，感发志气，取类于鸟兽草木之微，而有益于名教政事之大。①

诗与文在文体上的重要区别是诗歌讲究声律节奏，人们可以依照声律节奏吟咏唱和，获得“畅达情思，感发志气”的审美效果。故在李东阳看来，诗歌的言情效用在很大程度上是有赖于其声律特性的，“歌吟咏叹，流通动荡之用，则存乎声”②，声律之吟咏与情感之抒叹在节奏上是同步的。不仅如此，李东阳还从表现手法上探讨诗歌的审美特质，他说：

诗有三义，赋止居一，而比兴居其二。所谓比与兴者，皆托物寓情而为之者也。盖正言直述，则易于穷尽，而难于感发。惟有所寓托，形容摹写，反复讽咏，以俟人之自得。言有尽而意无穷，则神爽飞动，手舞足蹈而不自觉。此诗之所以贵情思，而轻事实也。③

在诗歌的赋、比、兴三种手法中，“正言直述”的赋与诗歌感发情性的价值功能相乖离，它更适用于“贵乎纪述铺叙”的文章之用，而“托物寄情”的比、兴才符合诗旨本义，因为诗歌艺术的本质特征就在于“贵情思而轻事实”。显然，无论是凸显诗文之别，还是强调诗歌的情性内涵，李东阳的论述实质是针对宋元以来直至明初台阁体诗风的散文化和理性化倾向所做的批评。正是宋人在性质和功能上强化了诗歌的言理和叙事表现，才使得诗歌本有的言情特征湮没不彰，其“天真兴致”之质则久不闻矣。李东阳因此引用严羽的话论道：“‘诗有别材，非关书也；诗有

---

① 李东阳：《沧洲诗集序》，《李东阳集》卷二，岳麓书社 1984 年版，第 72 页。
② 李东阳：《春雨堂稿序》，《李东阳集》卷三，岳麓书社 1984 年版，第 37 页。
③ 李东阳：《怀麓堂诗话》，《李东阳集》卷二，岳麓书社 1984 年版，第 534—535 页。

别趣，非关理也。’……论诗者无以易此矣。彼小夫贱隶，妇人女子，真情实意，暗合而偶中，固不待于教。而所谓骚人墨客、学士大夫者，疲神思，弊精力，穷壮至老而不能得其妙，正坐是哉！”[①] 作诗的才能与书本知识无关，诗歌的兴味意趣亦无涉于抽象说理，唯“真情实意”才是诗歌艺术的根本，所以，那些殚精竭虑、梏闭于知识学问的士大夫是难得诗艺之妙趣的。

也正是基于此种认识，李东阳虽主张学古却反对盲目拟古。学古是学习诗歌创作的基本法度，拟古则是亦步亦趋，自困牢笼，失却诗歌自然之妙。如：“律诗起承转合，不为无法，但不可泥。泥于法而为之，则撑拄对待，四方八角，无圆活生动之意。”[②] 然而，不可泥古的另一个重要原因是，若“字字句句摹仿而不敢失”，必“无以发人之情性”。个体情感因人而异，并随时随世而变，古人字句怎可抒尽今人情性，故法不可强致，学法而不泥于法，守法的同时又讲究灵活变化，关键是看能否表达真情实感。反过来讲，诗歌创作若“得于心而发之乎声，则虽千变万化，如珠之走盘，自不越乎法度之外矣”[③]。只要诗歌是源自真情实性，无论表现形式如何变化，皆能自然恪守法度，达到“从心所欲不逾矩”的境界。在李东阳这里，情感再次被认定为诗歌的价值基座，只要以情为本，法度自在其中。

李东阳对于诗歌的情性主张在复古派那里获得了深广的发展，成为一种更加普遍、牢固的文学观念，而复古派对诗歌情感价值的申扬也是伴随着对宋诗的批判来展开的，在前七子中，李梦阳最早就此问题提出看法。

李梦阳（1473—1530），字献吉，号空同子，甘肃庆阳（今甘肃庆城县）人。历任户部主事、户部郎中、山西布政使。李梦阳的诗文理论和

---

① 李东阳:《怀麓堂诗话》,《李东阳集》卷二,岳麓书社 1984 年版,第 539 页。

② 李东阳:《怀麓堂诗话》,《李东阳集》卷二,岳麓书社 1984 年版,第 536 页。

③ 李东阳:《怀麓堂诗话》,《李东阳集》卷二,岳麓书社 1984 年版,第 530 页。

创作成就使其成为第一次复古运动的领袖，以他为中心的前七子扫尽台阁体平弱冗庸的文风，为明中叶文坛带来了根本的转变。《明史·文苑传》赞曰：“操觚谈艺之士翕然宗之，明之诗文于斯一变。”

依照追摹盛唐的复古主义原则，李梦阳对宋诗的理化倾向提出了激烈批评，他说：“宋人主理，作理语，于是薄风云月露，一切铲去不为。又作诗话教人，人不复知诗矣。诗何尝无理，若专作理语，何不作文而诗为邪？”[①] 尽管李东阳也是将批评宋诗的理化倾向作为自己诗学理论的叙述起点之一，但李梦阳的指斥无疑更加直切，而相比前者主要立基于诗学框架来强调情感的重要性，李梦阳关于诗歌情感价值的认知一开始便以某种人生哲学为依托。他在《题东庄饯诗后》中论道：

> 夫天下有必分之势而无能已之情。蓬飞梗流，忽聚倏散，斯其势能必其不分哉！孔子所谓东西南北之人也。夫既东西南北人也，于其分不有怅离思合者乎？于是筵于庭，祖于道，觞于郊，嬉于园，不有缱绻踟蹰者乎？斯之谓情也。情动则言形，比之音而诗生矣。……故必分者，势也；不已者，情也；发之者言，成言者诗也。[②]

李梦阳首先从个体普遍的人生际遇和生活经历来说明情感的由来。他认为，分离是人生的常态，团聚却是精神的本能要求，故每个人于此都会有“怅离思合”的心理表现，而情感便产生于这种离、合的矛盾当中。如果分离在生命中是一种常态性的遭遇，则情感也正因此生生不息。以这种情感发生论为基础，李梦阳将之与“诗缘情”的观念传统嫁接起来，对诗歌的发生机制提出看法，所谓“情动则言形，比之音而诗生矣”。

---

① 李梦阳：《缶音序》，《明代文论选》，人民文学出版社 1999 年版，第 106 页。

② 李梦阳：《题东庄饯诗后》，《空同集》卷五十九，《景印文渊阁四库全书》第一二六二册，台湾商务印书馆，第 543 页。

人心感离合之遭际而生情，而离合本身可被看作是客观的外在境遇（梦阳言“必分之势”，说明分离是人力无可奈何的），故情感乃是主体感知客观事物（务）的一种精神结果。这一观念在李梦阳那里表达得非常清楚。他说：

> 情者，动乎遇者也。……故遇者物也，动者情也，情动则会，心会则契，神契则音，所谓随遇而发者也。……契者会乎心者也，会由乎动，动由乎遇，然未有不情者也……故天下无不根之萌，君子无不根之情，忧乐潜之中，而后感触应之外，故遇者因乎情，情者形乎遇。①

又道：

> 天下有窍则声，有情则吟。窍而情，人而物，同也。……夫天地不能逆寒暑以成岁，万物不能逃消息以就情，故圣以时动，物以情征。窍遇则声，情遇则吟，吟以和宣，宣以乱畅，畅而永之，而诗生焉。故诗者，吟之章而情之自鸣者也。②

情乃人感物（遇、时）而生，由物而现，随物而变，它是主体感应自然万象和社会生活的产物，最终又借助这些物象使自身获得表现，而诗歌便是情感表达的一种手段，同时也是结果，所以，无论从本源或内容看，诗歌的艺术本质就是情感。李梦阳的阐述明显继承了古典美学中由《乐记》开创的“物感说”思想，他的《结肠操谱序》一文就直接引用《乐记》的表述来说明音乐产生的情感原理：“民有血气心知之性，而无哀乐

---

① 李梦阳：《梅月先生诗序》，《明代文论选》，人民文学出版社 1999 年版，第 112 页。

② 李梦阳：《鸣春集序》，《中华古文论释林·明代卷》上，北京大学出版社 2011 年版，第 270 页。

喜怒之常，应感起物而动，然后心术形焉。”① “应感起物而动”说的就是物感活动的作用机制。在李梦阳看来，包括诗歌在内的一切文艺皆基于主体应物起感、感物而动这样一个过程，其实质就是一个情感的生发过程，诗歌则是这种情感的形式化表现（“诗者形乎遇”）。

与李梦阳诗论中的主情论调形成强烈呼应的是徐祯卿的观点。徐祯卿（1479—1511），字昌谷，一字昌国，吴县（今江苏苏州）人，官任大理寺左寺副，后贬国子博士。徐祯卿与唐寅、文徵明、祝允明并称“吴中四才子”，后从李梦阳游，成为前七子重要成员之一。作为复古派的主将，徐祯卿从本源、演变、创作等多个层面对诗歌的情感属质做了深湛的阐释，建构了一个相当完整的以“情”为核心的诗论体系，有力地宣扬了复古派的文学主张。他在《谈艺录》中说：

> 情者，心之精也。情无定位，触感而兴，既动于中，必形于声。故喜则为笑哑，忧则为吁戏，怒则为叱咤。然引而成音，气实为佐；引音成词，文实与功。盖因情以发气，因气以成声，因声而绘词，因词而定韵，此诗之源也。然情实眑眇，必因思以穷其奥；气有粗弱，必因力以夺其偏；词难妥帖，必因才以致其极；才易飘扬，必因质以御其侈。此诗之流也。②
>
> 朦胧萌坼，情之来也；汪洋漫衍，情之沛也；连翩络属，情之一也；驰轶步骤，气之达也；简练揣摩，思之约也；颉颃累贯，韵之齐也；混沌贞粹，质之检也；明隽清圆，词之藻也。高才闲拟，濡笔求工，发旨立意，虽旁出多门，未有不由斯户者也。③

---

① 李梦阳：《结肠操谱序》，《中华古文论释林·明代卷》上，北京大学出版社2011年版，第268页。

② 徐祯卿：《谈艺录》，《中国历代美学文库·明代卷》上，高等教育出版社2003年版，第174页。

③ 徐祯卿：《谈艺录》，《中国历代美学文库·明代卷》上，高等教育出版社2003年版，第175页。

情感是人心最精微的东西，但变化莫测，兴灭不定，有所感便一定要表达出来，呈现的形式也是多种多样。在徐祯卿看来，诗歌的发生、创作便是一个以“情”为始基、由内而外逐渐形式化的过程。首先是情动激发气动，气的运动流延至各身体感官而外化为声音，根据不同的声音再描绘出语词，最后由词来定出声韵。概而言之，诗的形成经历了由情而气、由气而声、由声而词、由词而韵这四个阶段，但起决定作用的仍然是情。如果将作为“诗之源”的“情”“气”“声”“词”“韵”看作诗歌创作的客观因素，那么所谓“诗之流”的“思”“力”“才”“质”就是其中的主观条件。由客观因素构成的诗歌发生程序具有普适性，主观条件却存在个体差异，写作一首优秀的诗歌必须两方面相互配合，相互作用。但无论如何，徐祯卿相信，情感是所有诗学要素中最重要、最具根本意义的因素，它既是创作的原动力，也是诗歌的主要内容，其他要素皆由“情”主导、衔联起来。徐祯卿因此又在一般意义上指出，情来时朦胧漫衍，而借气流散聚合，并接受理智的规范制约，同时支配声韵的起伏变化，然归根结底，这些环节都是由情贯穿始终的。

李梦阳和徐祯卿是复古派成员中最积极的情感价值鼓吹者，他们的情性主张在某种意义上成为晚明唯情论的先声。除李、徐二人外，前七子中的王廷相（1474—1544，字子衡）和康海（1475—1541，字德涵）也表达了相同的“诗缘情”观点，如王廷相说：“嗟乎，君臣朋友夫妇，其道一致，而夫妇之情尤足以感人。故古之作者，每藉是以托讽，而孤臣怨友之心于此乎白，因之感激以全其义分者多矣。是故温柔敦厚者，诗人之体也；发乎情止乎义理者，诗人之志也；杂出比兴，形写情志，诗人之辞也。”① 康海也说：“夫因情命思，缘感而有生者，诗之实也。比物陈兴，不期而与会者，诗之道也。”② 由上可见，在关于诗歌的情本

① 王廷相：《巴人竹枝歌序》，《王氏家藏集》卷二十，《四库全书存目丛书》集部第 53 册，齐鲁书社 1997 年版，第 78 页。

② 康海：《太微山人张孟独诗集序》，《中华古文论释林 · 明代卷》上，北京大学出版社 2011 年版，第 326 页。

属性的认识上，复古派诸子的观点并无太大差别，只不过像王廷相、康海这些具有深厚理学背景的诗人，则会更多考量情感与理（礼）义的关系。在他们看来，抒写情性固然符合诗歌的价值本义，但只有纳入儒家义理的框架内，这种情性抒写才具有正当性。

三、“诗在六经中别是一教”：情感与诗教

复古派对情性的申扬不仅是要在明代中叶这一历史文化境域中，从审美本体层面重新明确——以复古为手段——诗歌的美学属性（属情而非属理），而且欲从文学价值层面恢复儒家的古典主义诗教传统。复古派诸子认为，如台阁体那般以雅正平和为面目实则虚夸肤浅的功利主义诗风，显然背弃了“诗缘情”的思想传统，由此也无法真正实现诗歌笃人伦、淳风俗的教化之用。从这种意义上说，复古派虽然提出了明初一百多年来最具美学价值的诗文主张，但其主张包含的风教之旨却绝不比之前的圣贤文章来得轻薄，在前者看来，只有尊重诗歌本身的审美特质和规律（如诗歌的情感本质），儒家的诗教精神才能获得有效的实践。

作为复古派的导路者，李东阳的诗教观首先值得关注。他在《送伍广州诗序》中说：“司马迁之探禹穴、杜子美之观巫峡、苏子瞻之泛南海，其发诸文章、见诸歌咏者，皆是以寓彝伦、系风化、为天下重，岂徒为耳目之快、情欲之乐而已哉！”① 李东阳坚信，如司马迁（前145—前90）、杜甫、苏轼（1037—1101，字子瞻）这些大作家、大诗人，其咏物写景的山水诗（文章）之所以有价值，也是因为作品中寓含了人心教化的意旨，而非仅仅提供感官的餍足。李东阳早年深受台阁文学的影响，对于诗文应匡性情之正、鸣国家之盛、尽政教之用这样的文学观并无多少异议，甚至认为，诗词文章“苟不得其所而徒以为文，则不过枝辞蔓说，虽施之天下，亦无实用”②。毫无疑问，无论从何种角度看（包括传

① 李东阳：《送伍广州诗序》，《李东阳集》卷二，岳麓书社1984年版，第99页。

② 李东阳：《倪文毅公集序》，《李东阳续集》，岳麓书社1997年版，第188页。

统、文学环境、论者身份），李东阳对诗文价值的认识都抱持强烈的功利态度，但与台阁文学虚伪贫乏的政治粉饰不同，这位馆阁巨手相信，诗歌的政教之用绝不是表面上去奉承权力、夸饰太平，而应该为现实的政治秩序和道德规范营造某种心理基础，如其所言："诗之为物也，大则关气运，小则因土俗，而实本乎人之心。"① 诗歌之所以关乎政道风俗，是因为它是时代人心的反映，是社会吁求的表达；反之，统治者亦可借助诗歌将政教观念施用于人心，以达到意识形态的支配目的。显而易见，诗歌作用于人心的方式不是理智的，而是情感的。尽管台阁诗人同样肯定诗歌的情感特征，但他们强烈的名教意识和纲常理念轻易地抹杀了情感的具体性和多样性，并皆以所谓"出于性情之正"（"性情"是一个理学化的概念，带有以理制情的取向，但也没有完全否定情的价值）来概说诗歌合法的价值本源。因为本乎性情之正，才能发为合于礼义的美声善调，真正起到劝诫教化的效用。与台阁诗人相比，李东阳更加注重诗歌作为一种情性之声的特殊性，并将关于这种特殊性的认识延伸到他的诗教观当中，使其能够在尊重诗歌的艺术特质的基础上，充分阐发后者的教化功能，从而对明初以来机械的理性主义诗教观做出了有效的纠偏。

李东阳道："盖其所谓有异于文者，以其有声律讽咏，能使人反复讽咏，以畅达情思，感发志气，取类于鸟兽草木之微，而有益于名教政事之大。"② 又说："夫文者，言之成章，而诗又其成声者也。……若歌吟咏叹，流通动荡之用，则存乎声，而高下长短之节，亦截乎不可乱。……及乎考得失，施劝戒，用于天下，则各有所宜而不可偏废。"③ 显然，李东阳认为，"有益于名教政事""考得失、施劝戒、用于天下"乃诗歌应尽的政治文化职责，但需要照应到两个关键的环节：其一，要合理运用诗歌自身的形式特点（声律节奏）；其二，以之为前提，考量诗

① 李东阳：《赤城诗集序》，《李东阳集》卷二，岳麓书社 1984 年版，第 57 页。
② 李东阳：《沧洲诗集序》，《李东阳集》卷二，岳麓书社 1984 年版，第 72 页。
③ 李东阳：《春雨堂稿序》，《李东阳集》卷三，岳麓书社 1984 年版，第 37 页。

歌艺术施诸个体身心的教化路径（畅达情思，感发志气）。对上述两方面的综合观照，促使李东阳提出了“诗在六经中别是一教”的著名观点：

> 诗在六经中，别是一教，盖六艺中之乐也。乐始于诗，终于律。人声和则乐声和，又取其声之和者，以陶写情性，感发志意，动荡血脉，流通精神，有至于手舞足蹈而不自觉者。①

诗歌被看作“别是一教”，首先在于文体上的特殊性，也就是前文阐述的所谓诗文之异，这种文体上的特殊性进一步决定了教化方式的独特性，它不是逻辑清晰、条理分明的知识教育，而是身心浑然、潜移默化的情感陶养，最终使个体在一种愉悦的不自觉的状态中领受道德的教谕。总之，李东阳的诗教思想对台阁文学的诗教理念是一个较大的突破，其意义并不在于以儒家政教观的陈词宣扬诗歌的教化价值，而是将对诗艺特质的维护和个体情志的尊重结合起来，正确地揭示了诗歌独有的教化机制，并为复古派的诗教观确立了一种论述框架。

与李东阳一样，复古派以肯定诗歌的情感特质作为展开其诗教观建构的价值前提，将情感陶养视作道德教化的根本手段，从而严谨遵循古典诗教传统中以情育善、美善相济的基本思路，但在思想的丰富性和多样性方面，前七子显然有过于李东阳，其中较突出的是李梦阳。

李梦阳在《叙九日宴集》中说：

> 夫天下百虑而一致，故人不必同，同于心；言不必同，同于情。故心者所为欢者也，情者所为言者也。是故科有文武，位有崇卑，时有钝利，运有通塞。后先长少，人之序也；行藏显晦，天之畀也。是故其为言也，直宛区，忧乐殊，同境而异途，均感而各应之矣。

---

① 李东阳：《怀麓堂诗话序》，《李东阳集》卷二，岳麓书社 1984 年版，第 529 页。

至其情，则无不同也，何也？出诸心者一也。故曰："诗可以观。"①

天地万物流转，世间沧桑变幻，人生穷通卑荣，个体对此人情物理皆有各自感受和不同表达，但从本质上说，这些都关乎情感的生发和抒泄。李梦阳将情感视作自然、社会和人生三界之根本，并将之串联贯通其中。而诗歌是一种高度形式化的情感语言，其表达的情感内容无非关涉自然与人生，所谓"诗可以观"，可观者，情也。何以能观？人同此心，心同此情。（"出诸心者一""至其情则无不同"）人的个体虽有差异，情感却是生命的共同基质，所以以情动人、以情化人便是塑造个体生命、建构人格意识的有效途径，而吟咏情性的诗歌自然成为这种教化的重要手段。李梦阳因而说，诗乃"假物以神变者也，难言不测之妙。感触突发，流动情思，故其气柔厚，其声悠扬，其言切而不迫。故歌之心畅，而闻之者动也"②。情、气、声、言构成了诗歌的审美系统，这在复古派诸子中已成共识，而对于作者和鉴赏者来说，这些诗歌要素按照审美规律生发、运行的过程，同时也构成了一个精神教化的阶段，它使人"歌之心畅、闻之者动"。

李梦阳的诗教思想没有浓重的说教倾向，道德礼义的宣述也不十分突出，其教化观念已然渗透在整个诗歌理论当中。在《张生诗序》中，他对于诗歌情感的多样性和发展性的深刻认知，便从一个角度反映出其诗教思想在批判台阁文学教化观、发展新的诗教理念方面所呈现的重要意义。李梦阳说：

夫诗，发之情乎？声气其区乎？正变者时乎？夫诗言志，志有通塞，则悲欢以之，二者小大之共由也。至其为声也，则刚柔异而抑扬殊，何也？气使之也。……夫雁均也，声嗅嗅而秋，雝雝而春，

① 李梦阳：《叙九日宴集》，《明代文论选》，人民文学出版社1999年版，第110页。

② 李梦阳：《缶音序》，《明代文论选》，人民文学出版社1999年版，第106页。

非时使之然邪？故声时则易，情时则迁，常则正，迁则变，正则典，变则激，典则和，激则愤。故正之世，“二南”锵于房中，“雅”“颂”锵于庙庭。而其变也，讽刺忧惧之音作，而来仪率舞之奏亡矣！①

李梦阳在这里依据“常”和“迁”、“正”和“变”这两组相对性范畴，阐述了诗人之情的矛盾对立内涵，进而又发展出“迁、变、激、愤”和“常、正、典、和”这两组相反的诗歌风格特征。众所周知，儒家的传统诗学向以“乐而不淫，哀而不伤”作为诗歌的审美法度，以“温柔敦厚”为诗教本旨，主张抒情表意要委婉含蓄而有节制，符合礼义规范。这种诗学观念显然限制了情感的自由抒发，最终以单一化的道德标准束缚了诗歌风格的多元发展。然而，儒家诗教中亦有“变风变雅”一说。《毛诗序》有言：“至于王道衰，礼义废，政教失。国异教，家殊俗，而变风变雅作矣。”《毛诗序》的作者自然知道，不可能所有的诗歌都符合风、雅的美学尺度，故以“变风变雅”来解释那些忧愤激烈之作。但与此同时，风雅之变仍旧不能偏离礼义轨范，所以要求“变风发乎情，止乎礼义”。如此一来，藉由对话语系统的扩展，儒家诗学获得了更大的解释效力，诗教正统亦愈发牢固。从这一点来看，传统的儒家诗教观并非是一种顽固僵滞的思想体系，它会随着诗歌艺术的实际发展而做出调整。基于意识形态重建的需要，台阁诗人无论在创作还是理论上，都将诗歌变成了伦理政教的附庸，一味主张雅正平和的诗风，以所谓“性情之正”的价值宣召消除情感僭越礼义的一切可能性。李东阳在其诗论中尽管已经给予情感以多层次的表述空间，但作为台阁文学与复古派的过渡人物，他依然强调情要“卒归于正”。

不难发现，李梦阳阐释的情感的正、变之对其实正是来自儒家诗教体系中对于风、雅的正与变的辨分。他以复古之名推动诗歌和诗学的革

① 李梦阳:《张生诗序》,《明代文论选》,人民文学出版社 1999 年版,第 108—109 页。

新，借重述儒家诗学中的变风变雅思想，批判台阁诗文已趋僵化的雅正之体，通过倡导迁和变，质疑常和正之于情感价值的绝对合法性，由此给诗歌情感内涵的多层次叙说开辟了创作和理论上的空间。在这种论证框架下，各种性质、各种形式的情感都具有平等的地位，都获得了言说的权利。诗歌不应仅仅抒发崇高的家国情怀，鸣奏典雅的庙堂洪音，它还可以是个体隐微纤柔的情感絮语，或狂放激越的精神豪歌。而这种情感的多元主义必然导向诗歌艺术风格的解放，进而也意味着诗教观念在价值内涵上的变化。在一个严密统一的政教体制当中，被齐约化、普适化的"温柔敦厚"之则作为儒家诗教的价值正统在此发生动摇。李梦阳文中所谓之迁、变、激、愤，既是指诗歌风格和情感性状，同时也喻示着多元性的人格风貌和精神样态。李梦阳自然不可能从整体上挣脱儒家诗学的思想藩篱，他说，"夫诗，宣志而道和者也"①，但这里的"志"在明中叶的文化场域中却隐含了新的价值质素，它反映了对某种更加个体化、独立性的精神力量的期待，并表现出对正在发生改变的政治现实和文学现实的有力回应。

复古派诸家对诗教观有明确论述的还有徐祯卿和王廷相。《谈艺录》道："则知诗者，所以宣元郁之思，光神妙之化者也。先王协之于宫徵，被之于簧弦，奏之于郊社，颂之于宗庙，讽之于房中。盖以之可以格天地，感鬼神，畅风教，通世情。此古诗之大约也。"② 这是从一般意义上概论诗歌的政治文化功能。在徐祯卿看来，诗歌上关神道天命，下通风教世情，义旨极广大而精微，能朗显自然之玄妙，明悉世态之纷杂，洞观人情之幽明，具有非常重要的人文教育功能和伦理政教的价值。徐祯卿对于诗歌教旨的上述认知与儒家的传统诗教精神是一脉相承的，而关于具体的诗教理路方面，徐祯卿自然以他的情本诗学观为主要依据。

---

① 李梦阳:《与徐氏论文书》,《明代文论选》,人民文学出版社 1999 年版,第 107 页。

② 徐祯卿:《谈艺录》,《中国历代美学文库・明代卷》上,高等教育出版社 2003 年版,第 173 页。

他说：

> 夫情能动物，故诗足以感人。荆轲变徵，壮士瞋目；延年婉歌，汉武慕叹。凡厥含生，情本一贯，所以同忧相瘁，同乐相倾者也。故诗者风也，风之所至，草必偃焉。……若乃歔欷无涕，行路必不为之兴哀；愬难不肤，闻者必不为之变色。故夫直戆之词，譬之无音之弦，何所取闻于人哉？①

情能动物，诗本乎情，故诗能感人。个体众生的精神生命皆共同浇筑于情感的基台之上，因此能同忧同乐，同受教化。诗歌欲行风教之责，首先自身必须饱含情感，这个道理在复古派的诗教论述中已被反复强调。而在诗歌情感的具体性态上，徐祯卿表达了与李梦阳相同的态度，即以真挚动人为第一原则，摒弃“歔欷无涕”“愬难不肤”的虚矫造作之风。显然，在这里，是否严格遵循如“温柔敦厚”这种既定的诗教典则已不是徐祯卿考虑的首要问题（“壮士瞋目”“汉武慕叹”皆无不可），他更关心的是，诗人如何去感遇具体的生活现实，并借助这种孕生于现实中的真实情感去宣化礼义伦理，达到所谓“闻者变色”的直切效应。

相较李梦阳和徐祯卿，理学家王廷相的诗教思想显得相对保守，他尤其重视如何得“诗之正”：“求诸三百之旨，径域乃真耳，其教温柔敦厚，其志发乎情止乎义礼，其究形四方之风而已。能由是而修之，诗之正始得矣。今观梅国之诗……皆本乎性情之真，发乎伦义之正，无虚饰，无险索，无淫取，可以移风易俗，可以助流政教。”② 概括来说，王廷相认为，所谓“诗之正”应体现在三个方面：其一，诗须本于性情之真而能发“伦义之正”；其二，情志表达要合乎温柔敦厚之教；其三，诗歌内

① 徐祯卿：《谈艺录》，《中国历代美学文库·明代卷》上，高等教育出版社 2003 年版，第 175 页。

② 王廷相：《刘梅国诗集序》，《中华古文论释林·明代卷》上，北京大学出版社 2011 年版，第 332 页。

容要广摄天下的世情风物。只有这样，才能最大程度地发挥诗歌的教化功能，才能“移风易俗”“助流政教”。基于理学立场，王廷相的诗论中表现出较明显的明道宗经和重道轻文的倾向，并从文与道的关系来阐述自己的诗教观，他说：“载道之典，至文也，文不该于道，繁则赘，丽则俳矣，故君子鄙之。尝观唐代三虞之典，即事命辞而文生焉，盖道为主而文为客也。魏晋以降，即词撰事而文饬焉，盖文为主而道为客也。是故异端谶纬之事作，而先王淳正之道离矣。诬怪谬幽之论兴，而古圣真实之旨塞矣；俗儒曲士之书出，而时君经治之术暗矣。”[①] 王廷相坚信，执德守道是立教崇化之本，“由之可以振民育物，可以建猷植范，可以协道宣化，可以平衡宰世”[②]。从总体的诗学旨趣上看，王廷相与复古派是比较一致的，比如尚情感、重格调、提倡学古，而且更提出了一些独创之见，如意象说、四务三会说（参看其《与郭价夫学士论诗书》一文）等，但仅就其诗教思想而言，王廷相没有超脱道学的价值范围。

重视诗歌的情感特征是复古派诗学的重要主张，对情感价值的申扬构成了复古派美育思想叙事的关键维度，这对明初以来台阁体诗文那种以赤裸的道德说教为手段、以为现实权力体制的政治合法性辩护为目的的文学教化观构成了有力的批判，而中叶以后普遍流行的主体化、个性化、情性化的诗教观也正是从此萌生起来的。

第二节　诗格与人格

如果对诗歌情感特征的阐发和辩护是从内在义涵层面明晰诗歌的价值本体，那么复古派对“格调”的推崇和追求则是从外在形式层面去建构诗歌的美学本体。“格调说”被认为是前七子集团最重要的诗学主张，

① 王廷相:《近言序》,《中华古文论释林·明代卷》上,北京大学出版社 2011 年版,第338 页。

② 王廷相:《近言序》,《中华古文论释林·明代卷》上,北京大学出版社 2011 年版,第338 页。

前七子所谓复古或摹古，即是追摹、复兴古典诗歌的格律声调。从表面上看，直接关涉复古派的诗教观及其美育思想题旨的是它的情感论，然而，前七子所谓的“格调”不是一个抽象、纯粹的审美形式范畴，按照现代美学的流行表述，它是一种“有意味的形式”，此“意味”包含了情感、道德、信仰等文化内容。而在我们看来，复古派诸子倡导在体式、格律、声调等形式层面对汉魏、盛唐诗歌的摹仿，其实反映了对蕴藉于和谐的古典主义形式中的人格理想和道德境界的深远追求，以及企图在明中叶这样一个历史境域中藉由诗歌的美学手段重建此种理想道德人格的努力。基于这种认识，对复古派的诗教观和美育思想的探讨就无法绕过“格调说”。

一、李东阳与复古派之前的“格调说”

作为美学和文学批评范畴的“格调”，实质是“格”与“调”的合称。以格、调论诗，大概可以追溯至刘勰。《文心雕龙·隐秀》说：“陈思之黄雀、公干之青松，格刚才劲。”① 《才略》篇又道：“刘向之奏议，旨切而调缓。”② 此处格、调之说已是较为纯粹的文学批评范畴。到了唐代，格、调更加广泛地出现在各种文艺学著述当中，并被相提并论。如皎然《诗式》评齐梁诗：“格虽弱，气犹正，远比建安，可言体变。”③ 这里已经将“格”与“体”联系起来，实发宋明以格辨体之理论先声。殷璠（生卒年不详）在《河岳英灵集序》中说：“贞观末，标格渐高。

---

① 詹锳:《文心雕龙义证》,上海古籍出版社 1989 年版,第 1498 页。(《隐秀》篇从“始正而末奇”到“朔风动秋草”句的“朔”字共四百余字,从清代开始就有人认为是明人的补文,黄侃、范文澜等学者亦断定为伪托,故范文澜《文心雕龙注》未收入此部分内容。詹锳 1979 年于《文学评论丛刊》第二辑发表《〈文心雕龙·隐秀〉篇补文的真伪问题》一文,论证补文为真。本书所引《文心雕龙》皆用范文澜注本,但此处从詹说。)

② 范文澜:《文心雕龙注》,人民文学出版社 1958 年版,第 699 页。

③ 李壮鹰:《诗式校注》,人民文学出版社 2003 年版,第 273 页。

景云中，颇通远调。”① 朱景玄（生卒年不详，主要活动于唐宪宗元和至唐文宗大和年间，即公元806—835年）《唐朝名画录》评韩滉道：“公退之外，雅爱丹青，调高格逸，在僧繇、子云之上。”② 格调说的内涵在宋代得到了更加充实的发展。姜夔《白石道人诗说》有言：“大凡诗，自有气象、体面、血脉、韵度。”③ 这里说的诗歌的四个审美表现维度实际就是格调的几种形式要素。而严羽《沧浪诗话》提出的诗之五法（体制、格力、气象、兴趣、音节）已基本上涵摄了如体式、风格、声调等后世格调说的主要理论内容。

明代诗学中最早倡导格调说的应是高启。《独菴集序》说：“诗之要，有曰格、曰意、曰趣而已。格以辩其体，意以达其情，趣以臻其妙也。体不辩则入于邪陋，而师古之义乖。”④ 正如本书第一章介绍高启的诗歌美育论时所指出的，高启明确赋予“格”以辨“体”的功能，格调因此首先就关乎诗歌的体式或体格，而体格不正就会堕入“邪陋”，这里不单是一种形式判断，同时也是一种有关正伪乃至善恶的价值判断。那么，如何才能保证诗体的纯正呢？自是师法古人以上窥法眼。高启的“以格辨体”说对后来前七子以格调推复古、借复古倡格调的诗学思路产生了重要影响。高启之后，高棅（1350—1423，字彦恢）通过编撰《唐诗品汇》来宣说格调。他将唐诗分为初、盛、中、晚四个时期，又列举各时期的代表性诗人来说明不同诗歌风格的典型特征。《唐诗品汇》以五七言古今体等诗体来编类，每种诗体又分出正始、正宗、大家、名家、羽翼、接武、正变、余响、旁流这九个品目，反映了每种诗体在有唐一代兴起、演变、繁荣、衰落的历史过程。从《唐诗品汇》的体例就可以看出，高

① 殷璠：《河岳英灵集序》，《中国历代美学文库·隋唐五代卷》上，高等教育出版社2003年版，第445—446页。

② 朱景玄：《唐朝名画录》，《中国历代美学文库·隋唐五代卷》下，高等教育出版社2003年版，第259页。

③ 姜夔：《白石道人诗说》，《历代诗话》，中华书局1981年版，第680页。

④ 高启：《独菴集序》，《高青丘集》，上海古籍出版社1985年版，第885页。

棅论诗具有非常强烈的体格意识。他评价杨伯谦所编的《唐音》“颇能别体制之始终，审音律之正变，可谓得唐人之三尺矣”[①]，这自然也是《唐诗品汇》的编撰宗旨，而所谓体制、音律，即是格调之义。此外，高棅评诗多用“体制”“气格”“文体”“声调格律”等词汇。他谈唐代律诗：“其声调格律易于同似，其得兴象高远者亦寡矣。”更批评白居易的诗歌“格调偏而不高”。这些都足以说明，高棅的诗论已具有较为完备的格调说的理论思旨，并对后来者产生了直接的启示作用。

以上简要描述了复古派出现之前，格调说在传统诗学中的发展轨迹。要理解复古派的格调说及其包含的诗教意旨，必须首先从历史发展的视角对格调一词的诗学内涵有一个基本的认知。可以肯定的是，“格调”是一个词义含混、多歧的概念，各家指称的意义既有相近之处，也有迥然相异的地方，若分而论之，一般认为，格、调应该包括以下几种意涵。就“格”而言，它既指诗的体格、格式，也指作品的风格，它以每种诗体极盛时期的代表作品为典范规格，由此自然导向师古。就“调”而言，其一，是指诗歌形式层面的声调、格律、音韵；其二，指凌越于声韵之上的一种艺术风韵、风致，它在很大程度上构成了诗歌的艺术意蕴。

这里尤其需要说明的是，古代汉语中的“格调”一词除了是一个诗学范畴之外，它还指人的风度、仪态和品格，是关于人的精神境界和道德风范的一种评价尺度，这在诗文当中有不少相关的例子。如韦庄（836—910，字端己）《送李秀才归荆溪》云：“人言格调胜玄度，我爱篇章敌浪仙。”玄度是指东晋清谈名士许询（字玄度，约公元345年前后在世），时人对其精神节操多有赞许。《世说新语·言语》道：“刘尹云：‘清风朗月，辄思玄度。’”这是以比兴手法赞慕许询的品格，“清风朗月”具有比德之义。故韦诗所称之“格调”，完全是就人的品行风貌而言的。又有唐人秦韬玉《贫女》诗曰：“谁爱风流高格调，共怜时世俭梳

① 高棅：《唐诗品汇总序》，《中华古文论释林·明代卷》上，北京大学出版社2011年版，第69页。

妆。”结合全诗题旨，高格调是指不合流俗的高尚情操。唐传奇《霍小玉传》叙道：“故霍王小女，字小玉……昨遣某求一好儿郎格调相称者。”此“格调”亦是人的品格、情性的意思。可见，格调不仅可论诗，也可论人。依据“诗言志”的观念，诗歌是诗人情感意志的抒发与表达，人的精神品格和诗的艺术品性因而是浑然相通、相互表征的，而“格调说”便是在审美的价值语义上将两者关联起来。

复古派之谓格调，在诗学的基本语义上并没有超出上述范围，但在真正对它进行探讨之前，李东阳的格调论是我们无法回避的，正如他的许多诗学主张成为复古派思想的前奏一样，李东阳的格调论构成了后者最切近、最具启发性的思想资源。

李东阳对格与调都有分别的论述。先就“格”论，他说：“古诗与律不同体，必各用其体乃为合格。”① 这里的“格”即诗歌的体裁、体式。东阳多次强调诗与文的文体差异，并将之作为自己诗论的逻辑起点，诸如“诗与诸经同名而体异”“诗与文各有体”“诗与文不同体”这样的表述满布于他的诗论中，可见其对诗歌文体特征的重视。除文体格式的意思外，“格”在李东阳那里同样指涉风格的义涵。如《镜川先生诗集序》：“汉唐及宋，代与格殊。逮乎元季，则愈杂矣。今之为诗者，能轶宋窥唐，已为极致。两汉之体，已不复讲。”② 《怀麓堂诗话》：“汉魏以前，诗格简古……赖杜诗一出，乃稍为开扩，几乎可尽天下之情事。韩一衍之，苏再衍之，于是情与事无不可尽，而其为格亦粗矣。”③ 这里的“格”便是指诗歌的时代风格。然而，需要注意的是，李东阳有时会以“格”言“调”。他说刘长卿诗“譬之琴有商调，自成一格”，又评杜甫诗“音调起伏顿挫，独为矫健，似别出一格”。这两句评语透露出李东阳格调说的思想旨趣，即重“调”过于重“格”，“调”被认为是格调的核

---

① 李东阳:《怀麓堂诗话序》,《李东阳集》卷二,岳麓书社 1984 年版,第 529 页。

② 李东阳:《镜川先生诗集序》,《李东阳集》卷二,岳麓书社 1984 年版,第 115 页。

③ 李东阳:《怀麓堂诗话序》,《李东阳集》卷二,岳麓书社 1984 年版,第 547 页。

心元素。可以看出，这里的“格”是描述“调”的一种特性状态，有什么样的调，就有什么样的格，所谓诗歌的文体形式和风格样貌实质是由“调”决定的。后来王世贞（1526—1590，字元美）说的“才生思，思生调，调生格，思即才之用，调即思之境，格即调之界”[①] 便合此中意思。

李东阳对“调”的重视与他关于诗、乐渊源关系的认识是分不开的。他声称：“观《乐记》论乐声处，便识得诗法。”[②] 东阳将诗看作“六艺中之乐”，因诗、乐从起源上本为一体，都具有声韵节奏的审美特质，然“后世诗与乐判而为二，虽有格律，而无音韵，是不过为排偶之文而已”[③]。诗歌缺乏声调音韵，就只是徒有形式对仗的俳偶之文，所谓“文者，言之成章，而诗又其成声者也”[④]。李东阳显然把声调音韵这种形式要素当作诗之为诗的一种本质规定，并将以“声”论诗作为诗歌批评的基本原则，相信“论诗专取声，最得要领”。他更是对时人以古代音乐之五音（宫、商、角、徵、羽）来判定诗歌的审美调性和艺术风格的做法深有感契。如“李太白、杜子美之诗为宫，韩退之之诗为角，以此例之，虽百家可知也”[⑤]。当然，在五音中，“宫”是最基本的调式，它“可以兼众声”，可称“最优”，故正好与李、杜诗歌的典范地位相应配，后者通常被视作中国古典诗歌的正声。

在李东阳这里，诗之调一方面“得于心而发之乎声”，即由诗人内在的个体情性所决定；另一方面，它又表现为声调节奏上的“轻重、清浊、长短、高下、缓急之异”，在肯定格调的情性内涵的基础上，东阳尤其对后者做出了精细入微的辨述。试举如下例：

---

① 王世贞：《艺苑卮言》卷一，凤凰出版社2009年版，第14页。
② 李东阳：《怀麓堂诗话序》，《李东阳集》卷二，岳麓书社1984年版，第532页。
③ 李东阳：《怀麓堂诗话序》，《李东阳集》卷二，岳麓书社1984年版，第529页。
④ 李东阳：《春雨堂稿序》，《李东阳集》卷三，岳麓书社1984年版，第37页。
⑤ 李东阳：《怀麓堂诗话序》，《李东阳集》卷二，岳麓书社1984年版，第533页。

五七言古诗仄韵者，上句末字类用平声，惟杜子美多用仄。……其音调起伏顿挫，独为趫健，似别出一格。回视纯用平字者，便觉萎弱无生气。①

今之歌诗者，其声调有轻重、清浊、长短、高下、缓急之异，听之者不问，而知其为吴为越也。汉以上古诗弗论。所谓律者，非独字数之同，而凡声之平仄亦无不同也。②

长篇中须有节奏，有操，有纵，有正，有变，若平铺稳布，虽多无益。③

上述关于诗歌声调的细致论述无疑构成了李东阳格调说的主要内容，但与我们题旨相关的问题在于，李东阳为何在台阁诗风靡弱之际，试图通过倡举格调说这样一种带有形式主义色彩的诗歌美学来重振诗林呢？实际上，他真正感兴趣并非格调本身，却是培育格调的时代精神和文化氛围，因而比起对个别诗人、诗派的评价，李东阳更注重宏观的所谓“时代格调”的探求。《诗话》言：“试取所未见诗，即能识其时代格调，十不失一，乃为有得。”④ 从客观上讲，之所以要辨识格调是因为“格与代殊”“体以代变”，诗歌的艺术风貌会随着社会历史的变迁与王朝的兴衰更替而发生变化，反过来说，由于诗歌“关气运，亦系于习尚”⑤，藉由它亦能观一时之风俗化彝。而从主体层面看，这种风格的变化则体现了不同时代诗人的审美趣味、人格修为、精神品性的差异。东阳由此言：“夫诗者，人之志兴存焉。故观俗之美与人之贤者，必于诗。”⑥ 然无论风格如何演变，东阳相信，古典诗歌的审美典范无出汉唐之右。两代尤

---

① 李东阳:《怀麓堂诗话序》,《李东阳集》卷二,岳麓书社 1984 年版,第 547 页。
② 李东阳:《怀麓堂诗话序》,《李东阳集》卷二,岳麓书社 1984 年版,第 539 页。
③ 李东阳:《怀麓堂诗话序》,《李东阳集》卷二,岳麓书社 1984 年版,第 533 页。
④ 李东阳:《怀麓堂诗话序》,《李东阳集》卷二,岳麓书社 1984 年版,第 530—531 页。
⑤ 李东阳:《怀麓堂诗话序》,《李东阳集》卷二,岳麓书社 1984 年版,第 537 页。
⑥ 李东阳:《王城山人诗集序》,《李东阳集》卷二,岳麓书社 1984 年版,第 23 页。

其是盛唐诗歌不仅在情与理、美与善、个体精神与社会价值的完美结合中达到了诗歌艺术的高峰，更重要的是，这种诗歌典范的创造映照出一个盛世王朝的文化气象，也反映了这种典范的创造者——精英士人群体的一种道德情怀和精神气度。

身为馆阁重臣的李东阳看到了明朝国势由盛而衰的易变，对当时的社会政治有深切的忧虑。他曾上《应诏陈言奏》，批解时弊，陈献兴国之策。与此相应，在文学上，李东阳认为，主流的台阁诗文一味颂美国家，唱咏风物，藻饰过度，虚骄太甚，因远离现实而根本无益于人情物理、风俗名教的表现，无法承担“翼圣道，裨治世”的政教之责。而诗人亦由于沉溺此种虚情假文的杜撰，耽迷于伪妄的盛世浮华的臆想，以致失落了真正的家国之念和经世之怀。李东阳提倡诗歌超轶宋元、直追汉唐，不仅是要在审美形制上将诗歌重新导入古典主义的轨范，而更是期望藉此重振皇明的文化气象，以期与大一统的政治形势相匹配。另一方面，他强调学古而反对泥古，认为“字字句句摹仿而不敢失，非惟格调有限，亦无以发人之情性”①。不难看出，李东阳首先注重的仍是诗歌感发时事、寄兴现实的功能，追摹汉唐格调的真正目的，乃是通过学习古人声气来建立明诗自己的“时代格调”。他让诗人锻炼辨识格调的能力，是指示后者要学会返本开新，从高处立脚，结合经验与现实，辟建诗歌艺术的新域。在此过程中，一方面固然是诗人对古典诗歌技法、风格的摹习、消化和创新，另一方面，通过这种诗学实践，实际也带来了对于诗人的文化心性和政治伦理意识的修炼和改造。

二、复古派的“格调说”及其美育内涵

李东阳在其格调论中含寓的审美旨趣和文化理想对前七子的影响是毋庸置疑的，然东阳毕竟属于复古运动的过渡性人物，他虽批评诗歌的理化取向，主张超轶台阁，追摹汉唐，而实质无法真正割断与台阁体的

① 李东阳:《怀麓堂诗话序》,《李东阳集》卷二,岳麓书社 1984 年版,第 530 页。

联系，其理论意图和创作实践存在无法调和的矛盾。如东阳在诗歌创作上仍偏好“典则正大”的风格，作品多有怡情娱志、应制谢酬之作，却较少关注现实民生，故李梦阳讥之“萎弱”“承弊袭常”“工雕浮靡丽之词，取媚时眼”。李东阳自然有复兴诗文之意，但在时人看来，亦是沿袭太甚，陈窠太固，无力扭转大局，唯有李梦阳、何景明等七子出，诗文风气才从根本上为之一变。前七子同样借“格调说”高扬诗文新风，在这方面对李东阳有所承继，但理论内涵上有自己的发展创造。

前七子倡“格调说”最力者，莫若李梦阳、徐祯卿和王廷相，又以李、徐二人特别突出。李梦阳论诗文尤重法式，他说：“文必有法式，然后中谐音度。如方圆之于规矩，古人用之，非自作之，实天生之也。今人法式古人，非法式古人也，实物之自则也。”① 在李梦阳看来，法式之于诗文，尤规矩之于方圆，“规矩者，方圆之自也，即欲舍之，乌乎舍?”② 即是说，规矩与方圆本乃一体，若言方圆，规矩已在其中，无有遗规矩而成方圆者。同理，言诗文，法式必在其中，舍法式便无诗文。李梦阳在此是将法式看作文学存在的一种依据，所谓“物之自则”是也。他由此无法接受何景明对其“尺寸古法”的批评，更反对后者“舍筏登岸”之说，人可舍筏，文不可无法，在李梦阳的语意中，何景明的比喻确实是失当的。然则，何为诗歌法式？摹法古人，所法者又为何？梦阳道：“文自有格，不祖其格，终不足以知文。”③ 法式古人诗歌，自要在法其诗之体式、体格，此皆属格调的范畴。

《潜虬山人记》述道：

> 山人商宋梁时，犹学宋人诗。会李子客梁，谓之曰：“宋无诗。”山人于是遂弃宋而学唐。已问唐所无，曰：“唐无赋哉。”问汉，曰：

---

① 李梦阳:《答周子书》,《明代文论选》,人民文学出版社 1999 年版,第 104 页。

② 李梦阳:《驳何氏论文书》,《明代文论选》,人民文学出版社 1999 年版,第 99 页。

③ 李梦阳:《答吴谨书》,《明代文论选》,人民文学出版社 1999 年版,第 109 页。

"无骚哉。"山人于是则又究心赋骚于唐、汉之上。山人尝以其诗视李子。李子曰:"夫诗有七难:格古、调逸、气舒、句浑、音圆、思冲、情以发之。七者备而后诗昌也。然非色弗神,宋人遗兹矣,故曰无诗。"①

楚骚、汉赋、唐诗是三种文体发展的高峰,完美地体现了该种文体的法式和规格,即严羽所谓诗之"第一义"。单就摹学古诗来说,李梦阳认为,也应分别择其典范,取法乎上,如古体宗汉、魏,近体宗盛唐,七古则兼及初唐。这种复古思路在前七子那里是比较一致的。何景明自称"学歌行、近体,有取于二家,旁及唐初、盛唐诸人,而古作必从汉、魏求之。"② 康海、王九思都主张"文必先秦两汉,诗必汉魏盛唐"③。徐祯卿谈古体诗:"魏诗,门户也;汉诗,堂奥也。"④ 在李梦阳看来,这便是"格古","古"是对格的具体要求,是格的一种审美特质。他在《驳何氏论文书》中道:"柔澹者思,含蓄者意也,典厚者义也。高古者格,宛亮者调,沉著雄丽、清峻闲雅者,才之类也,而发于辞。辞之畅者,其气也……"⑤ 这里是将"高古"标举为诗格的理想境界。王廷相对此亦有相同的论述:"格者诗之志向,贵高古而忌芜乱……构情古始,侵'风'匹'雅',不涉凡近者,精于格者也……"⑥ 可见,李梦阳与王廷相都把"高古"奉为诗格的最高追求。那么,"高古"具有怎样的审美内涵呢?按照当代学者廖可斌的看法,"'高'主要是指作品的思想境界

---

① 李梦阳:《潜虬山人记》,《明代文论选》,人民文学出版社 1999 年版,第 111 页。

② 何景明:《海叟集序》,《明代文论选》,人民文学出版社 1999 年版,第 117 页。

③ 王九思:《明翰林院修撰儒林郎康公神道之碑》,《渼陂续集》卷中,《续修四库全书》第一三三四册,上海古籍出版社 2002 年版,第 230 页。

④ 徐祯卿:《谈艺录》,《中华古文论释林·明代卷》上,北京大学出版社 2011 年版,第 309 页。

⑤ 李梦阳:《驳何氏论文书》,《明代文论选》,人民文学出版社 1999 年版,第 100 页。

⑥ 王廷相:《与郭价夫学士论诗书》,《中华古文论释林·明代卷》上,北京大学出版社 2011 年版,第 340 页。

即思、意、义等要高尚、精深，而不落于‘凡近’；‘古’主要指作品的句法、篇法、词语等要古雅含蓄，而不落于‘浅俗’”[①]。前者说的是内在的思想内容和价值意蕴，后者说的是外在的语言形式和风格，这种观点应该说是符合李、王二人及整个复古派的理论实际的。由此可知，“格”不仅是形式层面的诗文之体式、体格，它还与作品所表现的内容及其反映的精神立场有关。上文王廷相说“格者诗之志向”，诗歌的“志向”自然来自诗人的情志，此处隐约指示了诗歌格调与诗人人格之间的密切联系。

李梦阳也讲“调”。与“格”之“高古”相应，他认为“调”需“宛亮”，“宛亮”是指由声调疾徐高下造成作品婉转和畅、明丽清亮的效果。他提出的古典诗歌的七种审美特征（“七难”），其中一种就是“调逸”，“逸”一方面指诗歌韵律流转飘荡，回味无穷，此义与“宛亮”相近，皆就声律言，另一方面说的则是诗歌整体的艺术气韵。《缶音序》曰：“诗至唐，古调亡矣，然自有唐调可歌咏，高者犹足被管弦。宋人主理不主调，于是唐调亦亡。”[②] 这里的“调”同样含有上述两种意思。何景明则认为声调的变化是诗体嬗变的表征。《明月篇序》言道：“四子者虽工富丽，去古远甚。至其音节，往往可歌。乃知子美辞固沉著，而调失流转，虽成一家语，实则诗歌之变体也。”[③] 复古派对“调”的解释基本延自李东阳，主要指涉诗歌之音韵、声调、辞采等内容，这是通过强调诗歌的审美特质来批评宋元以来及至台阁文学的理化倾向。

然而，正如前文已经指出的，在复古的旗帜下，在明中叶这样一个转折世代中，李梦阳等人高倡“格调”实在有着超越诗学本身的思想意趣，它体现了诗人们意图复兴儒家诗教传统，重建人文道德理想的政治文化抱负，而“格调”在文化语义上对诗格与人格的双重指涉使其能够

① 廖可斌:《明代文学复古运动研究》,商务印书馆 2008 年版,第 119 页。
② 李梦阳:《缶音序》,《明代文论选》,人民文学出版社 1999 年版,第 106 页。
③ 何景明:《明月篇序》,《明代文论选》,人民文学出版社 1999 年版,第 119 页。

承担这样的使命。

李梦阳在《林公诗序》中提出“以诗观人”的观点。他说：

> 夫诗者，人之鉴者也。夫人动之志，必著之言，言斯永，永斯声，声斯律，律和而应，声永而节，言弗睽志，发之以章，而后诗生焉。故诗者非徒言者也。①

诗歌不只是一种语言形式，它是一面镜子，能够映照出诗人的思想情感和精神意志。“情动于中而形于言”，诗歌的风格、气韵是从诗人的情志世界中生长出来的。李梦阳据此提出，应该从五种角度来评价诗歌的艺术价值，分别是谛情、探调、研思、察气、观心，而诗道衰亡的根本原因就在于情迷、调失、思伤、气离、违心。在李梦阳看来，诗道之衰实源于人心、政道之衰，故营造诗人的主体条件，提高诗人的精神素养，才是振兴诗道的正确途径。它赞扬林公“道以正行，标古而趋，有其心矣；行以就政，执义靡挠，有其气矣；政以表言，嚣华是斥，有其思矣；言以摛志，弗侈弗浮，有其调矣；志以决往，遁世无悔，有其情矣。故其诗玩其辞端、察其气健、研其思冲、探其调平、谛其情真，是故其进也……”② 即是说，要使诗歌达到辞端、气健、思冲、调平、情真的艺术境界，诗人自身必须具备相应的道德心志与精神操守，文中所论之如何有其心、有其气、有其思、有其调、有其情，正是就诗人主体情性之修养而言的。

关于作者精神品格（主要是德性的修养）与作品的关系，在李梦阳之前和之后的古代文论中都有大量的论述。从刘勰“文以行立，行以文

---

① 李梦阳:《林公诗序》,《中华古文论释林·明代卷》上,北京大学出版社 2011 年版,第 269 页。

② 李梦阳:《林公诗序》,《中华古文论释林·明代卷》上,北京大学出版社 2011 年版,第 269 页。

传"[①] 之论，直到叶燮（1627—1703，字星期）"其心如日月，其诗如日月之光"[②] 及刘熙载（1813—1881，字伯简）"诗品出于人品"[③] 这样的看法，都是在强调作者之人格品性与诗文之艺术品格乃须臾不可分，而前者毫无疑问是决定性因素，这自然是儒家伦理思维在文学观念中的体现。就此方面来说，李梦阳"以诗观人"的观点乃是传统文论有关人格与诗格关系的另一种表述，而这一观点又通过"格调说"获得了严谨的理论形式。质而言之，人的道德品格决定诗的格调，由诗的格调可以反观人的道德品格。李梦阳尽管没有径直以"格调"指述诗人的人格品性，但他对此概念的诗学言说其实已包纳了这一义旨。上文所述之情、调、思、气、心这五种诗歌审美要素显然与"格调"的美学内涵有直接的关联，但它们更大程度上构成了诗人主体精神的多元性维度。据此可说，在"格调"的语义框架中，人格与诗格在道德心性和人文价值层面被深刻地联结起来。只要了解李梦阳所处明中叶的社会政治环境，了解他本人的情志操守与一生的行藏际遇，我们就不难理解，他以格调论诗，实质是以格调论人，追慕诗歌古典审美风格的背后，却潜藏着一种重建儒家道德理想、复兴人文教化的思想意图。

由于李梦阳执守"尺寸古法"的立场，反对何景明提倡的舍筏登岸、自筑堂奥这种更加灵活的文学理念，学界往往都将他判定为是一个只在诗歌形式上模范古人的僵化的复古主义者。但正如前文所释，首先，形式（"格调"）复古本身就表征出一种强烈的道德文化诉求，诗学的探讨实系于一种道学的冲动。其次，即使就鼓吹古典主义道德文化而言，李梦阳亦是针对现实社会政治情境而做出的选择。他讲作诗"七难"，终究要"情以发之"，此"情"纵有思古之幽情，但仍源自个体对当下生存境遇的喟叹，对已经逝去却相信能够重临的一种治世理想的期盼，故梦

---

① 范文澜:《文心雕龙注》,人民文学出版社 1958 年版,第 23 页。

② 叶燮:《原诗·外篇》,《原诗·一瓢诗话·说诗晬语》,人民文学出版社 1979 年版,第 52 页。

③ 刘熙载:《艺概·诗概》,《刘熙载文集》,江苏古籍出版社 2001 年版,第 118 页。

阳说是“以我之情述今之事”。无论如何，追摹古人，尺寸古法，“我之情”“今之事”仍是复古的出发点和落脚点，也是李梦阳“格调说”真正的美学、美育思旨所在。

除李梦阳外，徐祯卿的诗学主张也表达了相同的价值诉求，他的“因情立格”论被认为是复古派对“格调说”的重要理论创新，在明代诗学史上占有突出地位。《谈艺录》云：

> 诗家名号，区别种种，原其大义，固自同归。歌声杂而无方，行体疏而不滞，吟以呻其郁，曲以导其微，引以抽其臆，诗以言其情，故名因象昭。合是而观，则情之体备矣。夫情既异其形，故辞当因其势。譬如写物绘色，倩盼各以其状；随规逐矩，圆方巧获其则。此乃因情立格，持守圆环之大略也。若夫神工哲匠，颠倒经枢，思若连丝，应之杼轴，文如铸冶，逐手而迁，从衡参互，恒度自若。此心之伏机，不可强能也。①

我们知道，对诗歌情感价值的强调和宣扬是明中叶文学革新的重要内容之一，复古派的“主情”论无疑在其中起到了巨大作用。然与此同时，复古派又提倡“格调说”，即重视诗歌法度和体式的规范作用，注重诗体典范的特殊意义，此乃学古的应有之义，而由此自然就产生了情感与格调的矛盾。若只在形貌上追求古人格调，忽视作品包含的真实情性，便很容易得之于体，而失之于情。若只注重情感的任意抒发，缺乏格式的营造和形式的约束，则会显得格调萎弱，辞气卑俗，难以达到理想的艺术境界。可以说，对这种矛盾的困惑普遍存在于复古派诗人当中，徐祯卿的“因情立格”说在某种程度上就是对此而发的。

按照徐祯卿的看法，在情与格的关系中，情是决定性因素，情感发

---

① 徐祯卿:《谈艺录》,《中国历代美学文库 · 明代卷》上,高等教育出版社 2003 年版,第 175 页。

动，才形诸歌、行、吟、曲、引、诗各种不同的诗歌体式，故不同诗体是根据情感表达的不同需要而被选择的，即由情之所需来确立具体的诗格规范。然而，特别要指出的是，徐祯卿讲因情立格，并非泛泛而谈，必须将之置入复古的总体思路中才能获得准确的理解。徐氏一直倾心于古体诗，将《诗经》与汉魏诗奉为古体之圭臬，他据此所说的“格”便是汉魏及之前的古诗之“格”。而他相信，古诗所以能得高古之格调乃因诗中所寄之情感亦有高古之质，这种情感在徐祯卿那里就是合乎《诗经》“风”“雅”之格的古朴自然的“风”“雅”之情。照此思路，时人要追摹古诗格调，须先体悟古人情感，唯与古人情感相通，方可筑就古诗高格，这才是“因情立格”的真义，自然也较好地解决了情感与格律的矛盾。但我们可以发现，此处问题的关键实质转变成了对诗人主体情志的要求。即是说，为了创作出格调高古的诗歌，诗人首先要提升自身的情感境界，而锻造自我的手段同时也是实践诗歌理想的途径。在这个过程中，格调就不单是因情而立的审美形式，它更是召唤情感、超拔意志乃至改造精神的一种艺术力量，成为塑造主体情志的一种价值模范。在此意义上，诗格与人格被关联起来，“格调说”的精神教化作用得到呈现。

在《谈艺录》文末，徐祯卿表露了自己倡扬古诗的人文心态：“上缘圣则，下擿儒玄，广教化之源，崇文雅之致，削浮华之风，敦古朴之习。”① 他感叹“古风沉滞”，并不单就诗歌而言，乃是对时代的道德风气和人文环境的总体判断与批评，所以复兴古诗也就绝不仅是一个单纯的文学理想，不如说是借古诗之兴以达道德之兴、文化之兴、政治之兴，而这个复兴程序显然是以儒家的诗教观念为依据，其中对于实现文化政治理想所要求的道德人格的建构成为关键步骤。对于徐祯卿及其他复古派诗人来说，追求诗歌格调之高古雅正已然包含了对诗人人格的相应期待与要求，而当高雅风调遍漫诗林之时，自然会对诗人士夫的心性人格

---

① 徐祯卿:《谈艺录》,《中国历代美学文库·明代卷》上,高等教育出版社 2003 年版,第 177 页。

及整个社会文化风气带来积极的感召作用。

与李东阳重“调”过于重“格”不同，在复古派的“格调说”中，对“格”重视更甚于“调”。与“调”主要指涉诗歌的声律、音韵、文采等形式层面相比，“格”尤其与诗歌的语言法度、思想立意和总体艺术境界相关，一般所谓格调高下，很大程度上是由“格”来决定的。李梦阳批评李东阳诗歌有“萎弱”之病，讥讽后者“工雕浮靡丽之词，取媚时眼”，明显是就诗的思旨、风骨，即“格”这一层意义来说的。李东阳曾在刘瑾专权时对之多有迎奉，以致深受气节之士诟病，前七子对他的抨击根本上也是出于政治原因，很难相信李梦阳对东阳诗歌的批评没有政道伦理上的考量。由此来看，复古派在诗歌领域倡举格调，且尤重对“格”的诗学意蕴的论述，确实寄寓着一种广大深厚的文化政治的企望。廖可斌曾对复古派的诗歌观念做出如下评价：“复古派诸子对古典诗歌审美特征的向往和追求，对古典审美理想的向往和追求，是以对封建主义的社会理想和人生理想的信仰和追求为基础、为根本的。他们的文学复古运动，与他们敢于与恶势力抗争的政治活动以及劲直忤世的生活态度之间，有着内在的必然联系。”① 这种评价准确地说明了复古派诗学与当时社会政治运动之间的关系，并揭示了复古派诗人那种寄付于诗歌又超越诗歌的文化人生理想，而“格调说”无疑是这种审美追求和人生理想最完满的体现。

第三节　“真诗乃在民间”：诗教典范的转移

对前七子来说，在新的社会历史条件下恢复儒家的诗学正统，重建古典主义的审美理想是他们的共同意旨，复古只是实现此种意旨的必然手段，它既非诗学的根本原则，也不是最终目的，其背后实际挺立着“诗者，吟咏情性也”这样一种情感主义的信念。如果说，复古是对诗歌

① 廖可斌：《明代文学复古运动研究》，商务印书馆2008年版，第68页。

历史经验的回溯和追摹，那么情感本质的凸显乃是从文学本体层面重塑诗歌的美学基础，而按照李梦阳的看法，复古主张需要“以情发之”，情感仍然是一个总体性的诗学原则。显然，在前七子那里，鼓吹情感主义不是在宣扬一种抽象的价值观念，它是针对现实问题——诗歌以及关联于此的政治、文化问题——提出的一种解决方案，是对累积至明中叶而爆发的价值危机和精神困局在文学上的一种回应，所谓“以我之情述今之事”是也。也恰恰因为这种情感的现实性内涵和对现实事务的情感主义观照，复古派具有了某种灵活、开放的视野，除了试图在现实语境中复活历史经验之外，李梦阳等人还把诗歌的评鉴视角从庙堂下移到了民间，希冀借助民间文学的自然活力，为诗歌乃至整个文化世界注入生机，由是提出了“真诗乃在民间”的口号。在复古诸子看来，无论是民间之真诗抑或汉魏、盛唐之正统，诗歌的情性内核没有变，它们所要解决的问题也是一样的，但相对于后者，“真诗乃在民间”的思路因为对于诗歌理想的探寻方向的转变，而在一定程度上启导了明代中晚期诗文价值典范的转移进程。

在中国传统诗学观念和诗歌实践当中，民歌占有特殊的地位。众所周知，以民间乐歌为主体的《诗经·国风》，对中国两千多年诗歌的艺术形制与审美精神具有重大的奠基意义。就此而言，古典诗歌一开始便带有民歌的基因，只是在不同时代，民歌基因在塑造文学整体面貌的功能方面，会有作用性质上的隐性或显性之分。比如，后世评价六朝文学是“儿女情长，风云气短”，批其“连篇累牍，不出月露之形；积案盈箱，唯是风云之状”（《隋书·李谔传》），在郑振铎看来，这是受到民歌的强烈影响[①]。总之，从汉乐府、六朝民歌、唐代竹枝词、宋金诸宫调，直到元代散曲，这些民间文学样式构成了两千多年华夏文学不可或缺的重要部分。另一方面，统治者们对民间歌谣的重视也是源远流长。孔子提出《诗经》具有兴、观、群、怨四种功用，此处的“观”，郑玄注之为“观

① 郑振铎:《中国俗文学史》,东方出版社1996年版,第70页。

风俗之盛衰”，朱熹解之为“考见得失”，这种“观”的功能是就“国风”来说的，而统治者更是将诗之“观”落实到文化政治实践上。《礼记·王制》说：“（天子）命大师陈诗以观民风。”大（太）师即采诗之官。《汉书·艺文志》载：“古有采诗之官，王者所以观风俗，知得失，自考正也。”① 可见，在统治阶层那里，民间歌谣的首要价值在于能够起到一种政治反鉴作用，使“王者不窥牖户而知天下”，进而改良社稷民生。当然，这里说的民间歌谣不包括被儒家经典化和正统化之后的“国风”。正因如此，长期以来，对民间歌谣的政治伦理功能的评判抑制了对它的文学价值的探讨，而与精英文学自觉的“文以载道”意识不同，民间歌谣这种显然是被强制赋予的政治伦理意义并无法使其在正统的文学体制规划中获得公正的对待和应有的地位。

宋代以后，民间文学渐趋兴盛，至明而显繁荣。沈德符（1578—1642，字景倩）《万历野获编》记道：“自宣正至成弘后，中原又行《锁南枝》《傍妆台》《山坡羊》之属……自兹以后，又有《要孩儿》《驻云飞》《醉太平》诸曲，然不如三曲之盛。嘉隆间，乃兴《闹五更》《寄生草》《罗江怨》《哭皇天》《干荷叶》《粉红莲》《桐城歌》《银纽丝》之属……比年以来，又有《打枣竿》《挂枝儿》二曲，其腔调约略相似，则不问南北，不问男女，不问老幼良贱，人人习之，亦人人喜听之，以至刊布成帙，举世传诵，沁人心腑，其谱不知从何来，真可骇叹！”② 沈德符这里简述了明代自宣德到万历时期民歌的发展历程，但他自己对这些民歌时调并无太多好感，认为其“渐与词曲相远，不过写淫媟情态，略具抑扬而已”③。然而，民间文学的蓬勃繁盛不能不引起文人士大夫的关注，更逐渐对后者的文学创作和文学观念产生影响，乃至晚明戏曲家卓人月（1606—1636，字珂月）有言：“我明诗让唐，词让宋，曲又让

① 班固：《汉书·艺文志》，中华书局1962年版，第1708页。

② 沈德符：《万历野获编·词曲》卷二五，中华书局1959年版，第647页。

③ 沈德符：《万历野获编·词曲》卷二五，中华书局1959年版，第647页。

元，庶几《吴歌》《挂枝儿》《罗江怨》《打枣竿》《银绞丝》之类，为我明一绝。”（陈鸿绪《寒夜录》引）凌濛初（1580—1644，字玄房）也说：“今之时行曲，求一语如唱本《山坡羊》《刮地风》《打枣竿》《吴歌》等中一妙句，所必无也。”[①] 凌濛初和卓人月对时调俗曲的评价并非以政道伦理观念为衡量标准，却是从文体、语言等审美形式角度立论的。若说凌、卓二人因本身从事俗文学创作而对民歌有所偏好，那些维护传统文学秩序的士大夫文人对民歌俗调的兴趣便更能说明问题，这种兴趣甚至在明初的台阁体诗人当中就表现出来了。

台阁文学的领袖之一杨荣言道：“嗟夫，诗自《三百篇》之后，作者不少，要皆以自然醇正为佳。世之为诗者务为新巧而风韵愈凡，务为高古而气格愈下，曾不若昔时闾巷小夫女子之为，岂非天趣之真与夫摸拟掇拾以为能者，固自有高下哉!”[②] 杨荣批评时人为诗特意讨巧求新、一味追摹古人，实不如市井里巷民夫劳人的吟唱来得真切自然。他将民歌的“天趣之真”与当时诗坛“模拟掇拾”之病做对比，并明决高下，不仅是对明初复古之风的批评，似乎也是对前七子的复古实践发出的预判，而“天趣之真”这一评判依据后来也成为李梦阳提出“真诗乃在民间”之说所依持的价值原则。李东阳在阐发诗歌的情感本质时也说：“彼小夫贱隶，妇人女子，真情实意，暗合而偶中，固不待于教。而所谓骚人墨客、学士大夫者，疲神思，弊精力，穷壮至老而不能得其妙，正坐是哉。”[③] 李东阳借平民百姓的真性自然之吟哦来讽刺文人诗歌竭神费思、固守规则的理化取向，但他非只借此言彼，而是在宣扬自己诗学理念的过程中，真正注意到了民歌的审美特质和艺术价值：“古诗歌之声调节奏，不传久矣。……今之诗，惟吴、越有歌。吴歌清而婉，越歌长而激，

---

① 凌濛初:《谭曲杂札》,《中国古典戏曲论著集成》第四册,中国戏剧出版社 1959 年版,第 255 页。

② 杨荣:《省愆集序》,《文敏集》卷一一,《景印文渊阁四库全书》第一二四〇册,台湾商务印书馆,第 169 页。

③ 李东阳:《怀麓堂诗话序》,《李东阳集》卷二,岳麓书社 1984 年版,第 539 页。

然士大夫亦不皆能。”① 这是把民歌的声调韵律当作文人诗歌格律学习的模范。更堪一提的是，在李东阳的诗歌创作中，用力最深的是拟古乐府，这也能从一个方面反映出他对民歌风谣的倾心。

无论是作为批评文人诗的一个参照系，还是其本身文学价值的逐渐凸显，文人士大夫对民歌的理论揄扬乃是明初至中叶诗歌美学发展的一个突出特点，在此背景下，复古派对民歌的重视确实是其来有自的。李开先在《词谑》中记道：

> 有学诗文于李崆峒者，自旁郡而之汴省，崆峒教以“若似得传唱《锁南枝》，则诗文无以加矣”。请问其详，崆峒告以“不能悉记也。只在街市上闲行，必有唱之者”。越数日，果闻之，喜跃如获重宝，即至崆峒处谢曰：“诚如尊教!”②

这则逸事透露出三个信息：其一，明中叶的民歌相当繁荣，如《锁南枝》之类的时调俗曲在当时获得广泛传唱；其二，李梦阳明确将学习民歌当作学诗的门径，反映出民歌的文学价值在当时已受到高度肯定；其三，文中所记学诗者的言行说明，赞赏民歌、学习民歌在明中叶已成为一种较为普遍的文学观念。李梦阳等复古派诗人多有向民歌学习的切实经历，如李氏作《郭公谣》《叫天歌》，王廷相作《瘦儿》《禽言》等，都是直接讲述卑微、细琐的民间生活。

对民歌的积极态度深刻影响了复古派的诗学观，使得前七子的复古理论在历史与现实、典范与经验的纠结缠合中呈现出颇具张力的思想意蕴，这在李梦阳提出的“真诗乃在民间”的观点中得到了集中的体现。该观点出自李氏晚年所作的《诗集自序》：

---

① 李东阳:《怀麓堂诗话序》,《李东阳集》卷二,岳麓书社 1984 年版,第 537 页。

② 李开先:《词谑·时调》,《中国古典戏曲论著集成》第三册,中国戏剧出版社 1959 年版,第 286 页。

李子曰：曹县盖有王叔武云，其言曰："夫诗者，天地自然之音也。今途咢而巷讴，劳呻而康吟，一唱而群和者，其真也，斯之谓风也。孔子曰：'礼失而求之野。'今真诗乃在民间。"①

李梦阳这里是借用王叔武的话来表达自己的诗学主张。他对诗歌的定义是"天地自然之音"，这明显是源自儒家的诗、乐一体论观念。所谓自然，就是事物不加修饰，不假外力，按照本来面貌呈现自身，在描述事物性质时一般与真实等义。李梦阳赞赏街头里巷老百姓的吟呻唱和，无他，唯真耳！他以乐说诗，并非是对传统诗、乐一体论的简单继承，恰是看到儒家对音乐的美学定位是以真实自然为核心原则的，如《乐记》所言之"唯乐不可以为伪"是也。那么，为何音乐不能作伪而必然为真呢？因为它是起自人心，发于情感。《乐记》道："凡音者，生人心者也。情动于中，故形于声，声成文谓之音。"而李梦阳正是从情感维度来为"真"定性的："真者，音之发而情之原也。"② 音乐的本源是情感，天下"无非情之音"，故音乐天然是真实的，可知李梦阳之谓"真"即是真情真性的意思。他说："情者，性之发也。然训为实，何也？天下未有不实之情也。故虚假为不情。"③ 讲情必求真，唯真才是情。

按照前文所述，复古派诸子坚信，情感是诗歌的本质，但由于语言可以伪装矫饰，所谓"端言者未必端心"，这便容易造成诗歌的虚情假意，从而背反自身的艺术本质。然诗之真如何可能呢？以诗比乐、以乐论诗就是李梦阳为诗歌真实性辩护所采取的手段。在他看来，"诗者非徒言者也"④，它还包括声调、韵律、节奏等音乐形式要素，从某种程度上

---

① 李梦阳:《诗集自序》,《明代文论选》,人民文学出版社 1999 年版,第 102 页。

② 李梦阳:《诗集自序》,《明代文论选》,人民文学出版社 1999 年版,第 102 页。

③ 李梦阳:《论学上篇》,《空同集》卷六六,《景印文渊阁四库全书》第一二六二册,台湾商务印书馆,第 605 页。

④ 李梦阳:《林公诗序》,《中华古文论释林·明代卷》上,北京大学出版社 2011 年版,第 269 页。

说，诗歌的情感乃是在这些音乐的形式要素中获得真实表达的，也正如此，后者能够在艺术上保证诗歌的真实品性。应该说，前七子对于诗歌真性之质的追求是相当一致的，因为他们都认同“诗缘情”的基本立场。在《词谑》中，李开先还记述了何景明有关民歌的言论：“何大复继至汴省，亦酷爱之，曰：‘时词中状元也。如十五国风，出诸里巷妇女之口者，情词婉曲，有非后世诗人墨客操觚染翰、刻骨流血所能及者，以其真也。’”① 何景明也是把“真”当作民歌最重要的艺术特征，当然也是他所期望的理想诗歌应有的文学特质。

以“真”为标准，李梦阳对两种传统文学观念提出了批评，一是以韵言定诗，一是尊雅贬俗。按照“真诗”的原则，只要是抒发真情实感的“天地自然之音”，无论有韵无韵，皆可称诗。比起语言上的音韵声律，李梦阳晚年更看重诗歌的内在情韵。在“真”的价值范导下，传统诗学中表现为雅俗之分的等级秩序也被打破了：“故真者，音之发而情之原也，非雅俗之辩也。”② 以这种开放的态度再来看民间歌谣，不仅雅俗之辩失去了意义，连根深蒂固的华、夷对立也被消解了。梦阳自述：“予尝聆民间音矣，其曲胡，其思淫，其声哀，其调靡靡，是金、元之乐也。”③ 由于经历金、元统治，中原民俗皆有胡化倾向，“即其俗成声”的民歌自然也沾染了胡风。而李梦阳赞同王叔武的观点，认为这些带有胡风的民歌俗曲“长短疾徐无弗谐”，是真正的天地自然之音。然“谁使之也”？答案不言而喻，真情真性而已！总之，我们有理由相信，无论是对唯韵是诗的诗学观的质疑还是对雅俗、华夷之分的消解，“真诗乃在民间”的口号对于在传统文化场域和政道秩序中凸显民歌的艺术价值、提升其文化地位产生了积极影响。此外需要说明的一个问题是，尽管自明初以来，诗人们的文学视野已频繁下移，但“真诗乃在民间”之所以到

① 李开先:《词谑·时调》,《中国古典戏曲论著集成》第三册,中国戏剧出版社 1959 年版,第 286 页。

② 李梦阳:《诗集自序》,《明代文论选》,人民文学出版社 1999 年版,第 102 页。

③ 李梦阳:《诗集自序》,《明代文论选》,人民文学出版社 1999 年版,第 102 页。

明中叶被明确提出，还是与其时社会文化的民间化、通俗化运动密切相关。明中叶，商品经济得到长足发展，出现了资本主义萌芽，与之相应，脱离小农经济的市民阶层发展壮大起来，由此推动整个社会的文学趣味和文化风尚的改变，并带来了民间文艺和通俗文艺的活跃和繁荣。显而易见，这正是李梦阳赖以鼓吹“民间真诗”说的深刻的社会历史契机。不妨说，“真诗乃在民间”是精英文人在重构诗歌理想的过程中遭遇文化民间化、通俗化潮流而激荡出来的一种观念。重要的是，面对新的文化潮流，李梦阳没有固守传统，拘泥陈见，而是采取积极开放的姿态，终于从中淘洗出他的诗歌理想。

从雅俗之界分、华夷之大防，直至由阳春白雪向下里巴人的转移，李梦阳不仅昭示了一种新的诗歌审美的典范，而且表达了对一种新的诗教理念的期求，这体现在李梦阳对于民歌“风”义的阐述当中。在《诗集自序》中，梦阳记述了自己与王叔武的一段对话：

> 王子曰：“诗有大义，比兴要焉。夫文人学子，比兴寡而直率多。何也？出于情寡而工于词多也。夫途巷蠢蠢之夫，固无文也。乃其讴也、号也、呻也、吟也、行咕而坐歌，食咄而寤嗟，此唱而彼和，无不有比焉兴焉，无非其情焉，斯足以观义矣。故曰：诗者，天地自然之音也。”李子曰：“虽然，子之论者，风耳。夫《雅》《颂》不出文人学子手乎？”王子曰：“是音也，不见于世久矣，虽有作者，微矣！”①

李梦阳在《诗集自序》中往往是引王叔武之言以自叙，所以这里说的基本是他自己的意思。他认为，诗学六义（风、雅、颂、赋、比、兴）中，最重要的是比兴，而比兴手法是与诗的抒情要求直接相关的。他据此批评文人诗“比兴寡而直率多”，根本原因是“情寡”。与之对比鲜明

---

① 李梦阳:《诗集自序》,《明代文论选》,人民文学出版社 1999 年版,第 103 页。

的是，市井街巷中的愚夫愚妇本不懂比兴之法，但他们就事而歌，即俗成声，随风而唾，无非珠玉，此唱彼和，比兴自在其中，窥寻因由，“无非其情焉”。而当李梦阳移居汴梁，初闻当地民歌，便“以为可继‘国风’之后”[①]。他相信，民歌是继承古代“风”诗传统的，径直称之曰“风”亦无不可（“斯之谓风也”），而“风”与“雅”“颂”在文学手法和价值取向上都存在很大区别。朱熹《诗集传序》说：“凡诗之所谓‘风’者，多出于里巷歌谣之作，所谓男女相与咏歌，各言其情者也。……若夫‘雅’‘颂’之篇，则皆成周之世，朝廷郊庙乐歌之词，其语和而庄，其义宽而密，其作者往往圣人之徒，固所以为万世法程而不可易者也。”[②]“风”诗重在抒情，故多用比兴手法，风格显自由活泼，“雅”“颂”则多铺陈记叙，间以议论说理，风格也更庄重严谨。李梦阳倡举“风”诗，并非排斥“雅”“颂”，实在因为“雅”“颂”之音经过后代诗人的雕刻虚饰（最近如台阁体）已趋衰亡，只有“风”声遗韵仍响荡不绝。他在《论学篇上》中言道：“吁《黍离》之后，‘雅’‘颂’微矣。作者变正靡达，音律罔谐，即有其篇，无所用之矣。予以是专‘风’乎言矣。吁，予得已哉！”[③]所以李梦阳说要“入风出雅”，这里明显流露出一种无奈、惋惜之情。他扬“风”而避“雅”“颂”，显然立足其“真情”诗学观，正因此，民歌以其真情之质庶几乎“风”矣。

李梦阳以“风”诗之义解说民歌，无可回避地会涉及民歌的教化功能的问题。实际上，当把民歌标举为“真诗”典范的同时，这种诗学观所包含的诗教观也已发生了变化。《毛诗序》论及“国风”的政教功用时说：“风，风也，教也；风以动之，教以化之。”又说：“上以风化下，

---

① 沈德符：《万历野获编·词曲》卷二五，中华书局1959年版，第647页。

② 朱熹：《诗集传序》，《朱子全书》第一册，上海古籍出版社、安徽教育出版社2002年版，第351页。

③ 李梦阳：《论学上篇》，《空同集》卷六六，《景印文渊阁四库全书》第一二六二册，台湾商务印书馆，第603页。

下以风刺上，主文而谲谏，言之者无罪，闻之者足以戒，故曰风。”[①] 此处所言“风”起码意指三层意思：首先，是指民间歌谣这样一种文艺体裁。《左传·襄公十八年》记师旷言：“吾骤歌北风，又歌南风。”“北风”“南风”即指北方和南方的歌谣。其次，指诗歌的教化功能，名曰“风教”，因为诗歌作用于人的情感心灵的效果与风的物理效用相似。如孔颖达《毛诗正义》云：“微动若风，言出而过改，犹风行而草偃，故曰风。”[②] 诗歌感教人心，如风吹草木，无不靡服。再次，风教功能是双向的，上层统治者既借诗宣教，以兴民德（“上以风化下”），同时亦凭诗以观风俗、正得失（下以风刺上）。根据这三层意思，我们可以知道，虽然从教化这层语义上说，“风”是对风雅颂三种诗歌类型的诗教功能的一般性定义，但按照“风”的词源学的解释，以及对风雅颂的实际内容的考察不难发现，所谓“风教”，主要指的是“国风”（《小雅》也包含了部分民歌）之类民歌土谣对民风时俗和统治阶层产生的劝化鉴诫作用，也就是说，基于《诗经》训解而发展出来的儒家诗教观一开始就是以“风”诗为核心建构起来的。风教者，“风”教也。而毫无疑问，当《诗经》被纳入到儒家思想义理框架之时，亦是《诗经》——亦是华夏诗歌——被过分地政治化、道德化、功利化的开始。在“兴观群怨”“诗言志”等诗学元话语的支配下，自然纯真的个体情性和朴素生动的民间情感被建基于纲常伦理之上的国家意志所统摄和压抑，诗人的言说往往是代集团立言、代国家立言。《毛诗正义》道：“其作诗者，道己一人之心耳。要所言一人，心乃是一国之心。诗人览一国之意以为己心，故一国之事，系此一人使言之也……故谓之‘风’。”在这种儒家诗教观中，即使是表现百姓日常生活情态和生命志趣的土风民谣，也只有被置于政道伦理的价值序列中才能获取自身的意义。

① 《毛诗序》,《中国历代文论选》(一),上海古籍出版社 2001 年版,第 63 页。

② 孔颖达:《毛诗正义》,《十三经注疏》(一),清嘉庆刊本影印本,中华书局 2009 年版,第 566 页。

我们当然不能认为李梦阳的“真诗乃在民间”的说法完全突破了传统诗教观的政治伦理叙事，这当然是不可能的，而其复古主义诗学又确实寄寓着意旨遥深的儒家政道理想。在《诗集自序》《张生诗序》《缶音序》等文章中，李梦阳多次表达了“礼失而求之野”的观念。此话据说出自孔子，最早由《汉书·艺文志》引述。（仲尼有言：“礼失而求诸野。”）大意谓上层社会礼崩乐坏之时，可以到具有丰厚道德积淀的民间去寻找亡逸的礼乐文化或传统美德，犹如陆游《游山西村》所道：“萧鼓追随春社近，衣冠简朴古风存。”这种求古风于民间的情结普遍深植于那些不满现实而又意欲在世俗中觅求治世盛景的传统士人的文化心理当中。从某种意义上讲，李梦阳的“真诗乃在民间”就是“礼失而求诸野”的一种诗学话语的表述形式，因为借诗言道本来就是复古派的诗学意旨。然而，孔子欲于郊野求取礼乐，所求者固然还是周礼，礼的性质与内容并不因所求之地的改变而改变，但当李梦阳于民间寻求真诗，此诗（民歌）所言之道却无法保证仍是那个由纲常名教编织的纯粹的伦理政道，民间真诗所扬之风教在价值内容上也发生了某种改变。

我们认为，李梦阳以真情为核心原则的“真诗”批评视域的建立，至少从两个维度推动了传统诗教观在明中叶的转变：一是诗歌的情感抒发由公共生活领域开始转向不受礼法约束的个体私域。李梦阳的诗作中固然有很多针砭时政、揭批社会黑暗、充满家国情怀的现实主义作品，却也有不少情真意切的抒情诗。如悼念亡妻的《结肠篇》三首，一改以往此类诗歌以赞扬妇德为主旨的套路，毫不隐晦地写出了真挚隽永的夫妇之爱，读来感人至深。其二，对于诗歌真情价值的肯定和宣扬，促使传统诗学将情感观照视野从庙堂转向民间。不可否认，李梦阳提出“真诗乃在民间”的论断，出发点在于寻找“真诗”，并非一开始就以民歌为观照对象，只是在“真诗”理念的引导下，脱尽智巧、大胆纯真的民歌便自然进入视野，最终成为“真诗”的典范形态。而上述两种价值维度实质上是相互关联、相互指涉的。比如，超脱礼法的个体层面的夫妇之爱不唯是才子佳人式的（才子佳人式的爱情反而拘于礼法），也应该包括——甚至更有可能是——市井乡里那种洒脱粗野、生动鲜活的“愚夫愚妇”之爱，这也是当时民歌的主要题材。而在我们看来，“真诗乃在民间”命题一方面固然鲜明地确立了“真诗”这一诗歌审美标准，但更重要的或许是“真诗”所指向的民间场域的实际内容，因为后者从某种程度上会反过来重塑“真诗”的价值内涵。如前文所言，真诗的核心原则是真情，关键在于，此为何人之真情，何事之真情。无论如何，命题本身已经说明，此人、此事、此情皆来自民间的社会文化，发生在百姓的日常生活当中。李开先《市井艳词序》道：

> 正德初尚《山坡羊》，嘉靖初尚《锁南枝》，一则商调，一则越调。商，伤也；越，悦也；时可考见矣。二词哗于市井，虽儿女子初学言者，亦知歌之。但淫艳亵狎，不堪入耳，其声则然矣，语意则直出肺肝，不加雕刻，俱男女相与之情，虽君臣友朋，亦多有托此者，以其情尤足感人也。故风出谣口，真诗只在民间。①

《山坡羊》《锁南枝》是李梦阳、何景明激赏的民歌曲调。这两支民歌内容上都是表现男女之情，风格淫艳豪放，几近低俗，其表情达意却是真切坦直，无半点修饰装掩，故能产生感动人心的效果。李开先由此说：“风出谣口，真诗只在民间。”他也承认，民歌是承袭“风”诗遗韵的，甚至更果断地认为，只有民间歌谣才是抒解真情的真诗，这与李梦阳的观点是一致的。根据李开先的叙述，李梦阳推崇民歌风谣，不可能不了解后者包含了淫艳狭邪、有违礼教纲常的内容，但他并不以为意，我们甚至可以相信，他将民歌比作“风”诗，正是看到了民歌俗丽淫艳的特点。不仅如此，李梦阳还把《锁南枝》当作真诗的范本而推荐给诗歌初学者，这自然遭致不少坚守诗道正统的诗人的激烈批评，而李开先坚决为李梦阳的态度进行辩护：“若以李、何所取时词为鄙俚淫亵，不知

---

① 李开先：《市井艳词序》，《明代文论选》，人民文学出版社 1999 年版，第 142 页。

作词之法、诗文之妙者也。”① 在李开先看来，李梦阳对民歌的青睐是依照文学自身的审美规律所采取的选择，因此，作品本身是鄙俗淫亵抑或高雅庄严无关紧要，关键是看能否表达真情实感。但不得不承认，这种看似无关道德礼法的诗学取向恰恰与传统的道德礼法构成了激烈的对抗姿态。

一个容易理解的事实是，李梦阳并非一开始就抱着明确的反礼教目的而有意去宣扬那些挣脱纲常伦则束缚的民间文艺，如同李开先的判断，他是在遵循一条真诗的审美路径，并期望借助这条审美路径实现古典道德文化的复兴。问题是，当李梦阳把“真诗”的诗学之路延伸到民间社会文化中去的时候，真诗所依持的真情原则就已经被“民间化”了，也就是说，诗歌的情感内涵及其关联着的道德文化观念被民间化了。于是，对于“真诗乃在民间”这个命题的思想逻辑来说，便发生了以真诗评判民间文化向由民间文化重塑真诗义理的转变。与此同时，这个诗学命题所蕴含的诗教观也在一定程度上脱离了传统儒家诗教观的价值轨范，被注入更多的民间情理意趣，而这种民间的情理意趣显然深刻地关联于当时的社会经济环境。正如众所周知的史实，李梦阳生活的明中叶是一个经济商业化、文化世俗化运动方兴未艾的时代，这些运动毫无疑问都发生在民间社会。而带有新时代特征的经济、文化潮流将不可避免地冲击市井百姓的日常生活，洗刷他们的伦常意识和法理观念。李开先所谓“风出谣口”，不单是说“风”诗来自土歌民谣，更有社会的风俗教化（风教）出自土歌民谣的意思，然无论是“风”诗亦或风教，“风”的文学内容和价值义理都含有了新时代的思想元素。同样，在李梦阳那里，他表面上借用“礼失求诸野”的观点为“真诗乃在民间”说提供思想依据，但其实“礼”（儒家的道德礼义）本身就是“真诗”所诉诸的价值对象，只不过，当求道复礼的视域下延到市井巷间中时，其所求得的

① 李开先：《词谑·时调》，《中国古典戏曲论著集成》第三册，中国戏剧出版社1959年版，第286页。

"礼"已然不同于那个被高度政治化、宗教化的纲常礼教，而必定是在现实社会文化境域中符合民众情感需求、顺应民众生存意志的活生生的生活伦理。

总之，"真诗乃在民间"说不仅标举了一种具有全新文学意义的诗歌审美典范，更是蕴含了一种新的诗教观。在我们看来，与其认为这种诗教观是李梦阳的自觉价值追求，不如将之看作是从上述命题的原初理论框架中脱逸出来的思想成果，是一种古典主义的诗歌理想与日常现实的文化经验激荡化合的产物。不可否认，"真诗乃在民间"本身的理论意涵是比较单薄的，但将它置于世俗化、民间化这样一种总体性的社会文化趋势中，该命题所激发出的理论效应却超出了其本有的理论限度，它标志着明代诗学观、诗教观的重大转折，并对明代中晚期通俗文艺的兴盛构成了深刻的价值启导作用。

第四章　王阳明的美育思想

王阳明（1472—1529），名守仁，字伯安，浙江余姚人，因曾筑阳明洞读书、讲学，故自称阳明子，世称阳明先生。他官至南京兵部尚书、南京都察院左都御史，因平定宁王宸濠之乱而封新建伯，谥号文成公，有《王文成公全书》三十八卷传世。王阳明是中国历史上少有的精通儒、释、道三教，学问与事功兼备的全能大儒，由他创造性发展的心学将中国古典哲学推向了最后的辉煌，并为后世留下了丰富的思想文化遗产。

王阳明所处之弘治、正德、嘉靖三朝正是明朝由盛而衰的转折期，政治腐败、藩王叛乱、土地兼并导致农民流离失所，边境不断遭遇瓦剌、鞑靼侵扰，可谓内忧外患，不胜其苦。而对政治失望的文人士大夫阶层不仅无存革新之志，却将自己的才情和志趣全部消耗在日常生活的浪游嬉戏之中，完全抛弃了儒家修齐治平的圣学理想。阳明对此提出了毫不留情的批评："世之学者，如入百戏之场，欢谑跳踉，骋奇斗巧，献笑争妍者，四面而竞出，前瞻后盼，应接不遑，而耳目眩瞀，精神恍惑，日夜遨游淹息其间，如病狂丧心之人，莫自知其家业之所归。"① 既然连背负圣门宏旨的学者士大夫亦沾习此"利功之毒"而忘"其家业之所归"，世风人心陷入何种危殆之境便朗然可知。在王阳明看来，造成这种政治腐朽、士风不竞之危局的根本原因在于人们过于追求外在的表象（生活和学术皆如此）而失去对内在道德精神的持守，终使得身心对立、心物

① 王阳明:《传习录中》,《王阳明全集》,上海古籍出版社 1992 年版,第 56 页。

支离，修身成己的圣学路径隐晦不明，千蹊万径，莫知所适，唯有争名逐利，专营于矫饰虚文以寄付身心。阳明进而认为，世俗社会的道德沦丧其实是源于学术上的弊端，最大的根由正是当时作为学术思想主流的朱子理学。于是，以“正人心，息邪说”自任的王阳明将批判朱学视作重彰“先圣之学”的出发点。在明代中后期这样一个社会文化环境中，他企图另辟蹊径，为儒家的道德精神和政治理想寻求一种新的心理基础和实践方式，希望藉此解救明王朝的政治危机，这也正是王阳明承继陆九渊（1139—1193，字子静）的心学而批判朱子理学，并最终创立自己的心学体系的根缘所在。

阳明心学一方面通过追述、重释先秦至宋代的心性之学（如《大学》、孟子和陆九渊的心本哲学）来建塑自身的义理框架和思想根基，同时藉由批判朱子理学（更确切说是一种批判性的继承和超越）来明确一种卓异于传统的为学方法和学术精神。但关键在于，作为儒家“内圣之学”的一个高峰，我们应该如何理解阳明心学的美育品格呢？只要深析心学义理便不难发现，无论是心体的洒落自得，良知本体的虚明灵觉，“致良知”工夫的随机简易、无执无着，抑或“知行合一”在工夫本体上的互证互成，乃至所求“万物一体”“无入而不自得”的人生境界，皆含蕴着各自的审美机缘，而贯穿王阳明心学叙事之始终的成己、成圣之念，则体现了前者以心性化育为手段的道德教化理路的价值旨归。合而言之，阳明心学本身即可被看作是一种美育学说。就远处言，它是对中华文化所谓“人文化成”① 之精神宗旨的宣发和阐扬，从近处看，它是对宋儒以“变化气质”为要义的心性修养论的转化和突破。通过开创或重证诸如心即理、知行合一、致良知等一系列的重要命题和概念，王阳明铸造了一种影响深远的心学美育精神，后者塑造了整个中晚明之际哲学、文学、艺术、教育等领域的思想形态和文化旨趣，对士大夫的道德操行和生命践履产生了根本性的影响，可以说是继先秦、两宋之后，

① 《周易·贲卦·彖传》:“观乎天文以察时变，观乎人文以化成天下。”

儒家美育思想发展出的第三个高峰。本章试图围绕阳明心学的几个核心论题来探讨王阳明美育思想的基本内涵和理论意义。

第一节　心即理：开启“成圣”之路

王阳明一生为学行事皆以“成圣”为最大目的，这是他在少年时代就已悟出的人生“第一等事”。强烈的成圣意愿决定了阳明哲学的思维向度更多地指向内在心性，而反对朱熹那种外指性的格物穷理的理学路径。王阳明认为，“为学须有本原，须从本原上用力”，所谓从本原上用力也就是“于心体上用功”①，他由是说：“圣人之学，心学也。”② 以心为体的哲学取向因而成为王学区别于程朱之学的一个重要标志。而要把握王阳明的心和心体的概念，就必须将之置入心与理的关系中来理解。“在整个宋明理学中，‘心’与‘理’之间的关系是基本哲学问题之一。……就心学传统而言，心—理关系更是全部体系的核心。”③ 因此，我们对于王阳明美育理论的探讨首先也应从理解他的心和心体概念入手，进而在他所阐发的具有重大革新意义的心、理关系中去把握一种道德人格的审美化的建构和体证模式，最终昭示的乃是传统的成圣路径在心学思维中的转变。

一、历史：心体与教化

徐复观在《心的文化》一文中称，“中国文化最基本的特性，可以说是‘心的文化’”④，并从价值论的角度指出，“中国文化认为人生价值的根源即是在人的自己的‘心’”⑤。蒙培元则判定，中国哲学乃是一种“心灵哲学”，“它的着眼点在于人的心灵的存在及其价值和意义问题，包

---

① 王阳明：《传习录上》，《王阳明全集》，上海古籍出版社 1992 年版，第 14 页。
② 王阳明：《象山文集序》，《王阳明全集》，上海古籍出版社 1992 年版，第 245 页。
③ 陈来：《有无之境——王阳明哲学的精神》，人民出版社 1991 年版，第 20 页。
④ 徐复观：《心的文化》，《徐复观文集》卷一，湖北人民出版社 2002 年版，第 31 页。
⑤ 徐复观：《心的文化》，《徐复观文集》卷一，湖北人民出版社 2002 年版，第 32 页。

括心灵的自我实现以及超越一类问题”[①]。“心”确实是中国哲学和文化的核心范畴之一，在儒学和佛学中，“心”一般又与“性”连用，构成所谓心性之学。心性问题被认为是传统哲学尤其是宋明理学的中心论题，理学诸家主要就是通过对心性问题的思考论辩来展开各自的道德人性论建构的。我们在此无法也无必要对心性之学做全面、深入的考索，但由于它和阳明心学美育论在知识义理和价值诉求上的深切关系，因此不得不就相关概念，特别是对“心”这一范畴的历史语义做一番简要的梳描，以助于理解王阳明的美育思想。

心性哲学的思想谱系一般追溯到孟子。在孟子那里，“心”首先是指与认知、情感、意志等精神活动有关的物质器官及其功能，如“心之官则思”（《孟子·告子上》）。不过，“心”在孟子哲学中更重要的是指一种先天的道德意识或道德理性，它构成了人之为人的价值依据。孟子有云：“无恻隐之心，非人也；无羞恶之心，非人也；无辞让之心，非人也；无是非之心，非人也。恻隐之心，仁之端也；羞恶之心，义之端也；辞让之心，礼之端也；是非之心，智之端也。人之有是四端也，犹其有四体也。”（《孟子·公孙丑上》）仁义礼智四种德性发端于恻隐、羞恶、辞让、是非四心，所谓“君子所性，仁义礼智根于心”（《孟子·尽心上》），而此道德本心“非由外铄我也，我固有之也”（《孟子·告子上》）。反过来说，人既有“四端”，“扩而充之”便成为仁义礼智之性：“凡有四端于我者，知皆扩而充之矣，若火之始然，泉之始达。苟能充之，足以保四海；苟不充之，不足以事父母。”（《孟子·公孙丑上》）孟子正是围绕心、性修养问题来建构他的道德教化论的，并据此提出了“存心养性”“尽心知性”等一系列命题。人的本然之心以及由之培育的道德品性虽然具有先天性，但在孟子那里，道德本心与道德品性又渗透着人的自然情感，具有强烈的经验化特质，所以孟子说：“理义之悦我心，犹刍豢之悦我口。”（《孟子·告子上》）只有在情感上认同、接受道

① 蒙培元:《心灵超越与境界·总论》,人民出版社 1998 年版,第 3 页。

德义理，理性的普遍法则才能在人性世界中牢固地建立起来。要而言之，孟子在人的主体性维度确立了道德的先天性法则，建立了主体化色彩浓重的道德人性论，并从中发展出一种心性化育思想，这一思路无疑对宋明的心性哲学产生了深远的影响。

在宋儒中，张载（1020—1077，字子厚）、程颢、程颐、朱熹、陆九渊等人对心性问题都做出了独到的论述。张载说：“合虚与气，有性之名；合性与知觉，有心之名。”① 作为宇宙本体的太虚之气聚化为物质形式的气，气聚合为人，所以人的本性根源于太虚之性，具有一种先天性。何谓心？心是性与知觉的结合，即它一方面包含知觉能力，并表现为知觉活动，而其之所以能知觉者，乃是受本性的支配，合两者而言之方是心，故张载最早有“心统性情者”② 的说法，“情”就是知觉作用。人的本性既然是通过心的知觉功能来表现，从另一方面说，也就是由心来实现、确认本性的要求，于是有“心能尽性”之说。张载道：“心能尽性，‘人能弘道’也；性不知检其心，‘非道弘人’也。”③ 在张载这里，与道同体的太虚之性——亦是道德的形而上依据——禀赋为人性，而借助心的作用，道德的先天之则内化为人的自觉道德意识，这无疑是继孟子之后对人的道德主体性的又一次提升。

程颢、程颐对理学中的心性论做了深入的开拓。程颢说：“只心便是天，尽之便知性。”④ 按照理学观点，天与理同义，性亦是理，于是，尽心即知性即知天，程颢在这里其实提出了心即性、心即理的观点，心因此具有道德本体的意义。程颐的心性思想则主要体现在“心有体用说”上。其言曰：“心一也，有指体而言者，有指用而言者，惟观其所见如何耳。”⑤ 心赅备体用二义。就体言，它是指先验地内具于心之中、使心成

---

① 张载:《正蒙·太和篇第一》,《张载集》,中华书局 1978 年版,第 9 页。
② 张载:《性理拾遗》,《张载集》,中华书局 1978 年版,第 374 页。
③ 张载:《正蒙·诚明篇第六》,《张载集》,中华书局 1978 年版,第 22 页。
④ 程颢、程颐:《河南程氏遗书》卷二上,《二程集》,中华书局 1981 年版,第 15 页。
⑤ 程颢、程颐:《河南程氏文集》卷九,《二程集》,中华书局 1981 年版,第 609 页。

其为心的性本体，就用言，乃是心所表现出的知觉情识的经验能力，即“感而遂通”的意思，心之体用因此合二为一。心之本体为性，而天理本性无不善，心体必然永恒为善，但心肯定又发用于经验知觉活动，这就不可避免地会产生善与不善的不同性质与后果，从心性教化和修养的角度说，便要求克其不善以成其至善，这自然也要在心上用功。

作为理学的集大成者，朱熹的心性思想可从著名的“心统性情说”和“道心人心说”中见出。朱熹说：“心主于身，其所以为体者性也，所以为用者情也。是以贯乎动静而无不在焉。”① 将性与情视为体用关系实际是朱熹之前理学的普遍观点，朱熹则进一步运用“未发已发”的概念，提出“情之未发者性”“性之已发者情”的说法，未发、已发即有体、用的意思。而当引入“心”的维度后，性便是心之体，情成了心之用，心是包备两者的总体，“性情皆出于心”②。尽管心涵摄性、情，但可以看出，此处乃是以性释心、以情言心，心本身没有独立的价值。不过，关于心、性、情的结构关系，朱熹另外有一种说法值得关注：“性情皆因心而后见。心是体，发于外谓之用。孟子曰‘仁，人心也’，又曰‘恻隐之心’，性情上都下个心字。‘仁人心也’，是说体；‘恻隐之心’，是说用。必有体而后有用，可见‘心统性情’之义。”③ 这里不再说性为心之体，而明确说心即体。心本身有体用之分，性和情实乃体、用之名而已。“心兼体用而言。性是心之理，情是心之用。”④ 这是以心之体用来说性、情，由此，心在朱熹这里便具有兼体用、兼性情的含义和功能，心、性、情三者皆统一于心。朱熹还说：“千头万绪，皆是从心上来。”⑤“自古圣贤相传，只是理会一个心。”⑥ 这些说法确实把心提升到了一个相当高的

---

① 朱熹:《答何叔京·二十九》,《朱子全书》第二二册,上海古籍出版社、安徽教育出版社2002年版,第1839页。

② 朱熹:《朱子语类》卷九八,中华书局1986年版,第2513页。

③ 朱熹:《朱子语类》卷九八,中华书局1986年版,第2513页。

④ 朱熹:《朱子语类》卷五,中华书局1986年版,第96页。

⑤ 朱熹:《朱子语类》卷五,中华书局1986年版,第97页。

⑥ 朱熹:《朱子语类》卷二十,中华书局1986年版,第475页。

位置，甚至已具有道德本体的意义，这种对心的价值的阐扬似乎已接近王阳明的心学意旨了。

朱熹心性思想中还有一个观点对后来的心性哲学特别是心性修养论具有重大影响，那就是所谓“道心”“人心”之分。“道心”“人心”之说来自伪《古文尚书·大禹谟》：“人心惟危，道心惟微，惟精惟一，允执厥中。”二程对这十六字极为重视，将之奉为尧舜圣门心传，并以之论天理人欲，由此深刻影响了宋明理学的价值叙事。朱熹对这一问题的论述也是秉承二程学说而来。他说：“此心之灵，其觉于理者，道心也；其觉于欲者，人心也。”① 又说：“只是这一个心，知觉从耳目之欲上去，便是人心；知觉从义理上去，便是道心。”② “道心”就是由天理或道德理性主宰的心性意识，又可称作义理之心或天性之心；“人心”则是被感性欲望渗染并以之为内容的意识。但需要注意的是，朱熹并没有把道心、人心视作各自独立的两心，而只是一心主导于道德理性（“觉于理”）抑或支配于感性欲望（“觉于欲”）时的不同知觉。那么，人何以会有道心、人心的不同知觉呢？因为人乃禀“理”聚“气”而生，既得“性命之正”，又存“形气之私”。道德天性恒存于心灵深处，精微深妙，人心之欲则时时感物而发，若不加节制就会遮蔽道德天性，使人性陷入危殆境地，在朱熹看来，这就是“人心惟危，道心惟微”的意思。然而，朱熹并没有对人心持完全消极的态度，他说：“人心是此身有知觉，有嗜欲者，如所谓‘我欲仁’，‘从心所欲’，‘性之欲也，感于物而动’，此岂能无？但为物诱而至于陷溺，则为害耳。”③ 人心包含了基本的生理欲望，朱熹对此并不否定，但若过分追求这种欲望而至陷溺其中，那就变成了“人欲”或“私欲”，这是与道德原则相违背的。故在朱熹看来，人心并非一定是人欲，但人心容易受到外物诱惑而生出人欲。那么如何使人心

① 朱熹：《答郑子上·八》，《朱子全书》第二三册，上海古籍出版社、安徽教育出版社2002年版，第2680页。

② 朱熹：《朱子语类》卷七八，中华书局1986年版，第2009页。

③ 朱熹：《朱子语类》卷六二，中华书局1986年版，第1488页。

保持在理性的范围内，不逾越道德的藩篱呢？他提出：“必使道心常为一身之主，而人心每听命焉，则危者安、微者著。”① 以道心主宰人心，以道德理性评判、约束、克服人的感性欲望，用一句更为人熟知的话说就是“存天理，灭人欲”，这也正是理学心性修养论的基本宗旨。

陆九渊反对程朱的道心、人心之分，亦不作心的体用之辨和性情之解，他的心学理论是直承孟子“本心”论而来的。其言道：“孟子曰‘所不虑而知者，其良知也；所不学而能者，其良能也’，此天之所与我者，我固有之，非由外铄我也，故曰‘万物皆备于我矣，反身而诚，乐莫大焉’。此吾之本心也。”② 又说：“仁义者，人之本心也。孟子曰‘存乎人者，岂无仁义之心哉’，又曰‘我固有之，非由外铄我也’，愚不肖者不及焉，则蔽于物欲而失其本心。贤者智者过之，则蔽于意见而失其本心。”③ 尽管陆九渊对“心”的用法存在多义性，亦有知觉之心、情感之心的意思，但他所说的本心主要还是指一种道德“本心”，即“仁义之心”。此心人人同具，先天固有，如果人们对本心“不知保养而反戕贼放失之”，便会产生各种道德问题，所以道德修养和人性教化就在于“存心、养心、求放心”④。这与孟子的看法是一样的。陆九渊还首次站在心学立场上提出了著名的“心即理”命题：“人皆有是心，心皆具是理，心即理也。”⑤ “盖心，一心也，理，一理也，至当归一，精义无二，此心此理，实不容有二。”⑥ 在他看来，个体本心便是道德原则的根源，因此本心即理，且本心之理同客观的宇宙之理是同一的。陆九渊的心性论一般被认为是阳明心学的直接先导者和启示者，但两者实际存在不小的差异。

---

① 朱熹：《中庸章句序》，《朱子全书》第六册，上海古籍出版社、安徽教育出版社 2002 年版，第 29 页。

② 陆九渊：《与曾宅之》，《陆九渊集》卷一，中华书局 1980 年版，第 5 页。

③ 陆九渊：《与赵监》，《陆九渊集》卷一，中华书局 1980 年版，第 9 页。

④ 陆九渊：《与舒西美》，《陆九渊集》卷五，中华书局 1980 年版，第 64 页。

⑤ 陆九渊：《与李宰》，《陆九渊集》卷一一，中华书局 1980 年版，第 149 页。

⑥ 陆九渊：《与曾宅之》，《陆九渊集》卷一，中华书局 1980 年版，第 4—5 页。

孟子和宋代理学的心性论乃是王阳明赖以展开其心学创构的强大的思想传统和重要的问题背景，也是我们把握阳明美育思想所必须了解的一个学术谱系。据上述可以发现，“心”虽然是构成理学叙事的重要范畴，但无论从知识学或价值论上看，它在整个理学体系中始终没有取得一种独立的论述地位，心总是要依附到理和性上才能呈现其意义。如从语言表述上看，朱熹似乎将心提拔到了很高的位置，认为“心与理一”，“理便在心之中”①，“心包万理，万理具于一心”②，但他的真正意思并不是说心与理是彼此等同或融合为一，这与后来王阳明的“心即理”说绝非一义，而是强调理对于心的主宰作用，也就是令人心听命于道心。前言朱熹还提出心本身即有体用之义的说法，然此种体用根本上还是要在性、理处说的。总之，在理学的价值判断中，“心”是无法被完全信任的，人作为一种道德主体不能由心来规定，因为它总是与经验性的情感、欲望交织在一起，而在理学家们看来，这些因素对于一种高尚的道德人格的培育和获得通常不具有正面作用。也正是如此，在宋代理学的修养论和教化论中，与心相关的内容一般都是被规范和超越的对象，以理说心或以性说心的目的，就是把心从感性经验中抽离出来，进而能够将之纳入到理性主义的道德秩序中。当然，陆九渊确实极大地突出了心的地位，但在他的论述中，本体之心和血肉之心、道德本心和知觉之心总是交相混用的，他所谓“心即理”，其实是把本心之理同化于宇宙之理，是宇宙之理在主体层面的表征，前者在陆九渊看来具有独立于人的意志的客观性，是一种统配人和天地万物的力量。由此来说，陆九渊的“心即理”命题实际上还不是真正的心本哲学，就主体性之确立而言，心仍然不是最后的依据。

---

① 朱熹：《朱子语类》卷五，中华书局1986年版，第85页。

② 朱熹：《朱子语类》卷九，中华书局1986年版，第155页。

二、“此心纯是天理”：心、理关系的转变及其美育意义

王阳明的心学可谓是宋明心性之学的集大成，它在批判、吸收自孟子以来特别是朱熹、陆九渊心性思想的基础上，建立了真正意义上的儒家心本哲学体系，创化出一种以直接体认本心为工夫的道德修养模式。我们知道，从心性哲学的总体视野来看，作为理学家的朱熹和作为心学家的王阳明都讲“心体”，然两者的致思路径是不一样的。“朱熹所谓心体，有其宇宙本体论的来源，即所谓理，因而它是客观本体的主体化。王阳明所谓心体，则具有绝对性，它虽来源于天，却又反过来变成了宇宙本体，因而它是主体的本体化。”[①] 如果从建立道德主体性的视角来说，朱熹是由宇宙本体进入道德本体，道德主体的合法性依据来自普遍客观的天理，而心只有接受理和性的化约和规范以使之合乎理、性，才能获得价值上的正当性，其本身缺乏自主性。与此不同，王阳明把心遵奉到一个无以复加的地位，认为“人心是天渊。心之本体无所不该，原是一个天。……心之理无穷尽，原是一个渊”[②]。“心”是“无所不该”的天，这是赋予心以宇宙本体的意义，然若从心性哲学立言，更重要的则是将它提升到了道德本体的高度，乃至把它看作一切价值的源泉。王阳明径直把所谓“本心”视为一种道德本体，意在将主体的理性来源全然托付在“自家心体”上，因为“此心纯乎天理”[③]，“心体即所谓道，心体明即是道明”[④]。在王阳明这里，心体的主要内容当然还是理或道，但这理或道乃心体所本有，而非从外部强加于心。他多次强调心体的主宰义，言道：“心者，身之主宰。”[⑤] 这与陆九渊“收拾精神，自作主宰”（即

① 蒙培元：《理学范畴系统》，人民出版社1989年版，第214页。
② 王阳明：《传习录下》，《王阳明全集》，上海古籍出版社1992年版，第95—96页。
③ 王阳明：《传习录上》，《王阳明全集》，上海古籍出版社1992年版，第3页。
④ 王阳明：《传习录上》，《王阳明全集》，上海古籍出版社1992年版，第14页。
⑤ 王阳明：《传习录下》，《王阳明全集》，上海古籍出版社1992年版，第119页。

"人精神在外，至死也劳攘，须收拾作主宰")[①] 的说法是相通的。其基本意思是，心体自身可以为个体颁布道德律令，可以作为道德实践领域的立法者和道德判断的最高准则。而就道德教化和心性修养的层面看，阳明强调的也是从"自家心体"处用功，于是有"成就自家心体""体当自家心体""培养自家心体"等说法。

对于王阳明的心本哲学及其包含的美育思想来说，最具学术奠基性和思想革新性的一个命题无疑就是"心即理"说。正是"心即理"说规定了心本美育论的致思方式和价值向度，使王阳明创设出一条不同于宋代理学的修身成圣之路，并从根本上引导了理学心性教化范式在宋明之际的巨大转变。职是之故，我们有必要从这个命题着手，来探查它为王阳明的心学美育论所奠定的思想格局。

欲论"心即理"，还须先从理上讲。"理"在宋明理学中是一个贯穿宇宙论、本体论和修养论的核心范畴。理既是宇宙本体，也是道德本体，既是支配天地自然的本质和法则，也是个体道德生活所追求的至高境界。无论自然规律、社会规范还是精神原则，实际上都统一于那个至高无上、客观普遍的"天理"。在程朱那里，"天理"是一种先验、永恒的价值存在，与人的世俗情欲是对立冲突的，且认为只有通过压抑、规范、克服后者，才能使个体不断趋近乃至获得天理，这就构筑了所谓天理和人欲、道心与人心之间的一种张力关系。这种张力关系无时无刻不在提醒着经验世界中的个体，领受天理乃是道德实践的终极目标，而从浸满欲望的人心状态超越到道体澄然之境是需要一个艰辛的修养过程的。问题是，天理在哪里？朱熹说："自其本而之末，则一理之实万物分之以为体，故万物之中各有一太极。""本只是一太极，而万物各有禀受，又自各全具一太极尔。如月在天，只一而已，及散在江湖，则随处而见，不可谓月已分也。"[②] 前文已提及，朱熹的心性哲学深伏着一种强大的宇宙论体系，

① 陆九渊:《语录下》,《陆九渊集》卷三五,中华书局 1980 年版,第 454 页。

② 朱熹:《朱子语类》卷九四,中华书局 1986 年版,第 2409 页。

这是宋代理学普遍的知识学取向。“太极”是宇宙的本体，是统体万物的性理，与天理在某种意义上是同义的。朱熹在这里解释的是“理一分殊”的观点，对此我们不必深究，重要的是它提示出天理的一种存在形态，即天理是一个客观的终极本体，而物物各有禀受，天地万物各不相同，但它们的存在和变化莫非天理之流行。因此，在朱熹看来，要求得此理，便可通过对万事万物的观察研究来获得，这个过程被称作“格物穷理”。“格物”有“即物”之义，也就是接触事物，穷究其道理。朱熹说：“格物只是就一物上穷尽一物之理。”[①] 如此，“今日格一物，明日格一物”，积少成多，便能豁然贯通。需要说明的是，格物所穷之理，不仅是自然物理，更包括道德伦理。尽管朱熹承认主体道德意识的先天性，但他又认为，道德意识也只有经过各种事理知识的学习才能得到彰显。如此，无论是自然物理还是道德伦理，在穷理的过程中都被对象化了，穷理成为一种外向化的主体实践活动。按照王阳明所谓的心、理关系来说，这便是理在心外，心与理为二。

王阳明青年时代曾遵循朱学修炼格物穷理的工夫，结果不仅理没穷得，反而搞得自己身心俱疲，这让他对宋儒所说的天理所存之方，所得之径产生了严重的怀疑，终于在被贬龙场之后，大悟格物致知之旨，“始知圣人之道，吾性自足，向之求理于事物者，误也”[②]。在阳明这里，“心即性，性即理”[③]，“吾性自足”是说性理不假外求，已然内存于心，故心体圆满自得。实际上，单就“心”这一概念看，阳明在论述中涉及包括知觉、思维、情感等多种含义，但若从心性之学立论，“心”主要还是指道德本心，即先天的道德理性或道德意识。王阳明曾对之做出多种形式的界说。第一种说法是：至善是心之本体。《传习录》道：“至善者，

---

① 朱熹：《答黄子耕》，《朱子全书》第二二册，上海古籍出版社、安徽教育出版社 2002 年版，第 16 页。

② 王阳明：《年谱一》，《王阳明全集》，上海古籍出版社 1992 年版，第 1228 页。

③ 王阳明：《传习录上》，《王阳明全集》，上海古籍出版社 1992 年版，第 15 页。

心之本体也。心之本体，那有不善？”[①] 朱熹在注解《大学》首句“明明德、亲民、止于至善”时，释“至善”为“事理当然之极”，进一步说就是“尽夫天理之极，而无一毫人欲之私也”。[②] 王阳明以“至善”言说心体，俨然是把后者视作道德理性的根源和道德行为的价值根据。第二种说法是：知是心之本体。阳明说：“知是心之本体，心自然会知：见父自然知孝，见兄自然知弟，见孺子入井自然知恻隐，此便是良知不假外求。”[③] 又言：“惟乾问：‘知如何是心之本体？’先生曰：‘知是理之灵处。就其主宰处说，便谓之心，就其禀赋处说，便谓之性。”[④] 这里的知不是认知意义上的知，而是指良知。良知是理在主体层面上的一种知觉表达，是道德本体的意识形式，而且具有明确的价值指向性。第三种说法是：天理是心之本体。阳明说：“所谓汝心，亦不专是那一团血肉。若是那一团血肉，如今已死的人，那一团血肉还在，缘何不能视听言动？所谓汝心，却是那能视听言动的，这个便是性，便是天理。有这个性才能生。这性之生理便谓之仁。这性之生理，发在目便会视，发在耳便会听，发在口便会言，发在四肢便会动，都只是那天理发生，以其主宰一身，故谓之心。这心之本体，原只是个天理，原无非礼，这个便是汝之真己。这个真己是躯壳的主宰。”[⑤] 价值语义中的“心”绝不仅是物质的血肉，也不只是经验层面上的感官活动，而是使主体的感官功能得以可能的价值依据，也就是天理，人的目、耳、口之所以具有视、听、言的能力，乃是天理应当如此（“只是那天理发生”），作为身之主宰的心原是如此。此外，还有“诚是心之本体”[⑥] “定者心之本体”[⑦] 等说法。然

---

① 王阳明：《传习录下》，《王阳明全集》，上海古籍出版社 1992 年版，第 119 页。

② 朱熹：《大学章句》，《朱子全书》第六册，上海古籍出版社、安徽教育出版社 2002 年版，第 16 页。

③ 王阳明：《传习录上》，《王阳明全集》，上海古籍出版社 1992 年版，第 6 页。

④ 王阳明：《传习录上》，《王阳明全集》，上海古籍出版社 1992 年版，第 34 页。

⑤ 王阳明：《传习录上》，《王阳明全集》，上海古籍出版社 1992 年版，第 36 页。

⑥ 王阳明：《传习录上》，《王阳明全集》，上海古籍出版社 1992 年版，第 35 页。

⑦ 王阳明：《传习录上》，《王阳明全集》，上海古籍出版社 1992 年版，第 16 页。

只要稍做析解便不难发现，上述诸种对心体的界说其实都共享一个相同的义理内核，那就是“心即理”，化用朱熹的论断，这才是真正意义上的“心与理一”。王阳明据此批评朱熹的心、理二重性：“晦庵谓：‘人之所以为学者，心与理而已。’心虽主乎一身，而实管乎天下之理，理虽散在万事，而实不外乎一人之心。是其一分一合之间，而未免已启学者心理为二之弊。”① 阳明尽管看到了朱熹试图弥合心、理二元分裂的努力，甚至故意曲解朱熹本意，作《朱子晚年定论》，宣扬其心学立场，但他也承认，朱子理学那种心理为二、以理制心的取向无法从根本上克服普遍天理与个体道德心性的割裂状态，唯有从心入手，以心为本，由心化理，直截了当地倡言“心即理”，才能真正整合心理相异的二元世界，合心理为一，最终实现心学对理学的突破和超越。

根据阳明的论证，“心即理”说的基本要义是要说明，在道德实践过程中，先天的道德法则乃是内在于个体心性而发生作用的，而非来自外部的强制性规范。他说：

> 且如事父不成，去父上求个孝的理；事君不成，去君上求个忠的理；交友治民不成，去友上、民上求个信与仁的理：都只在此心，心即理也。②

如果去父上求个孝的理、去君上求个忠的理，便意味着道德法则乃是悬置在心外的事物，是一种对象性的存在，这就不可避免地会割裂主体与道德（理），使两者无法沟通。因此，只有将外在的道德规范转换为内在的主体意识，主体行为才能真正接受道德的制约而又不会感到束缚。反过来说，只要人的内心存有真实的道德意识与情感，那么他们就会自然而然地去选择合适的行为方式，自然而然地就达到理的要求了。因此阳

① 王阳明：《传习录中》，《王阳明全集》，上海古籍出版社 1992 年版，第 42 页。
② 王阳明：《传习录上》，《王阳明全集》，上海古籍出版社 1992 年版，第 2 页。

明道："理也者，心之条理也。是理也，发之于亲则为孝，发之于君则为忠，发之于朋友则为信，千变万化，至不可穷竭，而莫非发于吾之一心。"① 概而言之，一切道德法则和道德行为都源于人的本心，只要"此心无私欲之蔽，即是天理，不须外面添一分"②。

然而，天理与本心的整合无间是一种理想的道德状态，社会现实中的个体总是陷入欲望的缠扰，人性的"私欲之弊"不可避免，这就要求一种"省察克治"的工夫，以去除人欲，使被私欲遮蔽的天理重新昭显。在存理去欲这一为学宗旨上，王阳明与宋儒是完全一致的，这是宋明理学道德修养论的根本旨趣，而不同就在于去欲的方法和路径。在阳明看来，程朱求理于事事物物来明识本心，涵养德性，终是"义外"之说，有"搀和兼搭"之弊。既然心即理，心体无不善，便只须扫尽心头云雾，复其本体即可。阳明论道：

> 若解向里寻求，见得自己心体，即无时无处不是此道。亘古亘今，无终无始，更有甚同异？心即道，道即天，知心则知道、知天。"又曰："诸君要实见此道，须从自己心上体认，不假外求始得。③

心即是理，即是道，即是天，要见此理，得此道，知此天，只从本心处体认，向内寻解，不假外求，便一应通透无碍，廓然大公，这正是所谓"明白简易"工夫。与此相对，宋儒于心外求物理，靠的是知见智识的刻意安排思索，这便有违心体的自足之性，故阳明批评说："心之本体即是天理，天理只是一个，更有何可思虑得？……学者用功，虽千思万虑，只是要复他本来体用而已，不是以私意去安排思索出来……若以私意去

① 王阳明：《书诸阳伯卷》，《王阳明全集》，上海古籍出版社 1992 年版，第 277 页。

② 王阳明：《传习录上》，《王阳明全集》，上海古籍出版社 1992 年版，第 2 页。

③ 王阳明：《传习录上》，《王阳明全集》，上海古籍出版社 1992 年版，第 21 页。

安排思索，便是用智自私矣。”[①] 上文已指出，阳明所言之“心”虽也涉及认知的含义，但主要是指道德本心。他并非完全否定认知活动的意义，却是强调道德之于人的一切生存活动的优先性和本原性，只要主体具备充分的道德条件，知识便是其中应有之义。如若抛却这“务本”工夫，舍本逐末，则“知识愈广，而人欲愈滋；才力愈多，而天理愈蔽”[②]。阳明教导弟子要“知学”，他认为，所谓知学，就是“学存天理”，而“体认天理，只要自心地无私意”。[③] 学生疑问：如此在生活中就不去讲求具体的知见道理了吗？阳明回答：“如何不讲求？只是有个头脑，只是就此心去人欲、存天理上讲求。”[④] 在阳明的心学视野中，一切学问皆是以人格培养、道德教化为旨归，并总是落实在自家心体的存理去欲工夫上。按照宋学以来有关“道问学”和“尊德性”的论争思路，这其实是把“道问学”化约到“尊德性”中去了。

王阳明这种专意“于心体上用功”的修身教化手段可概之曰“正心”之法，它昭示了心学美育论在修身教化问题上的总体思路，不仅如此，以“正心”为总目，阳明还将儒家修身论中的一些重要工夫方法都纳入此观念框架中来解释，比较重要的是“格物说”和“诚意说”。

王阳明对宋儒从《大学》阐发出来的格物之学有自己早年的切身体会，故亦深知其中弊端。他批评说：“先儒解格物为格天下之物，天下之物如何格得？且谓一草一木亦皆有理，今如何去格？纵格得草木来，如何反来诚得自家意？”[⑤] 在阳明看来，纵然究尽万物之理，但终无着落处，与个体的道德修养和身心安顿无法关联起来，这显然是对宋儒格物说那种外向性路径表示不满。阳明的解决办法是把格物穷理引归到主体自身，

---

① 王阳明:《传习录中》,《王阳明全集》,上海古籍出版社 1992 年版,第 58 页。
② 王阳明:《传习录上》,《王阳明全集》,上海古籍出版社 1992 年版,第 28 页。
③ 王阳明:《传习录上》,《王阳明全集》,上海古籍出版社 1992 年版,第 27 页。
④ 王阳明:《传习录上》,《王阳明全集》,上海古籍出版社 1992 年版,第 3 页。
⑤ 王阳明:《传习录下》,《王阳明全集》,上海古籍出版社 1992 年版,第 119 页。

提出“格物之功，只在身心上做”[1] 的思路。他解释：“格者，正也。正其不正，以归于正也。”[2] 何谓“物”？“意之所在便是物”，此物不是作为认知对象的客观外物或自然物，它与主体精神须臾不可分，是由人的道德意识投射而成。然又何谓“意”？“心之所发便是意”[3]，也就是从心中发出的具有指向性的道德意念，如此则心、意、物在逻辑上可以贯联起来，更直接地说就是，心即物或心外无物。照此可推知，格物即格心，即正心。阳明道：“格物，如《孟子》‘大人格君心’之‘格’，是去其心之不正，以全其本体之正。但意念所在，即要去其不正以全其正，即无时无处不是存天理，即是穷理。”[4] 正心的内容是什么呢？当然是为善去恶的道德实践，于是便有四句教中“为善去恶是格物”的说法，“格”之“正其不正”，便是去恶的意思。可见，王阳明完全是把格物阐释为一种道德修养工夫。阳明弟子徐爱（1487—1518，字曰仁）将其师和宋儒的格物说进行对比，做出如下理解：“心犹镜也。圣人心如明镜，常人心如昏镜。近世格物之说，如以镜照物，照上用功，不知镜尚昏在，何能照！先生之格物，如磨镜而使之明，磨上用功，明了后亦未尝废照。”[5] 阳明曾以明镜喻心体，徐爱借这个比喻来强调阳明格物说的特点。心如镜，常人心受欲念遮蔽，如镜积染泥垢，不能照物，解决的办法自然是将镜子痛加刮磨一番，去其泥垢斑蚀，使之明亮，镜明自能照物。阳明之言格物，正如磨镜，乃是作正心工夫，心正而天理自现。

与“格物”相关的还有“诚意”。王阳明释“物”为“意之所在”，“意”是“心之所发”，物和意终是归源到心体上。我们已经知道，阳明把“正心”当作修身的总体工夫，这来自《大学》“所谓修身在正其心”的基本思想。但问题在于，心是至善之体，既是至善，便做不得正心的

① 王阳明：《传习录下》，《王阳明全集》，上海古籍出版社 1992 年版，第 120 页。
② 王阳明：《传习录上》，《王阳明全集》，上海古籍出版社 1992 年版，第 25 页。
③ 王阳明：《传习录上》，《王阳明全集》，上海古籍出版社 1992 年版，第 6 页。
④ 王阳明：《传习录上》，《王阳明全集》，上海古籍出版社 1992 年版，第 6 页。
⑤ 王阳明：《传习录上》，《王阳明全集》，上海古籍出版社 1992 年版，第 20 页。

工夫。阳明由是认为，“必就心之发动处才可著力也。心之发动不能无不善，故须就此处著力，便是在诚意。……故欲正其心在诚意。工夫到诚意，始有着落处”[①]。“意”既为心接物而生的经验意识，便是有善有恶，所以可在上面作修养工夫，此即诚意。故所谓正心，并非正至善之心体，而是要正心所发之意念。此即《大学》所说“欲正其心者，先诚其意”的意思，由诚意而达正心的目的。

从“心即理”这一根本思想原则出发，王阳明将格物、诚意等修身工夫全部化约为一种内向性的先天正心之学，要求一切“皆从心上说”，故“心外无物，心外无事，心外无理，心外无义，心外无善”[②]。这种思路强调直接从启悟本心入手，去做存（穷）理去欲的工夫，只要本心澄明，天理自然朗显无碍，这才是真正的合心理为一，才是修身教化、成己成圣的直截工夫。阳明有诗云：“道本无为只在人，自行自住岂须邻？坐中便是天台路，不用渔郎更问津。”[③] 大意是说：大道存于人心，如同何去何从全是自作主张，不需咨求邻人意见一样，要求“道”，最终也是靠自己，没有必要去往天台的升仙道场，也没必要问寻进入桃源的渡口，只要返心而求，一切皆能得到。

然而，从美育的意义看，以上对于“心即理”的道德教化路径的阐释似仍不够充分，我们不得不再次回到王阳明关于心的概念的论述。据前述，王阳明通过“心即理”命题将理化作心的内在规定，从而使心成为道德领域的立法者。他说，“所谓汝心，亦不专是那一团血肉”，“要非礼勿视听言动时，岂是汝之耳目口鼻四肢自能勿视听言动？……所谓汝心，却是那能视听言动的”。[④] 心绝不仅是物质性感官，亦非泛指知觉意识活动，而是使感觉器官发挥功能，使知觉活动得以可能的本源和主宰。但不得不承认的是，心虽不专是那一团血肉，却毕竟以血肉为载体，心

① 王阳明:《传习录下》,《王阳明全集》,上海古籍出版社 1992 年版,第 119 页。
② 王阳明:《与王纯甫》,《王阳明全集》,上海古籍出版社 1992 年版,第 156 页。
③ 王阳明:《别方叔贤 · 其四》,《王阳明全集》,上海古籍出版社 1992 年版,第 722 页。
④ 王阳明:《传习录上》,《王阳明全集》,上海古籍出版社 1992 年版,第 36 页。

与理一的同时，也无法与经验内容和感性存在分隔开来：

> 耳目口鼻四肢，身也，非心安能视听言动？心欲视听言动，无耳目口鼻四肢亦不能，故无心则无身，无身则无心。①

心的功能性活动（视听言动）必须借由物质性的感官条件（身）才能表现出来。一方面，“若无汝心，便无耳目口鼻”，另一方面，“汝心之视，发窍于目；汝心之听，发窍于耳；汝心之言，发窍于口；汝心之动，发窍于四肢”。② 没有耳目口鼻等身体条件，视听言动就会无所凭附，心体最终会面临失落的危险。因此，如果从美育的角度来说，在“无心则无身，无身则无心”这种身心的辩证关系中，王阳明所揭示的心体与感性的联系当成为心学美育精神的关键契机。

心的感性特质说明了心体的经验性内涵，即心是与主体的日常经验内容关联在一起的，比如人的情感活动。王阳明充分肯定了心与情的内在联系，说：“喜、怒、哀、惧、爱、恶、欲，谓之七情。七者俱是人心合有的……七情顺其自然之流行，皆是良知之用，不可分别善恶……”③如果七情是内在于人心的，且顺其自然表现便符合天理（良知），那就说明先验的心体与感性经验是可以相互沟通的，朱子所谓的人心和道心也就不是绝然对立的，道心储乎人心之中并通过人心来表现，人心必以道心为根底和依持，否则人性只会在无尽的欲望中沉沦。但这里的关键在于，与人心同体的道心不再是绝对的先验之质，而是染上了鲜活的感性色彩。虽然对道心的获取与保有仍是主体心性修养的终极目标，但这个道心并不高悬于主体之外，它就潜藏于人心之中，人心道心实乃一心。弟子徐爱问阳明“道心常为一身之主，而人心每听命”这种说法是否有

---

① 王阳明：《传习录下》，《王阳明全集》，上海古籍出版社 1992 年版，第 90—91 页。
② 王阳明：《传习录上》，《王阳明全集》，上海古籍出版社 1992 年版，第 36 页。
③ 王阳明：《传习录下》，《王阳明全集》，上海古籍出版社 1992 年版，第 111 页。

弊，阳明答道："然。心一也，未杂于人谓之道心，杂以人伪谓之人心。人心之得其正者即道心；道心之失其正者即人心：初非有二心也。"[①] 道心、人心乃是一心的两种状态，它们可以依据某一个条件（得其正或失其正）相互转换。

王阳明还揭示出心体的另一种品格：乐。他说："'乐'是心之本体，虽不同于七情之乐，而亦不外于七情之乐。虽则圣贤别有真乐，而亦常人之所同有。"[②] 乐一般来说有感性快乐与精神愉悦之分，这里的圣贤真乐更多地指一种精神层面上的道德愉悦感，它趋近于心之本体之乐。即使如此，这种本体之乐仍渗透着经验之流，它虽然超越了单纯的感官快感，却内含着情感上的认同，与理性认知是完全不同的。从另一方面看，王阳明认为，经验情感的自然抒发对于心性修养亦是至关重要的，这是心体本身的要求。《传习录下》载："问：'乐是心之本体。不知遇大故于哀哭时，此乐还在否?'先生曰：'须是大哭一番方乐，不哭便不乐矣。虽哭，此心安处，即是乐也，本体未尝有动。'"[③] 从主体心理维度说，本体之乐是一种超越具体日常情感的活泼怡悦的心境，而日常情感（喜怒哀乐）的自然抒发乃是为了维护这种本体之乐，所谓"不哭便不乐"，它可以说是情感摆脱束缚和强制的一种自由境界，情感由此在心体中获得了适当的位置。

实际上，这种心性本体层面上的道德愉悦之乐早在孔子那里便做过表述，孔子要求好德如好色，也就是对道德（仁）的追求应该像喜爱漂亮事物那样，唯有出自情感上的本能要求才能达到一种完善的境界。孟子将恻隐之心当作仁之端，高度强调道德意识的情感构成，把情感视为道德观念的内在要素和道德实践的根本动力。王阳明继承了这一传统，在他看来，道德实践中的善恶取舍就像对美好事物的喜爱和对丑恶事物

---

① 王阳明:《传习录上》,《王阳明全集》,上海古籍出版社 1992 年版,第 7 页。
② 王阳明:《传习录中》,《王阳明全集》,上海古籍出版社 1992 年版,第 70 页。
③ 王阳明:《传习录下》,《王阳明全集》,上海古籍出版社 1992 年版,第 112 页。

的嫌恶一样，全在心之一念，是情感的自然流露。他说：“只在汝心，循理便是善，动气便是恶。”[1] 为善去恶不应该有意为之，否则便是“夹杂去了”（指理智的参与和功利的企图），而是如好好色、恶恶臭般地遵循情感的自然召唤，所谓“发于真心，自求快足”，也只有这样才是符合天理的。

王阳明说：“人但得好善如好好色，恶恶如恶恶臭，便是圣人。”[2] 显然，阳明揭示的成圣之路，摒弃了朱熹那套繁琐的格物穷理的工夫，而把对崇高道德（理）的追求看作是心体之自然化用的一个过程，如果从“心即理”命题来看，这个过程表现为两个层面：其一，普遍的道德原则（理）通过道德实践而内化为主体的道德意识（心体），即“发之于亲则为孝，发之于君则为忠”之谓；其二，主体的道德意识外化为道德实践，并藉此实现社会人伦的理性建构。我们可以发现，心性修养虽以塑造道德人格、获取至高天理为目的，但这个过程由于皆以感性化、直觉化的心体为机枢，其实质便成为一个审美化育的过程，这也是阳明心学美育精神的主要内涵之一。按照杨国荣的概述，在“心即理”这一命题中，“心体既以理为根据（本体）和形式结构（心之条理），又与身相联系而内含着感性之维。……以理为本（以性为体）决定了心的先天性（先验性），与感性存在的联系则使心无法隔绝于经验之外。这样，心体在总体上便表现为先天形式与经验内容、理性与非理性的交融”[3]。心体的这种双重性规定相较于程朱那种以性化心、以道心强制人心的理性本体论，无疑更加重视情感、直觉这些感性要素在道德实践中的作用，王阳明也就此在宋明理学中开启了道德审美化的先机。

① 王阳明：《传习录上》，《王阳明全集》，上海古籍出版社 1992 年版，第 29 页。

② 王阳明：《传习录中》，《王阳明全集》，上海古籍出版社 1992 年版，第 97 页。

③ 杨国荣：《心学之思——王阳明哲学的阐释》，中国人民大学出版社 2009 年版，第 56—57 页。

三、“人胸中各有个圣人”：“心即理”与成圣路径的转向

王阳明平生的学术创说和政道实践可以说都是为了追求“成圣”这一终极的人生理想，成圣是道德修养的最高目标，是心性化育的价值宗旨，而“心即理”命题就包含了对这所谓人生“第一等事”的深刻探索。

程朱同样把成圣当作理学的思想要务之一。朱熹说：“自古无不晓事情底圣贤，亦无不通变底圣贤，亦无关门独坐底圣贤，圣贤无所不通，无所不能，那个事理会不得?”① 基于对圣贤的这种认识，朱熹相信，要成为圣贤就必须通晓世间万物的道理。“上而无极太极，下而至于一草、一木、一昆虫之微，亦各有理。一书不读，则阙了一书道理；一事不穷，则阙了一事道理；一物不格，则阙了一物道理。须著逐一件与它理会过。”② 因此，只要穷尽万物之理，离圣贤自然就不远了，或者说，格物穷理乃是走向成圣的根本途径。然而，朱熹言理一分殊，月映万川，唯一的天理分具于自然社会和日常生活的万事万物当中，但总如那轮万古不易的明月，高悬天际，恒挂苍穹，可望而不可即，可即而不可有，终究与个体心性有所隔碍。而与此同时，它又高高在上地引导着每个人的思想和行为，成为人们生活实践的标准和尺度。所谓“存天理，灭人欲”，实质是以个体心性去合乎那个普遍而崇高的天理，以天理去规范、塑造个体的人格，使之无限地趋近圣人的境界。显然，这种求圣的方法路径乃是拿一种外在标准和理想来约束、教化人性，虽能保证人格的崇高性，却不可避免地忽略了个体的差异性。

王阳明的“心即理”不是把理（道德本体）当作一种外在的理想和对象性的存在，而是将之融合到个体意识当中，把单一普遍且冷酷抽象的天理转化成了个体的情感、意志和信仰，由此对主体的思想行为发挥

① 朱熹:《朱子语类》卷一一七,中华书局 1986 年版,第 2830 页。
② 朱熹:《朱子语类》卷一五,中华书局 1986 年版,第 295 页。

支配作用。有学者对此论道："王阳明以'心即理'的命题，肯定了普遍之理应当内化于个体之心。通过理与心的融合，一方面，普遍之理不再仅仅表现为与主体相对的超验存在；另一方面，个体意识则开始获得了普遍性的品格。心与理的统一在主体意识中具体化为个体性与普遍性的统一。"① 那么，这种理的内在化、个体化对于程朱理学所标举的成圣模式造成了怎样的影响呢？可从以下三个方面来看。

其一，成圣的路径方向。程朱求理于外，其所谓成圣乃是凭格物穷理的工夫，通过让个体不断地去追索自然、社会中万事万物的道理法则，以求在个体的道德层面和精神领域达到圣人的境界，这可以看作是一种由内逐外，以外统内的求圣路径。王阳明对宋儒的这种求圣方式做出了明确的批评，他说："后世不知作圣之本是纯乎天理，却专去知识才能上求圣人。以为圣人无所不知，无所不能，我须是将圣人许多知识才能逐一理会始得。故不务去天理上着工夫，徒弊精竭力，从册子上钻研，名物上考索，形迹上比拟。"② 又道："圣人无所不知，只是知个天理；无所不能，只是能个天理。圣人本体明白，故事事知个天理所在，便去尽个天理。不是本体明后，却于天下事物都便知得，便做得来也。"③ 如果成圣即在于求理，而心即是理，则求取天理圣道，无须向外追索，只要返归自家心体，将含蕴着审美意识、道德意志的本心作为成圣的出发点，便自然明心见理，理得而圣成，这可说是一种舍外求内的成圣路径，因为心外无理，理在心中。

其二，成圣的方式。程朱之言成圣，是让不同的个体去求取一个普遍的天理，实际是让抽象的理性原则刻画、规范每个人的道德心性，结果就不可避免地抹杀了人性在情感、意志层面上的特殊性和具体性。王阳明将求圣之路回转到道德本心，本心固然是普遍、永恒的，但在经验

① 杨国荣：《心学之思——王阳明哲学的阐释》，中国人民大学出版社 2009 年版，第 60 页。
② 王阳明：《传习录上》，《王阳明全集》，上海古籍出版社 1992 年版，第 28 页。
③ 王阳明：《传习录下》，《王阳明全集》，上海古籍出版社 1992 年版，第 97 页。

世界中，它必然负载于具有不同情感、信念、意志特质的个体当中，于是，个体性差异的意义便在求圣过程中凸显出来。事实上，阳明的心性化育之学非常重视人的个性差异，他说：“人的资质不同，施教不可躐等。”[①] 在成人、成圣的课题上，他也反复强调人须“随才成就”。阳明言道：

> 圣人教人，不是个束缚他通做一般：只如狂者便从狂处成就他，狷者便从狷处成就他。人之才气如何同得？”[②]

阳明讲圣人教人之法，讲的也是如何成圣之法。“束缚他通做一般”便是批评程朱之学拿一个外在的抽象的天理去规范约束不同的个人，尽管就心性修养的终极目标——成圣来说，每个人的追求是一样的，但个体素质的差异决定了成圣之路不可能只是一条，狂者有狂者的方式，狷者有狷者的手段，关键是尊重个体的特点，随才成就，同归而有殊途。阳明曾说：“圣人之学，不是这等捆缚苦楚的，不是妆做道学的模样。”[③] 批评的就是那些以僵化的道学教条来束缚身心，从而把圣人形象变作一副毫无生气的道德面具的做法。化用孔子“为仁由己”的说法，阳明倡导的是“成圣由己”，“由己”并非随性随意、不讲规矩方法，而是指充分照看到个体在审美趣味、道德意志、精神信仰等方面的特殊性，使成圣方式从模式化、抽象化向个体化、具体化转变。

其三，成圣的境界内涵。在程朱理学中，圣人禀受天理，纯是道心主宰，超凡出尘，成为一个超越性的道德偶像，实在不可亲近。王阳明讲的圣人却现实许多。他认为“人胸中各有个圣人”，只是平日不常克己自省，被欲望遮蔽，故自埋没了。弟子王艮从街市回来，说自己“见满

---

① 王阳明：《传习录下》，《王阳明全集》，上海古籍出版社 1992 年版，第 103 页。
② 王阳明：《传习录下》，《王阳明全集》，上海古籍出版社 1992 年版，第 104 页。
③ 王阳明：《传习录下》，《王阳明全集》，上海古籍出版社 1992 年版，第 104 页。

街都是圣人”，阳明虽有批评，却没有反对。这两种说法都是基于“心即理”的原则，圣人不在外边，而在每个人的心中。人有是心，便有是理，便有是圣人。故阳明相信，人人都有成圣的可能。而成圣的这种个体化的普遍性，便又决定成圣之路并非是超绝于世的，而就在个体的现实生活当中，不能离开日常现实来高谈圣人境界，圣人境界总是在人的具体存在中展开的。阳明因此反对佛、老的超脱之路，他说：“佛、老之空虚，遗弃其人伦事物之常，以求明其所谓吾心者，而不知物理即吾心，不可得而遗也。”① 遗弃人伦物理以求身心的彻底解脱，对于持儒家政道理想的王阳明来说是不可接受的。比起佛、道以存在之空虚寂灭为归宿的超越性追求，儒家的圣人是以出世求入世，以超世求用世，而不可能真正绝生弃世，这种圣人的践世方法无疑具有强烈的审美品格，与审美活动即物而不役于物的特点是一致的。

其四，圣人的人格特质。“心即理”命题将天理内化于人心，使得超绝永恒的天理不可避免地与个体情性关联起来，对理的追求不再是约束于外部的强制力量，而更多地受到本能道德情感的驱使。与此相应，圣人作为天理的一种人格化的形象，其人格境界亦绝然不是外在的、世俗的虚礼矫饰，而应该是一种维系于真实情感的道德品性。有学生问：“且如事亲，如何而为温凊之节，如何而为奉养之宜，须求个是当，方是至善，所以有学问思辨之功。”阳明答道：“若只是温凊之节、奉养之宜，可一日二日讲之而尽，用得甚学问思辨？惟于温凊时，也只要此心纯乎天理之极；奉养时，也只要此心纯乎天理之极。此则非有学问思辨之功，将不免于毫厘千里之谬，所以虽在圣人犹加‘精一’之训。若只是那些仪节求得是当，便谓至善，即如今扮戏子，扮得许多温凊奉养的仪节是当，亦可谓之至善矣。”② 成圣是要在个体人格和精神层面实现一种道德至境，这个过程不是追求形式意义上的理性规范，而是把理性规范融铸

① 王阳明：《象山文集序》，《王阳明全集》，上海古籍出版社 1992 年版，第 245 页。

② 王阳明：《传习录上》，《王阳明全集》，上海古籍出版社 1992 年版，第 3 页。

到主体的内在心性当中，以构造出一种真实的道德人格。正如杨国荣所言，“如果说，理作为心体之中的普遍性规定保证了内圣之境的崇高性，那么，心与理的融合（理内化于心）则为内圣成为实有诸己的真诚人格提供了担保，二者从不同方面对内圣何以可能作了理论上的说明”①。

总之，“心即理”是王阳明心学思想的一个关键性命题，从方法论、本体论、价值论等多个层面塑造了阳明心学的学术品性。“心即理”命题所倡导的存理去欲之旨、心性化育思路和它转化出的有别于程朱理学的成圣路径，对明代中后期的美学、美育思想产生了重大影响，“心即理”可被视为心学美育论最具奠基性意义的思想原则。

第二节　知行合一：道德践履与人格塑造

我们通过对“心即理”这一命题的阐释，明确了心学美育论的本体论依据和工夫论指向。无论是抽象的道德法则还是现实的道德人格，“理”始终是主体心性修为的价值依持与目的。王阳明固然反对宋学那种繁琐、外向的格物穷理工夫，但这并不表示主体可以无所作为地、自然而然地去领受这个“理”。“理”就在那里，却通常受私欲遮蔽，晦暗不明，要破除对“理”的迷障，使之在本心中显现无碍，就需要一种“体究践履，实地用功”的真切的明理工夫。这种工夫不单是“默坐澄心”的“心上工夫”，还是实在践行的“事上工夫”，这就涉及阳明心学的另一项重要学说：“知行合一”。“知行”之能“合一”乃是“心即理”导出的必然结果，阳明有言，“外心以求理，此知行之所以二也。求理于吾心，此圣门知行合一之教”②。知行合一既体现了心学美育论的践履品格，同时也是后者所要建构的一种人格内涵，而心性化育的全部工作亦在知行合一中贯彻和完成。

---

① 杨国荣：《心学之思——王阳明哲学的阐释》，中国人民大学出版社 2009 年版，第 65 页。
② 王阳明：《传习录中》，《王阳明全集》，上海古籍出版社 1992 年版，第 43 页。

一、“知行合一”的内涵与宗旨

知与行是儒家道德哲学中的一对重要范畴，主要用于探讨道德知识与道德实践的关系问题。“知行”范畴最早出现在《尚书·说命》：“非知之艰，行之惟惟。”春秋郑国大夫子产最早把“知行”并举，提出“知易行难”的观点。到了宋代，朱熹对知行问题做出了深入的阐释，使之成为宋明理学的重要范畴。朱熹就知行关系所提出的“论先后，知为先；论轻重，行为重”① 说法，便道出了他关于知行问题的两个基本观点，即知先行后和行重于知。所谓知先行后，就是强调认知的前提作用，只有在认知层面上明确目标和原则，确立自觉的实践意识，才能带来真切的行为及效果。“事事虽先理会知得了，方做得行得。”② 然而就知与行的价值地位来说，朱熹又更加看重行。因为一方面，知的获得需要经过实践的探究和体会；另则，行是知的目的和归宿，知识最终要应用于生活实践，并在实践中实现其价值，知而不行，终非真知。朱子说：“夫学问岂以他求？不过欲明此理而力行之耳。”③ 在以上两种观点的基础上，朱熹又提出了更具创造意义的“知行互发”的主张，认为知行是互发互进、相济相成的，不能偏于一端。他说：“知与行，工夫须著并到。知之愈明，则行之愈笃；行之愈笃，则知之益明。二者皆不可偏废。”④ 这无疑深度揭示了知行之间的逻辑关系，极大地推动了知行观的发展。

然在王阳明看来，尽管朱熹表现出将知行协调统一的意愿，看到两者“相须而不相离”的一体性特质，但其道德哲学中的认识论思维不可避免地会将知行析离为二，支离之病始终难以克服，此是心外求理的必然结果。王阳明提出“知行合一”说，便意在批判和突破在当时已成为理学信条和公理的朱熹的知行观，希冀从“心即理”的思想逻辑出发，

① 朱熹：《朱子语类》卷九，中华书局1986年版，第148页。

② 朱熹：《论语或问》卷一六，《朱子全书》第六册，上海古籍出版社2002年版，第872页。

③ 朱熹：《答郭希吕》，《朱子全书》第二三册，上海古籍出版社2002年版，第2566页。

④ 朱熹：《朱子语类》卷一四，中华书局1986年版，第281页。

实现知行合一的心学教旨。

首先需要说明的是，王阳明使用的知行范畴与宋儒存在一定的差异，前者所谓“知”，很少指涉经验认知活动的含义，主要是就主观层面的道德意识和道德知识来说的，而所谓“行”，既是指外在的动作行为，也包括人的心理活动。针对朱子理学知行分离的倾向以及时人对知行合一之教无从把握的情况，阳明认为，其根本原因是没有从本体的高度认识到两者的一体之性，否则，“只说一个知，已自有行在；只说一个行，已自有知在”①。这种合一之性“不是某凿空杜撰，知行本体原是如此”②。徐爱对此不解，举例质疑：“如今人尽有知得父当孝、兄当弟者，却不能孝、不能弟，便是知与行分明是两件。”阳明做了如下回答：

> 此已被私欲隔断，不是知行的本体了。未有知而不行者。知而不行，只是未知。圣贤教人知行，正是安复那本体，不是着你只恁的便罢。故《大学》指个真知行与人看，说“如好好色，如恶恶臭”。见好色属知，好好色属行。只见那好色时，已自好了。不是见了后，又立个心去好。闻恶臭属知，恶恶臭属行。只闻那恶臭时，已自恶了。不是闻了后，别立个心去恶。……就如称某人知孝、某人知弟，必是其人已曾行孝行弟，方可称他知孝知弟，不成只是晓得说些孝弟的话，便可称为知孝弟。又如知痛，必已自痛了方知痛；知寒，必已自寒了；知饥，必已自饥了：知行如何分得开？此便是知行的本体，不曾有私意隔断的。圣人教人，必要是如此，方可谓之知。不然，只是不曾知。此却是何等紧切着实的工夫！如今苦苦定要说知行做两个，是甚么意？某要说做一个，是甚么意？若不知立言宗旨，只管说一个两个，亦有甚用？③

---

① 王阳明：《传习录上》，《王阳明全集》，上海古籍出版社 1992 年版，第 4 页。
② 王阳明：《传习录上》，《王阳明全集》，上海古籍出版社 1992 年版，第 5 页。
③ 王阳明：《传习录上》，《王阳明全集》，上海古籍出版社 1992 年版，第 4 页。

徐爱的疑问很具代表性，因为不管根据实际的生活经验，还是当时深入人心的朱子的知行观，人们都相信“知与行分明是两件”。王阳明指出，知行本然合一，人们体认不到两者的合一之性，是因为知行本体被私欲隔断了。所谓“知行本体”实质就是道德本心或心体，在本心流行无碍的意义上，知行无私欲之弊，相合相成，浑然无间。但需要注意，阳明讲知行合一，并非说两者在语义内涵和意义指向上完全是一回事，而是强调它们之间相互规定、相互构成、相互包含的结构关系。现实情况是，这种知行的本体性结构往往被涨满物欲的功利性的经验意识所湮没，知行由此分作两处，所以才会发生知孝而不行孝、知悌而不行悌的情况，这种知而不行，在阳明看来绝非“真知”，根本上就是“未知”。既然知行本体被私欲隔断，自然就有复其本体（实质就是心体）的要求，从工夫上说就是去欲。于是，知行合一之教在心性修养和道德教化方面的题旨就凸显出来了。

王阳明对知行范畴的关联性内涵做过这样的解释：

> 知之真切笃实处，即是行；行之明觉精察处，即是知。知行工夫本不可离。只为后世学者分作两截用功，失却知行本体，故有合一并进之说。①

知行在这里是互相规定，互相阐释的，此中包括两种言说思路：以行说知，知即是行；以知说行，行即是知。知行合一说意指的修养论或教化论内涵亦可从这两种言说思路揭发出来。

第一，以行说知，知即是行。

这是从行的意义上来规定、界说知的内涵，表现出以知为行的取向。如王阳明解释学问思辨与行的关系时说：“凡谓之行者，只是著实去做这

---

① 王阳明：《传习录中》，《王阳明全集》，上海古籍出版社 1992 年版，第 42 页。

件事。若著实做学问思辨的工夫，则学问思辨亦便是行矣。”① “盖学之不能以无疑，则有问，问即学也，即行也；又不能无疑，则有思，思即学也，即行也；又不能无疑，则有辨，辨即学也，即行也。”② 阳明将“行”定义为“着实去做这件事”，是在强调行作为实践活动的意义。而学、问、思、辨一般属于知的范畴，但按照行的意思，只要着实地去学、去问、去思、去辨，则四者便是行，所谓“知之真切笃实处，即是行”。学问思辨自然是认知活动的构成环节和手段，但在阳明这里，却不能从认知价值上来看。阳明总是说，“学是学存此天理”，“思只是思其所学”，在他的心学视野中，学问思辨皆为道德修养工夫，都是存理去欲的“真切笃实”手段，将它们理解为行的具体形式，实质是把它们看作主观形态的道德实践活动，突出了道德实践的主体性维度。这种思路更明确地体现在以下一段有关为善去恶的论述中：

> 今人学问，只因知行分作两件，故有一念发动，虽是不善，然却未曾行，便不去禁止。我今说个知行合一，正要人晓得一念发动处，便即是行了。发动处有不善，就将这不善的念克倒了。须要彻根彻底，不使那一念不善潜伏在胸中。此是我立言宗旨。③

因常人将知行分为两件，即使心中生出不善之念，只因未付诸行动，便随由不顾。按照知行合一的原则，一念发动处即是行，此“念”即是行为的动机，是一切实践活动的开端，若念不善，便要立即彻根彻底地将它克倒，从动机处（也是行为起始处）将恶扼杀于摇篮之中。我们可以发现，这里的“念”就是阳明说的“心之所发”之“意”，是包含了感性欲求的经验意识，故必然有善恶之分，作善作恶，正在此一念之几，

---

① 王阳明:《答友人问》,《王阳明全集》,上海古籍出版社 1992 年版,第 208 页。
② 王阳明:《传习录中》,《王阳明全集》,上海古籍出版社 1992 年版,第 45—46 页。
③ 王阳明:《传习录下》,《王阳明全集》,上海古籍出版社 1992 年版,第 96 页。

所以阳明说的“克念”其实就是诚意的意思，而由诚意自然又可与格物、正心贯通起来。由是，以行释知、以知为行可被理解为是从更宽泛的实践意义上来解说存理去欲的正心工夫。但问题是，发不善之念即行克倒，固然可以避免实在的恶行，但生出的若是善念，却显然不能将之等同于实在的善行，否则将取消一切道德实践的意义。至于是否在以知为行的思想层面上对善恶之念采取不同的态度和措施，王阳明没有解释，可以肯定的是，他十分重视道德的实践性，强调要在实践中探求、衡量“真知”。

第二，以知说行，行即是知。

这是说明行对于知的构成作用，强调生成知所需的行的条件，并且认为知的价值必须在行的过程中实现，由此，知不唯是纯粹的观念之知，而是在实际行为中生成的知，乃至以行为知。前言学问思辨与行的关系，王阳明把实在去做的学问思辨看作是行，这是以知为行，反过来说，“学是学做这件事，问是问做这件事，思辨是思辨做这件事，则行亦便是学问思辨矣”①。知必然含有行的倾向，并藉由行而落实到实践中去，而行亦因此包含了知的内容，此是知中已有行，而唯行才是知。阳明又有关于“孝之知”的议论：“知其如何而为温凊之节，则必实致其温凊之功，而后吾之知始至；知其如何而为奉养之宜，则必实致其奉养之力，而后吾之知始至。”② 实致其功是行，孝之知只有在奉孝的实际活动中才能化构为自觉的理性意识和现实的道德品格。在讲学与行的关系时，阳明也阐发了相同的观点：“如言学孝，则必服劳奉养，躬行孝道，然后谓之学，岂徒悬空口耳讲说，而遂可以谓之学孝乎？学射则必张弓挟矢，引满中的；学书则必伸纸执笔，操觚染翰；尽天下之学无有不行而可以言学者，则学之始固已即是行矣。”③ 这里学与行的关系属于知与行关系的

① 王阳明：《答友人问》，《王阳明全集》，上海古籍出版社 1992 年版，第 208 页。

② 王阳明：《书诸阳伯卷》，《王阳明全集》，上海古籍出版社 1992 年版，第 277—278 页。

③ 王阳明：《传习录中》，《王阳明全集》，上海古籍出版社 1992 年版，第 45 页。

范畴。言学必然有行，学而不行不可谓之学，唯有行才是真正的学。就道德品性的涵养来说也是如此，切身的道德认识和体验必要付诸道德实践，而正是在实际道德活动中，个体的道德品性才被建构起来，并通过前者得以彰显。

最后需要指出的是，王阳明提出知行合一之教亦有着现实问题的针对性，他说：

> 逮其后世，功利之说日浸以盛，不复知有明德亲民之实。士皆巧文博词以饰诈，相规以伪，相轧以利，外冠裳而内禽兽，而犹或自以为从事于圣贤之学。如是而欲挽而复之三代，呜呼其难哉！吾为此惧，揭知行合一之说，订致知格物之谬，思有以正人心，息邪说，以求明先圣之学，庶几君子闻大道之要，小人蒙至治之泽。①

阳明看到当时士风败坏、民风颓丧的社会现状，认为各种伪饰狡诈、利欲熏心的道德问题皆与知行不一有关，所以，他要阐明知行合一的宗旨，以此来“正人心”“息邪说”。此外，阳明看到士子们因将朱子的知先行后观奉为圭臬而对求道带来负面影响，他对此批评道：“今人却就将知行分作两件去做，以为必先知了然后能行，我如今且去讲习讨论做知的工夫，待知得真了方去做行的工夫，故遂终身不行，亦遂终身不知。”②

二、知行合一：心性化育的践履品格

王阳明常用“向里寻求”“向里求入”“向里着己之功”“反观内省”等说法来阐明自己那套“于心体上用功”的道德教化思路和修养工夫，以区别于朱子学向外格物穷理的求圣路径。然而，若对他的“心即理”说领悟不透，便很容易流入喜静厌动、枯槁虚寂之病，这种现象在阳明

---

① 王阳明:《书林司训卷》,《王阳明全集》,上海古籍出版社 1992 年版,第 282 页。

② 王阳明:《传习录上》,《王阳明全集》,上海古籍出版社 1992 年版,第 4—5 页。

的学生中多有出现，阳明则极力予以纠正。他说：“学无内外。讲习讨论，未尝非内也；反观内省，未尝遗外也。”[①] 向内求理于心或认定心即理，绝非要遗弃物理人事，而是立定本心，将之作为权衡和标准，既以本心之理来评判各种事物，同时也在各种事物中体悟、证求本心之理。如此便无有内外、动静之分，也无“心上工夫”“事上工夫”的区别，心上工夫要在事上做，即阳明所谓“事上磨炼”，事上工夫则以本心为旨归，总之，天机不息，一切都是活泼泼的。而从根本上说，这体现的还是阳明心性化育思想的一种注重实践性的品格，知行合一之教正是对此种品格的集中表述。上文已经对知行合一说的思想内涵做出了初步的剖析和阐释，而在王阳明这里，知行合一说其实是由多种相关表述组成的，它们从不同层面表达了这个命题的思想宗旨。下面我们通过重点解读两种代表性的说法，以深入把握阳明心学美育的践履机制和实践品格。

第一种说法：“真知即所以为行，不行不足谓之知。”[②] 前文已提及“真知”的概念，这个概念在宋儒的知行观中多有阐发，朱熹所言“真知则未有不能行者”[③] 便是强调，一种高度的道德自觉必然是要付诸道德活动的，这是以行的实践性价值来评价知的意义，这也构成了王阳明以上类似说法的一个基础。在阳明看来，“知”总是包含着行的向度，付诸于“行”的“知”才是“真知”，“知”通过“行”来获得现实性。即是说，道德意识与道德认知只有落实到实际行为中方可成就所谓“知”的品性，道德知识只有在具体的道德实践中才能转化为真实的道德人格。这说明，就道德修养而言，内在的意识自觉与外在的行为实践是不可分割的。如果将这种看法推延到审美活动及其对个体审美素养的构造效用的考察上亦不难发现，审美意识与审美活动在某种程度上是具有共时性的，审美意识可以而且必须在实践中化塑为审美品格，并落实到主体的

① 王阳明:《传习录中》,《王阳明全集》,上海古籍出版社 1992 年版,第 76 页。

② 王阳明:《传习录中》,《王阳明全集》,上海古籍出版社 1992 年版,第 42 页。

③ 朱熹:《张无垢中庸解》,《朱子全书》第二四册,上海古籍出版社 2002 年,第 3483 页。

人生境界中去。相反，审美意识或审美趣味若只停留在纯粹观念阶段而没有付诸具体的鉴赏活动，那就是无意义的。当我们说一个人有多高的审美修养时，这种修养必定是在对绘画、音乐、文学等审美对象的鉴赏行为中表现出来的。从另一方面说，只有应用于审美实践的修养和趣味才是真正有价值的，通过这个实践过程，后者转换为主体的人格内涵和精神境界，而不再是干巴巴的审美知识。

第二种说法："知是行之始，行是知之成。"[①] 这是从动态的过程来说明知行之间相互联系、相互包含的关系。不管是科学认知还是道德意志（王阳明主要从后者来讲），"知"都属于意识领域的范畴，但在阳明看来，就意识是行为的起点或促发行为的动机这点而言，"知"本身构成了行为的一个阶段，从而成为行为的一部分，所以知行从此来说是合一的。同样，"行"属于实践领域的范畴，但如果将行为看作是意识和观念的实现，那么，"行"便是知识或意志的最终阶段，是后者完成后的形式，就这点来说，"行"也就是"知"，知行在这个意义上也是合一的。尽管王阳明从两个方向——以行释知和以知释行——强调知行合一，但他始终把重点落在"行"上。"知是行之始"是把"知"看作行的一个阶段，"行是知之成"从表层语义看，是在说明道德观念获得实现的重要性，但我们实质领会的是，道德之知只有通过道德行为才能深化并实现自身，没有"行"，"知"便不成其为"知"，这与在"真知即所以为行，不行不足谓之知"中对"行"的强调是一致的。但这里需要提醒的是，阳明虽以"始""成"这类字眼来言说知行关系，却不是说两者在时间上是一种前后相继的关系，而是在知行本体这个框架内，两者互相包含，互为一体，在时间上具有共时性，所以他才会说，"只说一个知，已自有行在；只说一个行，已自有知在"。从美育视角来看，上述知行关系揭示了审美实践在整个美育系统和道德修养体系中的重要性，在以"成圣"为目标的阳明心学中，审美实践的意图只能落实到对主体道德心性的培

① 王阳明：《传习录上》，《王阳明全集》，上海古籍出版社1992年版，第4页。

养和教化上。因此，如果说存在一种所谓“心学美学”的话，它实质上就是一种带有强烈践履品格的美育学。

为了深入理解王阳明知行合一之教的美育学内涵，这里还须对“知”和“行”的特点与意义再做些探讨。我们知道，知行合一中的“知”主要指向道德领域中的道德意识和道德认知，但这种道德意识或道德认知却并非是纯理性的。正如在“知寒必已自寒”“知饥必已自饥”这样的经验感知活动中，主体对寒冷、饥饿的认识是以深切的身体感受为前提的，但关键在于，这种感性体验并不是我们通常所谓的必然要被超越的前理性阶段，而是最终融铸在了理性认识当中。质而言之，理性认识是包含感性要素在内的。与此相似，道德也绝非是一种纯理性的意识形式和实践活动，道德意识本身包含了欲望、情感等非理性内容，道德行为的发生亦往往受着情感力量的驱使，孟子所谓的恻隐之心即是一种不做理性算计的心理本能。远溯孟子心性之学的阳明心学自然高度重视道德感性化、直觉性的内涵，强调道德是个体在具体境遇中的一种直观领悟，道德意识便是一种如“好好色、恶恶臭”般具有当下时机化体认的“是非之心”，这将在后文探讨“致良知”时再做阐释。以上论述无非是要说明，知行合一中的“知”作为一种道德意识或道德认知，具有感性化、审美化的特质，其实质深度关联于后文要讲的理性与感性、先验与经验相统一的“良知”。

再就“行”言。“知行合一”说意在宣证知和行在本体维度上互构互成的合一境界，两者没有孰轻孰重之分，但从该命题所包含的逻辑结构、价值意旨来看，“行”的意义似乎更加凸显。冈田武彦也指出，“若从阳明知行合一论的精神来看，归根到底可以说是以行为中心的。就是说，是从若不行就不能致知的角度来讲‘知行合一’的”①。因此，对于心学美育论来说，知行合一中的“行”确实具有非常突出的价值，它直接塑造了阳明美育思想的践履性品格。正如潘立勇所述，在“知行合一”

① ［日］冈田武彦：《王阳明与明末儒学》，上海古籍出版社2000年版，第45页。

思想中，“美即存在或呈现于经由‘知行合一’化潜在德性为现实德行的过程中。美既不是所谓‘格物致知’‘读书穷理’的智力活动的结果，也不是自然与社会客观事物的一种固有的价值，而是人的‘良知’‘发用流行’在德行过程中主客观交互作用的结果。审美的功能不在于仅仅满足人的感官享受或认知欲求，而在于通过‘事上磨炼’的审美实践完成人格美的修养，使其‘良知’的价值潜能在审美实践的‘知行合一’过程中充分地体现”[①]。此处所讲“化潜在德性为现实德行”指出了阳明心学在道德人格培育上的一种思路，即人具有先天的德性之资，包括道德意识和道德情感等，在后天的教育过程中，个体对这种德性之资的认识也更加深化和完备，但若仅是如此，后者便始终停留在抽象认知层面，并只能作为人性的潜在要素而存在，无法转化为具体、丰富的现实人性。唯有“体究践履，实地用功”，通过“行著习察”的生活实践和勇于在“事上磨炼”的身体力行，才能将先天的道德本心内化为真实的道德品格和现实的人性内容，而这种被构筑到现实人性中的道德品性又会自然而然地促使个体在日常生活中去实践它所信奉的道德法则，引导个体做出符合道德法则的正确行为。这种知行合一的道德践履过程可以概述为如下逻辑程式：知—行—知—行。

在王阳明那里，德性与德行的关系即是知与行的关系，所谓知即是行，行即是知，即知即行，即行即知，且知且行，且行且知，德性与德行莫不如是。在知行互动的过程中，审美实践乃是将潜在德性（本身具有审美化特质）化构为现实道德品格的基本手段和重要力量，进而亦成为促发个体道德行为的一种机制性的存在。显然，在“知行合一”或“身心合一”的审美践履过程中，个体力图完成一种审美化的道德人格的塑造，以此实践士大夫“成己成圣”的道德理想。

---

① 潘立勇：《一体万化——阳明心学的美学智慧》，北京大学出版社2010年版，第152—153页。

第三节 致良知：工夫与境界

王阳明提出“心即理”，立足道学本体高度扭转了朱子以来的成圣路径，又倡“知行合一”之教，强化了心性之学的践履品格，但前者难免疏于工夫，后者终究隔于本体，对阳明来说，两者毕竟还难称作圣学的“一以贯之”之道，用之提点常人，开化愚俗，犹欠简易恰当。直到晚年拈出“致良知”三字，才将先前所悟所得一齐收摄，一体俱化，发展出心学的最终形态。阳明坦陈：“吾平生讲学，只是‘致良知’三字。”[①]并多次在谈话和著述中表达自己对这一理论发现的喜悦和赞叹。他说：“致良知之外无学矣。自孔孟既没，此学失传几千百年。赖天之灵，偶复有见，诚千古之一快！”[②] 又说：“区区所论致知二字，乃是孔门正法眼藏，于此见得真的，直是建诸天地而不悖，质诸鬼神而无疑，考诸三王而不谬，百世以俟圣人而不惑！知此者，方谓之知道；得此者，方谓之有德。”[③] 王阳明经常用“正法眼藏”来称道致良知的宗旨，言之为“圣学传心之要”“千古圣学之秘”，“致良知”说在阳明心学体系中所占之重要地位可见一斑，而后世学者更干脆将阳明心学径称为“致良知”学。故此，“致良知”说不仅是阳明心学之理论枢要，也是我们洞析心学美育论要旨的关钥所在。

一、“良知”的觉醒

作为一个哲学范畴的良知最早出自《孟子》：“人之所不学而能者，其良能也。所不虑而知者，其良知也。”（《孟子·尽心上》）良知良能是指人的先天道德意识和道德情感。阳明心学虽源自陆象山，但二人思想

---

① 王阳明:《寄正宪男手墨》,《王阳明全集》,上海古籍出版社 1992 年版,第 990 页。

② 王阳明:《书魏师孟卷》,《王阳明全集》,上海古籍出版社 1992 年版,第 280 页。

③ 王阳明:《与杨仕鸣》,《王阳明全集》,上海古籍出版社 1992 年版,第 185 页。

都承袭了亚圣学统。

王阳明所说的良知首先是一种超越时空、不受经验的偶然性束缚的先天之知："盖良知之在人心，亘万古，塞宇宙，而无不同，不虑而知，恒易以知险，不学而能，恒简以知阻，先天而天不违，天且不违，而况于人乎？况于鬼神乎？"① 理性意识的这种先天性又必然包含了普遍性的特点："自圣人以至于愚人，自一人之心，以达于四海之远，自千古之前以至于万代之后，无有不同。是良知也者，是所谓'天下之大本'也。"② 无论是圣人、愚人，还是今人、古人，人人具此良知，故其能成为"天下大本"。正是良知的先天性和普遍性使其成为一种道德本体，道德本体禀赋于人心，成为人人同有的道德意识，故"心自然会知：见父自然知孝，见兄自然知弟，见孺子入井自然知恻隐，此便是良知不假外求"③。从这里可以看出，阳明对良知作为一种先天的道德本能的定义与孟子是一致的。

正如我们所知，阳明心学的一个核心思想原则是"心即理"，理就是天理，不过天理在阳明思想中较少申言宇宙论的意义，更多的指先天的道德原理和道德法则，它同样属于道德本体的范畴。而在"良知说"提出后，阳明又言"良知者，心之本体"④，如此，"心即理"命题就可以被替换为"良知即天理"。不难理解，良知作为内在的、先天的道德意识和道德法则，必然是以天理为其内涵的，这是理学、心学共同抱持的价值取向。不过，良知如何即是天理，还须有个义理上的转承。阳明说："盖良知只是一个天理，自然明觉发见处，只是一个真诚恻怛，便是他本体。"⑤ "良知是天理之昭明灵觉处，故良知即是天理。思是良知之发用。

① 王阳明:《传习录中》,《王阳明全集》,上海古籍出版社 1992 年版,第 74 页。
② 王阳明:《书朱守乾卷》,《王阳明全集》,上海古籍出版社 1992 年版,第 279 页。
③ 王阳明:《传习录上》,《王阳明全集》,上海古籍出版社 1992 年版,第 6 页。
④ 王阳明:《传习录中》,《王阳明全集》,上海古籍出版社 1992 年版,第 61 页。
⑤ 王阳明:《传习录中》,《王阳明全集》,上海古籍出版社 1992 年版,第 84 页。

若是良知发用之思，则所思莫非天理矣。”[①] 显然，犹如依照“心即理”的思想方式将天理收摄于本心之中，使普遍的道德法则与个体心性融合无间一样，在“良知即天理”的阐释框架中，天理的昭显流行与良知的本体发用是浑然一体的。所谓良知是“天理自然明觉发见处”，乃是把良知视作天理的呈露之所，换言之，天理是由良知表现出来的，如何表现呢，则全在“自然明觉”或“昭明灵觉”几字上。牟宗三对它们的解释是：“天理之自然地而非造作地，昭昭明明而即在本心灵觉中之具体地而非抽象地呈现。”[②] 天理本身无“明觉”之性，但在阳明这里，天理不是抽象之理，而是涵融在本心之真诚恻怛中，并由此真诚恻怛之本心昭明自然地呈现出来。牟宗三据此总结说：“良知是天理之自然而明觉处，则天理虽客观而亦主观；天理是良知之必然而不可移处，则良知虽主观而亦客观。此是‘心即理’‘心外无理’‘良知之天理’诸语之实义。”[③]

无论是“心即理”还是“良知即天理”，实质都是将天理导向主体维度，将先验的道德本体直接落实于后者，从而既强化主体的道德能动性，又为这种能动性找到坚实的理性依据。然问题在于，若天理昭显为良知，而良知本来就具有知觉的特性，那么当它作为道德法则来运作时就必然离不开“知觉”。但这种“知觉”不是指认知能力，并非说良知要通过经验认知手段来认识天理，而是“指良知作为心之发动的知觉自然明辨是非”[④]，质言之，良知之所谓“知觉”，是指一种先天的道德本觉和道德判断力，王阳明常用灵觉、明觉来言称它。牟宗三说：“良知之心即是存有论的创发原则，它不是一认知心。它不是认知一客观而存在的理，它的明觉不是认知地及物的或外指的，它是内敛的昭昭明明之不昧，它这一昭昭明明之不昧即隐然给吾人决定一方向，决定一应当如何

① 王阳明：《传习录中》，《王阳明全集》，上海古籍出版社 1992 年版，第 72 页。
② 牟宗三：《从陆象山到刘蕺山》，吉林出版集团 2010 年版，第 139 页。
③ 牟宗三：《从陆象山到刘蕺山》，吉林出版集团 2010 年版，第 140 页。
④ 陈来：《有无之境——王阳明哲学的精神》，人民出版社 1991 年版，第 175 页。

之原则（天理）。”[①] 不过，我们又要看到，良知之“知”虽非认知之义，却绝不表示良知是完全隔绝于经验世界的一个悬空的本体。良知既然是一种道德本心，它必然要在具体的生活世界中展开，否则其道德价值便无从实现，而天理亦只有在感知界域中昭然澄明才能为主体所领受。阳明在《传习录》中有“心无体”之说：“目无体，以万物之色为体；耳无体，以万物之声为体；鼻无体，以万物之臭为体；口无体，以万物之味为体；心无体，以天地万物感应之是非为体。”[②] 感官的功能价值只有在应物而用上方可见出，心之体亦是以“万物感应之是非”为其本质内容。同样，“良知只在感应之机上看”，除此没有一个隔离的悬空的本体。如果用未发已发之说来解释，良知本体就是未发，感应之是非则属良知已发之用，未发必在已发中见出，故不存在无已发之未发，反之亦然。良知的这种感应发用的特性还可以从阳明所阐释的良知与见闻的关系获得进一步的理解：

> 良知不由见闻而有，而见闻莫非良知之用，故良知不滞于见闻，而亦不离于见闻。……盖日用之间，见闻酬酢，虽千头万绪，莫非良知之发用流行，除却见闻酬酢，亦无良知可致矣。故只是一事。[③]

良知是先天自在、生而具有的，是不依赖经验见闻产生的，但另一方面，人的视听言动等经验活动又是良知作为内在的道德意识和理性原则得以展开的必要条件，良知必须通过经验见闻、知见情识才能表现它的作用。所谓“不滞于见闻”是从良知本体之性上说，而“不离于见闻”则是从良知的发用流行上说。良知本体固是千古恒在，圆满自得，不因见闻而生，不因见闻而改变，然而，从个体德性的生成来说，这是一个心性存

---

① 牟宗三:《从陆象山到刘蕺山》,吉林出版集团 2010 年版,第 140 页。

② 王阳明:《传习录下》,《王阳明全集》,上海古籍出版社 1992 年版,第 108 页。

③ 王阳明:《传习录中》,《王阳明全集》,上海古籍出版社 1992 年版,第 71 页。

养和生命践履的过程，需要凭借展开于经验世界中的修养工夫，如此，良知方能从先天的德性变成实有诸己的道德人格，所以，阳明认为，除却日用间的见闻酬酢（这势必关乎认知、审美、意志等各种实践活动），良知无由彰显、实现其自身，此即谓先天之知与后天之致的统一。

良知既是一种先天的道德意识和理性准则，其最大的作用便是判断是非善恶。我们知道，孟子在论证性善说和仁义论的时候，提出了著名的“四端说”。在孟子看来，仁义礼智源生于恻隐、羞恶、辞让、是非这四种道德情感（四端），而这四种道德情感是人心所固有的。王阳明认为，孟子说的“四端”其实就是良知，但他在解说良知内涵的时候，并没有以四端之义分而释之，而是特别重视其中的“是非之心”这个方面，或者说，是非之心从某种程度上可以归结四端，从而突出了良知作为是非之心的意义。他说：“孟子云：‘是非之心，知也。’‘是非之心，人皆有之。’即所谓良知也。”① 又说：“夫良知者，即所谓是非之心，人皆有之，不待学而有，不待虑而得者也。”② 阳明显然以为，是非善恶的标准乃是整个道德意识结构中的关键内容，也是道德实践的基本依据，先验道德意识（良知）最重要的功能就是提供这样一种评判是非善恶的法则。在与弟子陈九川（1494—1562，字惟濬）的一次对话中，阳明再次强调了良知作为个体先验的是非准则的重要性：

> 尔那一点良知，是尔自家底准则。尔意念着处，他是便知是，非便知非，更瞒他一些不得。尔只不要欺他，实实落落依着他去做，善便存，恶便去，他这里何等稳当快乐！③

只要依循良知本心，不以私意欺瞒，自能分出是非、判别善恶。而当阳

---

① 王阳明：《与陆原静》，《王阳明全集》，上海古籍出版社 1992 年版，第 189 页。
② 王阳明：《书朱守乾卷》，《王阳明全集》，上海古籍出版社 1992 年版，第 279 页。
③ 王阳明：《传习录下》，《王阳明全集》，上海古籍出版社 1992 年版，第 92 页。

明以是非之心来定义良知或以良知为是非准则时，这个意义上的良知其实就是天理。阳明说："鄙夫自知的是非，便是他本来天则。"① 天则即天理，"自知得是非"的良知在此与天理是等同的。

以上主要述介了良知范畴的道德内涵，但除道德内涵之外，良知在王阳明的心学论述中还被看作是意义世界的本体依据和建构力量。阳明道："人的良知，就是草木瓦石的良知。若草木瓦石无人的良知，不可以为草木瓦石矣。岂惟草木瓦石为然，天地无人的良知，亦不可为天地矣。"② 草木、瓦石、天地作为自然界的自在之物当然是不依赖人而存在的，但它们只有进入人的观照视界，才能变成一种意义的存在物，其意义是相对于人而言的。由此来说，如果没有人的良知，草木、瓦石、天地也就没有它们的意义了。当然，最著名的例子还是"南镇观花"。"先生游南镇，一友指岩中花树问曰：'天下无心外之物，如此花树，在深山中自开自落，于我心亦何相关？'先生曰：'你未看此花时，此花与汝心同归于寂。你来看此花时，则此花颜色一时明白起来。便知此花不在你的心外。'"③ 自然界的花开花落是一种自在现象，若没有人去欣赏它，其绚烂或枯败皆无意义。只有当花面向人的时候，只有当人去看花的时候，其开落荣枯、喧寂生灭才能绽现出意义来（"一时明白起来"），总之，一切存在皆是在良知（心）中存在。阳明进而将良知奉为创生天地万物的本体力量："良知是造化的精灵。这些精灵，生天生地，成鬼成帝，皆从此出，真是与物无对。"④ 所谓"造化"和"生天生地"当然不是指对天地万物的物质创造，与宗教的神造论也没有关系，而是指天地万物向人敞开，在良知灵觉的照摄下生出意义，故言道："天地万物，俱在我良知的发用流行中，何尝又有一物超于良知之外，能作得障碍？"⑤

① 王阳明:《传习录下》,《王阳明全集》,上海古籍出版社 1992 年版,第 112 页。
② 王阳明:《传习录下》,《王阳明全集》,上海古籍出版社 1992 年版,第 107 页。
③ 王阳明:《传习录下》,《王阳明全集》,上海古籍出版社 1992 年版,第 107—108 页。
④ 王阳明:《传习录下》,《王阳明全集》,上海古籍出版社 1992 年版,第 104 页。
⑤ 王阳明:《传习录下》,《王阳明全集》,上海古籍出版社 1992 年版,第 106 页。

王阳明的“良知”具有非常丰富的语义内涵和思想意蕴，它既是一种先天的道德本体，也是德性存在的真实形态和本质规定，同时又是意义世界的建构力量和存有的根据。阳明有《咏良知》诗云：“人人自有定盘针，万化根源总在心。却笑从前颠倒见，枝枝叶叶外头寻。”[①] 良知藏于每个人的心中，如定盘针那样为我们指引方向。第三、四句所讲“颠倒见”“外头寻”，明显是在讽指当时被奉为儒学正宗的朱子学。阳明确信，尽管早年的“心即理”说、“知行合一”之教已宣示了心学的基本主张，但只有良知说，才将自己的学说和朱子学从根本上区别开来。不唯如此，在谈到良知说的创获体会时，阳明言：“某于‘良知’之说，从百死千难中得来，非是容易见得到此。”[②] 《年谱》亦载：“自经宸濠、忠、泰之变，益信良知真足以忘患难，出生死。”[③] 可见，良知思想乃是阳明历性命之劫、度生死之难所创发的圣门要诀，是从平生坎坷曲折的政治、军事经验中融铸而得的性命之学，将之看作阳明人生和学术的高度凝练和最后总结是不为过的。

二、致良知：本体与工夫合一的美育论

王阳明说：“‘致良知’是学问大头脑，是圣人教人第一义。”[④] 此处所言之学问，自然是成己成圣的圣贤之学，关联着存理去欲的工夫和心性化育的内容，而致良知对于这样一种内圣之学来说实在具有总领和中枢的意义，即阳明所称之“学问大头脑”。然而，不得不问的是，既有良知，为何又言致良知？这个问题对于理解阳明晚年的心性教化思想及他的良知美育论都是至为重要的，对此我们可以从以下两个方面来理解。

其一，致良知使良知本体向现实德性生成。前文已述及，良知乃是人性中潜在的道德本原，道德人格和道德实践由之而可能，它被视为一

① 王阳明:《咏良知》,《王阳明全集》,上海古籍出版社 1992 年版,第 790 页。
② 钱德洪:《刻文录叙说》,《王阳明全集》,上海古籍出版社 1992 年版,第 1575 页。
③ 王阳明:《年谱·五十岁》,《王阳明全集》,上海古籍出版社 1992 年版,第 1278 页。
④ 王阳明:《传习录中》,《王阳明全集》,上海古籍出版社 1992 年版,第 71 页。

切现实德性和德行的出发点。与此同时，只有良知潜能被转化成现实的德性和德行，它才能实现其道德的力量和价值，这是成圣的必然要求，而这个转化过程就需要“致知”的工夫。如果良知是道德本体，致良知就是一种后天的修养和实践活动，唯有在日常生活中致此本然之良知，道德本原才能转化为真实的道德人格和切身的道德经验，于是，此良知“发之于亲则为孝，发之于君则为忠，发之于朋友则为信”①。阳明又说，“人孰无是良知乎？独有不能致之耳”②，良知人皆有之，却不是人人皆能致之，在阳明看来，良知是自己从百死千难中得来，故致知工夫绝不能等闲视之，作一般光景玩弄。

其二，致良知使良知本体无私意障碍，充塞流行。阳明说：“若良知之发，更无私意障碍，即所谓‘充其恻隐之心，而仁不可胜用矣’。然在常人不能无私意障碍，所以须用致知格物之功胜私复理。即心之良知更无障碍，得以充塞流行，便是致其知。”③ 良知乃至善本体，通体莹彻，无少亏欠，但在现实处境中，即在良知的发用过程中，本体总会受到私意遮蔽，道德理性往往陷溺于裹挟着人心欲望的知见情识当中而失去道德判断力，由此妨害理想的人格境界的达成，阻碍成圣的道路。唯一的解决办法是克私欲，去昏蔽，使良知本体全然呈露，充塞流行，此即“致”的工夫。阳明说：“人若知这良知诀窍，随他多少邪思枉念，这里一觉，都自消融。真个是灵丹一粒，点铁成金。”④

就致良知之于个体人格塑造和心性修养之意义而言，以上两点实际是一个过程的两面。要使良知本体完满地生成为现实的道德人格，其间必时时施以克欲的工夫，而克欲工夫在阳明看来就是一个致知的过程；同样，克欲的目的是要建构一种实有诸己的道德人格，而道德人格的现实生成自然仍表现为致知。因此，在致良知这一实践维度中，德性的修

---

① 王阳明：《书诸阳伯卷》，《王阳明全集》，上海古籍出版社 1992 年版，第 277 页。
② 王阳明：《书朱守谐卷》，《王阳明全集》，上海古籍出版社 1992 年版，第 279 页。
③ 王阳明：《传习录上》，《王阳明全集》，上海古籍出版社 1992 年版，第 6 页。
④ 王阳明：《传习录下》，《王阳明全集》，上海古籍出版社 1992 年版，第 93 页。

养与克欲存理是浑融为一的。

如果说以上两方面说明了致良知的必要性，那么，真正的问题是，到底何为致良知呢？这就不得不从“致”上着眼。一般认为，致良知之“致”在王阳明那里具有两种含义：

第一，“致”具有至极之义，也就是让良知在人性中高度扩展、完全充满、毫无滞碍。阳明在《大学问》中对这层意思做了界说：

> 致者，至也，如云丧致乎哀之致。《易》言‘知至至之’，‘知至’者，知也；‘至之’者，致也。‘致知’云者，非若后儒所谓充广其知识之谓也，致吾心之良知焉耳。①

此处以“至”释致，“至”有极点和达到极致的意思，所以，致知的目的便是为了知至。就良知说，乃是使良知全体达致一个高度完满、澄明无碍的极点，良知本体的内涵得以全部实现。阳明说：“孩提之童无不知爱其亲，无不知敬其兄，只是这个灵能不为私欲遮隔，充拓得尽，便完；完是他本体，便与天地合德。”② 人无不有良知，只是容易为私欲遮隔，故一般人心中之良知尚非良知完全之本体，致知便是为了去除私欲，使良知“充拓得尽”“扩充到底”，以完全呈露。而从道德教化和德性修养的角度说，扩充良知是为了真正能够做到知善知恶，为善去恶。阳明道：“然知得善，却不依这个良知便做去，知得不善，却不依这个良知便不去做，则这个良知便遮蔽了，是不能致知也。吾心良知既不能扩充到底，则善虽知好，不能着实好了；恶虽知恶，不能着实恶了。”③ 从以上论述看，“致”的这一层含义与上文所言致良知的必要性的第二个方面是对应的，充拓、扩充良知是为了克欲去蔽，良知若充拓得尽，致其之极，则

① 王阳明:《大学问》,《王阳明全集》,上海古籍出版社 1992 年版,第 971 页。

② 王阳明:《传习录上》,《王阳明全集》,上海古籍出版社 1992 年版,第 34 页。

③ 王阳明:《传习录下》,《王阳明全集》,上海古籍出版社 1992 年版,第 119 页。

私欲便如“洪炉点雪”，即刻消融，做不得障蔽。

第二，致良知之“致”有推行、实行的意思，这对于强调道德实践的阳明心学来说具有更重要的意义。从推行之义说，阳明有一段著名的定义：“所谓致知格物者，致吾心之良知于事事物物也。吾心之良知，即所谓天理也。致吾心良知之天理于事事物物，则事事物物皆得其理矣。”①将良知天理推行到事事物物并不是一种主观的精神活动，而是在事事物物中去践行、体证良知天理，其中显然已包含了笃行的意思。将“致”的实行义说得更加明白透彻的是以下这段话：

> 如知其为善也，致其知为善之知而必为之，则知至矣……知犹水也，人心之无不知，犹水之无不就下也；决而行之，无有不就下者。决而行之者，致知之谓也，此吾所谓知行合一者也。②

知为善是一种道德意识也就是良知，但只有致此为善之知而为之才是使良知达到极致状态的根本办法，所以，阳明相信，“决而行之”才是真正的致知，即把良知贯穿、落实到道德行动当中去。《答顾东桥书》说：“知如何而为温凊之节，知如何而为奉养之宜者，所谓知也，而未可谓之致知。必致其知如何为温凊之节者之知，而实以之温凊，致其知如何为奉养之宜者之知，而实以之奉养，然后谓之致知。……以是而言，可以知致知之必在于行，而不行之不可以为致知也明矣。知行合一之体，不益较然矣乎？”③ 在这里，“致良知”包含的实行之义就说得非常明确了，而且正因为致知有“决而行之”的意思，所以更鲜明地体现了知行合一的精神。概言之，良知是内在的道德准则，“致”则表示一种实践工夫，正是通过致良知的道德实践，良知本体才转化、建构为真实的道德人格，

① 王阳明：《传习录中》，《王阳明全集》，上海古籍出版社 1992 年版，第 45 页。
② 王阳明：《书朱守谐卷》，《王阳明全集》，上海古籍出版社 1992 年版，第 277 页。
③ 王阳明：《传习录中》，《王阳明全集》，上海古籍出版社 1992 年版，第 48—50 页。

这点与前文所言致良知的必要性的第一个方面是对应的。

以上阐述的“致”的两种义涵在逻辑上是互相包含、互相作用的。克欲存理、充拓良知，本身就是一个在日常生活的事事物物当中践履良知的过程，而就良知的推致践行来说，扩充之效、克欲之功，亦早已是其应有之义。正是致良知这种无间动静、无分内外的特点，以及在日常践履中省察克治、正心明德的机用之性，故而阳明赞致良知为“惟精惟一之学”。简单地说，它是儒家修身工夫的一种高度凝练的形式，除致此良知，更无需多余工夫。在这一意义上，儒家的格物、致知、诚意、正心等修身工夫亦都融合统一到致知（阳明意义上的“致良知”）条目上：“致知者，意诚之本也。然亦不是悬空的致知，致知在实事上格。如意在于为善，便就这件事上去为；意在于去恶，便就这件事上去不为。去恶固是格不正以归于正，为善则不善正了，亦是格不正以归于正也。如此，则吾心良知无私欲蔽了，得以致其极，而意之所发，好善去恶，无有不诚矣！诚意工夫，实下手处在格物也。若如此格物，人人便做得，‘人皆可以为尧、舜’，正在此也。”① 照此可知，格物、诚意、正心都是在致知过程中展开并实现各自效用的，但无须分节目来说，只说个致知，便一齐俱透，只此良知一念，彻头彻尾，善恶自辨，真正是简易直截工夫。

在阐述了致良知的哲学意涵及其包含的修身教化思旨后，我们再来探查它的美育特性与意义。实际上，致良知的美学特质和美育效能就体现在良知本身的性质当中，并可从致知工夫所具有的某种审美化属性反映出来。良知作为一种道德本体所蕴含的个体性、情感性、直觉性特征②为心学的美学化及美育宗旨的追求提供了直接的契机和本体的依据。

首先是良知的个体性特征。良知是一种人性中本有的“天下古今之所同”的道德法则，它是一种先验的存在本体，然而，良知的先验性又

---

① 王阳明:《传习录下》,《王阳明全集》,上海古籍出版社 1992 年版,第 119—120 页。

② 此处对良知的审美属性的概括及下文的分析思路对潘立勇《一体万化——阳明心学的美学智慧》一书中的相关论述颇有借鉴,见第 108—110 页,北京大学出版社 2010 年,特此说明并感谢。

常常是以个体化的形式表现出来的。正所谓："尔那一点良知，是尔自家底准则。"① 这"自家准则"正说明良知是一种个体化的道德体验而无关乎他人，依凭良知而行，是非善恶吾心自知而无所与于他人，此即所谓"独知"。阳明有咏良知诗两首，其云："良知即是独知时，此知之外更无知。谁人不有良知在，知得良知却是谁？"又："知得良知却是谁？自家痛痒自家知。若将痛痒从人问，痛痒何须更问为？"② 更说道："所谓人虽不知，而己所独知者，此正是吾心良知处。"③ 阳明把良知比作身体痛痒那样高度个体化的感知体验，正是与审美感受的独知、独觉特性相通的。所以说，"正是良知的'独知'本体在具体而独特的境域中通过'尔心一念''尔心一觉'呈现为个体'独觉'的审美境界"④。

其次是良知的情感性特征。前文讨论"心即理"这个命题时即已指出，阳明的心体并非是一个纯粹的理性本体，而是内蕴着强大的感性维度，包含了丰富的情感内容，同样，作为心之本体的良知也具有强烈的情感性特质。孟子早就认为，仁义礼智这四种道德价值或道德法则乃是发端于恻隐、羞恶、辞让、是非这四种人心本有的情感，从而赋予儒家伦理以丰富的情感内涵。王阳明继承了孟子对道德的这种情感化规定，这充分表现在他对良知本体的论述中。当阳明以"是非之心"概述良知时，他说："良知只是个是非之心，是非只是个好恶，只好恶就尽了是非，只是非就尽了万事万变。"⑤ 良知的是非判断直接与情感好恶相关，心之所好自然为是，心之所恶自然为非，一切皆源于情感的本能驱使，而非理智的抉择，所以，"好善如好好色，恶恶如恶恶臭"。但在这种本能驱使下，个体的行为又无不与良知天则相符契，因为其中并无私欲的掺杂，所以自然会循乎天理而行。那么，这种道德情感又具有怎样的性

① 王阳明：《传习录下》，《王阳明全集》，上海古籍出版社1992年版，第92页。
② 王阳明：《答人问良知二首》，《王阳明全集》，上海古籍出版社1992年版，第791页。
③ 王阳明：《传习录下》，《王阳明全集》，上海古籍出版社1992年版，第119页。
④ 潘立勇：《一体万化——阳明心学的美学智慧》，北京大学出版社2010年版，第108页。
⑤ 王阳明：《传习录下》，《王阳明全集》，上海古籍出版社1992年版，第111页。

质呢？在阳明看来，“盖良知虽不滞于喜怒忧惧，而喜怒忧惧亦不外于良知也”①。这是说，良知体验是可以在普通的心理情感中获得的，或者说，个体的日常情感即是对良知本体的印证。“喜怒哀惧爱恶欲，谓之七情。……七情顺其自然之流行，皆是良知之用。”② 然而，虽然良知之用不外于七情，但要识得良知本体却不能“滞于”七情。日常情感是人心所本有，但若过分地在经验层面执着于情感，那就是私欲的表现，势必会遮蔽良知本体。因此，阳明要求七情须顺其自然流行，当生则生，当灭则灭，当哭便哭，当笑便笑，关键是“要认得良知明白”。如此，个体既率性自由地表达日常情感，又因这种率性自由而超越了日常情感（七情），达到一种“真乐”境界，此即阳明反复强调的“乐是心之本体”的意味所在。这种本体之乐是一种高度自由的精神体验，它既摆脱了感性本能的压迫，也超越了道德规范的束缚，实质就是一种“与物无对”“天人合一”的审美境界。

再次是良知的直觉性特征。王阳明提出“心即理”说的主要目的就是要破除朱子理学繁琐的穷理工夫，使个体对天理的体认更加直接、明朗。与此相应，作为心之本体，无思无虑的良知更具有“虚明照鉴”的直觉性。他说：“良知之发见流行，光明圆莹，更无罣碍遮隔处，此所以谓之大知。”③ “从目所视，妍丑自别，不作一念，谓之明。从耳所听，清浊自别，不作一念，谓之聪。从心所思，是非自别，不作一念，谓之睿。”④ 这里都是说明良知那种破除理智和见闻拘束，澄明透达、当下具足的直觉特性。在阳明看来，良知的流行、呈现乃是“活泼泼地”，它无须理智的解析，也不是道德的强制，更不为日常见闻所遮蔽，它是活脱脱一种审美化的直接呈现，如明镜照物，美者自美，丑者自丑，一照而

① 王阳明：《传习录中》，《王阳明全集》，上海古籍出版社1992年版，第65页。
② 王阳明：《传习录下》，《王阳明全集》，上海古籍出版社1992年版，第111页。
③ 王阳明：《传习录中》，《王阳明全集》，上海古籍出版社1992年版，第86页。
④ 王阳明：《旧本未刊语录诗文汇辑》，《王阳明全集》，上海古籍出版社1992年版，第1172页。

显，通透明亮。

既然良知具有以上的审美特性，那么致良知便是要充分扩展、修养这样的特性，并将之付诸到个体的道德实践当中。通过致知工夫，良知的审美价值被建构到个体的人格中，化育成一种高拔的生命境界。就良知的个体性来说，致良知就是维护个体独知独觉的审美体验，通过审美的独知境界来培养、扩充主体意识；就良知的情感性来说，致良知则是要让真诚恻怛的情感本体全然呈露，使情感成为道德意识的充盈之源和道德行为的内在动力；就良知的直觉性来说，致知之功便是要破除私欲的蔽障，排除理智的束缚和见闻的干扰，使道德意识自然明觉，莹明透彻，这个致知过程也正是审美境界呈现的过程，审美世界正是在良知直觉的呈现过程中澄明。以上便是致良知的美育内涵，它体现了一种本体与工夫合一的美育论。

三、“圣人气象”与“狂者胸次”

王阳明在提出“致良知”思想后，直接把它与成圣宗旨关联起来，他说：“心之良知是谓圣。圣人之学，惟是致此良知而已。……愚不肖者，虽其蔽昧之极，良知又未尝不存也。苟能致之，即与圣人无异矣。此良知所以为圣愚之同具，而人皆可以为尧舜者，以此也。”① 如果说，圣人是一种理想的道德境界，是善的德性在人格层面的完满呈现，那么，致良知就是实现圣人理想的工夫手段。在致良知的思想框架中，王阳明提出了“圣人气象”及与之关联的“狂者胸次”两种境界形态，从中可以反映出王阳明心性化育思想的最高精神意趣。

早在二程那里，便常有关于圣人气象或圣贤气象的议论。他们教导弟子读书须领悟文字间透露的圣贤气象，言道：“凡看文字，非只要理会语言，要识得圣贤气象。如孔子曰：‘盍各言尔志。’而由曰：‘愿车马，衣轻裘，与朋友共，敝之而无憾。’颜子曰：‘愿无伐善，无施

---

① 王阳明：《书魏师孟卷》，《王阳明全集》，上海古籍出版社1992年版，第280页。

劳。’孔子曰：‘老者安之，朋友信之，少者怀之。’观此数句，便见圣贤气象大段不同。”① 然何谓“气象”？冯友兰解释道：“道学家认为，人的精神世界虽是内心的事，但也必然表现于外，使接触到的人感觉到一种气氛。这种气氛，道学家称之为‘气象’。”又说：“气象是人的精神境界所表现于外的，是别人所感觉的。有某种精神境界的人，他自身也可以有一种感觉。这种感觉是内在的。”② 不难理解，“气象”是指达到某种道德精神境界的人所展现出来的一种精神风貌，而这种精神风貌能够被周边的人体验、感知到，并可能给后者带来道德和心灵上的感化作用。若说圣人境界是一种自得自悟的超越之境，则圣人气象似更能发挥教化效用。

王阳明多言“气象”，试看以下语录：

> 先生曰：“胸中须常有舜、禹有天下不与气象。”德洪请问。先生曰：“舜、禹有天下而身不与，又何得丧介于其中？”③
>
> 先生曰：“圣人之学，不是这等捆缚苦楚的，不是妆做道学的模样。”汝中曰：“观‘仲尼与曾点言志’一章略见。”先生曰：“然。以此章观之，圣人何等宽洪包含气象！”④
>
> 问：“世道日降，太古时气象如何复见得？”先生曰：“一日便是一元。人平旦时起坐。未与物接，此心清明景象，便如在伏羲时游一般。”⑤

在阳明那里，气象不仅是个体生命所呈现的精神面貌，而且也指由政治状况、社会风俗、道德情态所构成的总体的时代风貌，但这时代风貌亦

---

① 程颢、程颐：《河南程氏遗书》卷二二，《二程集》，中华书局 1981 年版，第 284 页。
② 冯友兰：《中国哲学史新编》第五册，人民出版社 1988 年版，第 122 页。
③ 王阳明：《年谱・五十二岁》，《王阳明全集》，上海古籍出版社 1992 年版，第 1287 页。
④ 王阳明：《传习录下》，《王阳明全集》，上海古籍出版社 1992 年版，第 104 页。
⑤ 王阳明：《传习录上》，《王阳明全集》，上海古籍出版社 1992 年版，第 21 页。

要在人的精神世界中见出。王阳明更把圣人气象与体认良知结合起来：

> “先认圣人气象”，昔人尝有是言矣，然亦欠有头脑。圣人气象自是圣人的，我从何处识认？若不就自己良知上真切体认，如以无星之称而权轻重，未开之镜而照妍媸，真所谓以小人之腹而度君子之心矣。圣人气象何由认得？自己良知原与圣人一般，若体认得自己良知明白，即圣人气象不在圣人而在我矣。[①]

所谓“先认圣人气象”，按阳明的看法，乃是把圣人气象当作一个外在的标准和模范，而后依此标准和模范来为学行事，这种做法显然是欠缺主体心性本根的表现，终是逐世浮荡，随物飘摇，将圣人气象当光景玩弄了。真正的圣人气象应该是个体从自我良知处真切体认出来的，良知是每个人心中的权衡和明镜，个体以之来衡度、朗照自家心性，美丑善恶、是非真妄便立显无碍，故唯有致吾心之良知，方能体得真正的圣人气象，方知“圣人气象不在圣人而在我”。

而对阳明来说，圣人气象又是与他竭力宣扬的“万物一体”精神息息相关的。在《答顾东桥书》的末节（又称《拔本塞源论》），阳明酣畅淋漓地阐发了他的万物一体思想，其中说道：

> 夫圣人之心，以天地万物为一体，其视天下之人，无外内远近，凡有血气，皆其昆弟赤子之亲，莫不欲安全而教养之，以遂其万物一体之念。天下之人心，其始亦非有异于圣人也，特其间于有我之私，隔于物欲之蔽，大者以小，通者以塞，人各有心，至有视其父子兄弟如仇仇者。圣人有忧之，是以推其天地万物一体之仁以教天下，使之皆有以克其私，去其蔽，以复其心体之同然。[②]

---

① 王阳明:《传习录下》,《王阳明全集》,上海古籍出版社 1992 年版,第 59 页。

② 王阳明:《传习录中》,《王阳明全集》,上海古籍出版社 1992 年版,第 54 页。

万物一体思想在宋儒那里多有阐述，是理学体系中极富特色的重要内容。其基本观点认为，天地万物是一个息息相通的整体，就个体来说，世界的每一部分，包括物和他人，都是自己身体的组成部分，因此不应有人己之分、物我之别。要视他人的苦痛为自己的苦痛，并将自己的仁爱之情推及他人，如此便能视人如己，与物同体，若人人都能领悟这种境界，就能实现天下大同。阳明从心学视角重新阐发了万物一体观念，对世情时学做出了激烈的批判，强调每个人都应该且可以像圣人一样，通过克私去蔽，"复心体之同然"，实现自我与世界的一体，而这最终有赖致良知的工夫，故说："世之君子惟务致其良知，则自能公是非，同好恶，视人犹己，视国犹家，而以天地万物为一体，求天下无治，不可得矣。"① 在阳明这里，体致良知而得的圣人气象不是个体悠然安乐的生命情态，而是包含了对苍生苦难的悲悯情怀和淑世救民的坚定意志，最终是诉诸"天下之为一家、中国之为一人"② 的大同理想。

与圣人气象的政道内涵不同，狂者胸次反映出王阳明在人生追求上的另一种意趣。孔子最早讨论了"狂"的问题。《论语·子路》："不得中行而与之，必也狂狷乎，狂者进取，狷者有所不为也。"意思是说，如果我遇不到行中道之人，就与狂狷之人同游，狂者志向高远，狷者也有自己的操守和底线。在宋明理学中，程朱对"狂"的讨论影响深远。二程把孔子弟子曾点视作"狂者"的代表。这源于《论语·先进》中曾点言志的故事。孔子让弟子各言其志，曾点说："莫春者，春服既成，冠者五六人，童子六七人，浴乎沂，风乎舞雩，咏而归。""夫子喟然叹曰：吾与点也！"由此看出，孔子虽然平生汲汲于儒家礼乐安邦的经世关怀和政道理想，但他同样重视个体对于一种闲适自得、自在洒脱、不累于世的精神境界的追求。二程对此评论："曾晳言志，而夫子与之，盖与圣人

① 王阳明：《传习录中》，《王阳明全集》，上海古籍出版社 1992 年版，第 79 页。

② 王阳明：《亲民堂记》，《王阳明全集》，上海古籍出版社 1992 年版，第 252 页。

之志同，便是尧、舜气象也。特行有不掩焉耳，此所谓狂也。”①

王阳明晚年自述：“我在南都已前，尚有些子乡愿的意思在。我今信得这良知真是真非，信手行去，更不着些覆藏。我今才做得个狂者的胸次，使天下之人都说我行不掩言也罢。”② 与圣人气象相同，狂者胸次亦是真切体认自家良知，使之流行无碍而获得的人生情态，是一种光明磊落，真诚恻怛，无入而不自得的超然之境。王阳明在一次与众弟子诗酒行乐之时所作的两首诗充分表达了他对狂者境界的向往和追求：

> 万里中秋月正晴，四山云霭忽然生。须臾浊雾随风散，依旧青天此月明。肯信良知原不昧，从他外物岂能撄！老夫今夜狂歌发，化作钧天满太清。
>
> 处处中秋此月明，不知何处亦群英？须怜绝学经千载，莫负男儿过一生！影响尚疑朱仲晦，支离羞作郑康成。铿然舍瑟春风里，点也虽狂得我情。③

良知如明月朗照，人欲俗念则如浊雾随风散去。良知即天理，只要体验得自然真切，个体便能自作主宰，是非善恶自能明辨无碍。此时个体精神如沐春风，优游自若，于天人无间处得圣人之道，亦有如曾点，以疏狂之心而入道。就在这次师徒会乐的第二天，王阳明又对弟子说了以下一番话：

> 昔者孔子在陈，思鲁之狂士。世之学者，没溺于富贵声利之场，如拘如囚，而莫之省脱。及闻孔子之教，始知一切俗缘，皆非性体，乃豁然脱落。但见得此意，不加实践以入于精微，则渐有轻灭世故，

---

① 朱熹：《孟子集注》，《朱子全书》第六册，上海古籍出版社、安徽教育出版社 2002 年版，第 456 页。

② 王阳明：《传习录下》，《王阳明全集》，上海古籍出版社 1992 年版，第 116 页。

③ 王阳明：《月夜二首》，《王阳明全集》，上海古籍出版社 1992 年版，第 787 页。

阔略伦物之病。虽比世之庸庸琐琐者不同，其为未得于道一也。故孔子在陈思归，以裁之使入于道耳。诸君讲学，但患未得此意。今幸见此，正好精诣力造，以求至于道。无以一见自足而终止于狂也。①

阳明虽深契狂者之情，然世人对狂者胸次却有误解，认为狂者是那种桀骜不羁、弃绝世情、隐身遁世的人物，犹如《论语》中那位对着孔子唱歌的楚狂接舆，这就容易走向对生活和社会的否定。而在阳明看来，狂者即使超脱凡俗，洁身自好，也不可“轻灭世故，阔略伦物”，仍旧要身与物接，在事上磨炼，通过现实的人生实践，来求得良知之自得自慊。这里便牵引出另一个问题，狂者胸次虽不易得，却仍非道德人格的最高理想，阳明说：

狂者志存古人，一切纷嚣俗染，举不足以累其心，真有凤凰翔于千仞之意，一克念即圣人矣。惟不克念，故阔略事情，而行常不掩。惟其不掩，故心尚未坏而庶可与裁。②

按阳明之意，狂者胸次主要在于洒落自得而不累于物、任志高飞而不拘于俗，但狂者毕竟不是圣人，还有“一克念”之差。“说其‘不克念’，即意味狂者之举还未达到‘天则自然’的至境，其超越情态还不是‘自然流出’”③，这就有可能将个体导向纵欲或出世，所以，人生修历的最终理想还是圣人境界，应该由狂入圣，而不能“自足而终止于狂”。

圣人与狂者是儒家的两种精神面相，这在孔子那里就已相互关联地展现出来了。狂者的逍遥自得极易混入佛、老的虚无主义和出世倾向，

① 王阳明:《年谱·五十三岁》,《王阳明全集》,上海古籍出版社 1992 年版,第 1291 页。
② 王阳明:《年谱·五十三岁》,《王阳明全集》,上海古籍出版社 1992 年版,第 1287—1288 页。
③ 肖鹰:《中国美学思想通史·明代卷》,江苏人民出版社 2014 年版,第 84 页。

故后来的儒者士大夫虽赞赏其作为一种人生境界的高蹈品性，却也时时警惕堕入异端的危险。王阳明早年流连于佛、老，笃定圣学志向后便坚决反出二氏，所以他对狂者存有的弃绝伦物、疏阔世情的出尘之趣保持警醒。但我们也可以看到，无论在官场或军旅生涯中，阳明经常表露出一种寄意山水、隐身遁世的情怀，这反映了他性格超然洒落的一面，只不过，对这种自适之乐的追求最终还是受制于他强烈的经世主义，这当然是源于儒家的固有立场。

第四节　王阳明的教育思想

王阳明是有明一代最杰出的教育家，其教育思想和实际的教学方法对后世产生了极为深远的影响。阳明对教育的高度重视和深度践行是与他对现实状况的判断分不开的。当时的教育现状是："有训诂之学，而传之以为名；有记诵之学，而言之以为博；有词章之学，而侈之以为丽。相矜以知，相轧以势，相争以利，相高以技能，相取以声誉。"① 阳明认为，造成这种状况的根本原因在于"圣学晦而邪说横，教者不复以此为教，而学者不复以此为学"②。由是之故，阳明便以倡明圣学为己任，以去欲存理为教人宗旨，以致良知为修教大法，一生讲学不辍，诲人不倦。无论在朝在野，在书院在军营，无论对弟子对族人，对官员对百姓，阳明都不忘立教育人的本务，时时提点，处处开示，其心学思想在这样的教育实践中获得了广泛的传播，在此过程中所形成的教育思想和教学方法更是被弟子继承和发展，流布深广，影响甚巨。我们要把握阳明的心学美育精神，除了深析其哲学、美学义理之外，还须将之放到阳明整个教育思想体系中来理解，故本节首先对阳明的几种重要的教学原则和教学方法做一个简要的概述，以勾绘出其教育思想的基本面貌，然后再集

---

① 王阳明：《年谱·五十四岁》，《王阳明全集》，上海古籍出版社 1992 年版，第 1297 页。
② 王阳明：《传习录中》，《王阳明全集》，上海古籍出版社 1992 年版，第 55 页。

中评述他的颇具美育风格的蒙学教育观。

一、教育原则与方法

贯穿在王阳明教学实践中的重要的教育原则和方法，概括起来主要有：（一）立志培根；（二）修德务本；（三）事上磨炼；（四）因材施教；（五）自家体认。

（一）立志培根

王阳明将立志视作为学的“大头脑”，说：“学本于立志，志立而学问之功已过半矣。”[①] 他所说的立志，自然是立成圣之志。如果培养圣人是教育的目的，那么，人之学为圣人，必先为圣人之志。阳明习惯把立志比作培护植物的根系：“立志用功，如种树然。方其根芽，犹未有干；及其有干，尚未有枝；枝而后叶，叶而后花实。初种根时，只管栽培灌溉，勿作枝想，勿作叶想，勿作花想，勿作实想。悬想何益！但不忘栽培之功，怕没有枝叶花实？”[②] 可见，立志之于为学成圣，就是培养灌溉根本而使之发芽、生叶、结果的本原工夫。按阳明观点，圣人之所以为圣人，在于其心纯是天理而无人欲，成圣便是一个存天理去人欲的过程，而立志乃此中关键。“凡一毫私欲之萌，只责此志不立，即私欲便退。”立志之于去人欲，“有如烈火之燎毛，太阳一出，而魍魉潜消也”[③]。由此看出，阳明教人，确以立志为先。

（二）修德务本

圣人之学的主要内容在于修身立德。在儒家观念中，主体的道德条件是展开一切社会政治活动的前提，而理想的社会政治秩序亦是建立在一种稳固的道德基础之上。因此，阳明心学同样是以成德为价值宗旨，明人伦，成德性，才能入于圣道。阳明指出，“三代之学，皆所以明人

---

① 王阳明：《与克彰太叔》，《王阳明全集》，上海古籍出版社 1992 年版，第 983 页。
② 王阳明：《传习录上》，《王阳明全集》，上海古籍出版社 1992 年版，第 14 页。
③ 王阳明：《示弟立志说》，《王阳明全集》，上海古籍出版社 1992 年版，第 260 页。

伦”[①]，教者惟以此为教，学者惟以此为学，否则有违教化之则和圣人之道。然而，现实情况是，人们把道德和知识分开来，纯粹以“充广知识”为教育目的，那些与道德无关的训诂、辞章之学由此成为教育的主流，从而知识愈广，人欲愈炽，教育愈兴，风俗愈坏。王阳明把这种后果归结于科举，批判道：“自科举之业盛，士皆驰骛于记诵辞章，而功利得丧分惑其心，于是师之所教，弟子之所学者，遂不复知有明伦之意矣。”[②]举业使读书人争逐功名，沦丧心志，遗忘了进学求道的根本，与圣人之学、先王之教渐行渐远。实际上，王阳明并非一概否定对于客观知识和技能的学习，但他认为，必须把知识教育和道德教育结合起来，以道德教育统帅知识教育，如此，不仅能够达到明伦成德的目的，而且知识技能也因道德的深造而更得精进，所谓进德方可修业。故阳明言：人人才能各异，“或有长于礼乐，长于政教，长于水土播植者，则就其成德，而因使益精其能于学校之中”[③]。当然，至于明伦成德的路径和方法，最终还是要落实到“致良知”上，只要使人人具有的先天良知本心呈露无碍，依此良知而行，成德成圣便自在其中。

（三）事上磨炼

阳明心学是一种行动哲学，反对沉空守寂、只事钻营理论知识的书斋学问，主张为学求道必须深切接合于现实生活，从日常实践中体得儒家圣学的真理。从教育上说，如果把人格的培养和德性的提升当作教育的主要内容和任务，那么，这一任务很大程度上并不是依靠课堂的知识教育完成的。冥思玄想、空口虚谈对此毫无助益，而只有将之置诸现实生活当中，通过对具体事务的亲身践履和体证来实现省察克己之功，方可达到修身立德的目的，阳明因此道：“人须在事上磨炼做功夫，乃有益。”[④] 弟子陆澄在外收到家书，得知儿子病重，顿时心急如焚，阳明见

---

① 王阳明：《万松书院记》，《王阳明全集》，上海古籍出版社 1992 年版，第 253 页。
② 王阳明：《万松书院记》，《王阳明全集》，上海古籍出版社 1992 年版，第 253 页。
③ 王阳明：《传习录中》，《王阳明全集》，上海古籍出版社 1992 年版，第 54 页。
④ 王阳明：《传习录下》，《王阳明全集》，上海古籍出版社 1992 年版，第 92 页。

此便向其阐述事上磨炼的重要性："此时正宜用功。若此时放过，闲时讲学何用？人正要在此等时磨炼。"① 其余无须赘论，只须稍稍了解阳明的生平经历及其为人行事的风格，便可知晓他的道德功业到底是如何成就的了。

（四）因材施教

因材施教是由孔子最早主张的一种教学原则和方法，阳明对之进行了吸收和创化，不仅在理论上做出了深刻的阐释，而且充分运用到了教学实践当中。因材施教的缘由，阳明一句话道尽："人的资质不同，施教不可躐等。"② 所以讲学授道，"须随人分限所及"③，正如前文有论，各人或狂或狷，不能束缚人们都做一样人物，须各随其分，随才成就。钱德洪（1496—1574，字洪甫）与王畿（1498—1583，字汝中）分别从阳明"四句教"（"无善无恶是心之体，有善有恶是意之动，知善知恶是良知，为善去恶是格物"）中悟得"四有""四无"之说，二人争论不下而就教阳明，阳明对两者都做了肯定。他指出，上等资质的人可从王畿"四无说"，从本体悟入，无分内外，一齐尽透；中等资质的人可从钱德洪"四有说"，采用渐修渐进的办法，行为善去恶之实功。（见《年谱·五十六岁》）四句教的例子能够从理论和实践上充分说明王阳明建立在"良知说"基础上的因材施教原则的内涵和意义。

（五）自家体认

根据前面几节所探讨的心学的几个重要论题不难发现，阳明学术的一项重要宗旨便是通过在主体维度确立一种价值本体（心体、良知）及其实践机制，强化个体存在的精神能动性和主导性，尤其是意图建立一种道德判断的所谓"自家准则"，不依傍外在的权威和习俗，自家体认，自作主宰。这种依自不依他的思想原则也是阳明的教育理念。他相信

① 王阳明:《传习录上》,《王阳明全集》,上海古籍出版社 1992 年版,第 17 页。
② 王阳明:《传习录下》,《王阳明全集》,上海古籍出版社 1992 年版,第 103 页。
③ 王阳明:《传习录下》,《王阳明全集》,上海古籍出版社 1992 年版,第 96 页。

“吾心之良知无有不自知者”[①]，为学重在自得于心。阳明说：“夫学贵得之心。求之于心而非也，虽其言之出于孔子，不敢以为是也，而况其未及孔子者乎！求之于心而是也，虽其言之出于庸常，不敢以为非也，而况其出于孔子者乎！”[②] 即使是孔子的话，那也是孔子自己的，不能拿它作评判是非的依据，关键是要于自家心中求理、心上求安。教育者的任务是启迪学生良知，引导他们获得亲身体认的能力，阳明道：“学问也要点化，但不如自家解化者，自一了百当。不然，亦点化许多不得。”[③] 显然，所谓“点化”，是借助他人的指点、启发来领悟，“解化”则是依靠自己力量，自省自悟。

以上就是从王阳明的心学思想和教学实践中梳理、概括出的几种重要的教育原则和教学方法，这些原则和方法自然而然地渗透在王阳明的美育理论与实践当中，塑造了心学美育论的思想特征和实践风格。

二、美育化的蒙学教育观

王阳明十分重视儿童教育，希望从儿童阶段就能开始正确地培养个体的道德品质和智识能力，以便为未来的身心发展打下良好的基础。阳明十二岁时便对塾师将“科举登第”当作人生“第一等事”的看法提出了反驳，明确表达了要做圣贤的宏愿，因此，他对蒙学时期之于个体成长的重要性是有着切身感受的。王阳明的蒙学教育观可从他为地方社学所撰写的《训蒙大意示教读刘伯颂等》和《教约》中全部反映出来，它们是两篇集中呈现王阳明的教育观和美育观的重要文献，被编录进《传习录》中卷，可见其特殊的价值。

按照教育的根本目的，阳明提出，“今教童子，惟当以孝弟忠信礼义

① 王阳明：《大学问》，《王阳明全集》，上海古籍出版社 1992 年版，第 971 页。
② 王阳明：《传习录中》，《王阳明全集》，上海古籍出版社 1992 年版，第 76 页。
③ 王阳明：《传习录下》，《王阳明全集》，上海古籍出版社 1992 年版，第 114 页。

廉耻为专务”[1]，即德育是儿童教育的中心任务。然而，道德教育在内容上往往枯燥，且惯于采用强制手段，这不仅无法培养儿童的善性，而且会严重伤害其身心，乃至令他们滋长恶性，做出恶行。阳明批评说：“若近世之训蒙稚者，日惟督以句读课仿，责其检束，而不知导之以礼；求其聪明，而不知养之以善；鞭挞绳缚，若待拘囚。彼视学舍如图狱而不肯入，视师长如寇仇而不欲见，窥避掩覆以遂其嬉游，设诈饰诡以肆其顽鄙，偷薄庸劣，日趋下流。是盖驱之于恶而求其为善也，何可得乎？”这是明代中叶童蒙教育的普遍状况，然比之当今现实，阳明的这番话又哪里过时了呢？

在阳明看来，儿童教育必须遵循一条根本原则，那就是照顾儿童的身心特点，尤其是尊重他们的自然天性，然后再采用合理正确的教育方法。他说：“大抵童子之情，乐嬉游而惮拘检，如草木之始萌芽，舒畅之则条达，摧挠之则衰痿。今教童子，必使其趋向鼓舞，中心喜悦，则其进自不能已。譬之时雨春风，霑被卉木，莫不萌动发越，自然日长月化；若冰霜剥落，则生意萧索，日就枯槁矣。”喜爱嬉戏游玩是儿童的天性，如草木初萌，乃是自然生意的表现。教师的教学则如春风化雨，采用诱导启发、潜移默化的方式，鼓舞儿童的情志，使其内心喜悦，从而自然奋进向上。在此认识基础上，阳明提出了总体的培养思路：“其载培涵养之方，则宜诱之歌诗以发其志意，导之习礼以肃其威仪，讽之读书以开其知觉。”歌诗、习礼、读书不仅是一般的教育手段，更是顺乎心性意志、协调理智和情感的审美教育的基本方式。阳明接下来又进一步说明了这三种教学形式的本质功能和具体的操作规则，不妨分而述之。

第一，歌诗。儒家历来重视诗教，诗人、士大夫无不以载道宣教为诗歌的最终使命。王阳明则从文艺心理学的视角，揭示了诗歌的教化原理：“诱之歌诗者，非但发其志意而已，亦以泄其跳号呼啸于泳歌，宣其

---

① 本节下述文字若不另做注释，皆出自《训蒙大意示教读刘伯颂等》，《王阳明全集》，第87—88页。

幽抑结滞于音节也。”概言之，在歌诗的过程中，诗歌音节的高低缓急和吟唱本身的行为动作能够激发意志，发泄情感，消除心中的苦闷和郁结。具体的操作方式是：“凡歌《诗》，须要整容定气，清朗其声音，均审其节调；毋躁而急，毋荡而嚣。毋馁而慑。久则精神宣畅，心气和平矣。”①

第二，习礼。“礼”是指践行道德观念和法则的一套外在仪节，依靠身体的动作表现出来。理学家认为，礼即理，循礼而动，便是遵从天理。王阳明没有抽象地讲儿童习礼的意义，而是从艺术生理学的角度，非常实在地指出了习礼对儿童身体成长的积极作用。他说：“导之习礼者，非但肃其威仪而已，亦所以周旋揖让而动荡其血脉，拜起屈伸而固束其筋骸也。”习礼固然有严肃仪表、端庄形貌的功用，但这个践行的过程也具有锻炼身体的效果。不仅如此，与礼的实行有关的服饰、器物，本身是具有美感的艺术品，而行礼过程中身体的左右周旋、俯仰进退等动作所产生的形式的和谐，也能给人带来审美的愉悦，所以，礼仪之教其实是具有美育性质的。阳明对习礼的操作规定是：“凡习礼，须要澄心肃虑，审其仪节，度其容止；毋忽而惰，毋沮而怍，毋径而野；从容而不失之迂缓，修谨不失之拘局。”②

第三，读书。在阳明看来，读书不仅是为了增长知识，发展智力，更重要的是提高儿童的道德认知能力，将德育贯穿在智育中，以智育作为德育的手段。阳明说：“讽之读书者，非但开其知觉而已，亦所以沈潜反复而存其心，抑扬讽诵以宣其志也。”阳明由此建议教师在授书时应遵循以下规定：“凡授书不在徒多，但贵精熟。量其资禀，能二百字者，止可授以一百字。常使精神力量有余，则无厌苦之患，而有自得之美。讽诵之际，务令专心一志，口诵心惟，字字句句䌷绎反覆，抑扬其音节，宽虚其心意。久则义礼浃洽，聪明日开矣。”③意思是，读书不在量多而

① 王阳明:《教约》,《王阳明全集》,上海古籍出版社 1992 年版,第 89 页。
② 王阳明:《教约》,《王阳明全集》,上海古籍出版社 1992 年版,第 89 页。
③ 王阳明:《教约》,《王阳明全集》,上海古籍出版社 1992 年版,第 89 页。

在质精，使学生学有余力，能在读书中获得快乐。而诵读时的咬词嚼字、节奏的抑扬顿挫，亦能使学生广阔心胸、畅释情绪。所以，读书虽属智育，但最后的目的是指向道德人格的培养，而整个教学过程充满了“自得之美”的愉悦。

王阳明最后总结认为，歌诗、习礼、读书这三种教育手段乃是通过顺导蒙童志意、调理其性情、消化其粗顽，“使之渐于礼义而不苦其难，入于中和而不知其故”，也就是说，要让儿童心甘情愿、乐此不疲地接受礼义道德的教化，并在此过程中完成道德人格的培养。很明显，无论从上述三种教学手段本身来看，还是就顺应自然天性、反对外来束缚、提倡快乐教学这些教育原则而言，王阳明的童蒙教育都带有强烈的美育性质，或者说，它整个儿就是美育化的，而这也与十八世纪法国卢梭的自然主义教育观具有某种相应之处。

第五章 泰州学派的美育思想

按照黄宗羲《明儒学案》的说法，王阳明逝世后，门下弟子各归其籍，讲学传道，王学遂分为八派，计有浙中王门、江右王门、南中王门、楚中王门、北方王门、粤闽王门、止修学派、泰州学派，其中影响最大亦最富思想特色的首推泰州学派。黄宗羲关于泰州学派的缘起与基本性质的评述，为后世理解该学派提供了极有价值的意见，他说："阳明先生之学，有泰州、龙溪而风行天下，亦因泰州、龙溪而渐失其传。泰州、龙溪时时不满其师说，益启瞿昙之秘而归之师，盖跻阳明而为禅矣。然龙溪之后，力量无过于龙溪者，又得江右为之救正，故不至十分决裂。泰州之后，其人多能以赤手搏龙蛇，传至颜山农、何心隐一派，遂复非名教之所能羁络矣。"① 这里"泰州"指的是学派创立者王艮，龙溪即是浙中王门思想巨擘王畿。黄宗羲认为，阳明心学因王艮和王畿而大盛，但也因二王言行处处脱逸师说，尤近佛禅而湮没了王学的本旨，导致后者分化、变异并终致解体。王畿思想有禅、老之风是比较肯定的，他自己对此也不讳言。王艮的思想虽本质上"以孔氏为家法"，"以孝弟为实"，但持论高远，不拘道统，在为学方法上则是信口谈解，随性发挥，再加上本人特立独行、狂逸任侠的处世风格，终于使泰州学派发展成为明清两代乃至整个中国思想史上最具反叛性和创造性的思想流派之一。

学界一般认为，泰州学派既属于阳明心学的一个分支，同时又是一个具有鲜明自身风格的独立的思想流派。概言之，它主要有这样几个特

① 黄宗羲:《泰州学案一》,《明儒学案》卷三二,中华书局 1985 年版,第 703 页。

点：一、通过对良知说、格物论等心学核心概念或命题的发挥、重释，建立了颇富特色的人生论和修养论，在改造王学的同时，引领了晚明的思想解放潮流。二、具有一定的平民主义取向。与包括心学在内的传统儒学的精英化趣味不同，泰州学派将价值观照视野下放到日常生活中的普通个体，不仅在学理内容上讲求自然率性、“百姓日用即道”，更直接把各行各业的普通民众作为教育对象，深入民间，面向底层，表现出急切的社会关怀。三、知行合一，学以致用，亲身践行理论学说。泰州学派诸子对王学和传统儒学进行改造和创新，并在个人的行为处事和广阔的社会生活中大胆实践自己的学说。王艮终身不仕，行仁义于民间，见太监止猎，贷粮赈灾，煮药医民，大有儒侠之风。颜钧、何心隐则是泰州弟子中有名的侠义之士，事迹更是不胜枚举。此外，他们还建立乡村社团，开展乡村改良运动，意欲在民间社会实践儒家士人的内圣外王理想。

泰州学派在阳明后学中是声势最大、最有影响的一个流派，其人员众多，构成复杂，上到高官士人，下至贩夫走卒，可谓从者如云，无所不包。在学派发展史上，除创立者王艮外，重要的思想家主要有王襞、王栋、颜钧、何心隐、罗汝芳等。[①] 泰州学派在思想传播上侧重口传心授、言传身教的方式，因此大多数学者的文字著述都比较少，而直接与审美问题、美育问题有关的论说就更微乎其微了。然而可以发现，学者们对于性理之学的阐释往往建立在直观体验的基础上，带有强烈的情感色彩，这使得其思想理论无论是内容还是风格都呈现出浓重的美学化趋向，某些核心概念和命题则包含了对于审美趣味、审美意识和审美活动的丰富见解。不仅如此，由于泰州学派高度尊信儒家的圣人理想，注重在具体的道德实践和社会活动中塑造个体的圣人人格，并将这种成圣动

① 泰州学派的人员构成是学术史上的公案。按照《明儒学案》所述，如赵贞吉、耿定向、焦竑等明代重要学者都是泰州弟子，但他们与泰州学派的关系向来存有争议，无法定论，不过最近的研究倾向于认为，这些人物虽与泰州学派有亲密交往，但在思想上的关联性并不大，也没有可信的师承关系。可参看吴震：《泰州学派研究 · 绪论》，中国人民大学出版社2009年版。

机付诸于以平民为教育对象的讲学活动中，以实现所谓“成己成物”的为学宗旨，就此来说，泰州之学乃是儒家教化之学在中晚明社会历史条件下的新发展，而我们便可从其丰富的人生论、修身论思想中剥离出它的美育理论。

第一节　王艮的美育思想

王艮（1483—1541），原名银，字汝止，号心斋，泰州安丰场（今江苏东台）人，出身盐场灶户[①]，家世贫寒。王艮一生经历了从灶丁到商人再到学者的身份转变。据《年谱》记载，王艮七岁入私塾，十一岁辍学随父参加制盐生产，在当了八年灶丁后，于十九岁外出经商，其间赴山东阙里（今曲阜阙里街）拜谒孔庙，立下求圣之志。由于经营得当，积累了一定的财富，家境明显改善。王艮的经商活动持续了十年左右，于二十九岁那年正式弃商从学。这一年，他提出“万物一体，宇宙在我之念”的思想，乃“悟入之始”。（《年谱·廿九岁》）其后九年，基本处在一种自学、自悟的状态，并在家乡从事讲学活动。王艮在三十八岁迎来了自己学术生涯和人生经历的重大转折，他遇见了王阳明，并拜入其门下，从此师事阳明达十年，直至后者去世。尽管王艮与其师在心学之义理阐释和方法实践上有许多不一致之处，甚至存在严重的矛盾，但阳明在心学精神上对王艮的启化作用是具有决定性意义的。经过明师良友的指点，王艮学问大进，在继承师说的基础上，开始创构自己的思想体系。阳明逝世后，他更无拘束，自立门户，广收弟子，声势迅速凌驾于其他王学诸子之上。晚年致力于讲学，并频繁会友，其思想亦在教学实践以及与各路学人的切劘砥砺中日益精熟。王艮五十九岁病逝于家中，“四方

---

① 灶户亦称“亭户”，是古代对制盐户的通称。据《宋史·食货志》：“凡鬻盐之地曰亭场，民曰亭户，或谓之灶户，亦称灶丁。”灶户是一个社会地位极其低下的阶层，倍受政府盘剥和社会歧视。

吊者毕集”，“会葬者数百人”。

王艮一生颇富传奇色彩，本人又极重践履笃行，故了解他的生平经历对于把握其哲学、美学思想的本质，理解这种思想生成、演变的内外动因是至关重要的。王艮最特异之处在于，凭借自己的卓异天分和超乎常人的勤勉，从一个出身低贱、无多学识的灶丁成长为一个学派的开创者，这在中国古代儒林中是极为罕见的。《明史·儒林传·王艮》说：“王氏（指王守仁）弟子遍天下，率都爵位有气势。（王）艮以布衣抗其间，声名反出诸弟子上。”殊不知，恰恰是这种底层身份，赋予王艮不同于一般士大夫的知识视角和社会关怀，使他能够在解经诵典和求圣悟道上独辟蹊径，发前人所未发，得前人所未得，终为心学开出一片新天地。后辈学人亦充分注意到王艮在治学上的这一特点，有人问邹元标（1555—1624，字尔瞻）：“泰州崛起田间，不事诗书一布衣，何得闻斯道卓尔？”他答道：“惟不事诗书一布衣，此所以得闻斯道也。盖事诗书者，理义见闻缠缚胸中。……以泰州之天灵皎皎，既无闻见之桎梏，又以新建明师证之，宜其为天下师也。”① 心斋弟子徐樾（？—1551，字子直）也认为，其师之能“师心自悟，见其大者”，“惟先生生长海隅，无纷华世味之染，又少不为俗学，无言语文字之障，其得天全矣”。② 从某种意义上说，王艮为学求道的风格可比为儒林中之慧能，不拘文字，随机而悟，直指人心，得之自然。

王艮的思想大都来自对儒家经典中核心概念命题的“发明自得”，尤其是对阳明心学的重新诠解，其创说的重要理论包括“天理良知”说、“百姓日用即道”说、“乐学”说、“格物”论（后世称“淮南格物”）、“修身立本”论等。尽管少有关于文艺、审美问题的直接论述，但王艮的美育思想基本蕴含在上述理论观念当中，并在他的教学态度和教学活动中鲜活地反映出来。

---

① 王艮:《续谱馀》,《明儒王心斋先生遗集》卷四,民国元年刊袁承业编校本。

② 王艮:《续谱馀》,《明儒王心斋先生遗集》卷四,民国元年刊袁承业编校本。

一、"天理良知"："天然自有"与"百姓日用"

王阳明自述："吾平生讲学，只是'致良知'三字。"[①] 阳明心学由此被称作"良知之学"，"良知"实乃其思想体系之大机括。在王阳明那里，良知首先是一种宇宙本体，它"生天生地"，是"造化的精灵"，天地万物皆在良知的发用流行中。作为人的道德本质来说，良知是先天地存在于人心之中的，它"亘万古，塞宇宙"，具有超越时空的永恒性。同时它又是人人具足而无差别的，自圣人以至愚夫愚妇，皆同此心之良知。除此之外，王阳明还指出了良知的一个重要的表现特征，那就是作为普遍性的道德意识，良知必定要在个体的日常生活实践中展现出来。他说："盖日用之间，见闻酬酢，虽千头万绪，莫非良知之发用流行，除却见闻酬酢，亦无良知可致矣。"[②] 日用之"见闻酬酢"构成了良知当下呈现的境域，也就是说，良知不仅是一种先天的抽象存在，它更活泼地表现在人们的日常生活当中。所谓"致良知"便是让个体在日常事务的应对计较中修养、扩充良知本体，使这种先天的道德本原通过后天的修养实践而转化为现实的德性，由此实现个体"成己成圣"的政道理想。

王艮对王阳明的良知之学是大为拜服的，他将后者当作自己创说立派最重要的思想资源，且不吝宣介之力。《和王寻乐韵》一诗吟道："此乐多言无处寻，原来还在自家心。圣师专以良知教，贤友当为切己箴。"[③] 可以相信，要理解王艮的哲学、美学思想还须从其良知说入手，而与王阳明一样，良知概念之于王艮乃至整个泰州学派以求圣为宗旨的心性教化理论亦具有核心意义。

在王艮为数不多的著述中，专有一篇《天理良知说》对良知问题做出了集中的阐述。其文大旨如下：

---

① 王阳明：《寄正宪男手墨二卷》，《王阳明全集》，上海古籍出版社 1992 年版，第 990 页。

② 王阳明：《传习录中》，《王阳明全集》，上海古籍出版社 1992 年版，第 71 页。

③ 王艮：《和王寻乐韵》，《王心斋全集》，江苏教育出版社 2001 年版，第 59 页。

> 或问：“‘天理’‘良知’之学，同乎？”曰：“同。”曰：“有异乎？”曰：“无异也。‘天理’者，天然自有之理也。‘良知’者，不虑而知、不学而能者也。惟其不虑而知、不学而能，所以为天然自有之理。惟其天然自有之理，所以不虑而知、不学而能也。故孔子曰‘知之为知之，不知为不知’，是良知也。‘入太庙，每事问’，是天理也。惟其‘知之为知之，不知为不知’，所以‘入太庙，每事问’。惟其‘入太庙，每事问’，便是‘知之为知之，不知为不知’。曰‘致’，曰‘体认’，知天理也。否则‘日用不知’矣。”①

门人所问天理、良知之学的异同针对的是当时以湛若水（1466—1560，字元明）和王阳明为代表的两大心学流派的争论。湛若水倡导“随处体认天理”，他承认天理为人心所固有，但个体须在不同的人生处境中随时随地、随事随情地去认识、实践心中的天理。在王阳明看来，湛若水的做法是放弃了根柢，未免流于枝蔓，有捕风捉影之嫌，不如自己立定“心即理”这一大根基，再以“致良知”来表现、践行天理来得简易直截。王艮提出“天理良知说”明显有调和两派的意思，但这种调和是否成功倒在其次，重要的是，依据这样的问题背景，王艮提出了自己的良知观。

王艮相信，按照心学的致思逻辑，天理与良知根本不存在冲突，两者具有相同的本体指涉和功能特性，它们的分歧只是“各以己之所见者为是，以人之所见者为非”② 罢了。而我们知道，王阳明其实早就将天理、良知打作一处了，直言“良知即是天理”，故阳明与甘泉的分歧主要不在本体论维度，而是在如何发现、体认天理的工夫论层面。王艮提出“天理良知”概念其实同样采用了王阳明的思路，也就是让天理和良知在性质上互相规定，在义理上互训互释。根据从阳明处承袭下来的整个心

---

① 王艮：《天理良知说》，《王心斋全集》，江苏教育出版社 2001 年版，第 31—32 页。
② 王艮：《天理良知说》，《王心斋全集》，江苏教育出版社 2001 年版，第 32 页。

学旨趣以及王艮对此所做的明确认肯来看，这里的核心关目在良知。进而言之，王艮是欲通过天理与良知的互证来重点解释良知的特性，这与阳明“良知即天理”的说法是欲借天理以证求个体良知的合法性的理路是一样的。

王艮把天理阐发为“天然自有之理”，并拿它来解说良知的“不虑而知，不学而能”的性质，（“惟其不虑而知，不学而能，所以为天然自有之理”）后者是自孟子以来，儒家对于良知的先验性和直觉性特征的基本认识，这也成为阳明心学的一个重要的义理依据，王艮对此是无疑议的。当然，“不虑而知，不学而能”也被反用于阐述天理的“天然自有”之性，（“惟其天然自有之理，所以不虑而知，不学而能”）双方由此构成了一种解释的循环。但正如上文所述，良知才是王艮致思的重心，言天理旨在言良知（这是从理学到心学逐渐主观化、个体化、经验化的必然表现），故“天然自有”说的正是良知的一种属性，这是王艮在良知学上提出的新说法。何谓“天然自有”？就是“不着人力安排”的“自然天则”。[①] 且看王艮对这一良知特性的相关描述：

> 良知一点，分分明明，亭亭当当，不用安排思索。[②]
>
> 良知之体，与鸢飞鱼跃同一活泼泼地。[③]
>
> “中”也，“良知”也，“性”也，“一”也，识得此理，则现现成成，自自在在。……真体不须防检。不识此理，“庄敬”未免“着意”，“才着意，便是私心”。[④]

“分分明明”“亭亭当当”“见见成成”“自自在在”“活泼泼”，皆是用来说明良知作为一种“天性之体”的当下现成之质，它拒绝一切外在力

---

① 王艮：《语录》，《王心斋全集》，江苏教育出版社 2001 年版，第 11 页。

② 王艮：《与俞纯夫》，《王心斋全集》，江苏教育出版社 2001 年版，第 43 页。

③ 王艮：《语录》，《王心斋全集》，江苏教育出版社 2001 年版，第 11 页。

④ 王艮：《答问补遗》，《王心斋全集》，江苏教育出版社 2001 年版，第 38 页。

量的干涉和操弄，如鸢飞鱼跃，纯然一片自然生机。王艮对良知的这种认识实际继承了宋代道学关于“天理自然”的体认，在程颐看来，正因“天理自然”，故“顺之则易，逆之则难，各循其理，何劳于己力哉”?[①]天地万物的生长运行都有各自的规律法则，由此构成谨肃森严的宇宙秩序，而个体在这样一个万理森然的世界中应该遵循一种所谓“顺”的处身之道，顺乎道、顺乎理、顺乎天，在心学义理中，便是顺应“不虑而知”“不学而能”“天然自有”的良知。天理如何，良知便如何，良知如何，天理便如何。

“天理良知”的这种“天然自有”之性，要求个体遵循良知本然性态，洒脱磊落，不须人为立意造作。如果从儒家的成圣宗旨来看，包括王艮在内的心学一派认为，程朱以穷索外物事理为内容的格物致知工夫乃是舍本逐末、忘内求外之举，于成圣目标实在是南辕北辙。圣人境界非靠外力强致而得，却是一个心体良知自然澄明的过程。用王阳明的话说，“心之良知是谓圣。圣人之学，惟是致此良知而已”[②]，“学者用功，虽千思万虑，只是要复他本来体用而已，不是以私意去安排思索出来”[③]。“复他本体”就是要让良知活泼呈现，无有亏欠，如其所是地发用流行于大千世界，亦使个体循此良知去践履道德、政治事业。王艮也有相似的说法，他在《复初说》中言道：“是学至圣人，只复其不善之动而已矣。知不善之动者，良知也。知不善之动而复之，乃所谓‘致良知’，以复其初也。”[④] 良知是一种知善知恶，知是知非的先天能力，学做圣人可使个体保持、扩养这种先天能力，恶念初萌，自行克去，无有丝毫强作，显然，这种良知的涵养工夫带有浓烈的审美化育的性质。如果说“复本体”或“复初”是成圣的必要工夫，则王阳明与王艮都相信，成圣并非一种人为的价值追求，而是良知本体自身的必然要求。若是事先有成圣的念

---

① 程颢、程颐:《河南程氏遗书》卷一一,《二程集》,中华书局 1981 年版,第 123 页。
② 王阳明:《书魏师孟卷》,《王阳明全集》,上海古籍出版社 1992 年版,第 280 页。
③ 王阳明:《传习录中》,《王阳明全集》,上海古籍出版社 1992 年版,第 58 页。
④ 王艮:《复初说》,《王心斋全集》,江苏教育出版社 2001 年版,第 28 页。

头，便会有成败得失的功利计较，这就变成“自私用智”，人为做作了。王艮因此说：“不识此理，庄敬未免著意，才著意便是私心。”① 识得此理，则自在现成，当下圆满，一切工夫皆是多余。王艮的这种看法源于对良知“天然自足之性”的认识，这与阳明所说致良知的“自慊之功”是一致的。无论自足或自慊，说的都是自我圆满，不假外求，反身自得的意思。心斋《次先师答人问良知》云：“知得良知却是谁，良知原有不须知。而今只有良知在，没有良知之外知。”② 良知是最高本体，是观照一切的终极意识，唯有它自己能够体认自己，评价自己，除此不再有其他的认知维度和价值标准。良知一旦澄然自明，便“合下完具”，即刻成就，任何外力的干涉都会破坏本有的自足之性。如果良知本来就如其所是地存在于那里，那么以推广、扩养为目的的致知工夫就是多余的，而个体要做的只是体认良知真性，遵从良知行事便可。与王阳明相比，王艮愈发强调了由其师确证的良知的自然性、直觉性、情感性的特征，所谓“天然自有”“不虑而知”“不学而能”就是对这些非理性特征的描述。据此而言，个体的求圣并非通过理性的模式设计、意识上的自我强迫和行为上的外在规范来获得，它更多的是一个道德心理的自省过程，是一个追求道德情感自适、自足（阳明说的“自慊”）的过程，归根结底是一个让良知自行显明的过程，而这个过程显然具有强烈的感性化、审美化的特点。

据上述可知，“天然自有”这一特性是“天理”与“良知”的结合点，是“天理良知”观念得以成立的依据，它强调良知（包括意识和行为）乃是人的一种天性本能，拒绝智性的安排与干涉。王艮对此更有这样的解释：“‘天理’者，天然自有之理也，才欲安排如何，便是‘人欲’。”③ 按照这里的说法，良知的“天然自有”之性与其所说的“人欲”

---

① 王艮:《学述》,《王心斋全集》,江苏教育出版社 2001 年版,第 89 页。

② 王艮:《次先师答人问良知》,《王心斋全集》,江苏教育出版社 2001 年版,第 57 页。

③ 王艮:《语录》,《王心斋全集》,江苏教育出版社 2001 年版,第 10 页。

是不相容的，但关键是，何谓“人欲”？

在宋明理学的话语系统内，“人欲”通常是作为一个与“天理”对立的范畴被使用的。二程说：“视听言动，非理不为，即是礼，礼即是理也。不是天理，便是私欲。”[①]“私欲”（“人欲”）首先当然是指人的物质欲望和生理需求，但宋儒其实并不否定人的基本物质欲求的合理性，他们继承了原始儒家所谓“饮食男女，人之大欲存焉”（《礼记·礼运》）这样一种朴素的人本主义价值观。张载道：“饮食男女皆性也，是乌可灭?”[②] 尤可注意的是朱熹的观点，他说：“饮食者，天理也，要求美味，人欲也。”[③] 在这里，“人欲”被认为是对生理欲望的过分要求，是超出基本物质需求限度的额外算计，是僭越天理伦则的功利意识及行为。朱熹关于“人欲”的看法代表了宋明理学对这个问题的普遍认识。与此同时，天理在世俗生活场域中一般又表现为如三纲五常这样的道德礼义系统，故言“礼即是理”，君臣、父子、兄弟、夫妇、朋友即天理，人欲因此与道德礼义相对立，并被看作是实现儒家政道理想的一种人性上的障碍。于是不难理解，无论是原始儒家的“格致诚正”还是宋儒的“居敬穷理”，都是基于如何克服欲望以趋求圣人境界这个目的而发展出的一套身心修养工夫，朱熹将这种道德实践概括为“存天理，灭人欲”。

王艮对于欲望的价值判断总体上不可能违背儒家修身成圣的精神命旨，但他生活的社会背景、人生经历以及本人的思想言述，却使我们获得了关于这个问题的一种富有张力性的解读。首先可以肯定的是，王艮手工业者的社会出身与行商经历使他比一般士大夫更加深切地理解义与利、理与欲之间的关系，对于人的基本物质欲求也能抱持一种更加宽容的态度，毫无疑问，这种态度的变化与明代中晚期商品经济的发展和城市生活的繁荣息息相关。然而问题在于，王艮对人性欲望到底宽容到何

① 程颢、程颐:《河南程氏遗书》卷一五,《二程集》,中华书局 1981 年版,第 144 页。

② 张载:《正蒙·乾称》,《张载集》,中华书局 1978 年版,第 63 页。

③ 朱熹:《朱子语类》卷一三,中华书局 1986 年版,第 224 页。

种程度呢？当代不少研究者对此多持有下述看法：王艮“以‘天理’为‘天然自有之理’，而‘天然自有之理’，就是承认人的知觉本能，人的生理生活本能的天然合理；以干扰、破坏这种本能的实现为‘人欲’，因此，他反对‘人欲’，就是反对干扰和破坏这种本能的实现”，并且认为，王艮“走的是一条‘认欲为理’的路径”。[①] 尽管我们很有理由相信，王艮对人的本能欲望会抱以适当的积极姿态，但在上述观点中，将“天然自有之理”解释为“生理生活本能的天然合理”实在严重曲解了心斋的思想，过分抬高了“生理生活本能”在其心学价值序列中的地位。这种理解思路容易给人造成这样的印象，即，在王艮看来，既然本能欲望是“天然自有”的，就必须应从它们，满足它们，如此方是对人性的尊重，从而论证出心斋的美学思想具有启蒙主义特质。不可否认，王艮的许多说法从表面上看，确实能给这种理解思路提供支持，如：“凡涉人为，皆是作伪，故伪字从人从为。”[②] “无为其所不为，无欲其所不欲，只是致良知便了。”[③] 这些言论似乎都是在张扬一种自然主义的人性论，好像对人性采取了一种任其所是的放纵姿态。

王艮当然没有这样的意思，我们之所以会对他的上述话语产生误解，是因为忽视了良知在其整个思想言述中的制导作用。在阳明心学中，良知作为人的道德本质是与生俱来、圆满自足的，而作为人的道德意识，则是一种判断是非善恶的能力，只要“实实落落依着他做去，善便存，恶便去”[④]。王艮自然继承了王阳明的良知之教，认为个体只要完全秉持良知，便吾性自足、无复他求。故所谓“人性上，不可添一物”乃是相信以良知为根柢的人性已然自足圆满，只要致吾心之良知，便能随心所欲不逾矩，任何基于某种功利目的的安排计较都是对良知的偏离，都成了王艮所说的“人欲”，哪怕这个目的指向成圣。因此，径直将“人欲”

---

① 龚杰：《王艮评传》，南京大学出版社 2011 年版，第 68—69 页。

② 王艮：《语录》，《王心斋全集》，江苏教育出版社 2001 年版，第 5 页。

③ 王艮：《语录》，《王心斋全集》，江苏教育出版社 2001 年版，第 12 页。

④ 王阳明：《传习录下》，《王阳明全集》，上海古籍出版社 1992 年版，第 92 页。

理解为对本能欲望之实现的干扰、破坏是很片面很不准确的，它应该是指妨害主体体认天理良知、无法使后者得以自然发育流行的各种主观的消极因素。而在良知本体维度上，人的基本欲望是其应有之义，只要依循良知，既无须对之压抑克制，也不可能放纵无度，而是会自然符合天理法度。正如阳明所说："圣人只是顺其良知之发用，天地万物，俱在我良知的发用流行中，何尝又有一物超于良知之外，能作得障碍?"[①] 哪怕是七情六欲，"俱是人心合有的，但要认得良知明白。……七情顺其自然之流行，皆是良知之用，不可分别善恶，但不可有所着；七情有着，俱谓之欲，俱为良知之蔽；然才有着时，良知亦自会觉，觉即蔽去，复其体矣"[②]。对于世俗情欲的这种认识在王学阵营中是一致的，王艮也不例外。在王艮的心学思想系统内，人的情感欲望其实并没有获得特殊的观照，没有受到超出儒家道德礼义价值限度的过分对待，它是良知的本有内涵。到底是人的生存发展所必需的合理欲求，还是僭越天理、违背道德伦理的"人欲"，知善知恶的良知自能仲裁。

在心学观念中，良知绝非一个玄虚、抽象的精神本体，而是发用流行于万事万物，在个体所认知、实践的自然世界和社会生活中体现出来。心斋有言："良知天性，往古来今，人人具足，人伦日用之间举措之耳。"[③]"人伦日用"是指在道德伦理支配下的日常生活，良知存在、显现于日常生活的各种事务、行为当中，脱离日常生活，良知便无可致用，这就涉及与王艮"天理良知"说密切相关的一个重要命题："百姓日用即道。"如果说，天然自有、不着安排是良知的本体论特性，那么，所谓"人伦日用之间举措之"就反映出良知在工夫实践上的要求。职是之故，若要全面把握王艮的良知论，并深入理解其心性教化思想，就无法绕开"百姓日用即道"这个重要命题。

---

① 王阳明:《传习录下》,《王阳明全集》,上海古籍出版社 1992 年版,第 106 页。

② 王阳明:《传习录下》,《王阳明全集》,上海古籍出版社 1992 年版,第 111 页。

③ 王艮:《答朱思斋明府》,《王心斋全集》,江苏教育出版社 2001 年版,第 47 页。

与“百姓日用即道”有关的各种说法在王艮的《语录》中多次提到。他说：

> 愚夫愚妇，与知能行便是道。
>
> 圣人经事，只是家常事。
>
> 圣人之道，无异于百姓日用。凡有异者，皆谓之异端。
>
> 百姓日用条理处即是圣人之条理处。
>
> 或问中。先生曰：“此童仆之往来者，中也。”曰：“然则百姓之日用即中乎？”曰：“孔子云：‘百姓日用而不知。’使非中，安得谓之道？特无先觉者觉之，故不知耳。①

可见，“百姓日用即道”确实构成了心斋思想的一个核心观点。依《年谱》记载，从四十二岁开始直到逝世（五十八岁）的这十几年间，王艮都致力于“以日用现在指点良知”或“发挥百姓日用之学”，并将之作为点化弟子的不二法门。黄宗羲对此亦有评述：“惟先生于眉睫之间，省觉人最多，谓‘百姓日用即道’，虽僮仆往来动作处，指其不假安排者以示之，闻者爽然。”②

目前学界对于“百姓日用即道”说存在两种不同的看法。较为流行的观点是，“百姓日用即道”尊“百姓”为价值创造的主体，将百姓的日用常行如衣食住行、生老病死视作“道”的内容和检验“道”的标准，圣人之道的最大合法性正在于合乎百姓的日常生活需求，由此体现了王艮心学思想强烈的平民主义的要求和特点。③ 另一种看法则是直接针

---

① 王艮：《语录》，《王心斋全集》，江苏教育出版社 2001 年版，第 3—28 页。

② 黄宗羲：《泰州学案一》，《明儒学案》卷三二，中华书局 1985 年版，第 710 页。

③ 这类观点可参看侯外庐：《宋明理学史》下册，人民出版社 1987 年版，第 434—437 页；侯外庐：《中国思想通史》，第四卷（下），人民出版社 1960 年版，第 979—980 页；龚杰：《王艮评传》，南京大学出版社 2001 年版，第 72—78 页；姚文放：《泰州学派美学思想史》，社会科学文献出版社 2008 年版，第 38—43 页。

对上述观点而发的，值得特别关注。当代学者吴震在《泰州学派研究》一书中认为，不能把“百姓日用即道”解读为“百姓日用”等同于“道”，应该将“命题理解为是对‘道’的存在状态的一种描述，是对‘道’与‘百姓日用’之关联性的一种描述”。[①] 也就是说，王艮意欲说明的乃是“道”与“百姓日用”之间一种相即不离的紧密关系，而非直接将“百姓日用”等同于“道”。尤须注意的是，王艮坚信，百姓对这个周遍于日常生活且时时有赖于它的“道”是“日用不知”的，这正是百姓与圣人的区别所在，因为后者是知“道”的。故在作者看来，不能在平民性的价值层面上夸大“百姓日用即道”的思想意义，否则与王艮本义不符。

实际上，要准确理解“百姓日用即道”的理论意蕴，就有必要将上述两种观点结合起来进行全面审视。这个命题的最早表述来自《周易·系辞上》，其云：“一阴一阳之谓道。继之者善也，成之者性也。仁者见之谓之仁，知者见之谓之知。百姓日用而不知，故君子之道鲜矣。”孔颖达《周易正义》论道：“‘百姓日用而不知’者，言万方百姓日日赖用此道而得生，而不知道之功力也；言道冥昧不以功为功，故百姓日用而不能知也。‘故君子之道鲜矣’者，‘君子’谓‘圣人’也。仁、知则各滞于所见，百姓则日用不知，明体道君子不亦少乎！”[②] 根据《周易》经文和孔颖达的解说可知，经典儒家宣说的“百姓日用”之学起码包含了下述两层意思：其一，“道”是最高的价值本体，虽高深玄妙但并不脱离日常现实，而是周流贯通于百姓的生活实践当中；其二，圣贤之士能够体道、识道，普通百姓在日用常行间“赖用此道”，却无法对之形成自觉的意识，这也正是圣人与百姓的相异之处。后世儒学依据各自的思想学理对“百姓日用”之旨多有阐发应用，却没有脱离这两层基本意思。宋明

---

① 吴震：《泰州学派研究》，中国人民大学出版社2009年版，第91页。

② 孔颖达：《周易正义》，《十三经注疏》（一），清嘉庆刊本影印本，中华书局2009年版，第161页。

理学便主张在日用处求道作圣。朱熹说：“且就日用紧切处做工夫。”[①]“明德未尝息，时时发见于日用之间。”[②] 王阳明亦言：“日用间何莫非天理流行。”[③] 为了强调良知（天理）的先天性和普遍性的特征，阳明抹平了圣人与百姓的界限，“良知良能，愚夫愚妇与圣人同”。[④] 然而，这种“圣愚无间”的观念说的实质是良知的应然之态，是良知之教化人间所创造的理想世界。在现实情境中，圣愚的差异却是不可避免的，其关键在于能否致得良知。阳明道：“惟圣人能致其良知，而愚夫愚妇不能致，此圣愚之所由分也。”不难看出，阳明以“日用常行”启发个体良知，承袭的依旧是《周易》“百姓日用而不知”的思路。而无论是“圣愚无间”的良知的应然之态还是“圣愚之分”的实然之境，其所悟求的天理或天道的价值内涵是没有变化的。“道一而已，仁者见之谓之仁，知者见之谓之知。释氏之所以为释，老氏之所以为老，百姓日用而不知，皆是道也，宁有二乎?”[⑤] 名虽异，实则同，儒家名此道曰“圣人之道”，圣、愚的界限是不可逾越的。

王艮“百姓日用即道”的观点直接受到王阳明的影响。一方面，他说，“圣人之道无异于百姓日用。……百姓日用条理处，即是圣人条理处”[⑥]，但同时又言：“圣愚之分，知与不知而已矣。”[⑦] 尽管从本体论层面看，天理、良知遍在于日常现实当中，但因为百姓不能致得良知，也就“日用而不知”了。从此看出，王艮同样是坚持圣、愚之分的，这一点并没有背离传统的儒家价值意识，与王阳明的取向亦是一致。但需要着重指出的是，与阳明站在士大夫立场严守圣、愚界限不同，在王艮看来，圣人和百姓的区别唯在“先知”“后知”而已。他说：“夫良知即

① 朱熹:《朱子语类》卷三,中华书局 1986 年版,第 33 页。
② 朱熹:《朱子语类》卷一四,中华书局 1986 年版,第 262 页。
③ 王阳明:《答徐成之》,《王阳明全集》,上海古籍出版社 1992 年版,第 145 页。
④ 王阳明:《传习录中》,《王阳明全集》,上海古籍出版社 1992 年版,第 49 页。
⑤ 王阳明:《寄邹谦之·其四》,《王阳明全集》,上海古籍出版社 1992 年版,第 205 页。
⑥ 王艮:《语录》,《王心斋全集》,江苏教育出版社 2001 年版,第 10 页。
⑦ 王艮:《与薛中离》,《王心斋全集》,江苏教育出版社 2001 年版,第 60 页。

性，性焉、安焉之谓圣。知不善之动而复焉、执焉之谓贤。惟百姓日用而不知，故曰以先知觉后知，一知一觉，无余蕴矣。此孔子学不厌而教不倦，合内外之道也。”[①] 百姓并非永远日用不知，知与不知之间没有绝对的界限，只要通过开展教学活动，以“先知”启教“后知”，普通百姓也能够致知体道，所以，“愚夫愚妇，与知能行，便是道”[②]，重要的是使“愚夫愚妇皆知所以为学”，而这要看先知先觉者能否负起教化的职责。

王阳明在指点弟子修身工夫、鼓舞后学坚定成圣之志时曾提出“人胸中各有个圣人”这样的说法。这种说法固然是基于良知的先天性和普遍性特征，进而证明良知之教的普适性意义。另一方面则不得不引起思考的是，所谓“胸中各有个圣人”，乃至“人人自有”“个个圆成”的良知之主体到底是谁？可以肯定地说，其主要指向儒家的士大夫群体。王阳明建立心学的一个重要精神意旨，就是在政治腐朽、礼教衰败的社会环境中解决士人的人生价值困惑，以期后者能够重新承担应有的社会政治使命。与阳明不同，王艮将修身成圣的主体范围真正扩展到了普通个体层面，也就是说，就成圣这一人生的最高目标而言，无论士大夫还是平民百姓，都具有相等的合法性与现实的可能性，尽管这种可能性之大小是不同的。王艮二十五岁在山东拜谒孔庙时叹道：“夫子亦人也，我亦人也。”言外之意是，孔子能成为圣人，自己也可以。尽管王艮天资卓异，亦自许甚高，但他对自己的平民身份是有明确认知的。这一声喟叹之于儒学的震荡效应丝毫不亚于秦末陈胜喊出的那句“王侯将相宁有种乎”之于中国贵族政治的革命意义。它表达的不单是个人的意愿，而是象征了底层群体的某种精神觉醒。正是如此，他才可能说自己“见满街人都是圣人”。我们之所以认为王艮思想具有平民性取向，关键就在于，他不仅为普通百姓的个体价值诉求提供了理论论证，而且通过大规模的

① 王艮：《答徐子直》，《王心斋全集》，江苏教育出版社 2001 年版，第 43 页。
② 王艮：《语录》，《王心斋全集》，江苏教育出版社 2001 年版，第 6 页。

教学活动去培育、宣扬这种价值意识。

然而，这种平民性是有限度的。真正的思想的平民性应该是确证、维护普通民众自有的多元化的生产方式、生活样态以及建基其上的意识观念的独特价值，即是说，应该认识到并勇于肯定一种区别于“圣人之道”的真正的“百姓日用之道”。但对于王艮以及所有儒家士大夫来说，“圣人之道”是千古不易的，此道无处不在，却只是一个。道渗透于百姓日用常行当中，但表现为衣食作息、视听言动的日用常行本身并不是道，而是人们体道、识道的实践场域，这个形而下的实践场域本身是没有独立价值的。同样，王艮尽管认为百姓与圣人没有严格的界限，却绝不否认存在精神价值层级上的高下之分，而政教王化的思想逻辑便是以圣人之道诱导、教化百姓，使之在道德境界上无限接近前者，“以先知觉后知”说的就是这个道理，后知亦是要知，绝不能不知，不知便是化外之蛮夷，是无法进入文明价值的观照视野的。照此来看，我们不能夸大“百姓日用即道”思想中的平民主义立场，应该对之进行具体分析。归根结底，王艮不可能超出当时的历史条件和文化环境，去表达一种彻底的大众思想学说。

二、“格物”与“安身”

“天理良知”说是王艮继承、消化阳明良知之学的重要成果，在前者的思想体系中占有独特地位，欲深刻把握王艮的美学、美育思想必先透解此关联其全体观念之大机括方可。而正是由“天理良知”说出发，王艮发展出了最能代表其思想特色和理论成就的“格物论”，因王艮家乡泰州在宋代属淮南路，故称之为“淮南格物论”。

“格物”乃《大学》“八条目”之一。“八条目”即格物、致知、诚意、正心、修身、齐家、治国、平天下，它们构成了实现儒家内圣外王之政道理想的一种逻辑程序。宋明理学大倡格物之旨，几乎所有重要的思想家都提出过自己的格物论，而朱熹的阐释影响尤其巨大。朱熹认为，《大学》一书的要义便在“格物”二字。他解释说：“格，至也。物，犹事也。穷至事物之理，欲其极处无不到也。”[①] 宋儒相信万事万物皆有其理，格物便是人通过接触事物来探究道理以获得知识，一言以蔽之，“即物穷理”，这种格物论显然具有认识论的性质。王阳明依据其“心即理”的心学立场，批评朱子的格物论是析心与理为二、求理于外的义外之学。在阳明看来，“格者，正也。正其不正，以归于正也”[②]。“物”者，“意之所在便是物”，此“物”与人的精神意识须臾不可分，是人的心灵观念投射出的产物，而不是客观的自然物，概言之曰：心即物。故阳明认定，格物之功须在身心上做。照此来说，格物与正心是同义的，正心的内容是什么呢？当然就是为善去恶的道德实践，于是便有四句教中“为善去恶是格物”的说法，“格”之“正其不正”，便是去恶的意思。可见，王阳明完全是把格物阐释为一种道德修养工夫。

王艮的格物论与王阳明及前代诸儒的阐说皆有很大不同，他对“格”和“物”分别提出了自己的独特解释。《大学》第一章有“物有本末，事有始终，知所先后”一句，王艮认为，理解此处所言之“物”乃是把握大学格物之旨的关键。何谓“物”？“身与天下国家一物也。”[③] 在王艮这里，“物”纵然指涉无所不包的天地万物，但更多地是指与个体身心相关联的人的政治、道德关系的总和。身与天下国家虽为一物，却有本末之分，“身也者，天地万物之本也，天地万物，末也”[④]。《大学》“物有本末”主要是强调个体道德修养之于政治实践的优先性，将统治者的修身反己看作是实现整个圣教王化事业的前提，最终，个体之“身”必然是要归附到天下国家的集体价值序列中去的。王艮当然不会反对将天下国家当作儒家圣教的价值归宿，但其关于“物有本末”的阐释却一定程度上偏离了《大学》本义，身之本与天下国家之末在他那里变成了一种

---

① 朱熹：《大学章句》，《朱子全书》第六册，上海古籍出版社、安徽教育出版社 2002 年版，第 17 页。

② 王阳明：《传习录上》，《王阳明全集》，上海古籍出版社 1992 年版，第 25 页。

③ 王艮：《答问补遗》，《王心斋全集》，江苏教育出版社 2001 年版，第 34 页。

④ 王艮：《学述》，《王心斋全集》，江苏教育出版社 2001 年版，第 101 页。

主次关系，个体的修身之务不仅对圣教王化事业具有决定作用，“身”的归向与安顿甚至成为衡量政道实践的核心标准。

由此，我们再来看王艮对“格物”的解释：

> “格”，絜度也，度于本末之间，而知“本乱而末治者否矣”，此格物也。物格，知本也。知本，知之至也。故曰“自天子以至于庶人，壹是皆以修身为本”也。修身，立本也。立本，安身也。①

所谓“絜度”，有衡量、区别的意思，也就是对天地万物作出本末之分，此即“格物”之其中一义。而格物的一个重要目的就是要让人“知本”，这个“本”就是王艮所说的“身”，既“知本”便要“立本”，立本即修身，这里与《大学》的“以修身为本”之说并不相违，但更加重要的是，王艮在“修身立本”说的基础上又衍生出一种“安身”说。“安身”与“修身”在王艮的阐述语境中呈现出两种逻辑关系：其一，“安身”即“修身”，在立本的价值层面上，两者是同义的。（“安身者，立天下之大本也”）其二，“修身”与“安身”是手段与目的的关系，“修身”是“安身”的手段，“安身”是“修身”的目的。② 故言：“正己而物正也，然后身安也。”③ 正己便是修身之义。无论是作为修身的同义词还是修身的目的，“安身”构成了王艮“淮南格物论”的关键内容。那么，“安身”到底具有怎样的意义呢？王艮道：

> 立本，安身也。安身以安家而家齐，安身以安国而国治，安身以安天下而天下平也。故曰“修己以安人”，“修己以安百姓”，“修其身而天下平”。不知安身，便去干天下国家事，是之为“失本”。

① 王艮：《答问补遗》，《王心斋全集》，江苏教育出版社 2001 年版，第 34 页。

② 关于“修身”与“安身”的关系，吴震在《泰州学派研究》（中国人民大学出版社 2009 年）一书中做了准确的解释，可参看该书第 114 页，本文此处论述对之亦有借鉴。

③ 王艮：《答问补遗》，《王心斋全集》，江苏教育出版社 2001 年版，第 35 页。

就此失脚，将烹身割股、饿死结缨，且执以为是矣。不知身不能保，又何以保天下国家哉！①

据上言，个体之“身”被认为是经营家国天下的出发点，也是一切道德政治实践交合汇聚的着力点，只要能妥善解决“安身”问题，其他问题便会迎刃而解。安身即能安家，安身即能安国，安身即能安天下，最终实现家齐国治天下平。不难看出，王艮虽处处以天下国家为论说宗旨，但他竭力强调的是“安身”的根本意义，也就是将“安身”视作衡度前者得失兴亡的标尺。故心斋又说：

吾身是个“矩”，天下国家是个“方”，絜矩则知方之不正，由矩之不正也。是以只去正矩，却不在方上求。矩正则方正矣，方正则成格矣。故曰“物格”。吾身对上下、前后、左右是“物”，絜矩是“格”也。②

天下国家这个“方”是由“吾身”这个矩（画方形的曲尺）画出来的，“吾身”之矩是规画天下国家之方的准则，方之正与不正，自然由矩来决定，因此有“絜矩”之谓。絜矩便是修正吾身、端立根本，并以此所修之身衡量万事万物，即格物，这也是王艮为何以“絜矩”释“格物”的原因。心斋弟子王栋将其师的格物论做了准确的概括：“物即物有本末之物，谓吾身与天下国家之人。格物云者，以身为格而格度天下国家之人，则所以处之之道，反诸吾身而自足矣。”③ 所言无非两层意思，首先是明物之本末，即以“吾身”为本，以天下国家为末，然后以“吾身”之本观照、裁度国家社会中的一切事物，从而正确地处理个体与国家、生命

① 王艮：《学述》，《王心斋全集》，江苏教育出版社 2001 年版，第 102 页。

② 王艮：《答问补遗》，《王心斋全集》，江苏教育出版社 2001 年版，第 34 页。

③ 王栋：《明儒王一庵先生遗集 · 会语正集》，《王心斋全集》，江苏教育出版社 2001 年版，第 147 页。

与政治之间的复杂关系。在这里，“吾身”不管是作为政治、道德实践的出发点还是价值目标，皆可见出其作为心斋格物论的主要思想元素的重要性。

既然安身如此重要，那么理解所安之“身”的具体内涵就至为关键。从字面意思上看，“身”首先就是指物质性的肉体，王艮的相关论述确实包含了这种语义指涉。如他说：“即事是学，即事是道。人有困于贫而冻馁其身者，则亦失其本而非学也。夫子曰：‘吾岂瓠瓜也哉，焉能系而不食？’”[①] 解决肉体上的温饱问题乃是为学、为道的前提，身体在这里是展开论学求道活动的基本条件。前面一段引文中，王艮为说明安身、保身的重要性，激烈地批评了历史上诸如烹身、割股、饿死、结缨之类的愚忠愚孝行为，因为通过伤害自己的身体来践行道德价值观是没有任何意义的，事实上这种行为也无法真正实现圣人的政道理想，所谓“身不能保，又何以保天下国家哉”！王艮著有一篇《明哲保身论》，讲到“保身者，必爱身如宝”，说的首先也是保全、保养物质、感性层面上的身体，然后才能将对“吾身”之爱推己及人，以至于家国天下。王艮更由此对《论语》中提到的殷之“三仁”做出了有别于传统的解释。“三仁”指的是殷纣王的三个臣子：箕子、微子和比干。纣王无道，微子数谏不听，愤而出走；箕子同样苦心劝谏，却被贬为奴，只有装疯避祸；比干则奋不顾身，一力死谏，终遭挖心而死。在孔子看来，三人虽然行为各异，但都履行了臣子忠君爱国的职责，都是“仁”的表现。与孔子的观点不同，王艮认为，“微子之去，知几保身，上也；箕子之为奴，庶几免死，故次之；比干执死谏以自决，故又次之。”[②] 显然，在“三仁”当中，心斋最赞成微子的做法，因为后者既遵行了道义，又能保全自己；箕子虽坚守理想，却使自己身陷困境；最不可取的是比干，丧身失道，白白成了暴政的牺牲品。王艮在另一处关于身心关系的论述则有助于我

---

① 王艮：《语录》，《王心斋全集》，江苏教育出版社 2001 年版，第 13 页。

② 王艮：《语录》，《王心斋全集》，江苏教育出版社 2001 年版，第 12 页。

们进一步理解他对“三仁”的不同态度，进而明晰其所言之“身”的某种内涵。他说：“安其身而安其心者，上也；不安其身而安其心者，次之；不安其身又不安其心者，斯其为下矣。”① 微子、箕子、比干的际遇可以说分别对应了这三种身心关系。而且容易发现的是，与精神层面上的“心”相对的“身”明显是指涉物质的、肉体的语义维度。与心相比，这种原初意义上的身体甚至具有更加突出的地位。正是因为对身体的价值优先性的强调，黄宗羲批评心斋的“安身之法”有“临难苟免”的嫌疑②，即是说，个人在危难之际，由于过分爱惜自己的身体（性命）以致无法做出符合道义的行动，而黄宗羲的忧虑亦反证出，“淮南格物论”确实呈现出一种肯定生命的物质存在、张扬感性价值的思想倾向。

然而，王艮绝没有将作为万物之本的“身”停留在纯粹的肉体、感性层面，在他那里，“身”乃是一个包含了与人的主体存在有关的多重价值意蕴的总体性概念。黄宗羲对此亦不否定，他认为：“所谓安身者，亦是安其心耳，非区区保此形骸之为安也。”③ “安身”确有“保此形骸”之义，但本意在“安心”，这种说法是符合王艮本义的。身、心关系在宋明理学中多有阐发，大多数的论述都秉持“心为身之主宰”（朱熹语）这样的观点，即强调精神、理智意义上的心对于感性肉体的支配作用。王阳明的心学同样遵循这样的思路：“心者身之主宰，目虽视而所以视者心也，耳虽听而所以听者心也，口与四肢虽言动而所以言动者心也……”④ 尽管阳明也承认“心欲视听言动，无耳目口鼻四肢亦不能”，并由此提出“无心则无身，无身则无心”这样的身心合一论，然须指出的是，此种身心合一之念是就功能结构层面而言（身体感官为精神实践提供生理条件，而人的心灵意志赋予身体感官活动以精神动力和价值导引），并不是从本体论上来说的。物质形式的身体与指涉抽象本体和知性

① 王艮：《语录》，《王心斋全集》，江苏教育出版社 2001 年版，第 17 页。
② 黄宗羲：《泰州学案一》，《明儒学案》卷三二，中华书局 1985 年版，第 711 页。
③ 黄宗羲：《泰州学案一》，《明儒学案》卷三二，中华书局 1985 年版，第 711 页。
④ 王阳明：《传习录下》，《王阳明全集》，上海古籍出版社 1992 年版，第 119 页。

功能的心（“心即理”）在阳明那里无法被同等对待。

在王艮的著述中，直接关于身心关系的论述并不多，代之出现并具有相同思想意蕴的乃是有关身与道关系的阐释，从中我们可以理会到心斋“身本论”更深层次的内涵。

> 身与道原是一件，至尊者此道，至尊者此身。尊身不尊道，不谓之尊身；尊道不尊身，不谓之尊道。须道尊身尊，才是‘至善’。故曰“天下有道，以道殉身；天下无道，以身殉道”，必不以道殉乎人。”①

不可否认，相比王阳明以及之前的整个宋明理学，王艮将一种感性化的“身体”提到了前所未有的价值高度，在有些研究者看来，上面的引文就为这种认识提供了有力论据。王艮在文中确实阐发了身与道的一体化关系，视尊身尊道为两种互相包含、互为内容的价值实践。在他看来，只有同时达到道尊身尊的境界，才是圣学的最高追求，此之谓“至善”，由此证明了“身与道原是一件”这样一个极具思想爆发力的命题。显然，将身与道并置乃是为了抬高“身”的地位，但关键在于，王艮竭力超拔的这个“与道原是一件”的“身”，在语义上已经不再主要是（但仍然含有）物质感性维度的身体范畴，而指向以人的精神意志为主导的整全性的个体生命存在。王艮讲“人能宏道，是至尊者身也”，人因弘扬天道而昭显出自身的尊贵地位，反过来说，也只有人这样的天地至尊才能承担起弘扬天道的使命，故此处所言之“身”并非肉身形骸，而指具有自由意志的个体生命，这在上述引文最后那句借自《孟子·尽心上》的话中体现得尤其明显。东汉赵岐（？—201，字邠卿）对这句话做了这样的解释：“殉，从也。天下有道，得行王政，道从身施功实也。天下无

① 王艮：《答问补遗》，《王心斋全集》，江苏教育出版社 2001 年版，第 37 页。

道，道不得行，以身从道，守道而隐，不闻以正道从俗人者也。”[①] 意思是说，当王道得行天下，君子便现身彰道，道从身行；当天道衰亡、王政不施之时，君子便隐身守道，道从身去，而不能以道从人（这里的“人”是指众人，流俗）。王艮非常赞同孟子的这句话，在其著述中多次引用，而孟子话语中涉及的这个“身”正是对个体化的君子士人的指代。王艮借此说明，在尊道、弘道这一根本主旨下，无论人们在社会政治环境中做出怎样的选择，必须要保障“身”之于其他一切的优先地位。身尊方能道尊，因道依身而显；道尊必然身尊，道的彰显说明人身得到了尊重。正如有学者指出的，王艮对“身”的强调实际是着眼于这样一个问题：“士人如何在‘道—身’‘君—臣’之间确立起自身的自主性。”[②] 即是说，面对不同的政治道德境遇（有道无道），士人应该以尊身、安身为前提来选择自身的行为，而尊身、安身是为了更好地尊道、弘道。

在心斋构筑的“身—道”关系结构中，“身”作为具有自由意志的个体人格的内涵被凸显出来，“尊身”即是尊重个体由肉身形骸所承载的人格意志对于行道方式的自主选择，其实质是对孔子“天下有道则见，无道则隐”（《论语·泰伯》）这一行道立场的发扬，这也体现出王艮“身本”美育思想内在的人文道德追求。只要我们结合明中叶的政治环境，回望当时的历史现场，了解士大夫在一系列残酷的政治事件中所遭遇的人身和人格上的戕害[③]，便不难理解王艮在格物论中倡说安身、尊身义理的思想意图。心斋曾阐述身与仕的关系：“仕以为禄也，或至于害身，仕而害身，于禄也何有？仕以行道也，或至于害身，仕而害身，于

---

① 赵歧：《孟子注疏》，《十三经注疏》（五），清嘉庆刊本影印本，中华书局 2009 年版，第 6029 页。

② 吴震：《泰州学派研究》，中国人民大学出版社 2009 年版，第 158 页。

③ 最著名的当属发生在嘉靖初年的“大礼议”事件，围绕如何确定“皇考”这一问题，以世宗皇帝为首的“议礼派”与守旧派官员之间展开了激烈的政治大争论，最终酿成嘉靖三年七月的“左顺门”事件，导致一百三十四名官员被逮捕下狱，一百八十余名五品以下官员受杖刑，十七人死亡。

道也何有?”[①] 如果进仕害“身”，那么无论是为禄而仕还是为道而仕就都变得没有意义了。这里强调了个体人身在政治生活中的首要性，此“身”除肉体之义外，更指以身体为形载的个体人格意志，害“身”不仅指肉体的伤害，更指对精神人格的折辱。综而言之，对王艮来说，所谓“安身”，乃是对一种相对客观世界而言的整全的主体生命存在的维护，这种主体生命包含了肉体与精神两个维度，任何执于一义的理解都是有失偏颇的，这对于我们准确把握“淮南格物”思想尤为关键，对于深入解读王艮的心学美学义理和美育思旨亦相当重要。

三、“乐是乐此学，学是学此乐”：王艮的美育旨趣及教学实践

阳明心学对中晚明的社会政治和思想文化造成了极为深远的影响。考察个中原因，固然与心学本身的学说特性有关，如其通过对传统儒学的革命性改造而契合了当时官员阶层和广大士人群体的精神需求，后者正因恶劣的政治生态和僵化的儒学教条而陷入价值困境。但除阳明心学本身具有巨大的思想魅力这一内因之外，还不能忽视一个重要的外因，那就是王阳明及门下弟子开展的大规模的讲学活动。因此有学者断言：“从某种意义上可以说，阳明学的思想展开过程，就是一部讲学运动史。”[②] 自孔子以来，讲学一直是儒家传播学派思想、培育人才、教化民众、干预时政的重要手段，这种民间性质的教育实践形式经秦、汉、魏晋、隋、唐五代，至宋代臻于成熟，宋时遍布各地的书院就是这种教育形式成熟的标志。然而，无论从规模或影响来看，中国古代讲学活动到明代才达至高峰，而王阳明毫无疑问是明季讲学风潮的首倡者和最有力的推动者，并在其身后由王门弟子继续推波扬澜，终于使心学运动遍及朝野上下，普兴于市井山林，历经百余年而不衰。[③] 王门弟子中讲学最活

---

① 王艮:《语录》,《王心斋全集》,江苏教育出版社 2001 年版,第 8 页。

② 吴震:《阳明后学研究》,上海人民出版社 2003 年版,第 423 页。

③ 关于阳明学士人讲学活动的详细史情可参看吕妙芬《阳明学士人社群:历史、思想与实践》(新星出版社 2006 年版)一书的第一篇:《学派与讲会的历史》。

跃的莫过于王畿和王艮，其中，王艮又以独特的教育理念和教学方法令自己的心学理论借助讲学活动产生了广泛的影响，而其美育观念亦体现在具体的讲学实践中。

王艮对讲学宣道有着特殊的热情。就在投身王门的第三年，他便抱着使天下人共闻此“千载绝学”的目的，自制蒲轮车，作《鳅鳝赋》，“沿途聚讲，直抵京师”，阳明觉其“意气太高”，招摇太过，才将之召回。王艮后来又讲学于复初书院、安定书院、新泉书院，在家乡创建东淘精舍，广收门徒，聚合同志，声名一时无两。概而言之，王艮讲学有两个鲜明的特点：其一，讲学对象来自社会各阶层，不拘身份职业。在大半生的讲学活动中，王艮的学生遍布各行各业，既有缙绅士夫、达官显贵，更有樵夫、陶工、佣工、差役这样的底层人群，王艮的原则是，不论贫富贵贱、老幼贤愚，“有志愿学者，传之”①。他相信，“人之天分有不同，论学则不必论天分”②，认为“愚夫愚妇与知能行，便是道”③，故人人皆可学，亦皆有成圣的可能。其二，讲学不受地域、场所限制，随处讲解，遍地启悟。王艮虽然也在书院讲学，但不局限于书院，基于讲学对象的多样性，讲学场所同样无处不在，山林、市井、田间、农舍，无不成为心斋宣道授业的天然学校，甚至连自己的屋舍也成为接待学生、学友，与他们进行辩学论道的重要场所。彭梅《王艮奠文》说：“士大夫航海而造先生之庐者，任其往来，启迪不倦，何异乎孔先师设教杏坛，群弟子四方毕至也哉。”④

王艮之所以全身心投入讲学，将之奉为终生事业而践行不倦，实在与其对讲学的价值认识有关。心斋以孔子讲学为例，表明儒家士人立身处世的应有态度。他说：

---

① 王艮：《年谱·三十七岁》，《王心斋全集》，江苏教育出版社2001年版，第69页。

② 王艮：《语录》，《王心斋全集》，江苏教育出版社2001年版，第9页。

③ 王艮：《语录》，《王心斋全集》，江苏教育出版社2001年版，第6页。

④ 王艮：《续谱馀》，《明儒王心斋先生遗集》卷四，民国元年刊袁承业编校本。

> 孔子谓“二三子以我为隐乎”，此“隐”字对“见”字说，孔子在当时虽不仕，而“无行不与二三子”，是修身讲学以见于世，未尝一日隐也。隐则如丈人、沮、溺之徒，绝人避世而与鸟兽同群者是已。①

前文讲到，王艮赞同孔子“天下有道则见，无道则隐”的处世立场，但从此处可知，他看到了孔子所谓的“隐”，并非如丈人、沮、溺之徒，完全与世隔绝，做一个彻底的隐士，而是采用“修身讲学”的途径，换一种方式继续见世行道。正因如此，王艮不赞同有人将自己比作伊尹和傅说这两位商朝的贤相。他自认不可能像伊、傅那样能得遇明君，在政治上施展治平的抱负，但同时相信，伊、傅若不遇明君便只能终生避世，独善其身，而这是王艮所反对的。所以他认为应该效法孔子，即使不能得君行道，亦能讲学明道，这样才会在身处任何境遇时也不违背儒家士人君子本有的价值追求。

王艮把讲学当作贯穿士人生命始终的事业固然深系于他的政道理想，但更直接的原因其实与他对讲学作为个体意义活动所具有的本质特征的认识紧密相关，这种本质特征即所谓的“乐学”，心斋的“乐学”观是理解其美育旨趣和美育方法的思想关节点。简单地说，“乐学”是指在讲学活动中，讲学者和学习者要享受一种快乐的意义创造过程，与讲学有关的各种要素包括方法、内容、环境都应该具有令人快乐的性质，而讲学的目的自然是追求生命的快乐。但需要指出的是，“乐学”之“乐”在王艮这里虽也含有世俗的感性愉悦的意思，但它显然具有更高层次的美学、哲学内涵。

“乐”本是儒家所追求的一种人生境界。孔子说：“饭疏食，饮水，曲肱而枕之，乐亦在其中矣。不义而富且贵，于我如浮云。”（《论语·述而》）他赞扬弟子颜回：“贤哉回也！一箪食，一瓢饮，在陋巷，人

---

① 王艮:《语录》,《王心斋全集》,江苏教育出版社 2001 年版,第 7 页。

不堪其忧，回也不改其乐。贤哉回也!”（《论语·雍也》）前句是孔子的夫子自道，后句是他对颜回的人生态度的称扬，两者的内在精神是一致的，这也就是被士人们奉为儒家最高精神追求的“孔颜乐处”。所谓孔颜之乐，实是以仁为价值本位，超脱物欲的羁绊和世俗功利的束缚，使主体进入一种从心所欲、与物无对的高度自由的状态，人性经此彻底解放而达生命极乐之境。概括地说，孔颜之乐不是物质的、生理的快乐，而是从主体超拔心灵体验到的纯粹的精神之乐、存在之乐；前者是短暂的、功利的，因为乐随物迁；后者是永恒的、自由的，因为“乐在其中”。这种类似孟子所谓的“上下与天地同流”的天人一体之乐，既具有准宗教的性质，又是一种高逸的审美境界，这令后世儒者极为受用。周敦颐命二程兄弟思考“孔颜乐处”所乐者何，朱熹立足理学立场，认为孔颜之乐就在于“私欲既去，天理流行”[①]。王阳明据其心学，直接将“乐”提升到哲学本体的高度：“乐是心之本体。”依阳明思路，朱子逐理于外，天理流行之乐，亦是乐在别处，并非真乐。唯有体认到“心即理”这一心学真机，循自家良知准则领悟心体、性体原无二致，便自能“寻个稳当快乐”。此心体之“乐”不在外边，而是“反身而诚”的自足无待之乐，是心体的自有状态。应该说，王阳明的心性之乐从某种程度上是继承了先秦儒家的“仁乐”精神的。王阳明的“乐”论对王艮产生了决定性的影响，后者更将“乐”的本体论意义做了进一步强化。

王艮道：

> 须见得自家一个真乐，直与天地万物为一体，然后能宰万物而主经纶。所谓“乐则天，天则神”。[②]

---

① 朱熹:《朱子语类》卷三一,中华书局1986年版,第796页。

② 王艮:《语录》,《王心斋全集》,江苏教育出版社2001年版,第19页。

天性之体本自活泼，鸢飞鱼跃便是此体。[1]

“不亦说乎”，“说”是心之本体。[2]

“万物一体”之说乃是先秦儒家和道家的重要思想，庄子有“天地与我并生，万物与我为一”（《庄子·齐物论》）的说法。孟子则言：“仁者，以天地万物为一体。”（《孟子·梁惠王》）对儒家来说，“万物一体”是仁者所达到的终极生命境界，是一种消弭了人与人、人与物、物与物的所有差异与界限的宇宙大同之境。从二程、朱熹、陆九渊再到王阳明，“万物一体”说成为宋明理学的人生论、境界论思想的核心命题。而在王艮看来，万物一体的本质就是乐，乐反映了主体精神与天地自然混融合一、周流无碍的状态，这种状态是宇宙万物本应如是的呈现，如鸢飞鱼跃，本自活泼的。更须指出的是，万物本应如是的呈现乃全然系联于主体心性的观照，实质是心体的一种价值投射。阳明言道：“大人之能以天地万物为一体也，非意之也，其心之仁本若是，其与天地万物而为一也。”[3] 万物一体并非靠人的精神意念强求而得，乃是仁者心性本来如此。同样，万物一体之乐亦非自外作，却是心体本有的。王艮对此认识很明确，有诗云：“此乐多言无处寻，原来还在自家心。”[4]“人心本无事，有事心不乐。”[5] 所谓从自家心上寻真乐与阳明说的“乐是心之本体”明显是一个意思，都在强调乐的本体论意味。

在这种乐本体的认识基础上，乐与学便被顺埋成章地关联起来，既然天地万物皆依乐造化流行（“宰万物而主经纶”），那么直指天理大道的圣人之学（即良知之学）又怎会违背乐的根本宗旨呢？学此圣人之学又怎么会不是快乐的呢？王艮说：“天下之学，惟有圣人之学好学，不费

---

① 王艮:《语录》,《王心斋全集》,江苏教育出版社 2001 年版,第 19 页。
② 王艮:《语录》,《王心斋全集》,江苏教育出版社 2001 年版,第 8 页。
③ 王阳明:《大学问》,《王阳明全集》,上海古籍出版社 1992 年版,第 968 页。
④ 王艮:《和王寻乐韵》,《王心斋全集》,江苏教育出版社 2001 年版,第 59 页。
⑤ 王艮:《示学者》,《王心斋全集》,江苏教育出版社 2001 年版,第 57 页。

些子气力，有无边快乐。若费些子气力，便不是圣人之学，便不乐。”①当然，最能表达心斋“乐学”思想的还是那首著名的《乐学歌》，兹全录如下：

> 人心本自乐，自将私欲缚。私欲一萌时，良知还自觉。一觉便消除，人心依旧乐。乐是乐此学，学是学此乐。不乐不是学，不学不是乐。乐便然后学，学便然后乐。乐是学，学是乐。于乎，天下之乐，何如此学！天下之学，何如此乐！②

前三句仍旧是从心学思路来说明乐本体的观念。乐是人心本态，但人心无往而不受欲望的遮蔽，只要觉醒个体的良知，便可消除私欲，恢复原初真乐。接下来讲到乐与学的关系。在王艮看来，圣学包含乐的真谛，学此圣学，人心自乐，反过来说，只有以一种乐的心态，才能真正体悟圣学，故乐就是学，学就是乐，两者浑然一体。可以发现，在王艮这里，乐既是学的手段，同时也是学的目的，学不至于乐，便不可谓之学。对这种由乐本体论延伸出的乐目的论，黄宗羲提出了质疑，认为“此处最难理会，稍差便入狂荡一路”③。所谓“入狂荡一路”倒不是就王艮说的，而是对某些泰州后学以乐为学，却猖狂恣肆、大败名教这一思想史情做出的批评。我们知道，阳明虽肯定“乐是心之本体”，但他对乐有严格的界定：“君子之所谓洒落者，非旷荡放逸，纵情肆意之谓也，乃其心体不累于欲，无入而不自得之谓耳。”④ 此外，阳明也没有否定程朱在体认天理方面所倡导的居静、戒惧工夫，并且认为只有时刻戒慎恐惧，才能良知澄明、天理常存，这才是“真洒落”或真乐。阳明预见到后学对自己的思想可能会产生误解，故先做此辟解。而王艮将他的《乐学歌》

---

① 王艮：《语录》，《王心斋全集》，江苏教育出版社2001年版，第5页。
② 王艮：《乐学歌》，《王心斋全集》，江苏教育出版社2001年版，第54页。
③ 黄宗羲：《泰州学案一》，《明儒学案》卷三二，中华书局1985年版，第719页。
④ 王阳明：《答舒国用》，《王阳明全集》，上海古籍出版社1992年版，第190页。

宣唱得如此简易轻捷，不仅极大地发扬了其师的乐本说，乃至被认为已滑向名教边缘，这也为泰州后学的任意发挥留下了巨大空间。

王艮的乐学思想在他的讲学实践中有着充分的应用。关于教育的方法和作用，心斋曾有诗云：“若要人间积雪融，须从腊底转东风，三阳到处闻啼鸟，一气周流见远鸿。”① “东风”即春风，意思是说，教育应如春风拂面，使人在心灵愉悦的享受中获得精神的教化，如此方能消除人性的蔽障（“积雪融”），呈现春天般的盎然生机。王艮在《勉仁方》一文中谈到自己的教学方法：“简易快乐，优游餍饫，日就月将，自改、自化而后已。”② “简易快乐”可谓道出了王艮教学的基本原则，也就是寓教于乐，简单明了，毫不累人，而“自改”“自化”便是让学生自己省悟，实现自我提升，教师在这个过程中只是扮演一个引导者、启发者的角色，而不应严逼强制。《语录》曾记有一事：“一友持功太严，先生（王艮）觉之曰：‘是学为子累矣。’因指旁斫木之匠，示之曰：‘彼却不曾用功，然亦何尝费事？’”③ 木工伐木犹如庖丁解牛，不作强力而顺其自然，达到“以天合天”境界，故是一个给人带来身体和精神之双重享受的过程。圣人之学亦是如此，不费力气却有无边快乐。王艮有一次与弟子徐樾在月下散步，探讨天文星象，徐樾战战兢兢，应答失度，王艮对他厉声训喝：“你如此紧张，莫非天地要停止运转了？”（“天地不交否？”）再有一次，两人出游，遇见一条水沟，王艮一跃而过，徐樾却显得非常拘束，不敢迈步，王艮鼓励他放轻快些，徐樾才终于跃过水沟。徐樾后来感叹：“从前辜负此翁，为樾费却许多精神。”④ 这两件事都表明，王艮要求学生研学求道，应依循良知本心之自然，也就是抱持一种轻松快乐的态度。愈快乐愈简单，愈简单愈快乐。王艮学生说：“先生教

---

① 王艮:《次答友人》,《王心斋全集》,江苏教育出版社 2001 年版,第 59 页。

② 王艮:《勉仁方》,《王心斋全集》,江苏教育出版社 2001 年版,第 31 页。

③ 王艮:《语录》,《王心斋全集》,江苏教育出版社 2001 年版,第 9 页。

④ 王艮:《年谱·四十九岁》,《王心斋全集》,江苏教育出版社 2001 年版,第 73 页。

人，大率在言外，令人自觉自化。”[①] “学者有积疑，见先生多不问而解。”[②] 王艮这种简易快乐的教学法乃是超越言筌，直指人心，如春风化雨，润物无声，呈现出强烈的趣味主义色彩，具有显著的美育性质，所谓“乐是乐此学，学是学此乐”便成为其美育的最高旨趣。

第二节 王栋、王襞的美育思想

王艮入室弟子众多，他们出身各异，品性有殊，对泰州之学的理解和传承呈现不同的特点，其中较著者有王栋、王襞、徐樾、林春（1498—1541，字子仁）、韩贞（1509—1585，字以贞）等人。在心学史上，王栋、王襞与王艮并称“淮南三王”，二人对于心斋思想的阐发和传播做出了独特贡献，在泰州学派中占有重要地位，故考察泰州后学的美育思想，王栋、王襞自然是首先需要被关注的。

一、良知与“诚意”：王栋的美育思想

王栋（1503—1581），字隆吉，号一庵，泰州姜堰镇人，是王艮的同族兄弟。他出身贡生，并未取得很高功名，长期任教谕、学正等职。中年以后在各处创办讲会，开门授徒，名动遐迩。王栋在 24 岁时拜入王艮门下，师事心斋十余年，《年谱》记曰：“受格物之旨，躬行实践，得家学之传。”主要著作有《会语正集》《会语续集》等，后人合辑为《王一庵先生遗集》。

黄宗羲在《明儒学案》中概述了王栋的思想，对我们具有重要的参鉴作用。他说：

> 先生之学，其大端有二：一则禀师门格物之旨而洗发之。言

① 王艮：《年谱·五十二岁》，《王心斋全集》，江苏教育出版社 2001 年版，第 73 页。
② 王艮：《语录》，《王心斋全集》，江苏教育出版社 2001 年版，第 19 页。

"格物乃所以致知，平居未与物接，只自安正其身，便是格其物之本。格其物之本，便即是未应时之良知。至于事至物来，推吾身之矩而顺事恕施，便是格其物之末。格其物之末，便即是既应时之良知。"故致知格物，不可分析。一则不以意为心之所发。谓"自身之主宰而言，谓之心，自心之主宰而言，谓之意。心则虚灵而善应，意有定向而中涵。自心虚灵之中，确然有主者，名之曰意耳。"①

黄宗羲准确地揭示了王栋思想的两个主要内容：其一是立足良知之学，秉承、发扬王艮的格物说；其二，在"诚意"问题上突破陈说，阐发了独具特色的诚意之学。尤其是后者，对宋明理学、心学中此一问题的传统认识构成了很大的挑战，被认为是王栋最富创新性的学说，客观上也起到了纠补心学流弊的作用。我们解读王栋的美育观也须围绕其思想的这两个方面展开分析。

首先来看他的良知观，这是王阳明之后任何心学理论都无法规避的关键问题。王栋道：

阳明先生提掇"良知"二字为学者用功口诀，真圣学要旨也。今人只以知是知非为"良知"，此犹未悟。"良知"自是人心寂然不动、不虑而知之灵体，其知是知非，则其生化于感通者耳。②

这里告诉我们三个信息，首先是王栋对阳明良知论的高度肯定，相信它包含了圣学的真机秘钥；其次，对阳明后学仅将良知等同于"知是知非"的能力表示不满；最后，表明自己对良知属性的看法，提出良知是"寂然不动、不虑而知之灵体"的观点。只要我们了解阳明心学的基本义理

① 黄宗羲:《泰州学案一》,《明儒学案》卷三二,中华书局1985年版,第732页。

② 王栋:《明儒王一庵先生遗集·会语正集》,《王心斋全集》,江苏教育出版社2001年版,第146页。

就不难发现，不管是王栋所批评的“知是知非”特性（他没有否定良知的这一功能），还是强调的“寂然不动”的本然之态，其实都是王阳明对良知的基本规定。如“四句教”中就有“知善知恶是良知”一句，同时，阳明又说：“良知，心之本体，即所谓性善也，未发之中也，寂然不动之体也。”① 如果从体用论的角度来看，“寂然不动”是良知之体，“知是知非”则是良知之用，而在阳明那里，良知之体用原为一事，所谓“体即良知之体，用即良知之用，宁复有超然于体用之外者乎”②。就良知这一先验超绝的道德本体而言，不能对它做经验上的体用之分，即体即用、体用一源成为心学的基本思想原则。因此，如王栋这般将良知体用判作两事，并认为“知是知非”之用乃是由“寂然不动”之体感通生化出来的，显然就背离了阳明良知学的义理路径，因为“知是知非”本就是良知本体自有的一种功能，它与“寂然不动”之体不存在逻辑上的先后之分。

基于上述体用两分的思路，王栋解释了之所以批评“以知是知非为良知”这种思想取向的理由，他说：

> 良知虽人人自有，多为见闻情识所混，认识不真。且如古今从事于学者，往往有拘执道理而昧于变易之宜，或因袭故常而安于流俗之套，皆良知混于闻见而误以闻见之知为良知也。又或牵昵恩私，如请祷夫子厚葬颜渊之类，增减礼制，如欲去饩羊门人为臣之类，及一切过于厚，过于爱，矫枉而过直，救偏而过中者，皆良知混于情识，而误以情识之知为良知也。③

在王栋看来，良知之教遇到的最大问题便是个体容易把良知与“见

① 王阳明：《传习录中》，《王阳明全集》，上海古籍出版社 1992 年版，第 62 页。

② 王阳明：《传习录中》，《王阳明全集》，上海古籍出版社 1992 年版，第 63 页。

③ 王栋：《明儒王一庵先生遗集 · 会语正集》，《王心斋全集》，江苏教育出版社 2001 年版，第 152 页。

闻情识”相混同，进而以见闻情识冒认良知本体。所谓见闻情识，主要指两方面，一种是通过知觉能力获得的知识和观念，一种是人的情感、情绪等感性心理，两者都属于人的经验意识领域，而不是良知心体本身。对王栋来说，良知知是知非的能力就属于经验知觉范畴，与见闻情识无异，故亦无法与心体等同。然而，正如有研究者所指出的，“知是知非固然是良知之用，然此‘知’乃是道德之知、德性之知，绝非是见闻知识或知觉情识，因此‘以情识之知为良知’与‘以知是知非为良知’，原本就是两回事，属于不同层次的问题”①。既然如此，王栋为何要将“以知是知非为良知”等同于“以情识之知为良知”呢？除了义理把握上的原因之外，很重要的一个原由在于，以见闻情识为良知在当时已成为流行的思想取向，而这有悖于良知之教。换句话说，王栋这样做的目的其实是为了彰显后者作为一个问题的存在。尤其是在王栋生活的16世纪中晚期这样一个纲纪松弛、个性滋长、欲求炽烈的社会环境中，心学标举的良知因其主张由个体自主、自觉地去寻觅道德合法性依据（心即理）而容易被人们当作恣情纵欲的幌子，以见闻情识为良知不仅是一种思想取向，更是普遍存在的文化现实、生活现实。照此来看，王栋对体用不二原则的背离绝非是对阳明心学的简单误解，却是基于某种意图的有意为之，那就是全面批判将良知混于见闻情识的思想取向和借良知之名来满足个体私欲的社会现实。按照王栋的思路，体用二分正是为了突出对良知“用”这一层面的批判，其要达成的最终目的（同时也是手段）就是向寂然不动的虚灵本体回归，重建良知的本体论意义。

在清算关于良知的一些歧思异见的基础上，王栋表达了自己的良知观，在这方面他无疑深受王艮的影响，即认为良知是现成自在、自足圆满的。他说：“心性良知，自完自足，不须闻见帮补，不假知能衬贴，而

① 吴震：《泰州学派研究》，中国人民大学出版社2009年版，第227页。

天下之道无不统会于中，故曰一以贯之。”① 又说：“吾人日用间，只据见在良知，爽然应答，不作滞泥，不生迟疑，方是健动而谓之易。中间又只因物付物，不加一点安排意见，不费一毫劳攘工夫，方是顺静而谓之简。如此却与天地相似，易简而天地之理得矣。”② 王栋言良知是“自完自足”，不加安排，不费工夫，以“易简”为宗，明显是王艮“良知现成”说的路数。对良知特性的这一认定也恰能说明王栋为何要对良知的经验主义的理解路径做出激烈批评，因为知是知非、见闻情识等功能对良知来说只是外在的“帮补”“衬贴”，与后者自完自足的特性是完全抵牾的。但王栋似又不满足于在“良知现成”说的话头中打转，进而提出了一个在心学阵营中相当叛逆性的观点：

> 良知无时而昧，不必加知，即明德无时而昏，不必加明也。《大学》所谓“在明明德”，只是要人明识此体，非括去其昏，如后人磨镜之喻。夫镜，物也；心，神也。物滞于有迹，神妙于无方，何可伦比？故学者之于良知，亦只要识认此体，端的便了，不消更着“致”字。③

我们知道，“致良知”本是王阳明心学的核心观点，他晚年更对弟子强调：“吾平生讲学，只是‘致良知’三字。”④ 然在王栋看来，良知本身既然现成自足，“无时而昧”，就根本无需“致”的工夫，若再加“致”，必然会破坏良知浑全纯粹的本性，也为以知觉情识冒任良知提供了条件。上文所质疑的“磨镜之喻”正是王阳明的说法。阳明道：“圣人

---

① 王栋：《明儒王一庵先生遗集·会语正集》，《王心斋全集》，江苏教育出版社2001年版，第164页。

② 王栋：《明儒王一庵先生遗集·会语续集》，《王心斋全集》，江苏教育出版社2001年版，第179页。

③ 王栋：《明儒王一庵先生遗集·会语正集》，《王心斋全集》，江苏教育出版社2001年版，第146页。

④ 王阳明：《寄正宪男手墨》，《王阳明全集》，上海古籍出版社1992年版，第990页。

之心，纤翳自无所容，自不消磨刮。若常人之心，如斑垢驳杂之镜，须痛加刮磨一番，尽去其驳蚀，然后纤尘即见，才拂便去，亦自不消费力。”[①] 王栋则根本否认以镜喻心的合理性。镜是物，按其物性自会着尘，这时便须借外力拂拭镜面，“括去其昏”；心是神，不涉形迹，“无时而昧”，洁净完全，故无须借外力以澄明。阳明讲“致良知”说的是“随时就事上致其良知”，即“在事上磨炼做功夫”。他担心时人在体悟良知上会误将随意当作简捷，而落入虚妄一路，故强调个体要在具体的生活境遇中去修养心性，扩充良知。当然，在阳明这里，本体工夫本是一事，工夫不离本体，本体中自有工夫在，但基于对体用不二原则的曲解，王栋担心在良知上另做“致”的工夫，“分良知为知，致知为行”，会使良知本体陷入经验主义泥淖，这就真正背离了知行合一的心学宗旨。既如此，个体应该如何把握良知呢？王栋说：

> 良知本体，人人具足，不论资质高下，亦不论知识浅深，信得及，悟得入，则亦明得尽矣。有不能者，百倍其功，终有明尽时节。到得明尽，便亦都无渣滓，所谓“明则诚也”。……以是知质美者，合下便明得尽，其次则须师友讲求潜心体悟，岁月磨砻，便亦可以明得尽矣。所谓明尽，只是认得良知，的确无遮蔽处耳。[②]

据此可看出，对于良知的把握，王栋采取的是立定信心、直入本体的方法。他承认王阳明、王艮规定的就良知本体言乃是“圣愚无间”这一基本观点，认为良知人人具足，无关于资质高下、知识深浅，而关键在于是否能“信得及”“悟得入”。其实，“信”与“悟”在阳明那里就被视作体认良知的重要手段。阳明认为，只要“信得这良知真是真非，信手

---

① 王阳明：《答黄宗贤应原忠》，《王阳明全集》，上海古籍出版社1992年版，第146页。

② 王栋：《明儒王一庵先生遗集·会语正集》，《王心斋全集》，江苏教育出版社2001年版，第155—156页。

行去，更不着些覆藏”[1]。良知之教首先要求主体在心志上立定一种信仰，然后循之而行，便了无妨碍，无往而不自得。他又于《大学古本序》中言道：“致知，则存乎心；悟致知焉，尽矣！”[2] 意思是说，致良知全靠自家心性觉悟，悟乃是良知扩充自身以至乎极致的不二法门。而在王栋看来，信与悟所达成的最终目的是要“明得尽”，它指的是良知“无遮蔽”，无渣滓混扰，恢复到“皎然莹彻”的本态。从美育的角度来说，由自家心性出发的信与悟正是主体所遵行的自我审美教化的路径，而明尽良知本体或王栋所谓“认得良知无遮蔽处”，便是在身心全体层次上实现一种无滞无碍、通体莹彻的审美解放。

问题在于，尽管王栋相信，个体在资质、知识上的高下深浅的差异不会妨害良知“明尽时节”的最终到来，但他更加看到，这种个体差异决定了不同人在追求良知境界过程中的工夫手段的区别。首先是“质美者，合下便明得尽”。“质美者”是指那些天赋高、悟性好、心性无太多私欲蔽障的人，这些人可直入心体，彻悟良知；其次“有不能者”，须经“师友讲求，潜心体悟，岁月磨砻”，如此“百倍其功”，方能“明得尽”。而不得不承认的是，在芸芸众生中，能够直悟本体、当下明尽之“质美者”毕竟是少数，大多数人都为闻见情识所惑，甚至将后者当作良知本身，这就与良知之教完全背道而驰了。

针对这一问题，王栋认为，其师王艮的“淮南格物”之学可解此弊，并能为那些“中下之人”提供可行的修身之法。他说：“若中人以下，一时未能洞识真体，则其方寸之中，恍惚疑似，虽有知觉，而气质习染、见闻情识，皆能混之。故必有格物工夫，体认默识，方是知至，方是真正良知，此则《大学》能为学者立法，而先师复主格物之本旨也。予每论学，必使从格物认取良知以此。”[3] 这里说的“从格物认取良知”就是

---

① 王阳明:《传习录下》,《王阳明全集》,上海古籍出版社 1992 年版,第 116 页。

② 王阳明:《大学古本序》,《王阳明全集》,上海古籍出版社 1992 年版,第 243 页。

③ 王栋:《明儒王一庵先生遗集·会语续集》,《王心斋全集》,江苏教育出版社 2001 年版,第 172 页。

把格物工夫当作体认良知的必然进路。“皆良知混于情识，而误以情识之知为良知也，故必有格物之学。”① 王栋所倡格物之学基本上承自心斋，他对王艮的格物论做出了很高的评价。“今先师云格即絜矩之义，物乃物有本末之物，絜度于心，孰本孰末，机要得矣。于是一心修己立本，更不尤人责人，此于圣经中自有明文可据，且已上三说，无不包括在内。盖既修己立本，自人无不感化，自无物欲相干，亦自于事物之理，罔不明尽。此所以为学术之全功，不易之定说也。”② 王栋认为，格物论的主旨在于“修己立本”，“己”即“身”义，只要循此而行，便能克己、穷理，这也能说明为何格物是“为学把柄”，是“学术之全功”。王栋完全赞成“淮南格物论”所谓“身为本，天下国家为末”的说法，这里的“修己立本”实质就是尊身、安身的意思，他更对此做了延伸性阐释：“欲安其身则不得不自正其身。其有未正，又不容不反求诸身。能反身则身无不正，身无不正则处无不安，而至善在我矣。古今有志于明德、亲民，而出处失道、身且不保者，不明止至善之学故也。”③ 在“以身为本”的原则下，王栋揭示了一条格物的逻辑路径，即欲安身必先正身，欲正身则要反身，于是，格物的出发点便落实到反身工夫上。王栋直言，“反求诸身，则一正百正，一了百了”④，“从事反身格物以体认天性良知”⑤。在此意义上，格物被等同于“反身之学”。“反身”就是不假外求，回归本心，反躬自省，从自家心性处求取至善天理。当然，王栋所言之“身”在语义上与王艮基本一致，既指物质性的肉体，也具有强烈

① 王栋:《明儒王一庵先生遗集·会语正集》,《王心斋全集》,江苏教育出版社 2001 年版,第152 页。

② 王栋:《明儒王一庵先生遗集·会语续集》,《王心斋全集》,江苏教育出版社 2001 年版,第173—174 页。

③ 王栋:《明儒王一庵先生遗集·会语正集》,《王心斋全集》,江苏教育出版社 2001 年版,第147 页。

④ 王栋:《明儒王一庵先生遗集·会语续集》,《王心斋全集》,江苏教育出版社 2001 年版,第182 页。

⑤ 王栋:《明儒王一庵先生遗集·会语续集》,《王心斋全集》,江苏教育出版社 2001 年版,第183 页。

的精神义涵，总体上指涉一种整全的生命存在，对此可不必赘论。重要的是，我们须理解王栋对格物的阐释所包含的修身论或人格修养论的思想意旨。他说："《大学》原只以修身为本，其所以推原至于格物，只是挨寻追究出学问头脑，使学者得其要领，有下手处耳。"[①] 于是知道，格物乃是修身之学的"头脑"，是心性修养的下手处，是达致至善的审美人生境界的阶梯。

王栋在良知观和格物说上虽提出不少新得之见，但总体上仍是按照王阳明或王艮的心学脉路来阐发的，若言真正的独创之说，就不得不提他的"诚意"论。有学者将王栋的思想命名为"意本论"，以相对于王阳明的"心本论"和王艮的"身本论"。[②] 命名虽不完全准确，却也能反映出王栋的思想特色。"意"本是心学体系中的一个重要概念。阳明在解释心、身、意、知、物五者关系的时候说道："身之主宰便是心，心之所发便是意，意之本体便是知，意之所在便是物。"[③] 四句话有三句讲到意，心、知、物皆与意相关，可见其重要性。而自朱熹到阳明，"心之所发便是意"乃是对于意的基本解释，只是心的内涵发生了变化。在阳明这里，心是纯粹至善的道德本体，意则是心体在生活世界中的表现，具有经验性质，这种由心体发动所产生的意念是有善恶之分的，于是就要求做所谓诚意的工夫，由诚意而达正心的目的。

王栋的诚意之学其实是接续其格物论而来的。有学生问他："物格知至，既云修己立本，何复有诚意工夫?"既然格物是修身立本，从格物便能认取良知，那为何仍需诚意工夫呢？王栋答："物格知至，方才知本在我。本犹未立也，故学者既知吾身是本，却须执定这立本主意，而真真实实反求诸身，强恕行仁，自修自尽。如此诚意做去，方是立得这本。……故诚意二字，正悟人切实下手立本工夫，方得心正身修，本可

① 王栋:《明儒王一庵先生遗集·会语正集》,《王心斋全集》,江苏教育出版社 2001 年版,第 147 页。

② 姚文放等:《泰州学派美学思想史》,社会科学文献出版社 2008 年版,第 99 页。

③ 王阳明:《传习录上》,《王阳明全集》,上海古籍出版社 1992 年版,第 6 页。

立而末可从也。”[1] 在王栋看来，如果格物是修身立本工夫，那么在立本工夫之上还须确立一个更高的、具有支配作用的“主意”，由此“主意”来主导格物实践才能“立得这本”，这就是诚意。而此中关键在于对“意”的解释，王栋诚意论的独特性正体现在对意以及心、意关系的创造性阐释中。他说：

旧谓意者，心之所发，教人审几于念动之初。窃疑念既动矣，诚之奚及？盖自身之主宰而言，谓之心，自心之主宰而言，谓之意。心则虚灵而善应，意有定向而中涵。非谓心无主宰，赖意主之。自心虚灵之中，确然有主者，而名之曰意耳。大抵心之精神，无时不动，故其生机不息，妙应无方。然必有所以主宰乎其中而寂然不动者，所谓意也，犹俗言主意之意。盖意字从心从立，中间象形太极，圈中一点，以主宰乎其间，不著四边，不赖依靠。人心所以能应万变而不失者，只缘立得这主宰于心上，自能下虑而知，不然，孰主张是，孰纲维是？圣狂之所以分，只争这主宰诚不诚耳。[2]

这段话对于理解王栋的诚意之学至关重要。首先，王栋明确质疑“意为心之所发”这一传统心学的看法，提出“意为心之主宰”的观点，这便将心、意关系做了根本性的倒转。接下来他说明了自己的理由，主要依据来自对心、意内涵的重释。王栋认为，心是虚灵善应、随物而动的，虽然充满生机、运化无穷，却无法主宰自身。在宋明理学中，有所谓道心、人心之分，道心是天理所在，人心是欲望所寄，理学各家对二者关系的认识并不完全一致。二程将道心、人心完全对立，主张以道心克服人心；朱熹承认人心欲望的部分合理性，不过要接受道心的主宰和节制；

---

① 王栋:《明儒王一庵先生遗集·会语续集》,《王心斋全集》,江苏教育出版社 2001 年版,第 174 页。

② 王栋:《明儒王一庵先生遗集·会语续集》,《王心斋全集》,江苏教育出版社 2001 年版,第 148—149 页。

陆九渊则反对以天理人欲区分二心，认为人心就是道心（陆九渊的人心实质就是道德本心）；王阳明也认为心本为一，重要的是要保持本心精一纯正，如此便不复有道心、人心之分。上述诸人无论如何看待道心和人心的关系，在他们那里总有一个形而上的超越之心的存在，也就是本体意义上的道德本心，尽管生活世界中的人心是应物起念，随机而感，但心体是主一恒定、虚灵不昧的。依据这一思想背景，王栋其实也没有做道心、人心的区分，这和他的师承及心学背景有关。但与其前辈不同的是，他对心的理解更多是经验层面上的，他并不认为心具有超验寂然的性质和自我主宰的能力，而将这一功能特性赋予了“意”。王栋对“意”做了多种描述，比如心“赖意主之”，“意”是“寂然不动”“不虑而知”的，同时“不著四边，不赖倚靠”。从这些描述中不难发现，“意”凌驾于“心”之上，成为人的经验活动的支配和向导，变成了一种独立超绝的本体和道德上最高的善良意志，其性质在一定程度上类同于王阳明的良知。基于对“意”的重新规定，王栋提出了他的“诚意”说：

> 诚意工夫在慎独，独即意之别名。慎则诚之用力者耳。意是心之主宰，以其寂然不动之处，单单有个不虑而知之灵体，自做主张，自裁生化，故举而名之曰独。少间搀以见闻才识之能，情感利害之便，则是有所商量倚靠，不得谓之独矣。……知诚意之为慎独，则知用力于动念之后者，悉无及矣。故独在《中庸》谓之不睹、不闻，慎在《中庸》谓之戒慎、恐惧，故慎本严敬而不懈怠之谓，非察私而防欲者也。①

王栋以“独”释“意”，以“慎”释“诚”，试图在义理上融合“诚意”与“慎独”。何谓“独”，王栋的解释是“不虑而知之灵体，自作主张，

① 王栋：《明儒王一庵先生遗集·会语正集》，《王心斋全集》，江苏教育出版社2001年版，第149页。

自裁生化”，不能掺杂“见闻才识”“情感利害”，这与上文对“意”的规定是一致的，“独”因此同样是一个具有本体论意涵的概念。值得注意的是，王栋以《中庸》的“不睹不闻”来解释“独”。他对“不睹不闻”亦有自己的理解，认为并非是说“目未睹色、耳未闻声之时，乃其心性中涵寂然不动，目不可得而睹，耳不可得而闻之本体也”[①]。“目不睹色、耳未闻声”属于经验层面的知觉活动，虽暂时不睹、未闻，但心中已起欲睹、欲闻的念头，只缺个外物触发的契机。王栋所说的“不睹不闻”则是直溯起念之前的状态，是“寂然不动”的本体之在，亦如《中庸》说的“未发之中”。他对此论道：“《中庸》本言‘喜怒哀乐之未发’，非曰未发喜怒哀乐之时。盖谓心之生机，无时不发，当其发喜、发怒、发哀、发乐之际，皆必有未尝发者，以宰乎其发，故能发而皆中节也。不然，只是乱发，岂复有中节之和哉？故养其未发之中，亦即慎独工夫也。”[②] 按照这种思路，“独”即是情感、欲望的未发状态，而未发决定已发，“慎独”便是“养其未发之中”，即涵护那纯善精一的本体，将一切可能的恶念消灭在起念之前，如此方能“发而皆中节”。如果念头已生，再去克制自省，那只能是被动的事后工夫，结果必然是应接不暇，难以做到正本清源。

王栋因此就对宋儒有关慎独问题的解释表示不满。他说：“‘慎独’注云：‘谨之于此以审其几。’后儒因欲审察心中几动，辨其善恶而克遏之。如此用功，真难凑泊。”[③] 王栋引的这句话出自朱熹《大学章句》第六章，完整的话应该是：“盖有他人所不及知而己独知之者，故必谨之于此以审其几焉。”前半句是朱子对“独”的解释，正因“独”是己知而

① 王栋:《明儒王一庵先生遗集·会语正集》,《王心斋全集》,江苏教育出版社 2001 年版，第 150 页。

② 王栋:《明儒王一庵先生遗集·会语正集》,《王心斋全集》,江苏教育出版社 2001 年版，第 150 页。

③ 王栋:《明儒王一庵先生遗集·会语正集》,《王心斋全集》,江苏教育出版社 2001 年版，第 149 页。

他人所不知，所以每个人应该时刻在内心深处进行自我体察，有些意念虽还未转变成外在行为，但须克制省察于念动之初，所谓“迹虽未形而几则已动”，故要“审其几”。而在王栋看来，在已动之几处“克遏”人欲，不是“慎独”工夫的真正下手处。从这个问题出发，他反对宋明理学中“察私防欲”的观点，直言“圣门从来无此教法”。他认为理学所倡“去人欲、遏邪念、绝私意、审恶几，以及省、防、察、检纷纷之说”[1]，使学者“不胜其繁且难”，因为这都是“用力于动念之后”。他解“慎”为“严敬而不懈怠”，正是教人用力于动念之前，护养“未发”之本体。依照这一逻辑，王栋反而对经验层面的“人欲”采取了比较宽容的态度。他说：“耳目口鼻四肢之欲，人所必不能无者。一切寡少，则心无所累，得有所养，而清明湛一矣。此非教人于遏人欲上用功，但要声色臭味处，知所节约耳。”[2]“遏人欲”是后手工夫，终究难以“凑泊”，只要明觉良知，立定“主意”，自然就能“知所节约”。

根据“慎独”和“诚意”在义理上的同构关系，我们可以明白王栋“诚意”论的基本思路，理解他为何反对“意者心之所发”而倡导“意是心之主”的观念，这关乎他的整个修身之学，也与其美育思想的学理逻辑密切相关：“意是心之主，立本之意既诚，则心有主，故不妄动，而本可立、身可修。”[3]

如果我们从诚意之学看到了王栋美育思想的一种形上的哲学理路，那么“乐学”论则体现了一种审美工夫和审美本体合一无间的美育追求。王栋著有《寻乐吟》四首，不妨摘录其中两首以窥其“乐学”论之真谛。诗云：

① 王栋:《明儒王一庵先生遗集·会语正集》,《王心斋全集》,江苏教育出版社 2001 年版,第 150 页。

② 王栋:《明儒王一庵先生遗集·会语正集》,《王心斋全集》,江苏教育出版社 2001 年版,第 165 页。

③ 王栋:《明儒王一庵先生遗集·会语续集》,《王心斋全集》,江苏教育出版社 2001 年版,第 174 页。

孔颜真乐不难寻，寻动天然乐在心。打起精神认本体，放开怀抱即灵襟。休将雅兴疑狂兴，且向元音觅太音。自是不寻寻便乐，凡砂炼出是精金。

人言寻乐要寻真，试把真寻看古人。弄月吟风方着意，傍花随柳更留神。时时悦是时时习，日日春为日日新。真乐即从行乐始，信之及者见之亲。①

《寻乐吟》主旨在一“寻”字，所寻者乃“孔颜真乐”。这里自然生出两个问题：乐从何处寻？如何寻？首先不可否认，王栋对“乐”的性质的基本判断与王阳明“乐是心之本体”和王艮“人心本自乐”的观点是一脉相承的，即相信乐是人心自有的，是心性的本然之态，故言“寻动天然乐在心”，但这里有必要做进一步辨析。如前文所论，“心”在王栋那里并不具有本体论的意义，在“心”之上还有一个更高的主宰，那就是“意”或“独”。“打起精神认本体”，此处“本体”便不可全然等同于阳明意义上的心体，而是指寂然不动的“意”或未发之中的“独”，下一句“放开怀抱即灵襟”中的“灵襟”亦是相同的内涵。王栋从心上寻乐，实质有一种将心作为跃达最高本体真乐之路径的意思。在他那里，心应物而动，产生的喜乐之感是世俗经验层面上的，并非真正的本体之乐。但他又认为，后者须从经验喜乐中来，不能离开感性世俗之乐来求本体之乐，要达到生命存在的至“乐”境界，工夫和手段也应是快乐的，所以说“真乐即从行乐始”。这里其实也道出了第二个问题的答案，乐从何处寻决定了乐应如何寻。王栋对此讲得很明白，那就是“打起精神”“放开怀抱”，从凡砂中炼出真金，而这个过程就是一个自我修习、进学的过程，当然也是一个快乐的过程，所谓“时时悦是时时习”，便道出了乐与学的关系。在王栋看来，“乐学”的根本手段在于“反身”，只有做

---

① 王栋：《明儒王一庵先生遗集·寻乐吟》，《王心斋全集》，江苏教育出版社 2001 年版，第 196 页。

到“反身而诚”，方能获得真乐。他说：

> 一友谓：“某之教人只‘反身’、‘乐学’两件工夫为要旨。”曰：“此亦只是一事。”“何谓一事？”曰：“事事反身以自诚，则障碍不生而真乐在我，所谓学便然后乐也。时时寻乐以为学，则天机不滞而反己益精，所谓乐便然后学也。故孟子曰：‘反身而诚，乐莫大焉。’”①

“反身”是要求个体在道德心性上时时自省自检，以此求取至善天理，它在王栋那里被看作是格物的出发点，是体认良知的根本途径。通过反身自诚工夫，破除见闻情识的障碍，使“天机不滞”，“真体呈露”，从中获得存在之真乐。显然，这就是一个不断学习、自我成长的过程，是学以致乐，乐以为学的过程，反身与乐学所以为一事，最终都是以成圣为目标。

王栋毕生从事教育事业，几十年间在各地创办了数量众多的讲会，授徒聚友，讲道论学，极大地扩展了泰州学派在社会上的影响力。王栋创会讲学，始终秉持自己的教育理念，将“诚意之学”化用到具体的教学实践当中，希望在已然腐坏的社会政治体制中，通过直接教化普通民众，重构损败不堪的伦常秩序，以振兴儒家的王化之业。王栋由此对施教者提出了要求。首先是要像孔子那样具备有教无类的胸怀。他说孔子“乐育英才而鄙夫亦堪叩教，故包蒙藏疾，不弃一人，庸众三千，兼收并蓄。夫然后大以成大，小以成小……有道君子欲以兴起斯文为己任，则必有包容荒秽之量，然后可以收熏陶长育之功”②。这里虽然是说教育的广泛性和包容性，实质在于强调教育的大众化和平民化，虽远溯孔子，

---

① 王栋：《明儒王一庵先生遗集·会语续集》，《王心斋全集》，江苏教育出版社2001年版，第176页。

② 王栋：《明儒王一庵先生遗集·会语续集》，《王心斋全集》，江苏教育出版社2001年版，第176页。

却是直承王艮的平民主义教育理念。其次，提倡爱的教育。王栋说："吾人诚欲以善善世，必自有蔼然亲爱实意，先得之心，然后言易入而善易从也。如欲善父母，必亲爱父母，而得父母之心；欲善兄弟妻子，亦必亲之爱之，而各得其心，以至于宗族、亲戚、朋友、乡党，获上获下，莫不皆然，未有情意不孚而教化可行者也。故君子亲得天下人，然后教得天下人。"[①] 这显然是对儒家仁爱教育思想的发挥。王栋认为，道德教化的实质是用爱来感化人群，而这种爱首先是建立在血缘关系上的亲族之爱，然后扩展到朋友、乡党，乃至天下人，如此由近及远，层层蔓延，便能实现"天下一家，中国一人"的治世理想。

王栋不仅通过办讲会来传播泰州学派思想，以期行道济时，建经世之功，而且深入地方，为乡邑村里制定具体的乡约民规，希冀发挥移风易俗、教化族群的效用。他为此作有《乡约谕俗诗六首》（佚缺一首），分别包括"尊敬长上""和睦乡里""教训子孙""各安生理""毋作非为"等主题，依次如下：

天地生人必有先，但逢长上要谦谦。鞠躬施礼宜从后，缓步随行莫僭前。庸敬在兄天所叙，一乡称弟士之贤。古今指傲为凶德，莫学轻狂恶少年。

生来同里共乡邻，不是交游是所亲。礼尚往来躬自厚，情关休戚我先恩。莫因小忿伤和气，遂结深仇起斗心。报复相戕还自累，始知和睦是安身。

子孙有教是诒谋，失教还为祖父忧。不独义方昭训迪，更寻师友择交游。才须学也夸贤嗣，爱勿劳乎等下流。骄惰养成为不肖，败家荡产是谁尤？

士农工贾各勤劳，自有荣华自富饶。好是一心攻本业，莫垂双

① 王栋：《明儒王一庵先生遗集 · 会语续集》，《王心斋全集》，江苏教育出版社 2001 年版，第 176 页。

手待明朝。精神到处天心顺，术艺成□□□□。勿漫起贪登垄断，羡鱼还恐失檐樵。

凡百非为不可为，为非何日不招非。无端自作风波恶，有犯休嗟命运亏。起念一差何所忌，回头万悔不能追。□□□□□君子，我不欺人人怎欺。①

这些诗歌是对个体日常生活中应有的道德情操和伦理践行方式的宣扬，语言通俗，内容真切，能够起到很好的劝谕、教化作用，从中我们也能深切体会到一位儒者对社会的强烈责任意识和担当精神。

二、“率性修道”：王襞的美育思想

王襞（1511—1587），字宗顺，号东厓，王艮次子。王襞幼年随父游学于王阳明门下，其过人天资受到阳明的高度称赞，便让他拜入王畿、钱德洪门下，留居绍兴修学近二十年。阳明卒后，随父亲一同回到泰州安丰场，襄助王艮授徒讲学。王襞三十岁时，心斋逝世，是年“开门受徒，毅然以师道自任。凡月三会，聚讲精舍书院”②。此后，终生不仕，将全部精力付诸讲学，其讲学活动在江浙一带曾造成相当大的轰动。王襞以阐发、传播心斋思想为己任，取得瞩目成就。焦竑（1540—1620，弱侯）对他评价道：“心斋子东厓先生，推衍其说，学士云附景从，至今不绝。盖以学世其家，有以开天下而风异世，可谓盛已。”③ 耿定向（1524—1597，字在伦）说：“心斋无东厓不能成其圣，东厓非心斋造不出这个人来。”④ 这说明，王襞在继承、传扬王艮思想方面确实发挥了决

① 王栋：《明儒王一庵先生遗集·乡约谕俗诗六首》，《王心斋全集》，江苏教育出版社2001年版，第199—200页。

② 王襞：《明儒王东厓先生遗集·年谱纪略三十岁》，《王心斋全集》，江苏教育出版社2001年版，第207页。

③ 焦竑：《王东厓先生墓志铭》，《澹园集》卷三一，中华书局1999年版，第493页。

④ 耿定向：《东厓先生行状》，转引自吴震《泰州学派研究》，中国人民大学出版社2009年版，第199页。

定性的作用。也正是如此，王襞的心学思路及美育学说基本没有脱离心斋的理论框架，对构成其思想的一些关键概念和命题的解释主要是延自他父亲的论述。当然，师事多年的老师王畿（字汝中，号龙溪）对他也有相当大的影响。王襞传世的主要著作有《东厓王先生遗集》。

同其他心学思想家一样，王襞的美育思想首先可从他的良知观上窥出主要意涵。王襞坚信，良知是先天自足、当下现成、不假外求的，这显然是继承了由王学左派阐发的良知学的基本观念，这种观念的一个重要来源是王龙溪。王龙溪被看作王学左派的代表人物，他的“良知见在”说与泰州学派的良知观有较深的相契之处，对晚明思想影响甚大。龙溪道：

> 良知在人，不学不虑，爽然由于固有，神感神应，盎然出于天成。①
>
> 良知即是未发之中，即是发而中节之和，此是千圣斩关第一义，所谓无前后内外、浑然一体者也。②

在龙溪看来，良知就是先天具足的本体，是不学不虑、随处发见的道德本能。正因良知是当下现成、不分先后内外，故也不必去做那繁琐的道德修习工夫，只要直接从良知本体上悟入，便能一应俱透，一了百了，再做其他工夫就是多余的了。这正是本体即工夫、工夫即本体之义。良知既是人性之本然，是道德心性的固有面目，则人格修养的实质就是体悟良知，使良知真性自然显露，澄莹无碍，所以，龙溪对致良知的解释便是“顺其天机而已”。王襞师事龙溪多年，深得后者良知教义的精髓，同时又发挥了王艮的“天理良知”说和“百姓日用”之学，使得王襞的良知观以及建基其上的心性教化思想与二王有很大的相似性。我们先看

---

① 王畿:《书同心册卷》,《王畿集》卷五,凤凰出版社 2007 年版,第 121 页。

② 王畿:《致知议略》,《王畿集》卷六,凤凰出版社 2007 年版,第 130 页。

王襞对良知的一些基本论述：

> 良知在人，随处发见，不可须臾离者。
>
> 良知之灵，本然之体也，纯粹至精，杂纤毫意见不得。
>
> 良知本性，天之灵而粹精之体也。谁其弗具？谁其弗神？而圣名者号也，得证则日用头头，无非妙动，而纤力不与，快乐难名。
>
> 性之灵明，曰良知，良知自能应感，自能约心思而酬酢万变，知之为知之，不知为不知，一毫不劳勉强扭捏。①
>
> 灵明一默，正指良知一脉之传也。实致其良知于日用间，以求自慊，何乐如之。②

王襞对良知内涵的阐述确实与王艮、王畿的观点相差无几，而某些认识则属于心学阵营在良知问题上的共识。概而言之可包括三个方面：其一，良知是先天、普遍的道德本体，无人不有，无时不在。这是阳明心学的基础义理之一，是良知之教得以推行的一个形而上的前提，王阳明对此已经做了充分的规定，而泰州学派自然是完全继承的。其二，根据第一点，良知既是"本然之体"，便是"纯粹至精"、圆满自足的，它自能随机而动、应感万物，感动之间则无不合乎理、顺乎道，故不能在外边添加丝毫的人力，否则有违良知本性，这里说的就是"良知现成"或"良知见在"的意思。王阳明早有"良知见在"的表述，但为了不使后学忽视修养工夫而落入学思的虚诞境地，他强调学者要在事上磨炼，随时随事地致其良知。而王艮、王襞等泰州诸子和王畿恰恰发展了阳明关于良知的"见在"之义，这决定了他们在心性修养和人格教化问题上的思路。其三，良知"随处发见"，体悟良知不是玄思冥想，而是在日用常行间呈

---

① 王襞：《明儒王东厓先生遗集·语录遗略》，《王心斋全集》，江苏教育出版社 2001 年版，第 214—216 页。

② 王襞：《明儒王东厓先生遗集·答秋曹漳州陈文溪书》，《王心斋全集》，江苏教育出版社 2001 年版，第 225 页。

露其自然真性，感受本心之妙用。王襞的百姓日用之说直承王艮而来，强调了一种人格理想的普世性以及实现这种人格理想的方式的平民性。

王襞良知观的上述三方面内容从根本上塑造了他的美育思想，尤其是第二点和第三点，直接决定了一种建构在心学义理框架内的审美化的儒家人格理想的内涵及其实践方法。在王襞看来，良知“本自见成，何须担荷？本无远不至，何须充拓？会此言下，便即了了”①。良知原本自足，无所欠缺，所以，从外部赋予良知以价值或使命，或在良知本体上做工夫完全是多余的。王襞举为学作例子，说：“才提起一个学字，却是便要起几层意思，不知原无一物，原自见成，顺明觉自然之应而已。自朝至暮，动作施为，何者非道？更要如何，便是与蛇画足。”② 学习乃是在良知上添加情识闻见，这是画蛇添足之举，良知无所不赅、无所不具，只要顺其自然本性，皆合天理圣道，此谓心性修养的“易简”之法、“先天无为之学”。③“无为”便是不施丝毫的人力作用，一任心体自在流行，无待旁求，最省力处实际是最得力处。然而，良知本身虽是至精纯一之体，在经验世界中，人心却时时受欲望驱使，被利益蛊惑，“世诱在前，起情动念，自幼便染污了。应接之间，不免牵引迷溺之，患所嗜所欲沾贴心目间”，终致“昧其本然自有之性”。④ 需要说明的是，王襞说的良知自幼被染污，绝非指良知的本体性态发生质变，而是说它被炽盛的欲望所遮蔽，无法呈露其“自有之性”，发挥其“天然之用”。在这种境况下，宋儒所讲的裹挟着感官欲望的“气质之性”便在人性中占据主导，而纯粹至善、以天理为内涵的“天地之性”隐没不彰，故为学的目的在

① 王襞:《明儒王东厓先生遗集·上道州周合川书》,《王心斋全集》,江苏教育出版社 2001 年版,第 219 页。

② 王襞:《明儒王东厓先生遗集·语录遗略》,《王心斋全集》,江苏教育出版社 2001 年版,第 216 页。

③ 王襞:《明儒王东厓先生遗集·寄庐山胡侍御书》,《王心斋全集》,江苏教育出版社 2001 年版,第 224 页。

④ 王襞:《明儒王东厓先生遗集·语录遗略》,《王心斋全集》,江苏教育出版社 2001 年版,第 214—215 页。

于变化气质，恢复“天地之性”。对于王襞来说，恢复“天地之性”就是驱除欲望之心、利害之念对良知的遮蔽和干扰，使良知重新成为人性的仲裁者。

那么，具体应如何做呢？实际上就是前文述及的易简之法、无为之学。搜检王襞的著作可以发现，诸如“不容拟议商量”“不容私议”“纤力不与”“顺明觉自然之应”“不假纤毫人力”这样的表述几乎成为他的惯用语，基本思想都是在申明一种直截了当的修养方法。然而，最能集中表现王襞的审美修养论和心性教化思想的还是他从《中庸》转述而来的“率性修道说”，他为此写了一篇《率性修道说》的专论，主要内容如下：

> 吾人至灵之性，乃天之明命于穆不已之体也。故曰：天命之谓性。是性也，刚健中正，纯粹至精者也。率由是性而自然流行之妙，万感万应，适当夫中节之神。故曰：率性之谓道。此圣人与百姓日用同然之体，而圣人者永不违其真焉者耳。而颜子者，则亦三月不违者也。若百姓，则不自知其日用之本真而获持之，一动于欲，一滞于情，遂移其真而滋其弊，而有不胜之患矣。圣人者悯之而启之修道焉，去其蔽，复其真，学利困勉之不一其功，亦惟求以率夫天命之性而归之真焉而已矣。此修道之所以为教也。故曰：修道之谓教。率之云者，本不假纤毫人力于其间，故曰：诚者，天之道也。①

以上一段话是王襞对《中庸》首句“天命之谓性，率性之谓道，修道之谓教”的阐释和发挥。《中庸》的这句话乃是儒家两千年道德教化思想的哲学基础，更是宋明理学各种心性修养论共同遵奉的思想纲目。按

① 王襞:《明儒王东厓先生遗集·率性修道说》,《王心斋全集》,江苏教育出版社 2001 年版,第 216 页。

照朱熹从理学角度所做的解释，“天命之谓性”，“命，犹令也。性，即理也”。天作为宇宙最高的主宰力量，创生万物，并赋予它们各自的性征，此性征是由天所规定和设计，是最高意志做出的最合理的安排，故言性即理。人性亦是承天命而来，同样能够表征天理，王襞说它是“天之明命于穆不已之体”，是“刚健中正，纯粹至精者”，这里说的实际就是良知了。“率性之谓道”，“率，循也。道犹路也”。[①] 人和物各遵循本性之自然，如行当行之路，便是合乎道。在宋学的阐释系统中，性即理，理就是道，循其性即谓道。王襞有言：“性本具足，率性而众善出焉，天命之也。率天命之性，即是道。”[②] 在另一处，王襞又说：“希天也者，希天之自然也。自然之谓道。”[③] 可见，性、理、道、自然是可以等义贯通的，而按照良知学的义理体系和王阳明不断强调的心学的精一之旨，这几个概念的内涵皆可由良知一义表出，说“率性”是循天理（道）之本然，讲的正是依循良知自然的意思。王襞对“率性”做了多次描述，如上文言“率由是性而自然流行之妙”，《语录》中说“率性而后心安，心安而后气顺，否则百虑交錮，杂念叠兴，心神惊动，血气靡宁，有不并其形而俱灭者，几希矣”。这是从身心修养的目标强调率性而为的意义。王襞更说：“率性而自知自能，天下之能事毕矣。”[④]“自知自能”是良知的根本性能，在语义上与良知良能是相等的。率性而毕天下之事，昭显的不外是“致吾心良知天理于事事物物”的心学思路，只是根据“良知见成”的立场，此中之“致”绝非有意做的外手工夫，而是指依循良知而行，依得良知，便是致得良知，从而使个体达到身心坦荡、优游自在的自由之境。王襞以自然生机来比喻这种审美化的心性境界：“空中楼

---

① 朱熹：《中庸章句》，《朱子全书》第六册，上海古籍出版社 2002 年版，第 32 页。

② 王襞：《明儒王东厓先生遗集・语录遗略》，《王心斋全集》，江苏教育出版社 2001 年版，第 215 页。

③ 王襞：《明儒王东厓先生遗集・上道州周合川书》，《王心斋全集》，江苏教育出版社 2001 年版，第 220 页。

④ 王襞：《明儒王东厓先生遗集・语录遗略》，《王心斋全集》，江苏教育出版社 2001 年版，第 215 页。

阁，八窗洞开，梧桐月照，杨柳风来，万紫千红，鱼跃鸢飞，庭草也，驴鸣也，鸡雏也，谷种也，呈输何限，献纳无穷，何一而非天机之动荡？何一而非义理之充融？”①

良知本体虽是人人自足、个个圆成，但个体气质秉性的差异决定了并非每个人都能率良知而行，都能自然无碍地获取天理大道，这也正是圣人与百姓的区别。圣人心性无时不澄然莹澈，良知真体无时不纯粹精一，他不会陷溺于情欲，不会耽迷于利益，只会永远遵从于良知指引的大本达道。而普通百姓时时受到各种利害、欲望的干扰，以致失去了体认良知的能力，远离了心体的本初真性。王襞认为，圣人应该扮演一个启蒙者的角色，通过心性教化手段，为百姓去蔽复真，重彰他们的良知本体，最终同归于圣道，此即“修道之谓教”。朱熹说：“圣人因人物之所当行者而品节之，以为法于天下，则谓之教，若礼、乐、刑、政之属是也。”② 在朱熹看来，礼乐刑政是圣人遵行天道而设计的人间教化制度，但正如心学对宋学循理于外思路的批判，这些教化制度只是一套外在的法则规范，是人力的造作工夫，与良知现成之义是相背的。因此，王襞对“修道之谓教”的解释是“率夫天命之性而归之真”，就是教个体发明本心良知并从之而行，这才是圣人的教化之道。如阳明言“‘率性之谓道’，性即是道。‘修道之谓教’，道即是教”，因为“道即是良知。良知原是完完全全，是的还他是，非的还他非，是非只依着他，更无有不是处。这良知还是你的明师”③。只要以良知为师，率性、修道、立教，便自然存于是，成于是。

需要进一步关注的是，王襞对“修道之谓教”这句话的解释，更是继王艮乃至王阳明之后对百姓日用之学的高度阐扬。前言圣人为百姓去蔽复真便是相信，日常现实中的普通个体虽易“动于欲”“滞于情”，仍

① 王襞：《明儒王东厓先生遗集·题鹤州卷》，《王心斋全集》，江苏教育出版社 2001 年版，第 232 页。

② 朱熹：《中庸章句》，《朱子全书》第六册，上海古籍出版社 2002 年版，第 32 页。

③ 王阳明：《传习录下》，《王阳明全集》，上海古籍出版社 1992 年版，第 105 页。

然具备为学成圣的可能性。因为圣人、百姓共有此先天良知，且良知就在日常生活的酬酢万变之中，在良知的标准下，人人平等，圣愚无间。只要发觉良知本心，“虽愚夫愚妇，可以与知与能”[①]，而日用常行亦无非良知妙用。王襞相信，如果社会中每个人都能自觉走上这条良知教化的大道，王艮企望的“三代之治”就近在眼前了。他动情地陈述道：“自吾先君前辈倡道以来，在在处处高谈仁义而人弗惊，明着衣冠而士乐从，此等风化，三代之治其在兹乎？若某之愚终身从事，虽梦寐而不忘情也，有由然矣。幸哉！”[②]

王襞认为，日常生活乃良知之所在，是天理圣道周流贯通之域，直言“日用间有多少快活在”，因为良知本心“坦乎其荡荡也。纵横而展舒自由，脱洒而优游自在也”[③]，它寄含了生命的无限快乐，指向人生的至乐境界，由此，“乐”便成为王襞美育思想的最高价值追求，而这亦是与阳明心学和王艮思想一脉相承的。王襞的“乐”论集中体现在与友人的一次对话当中：

问：“学何以乎？”曰：“乐。”再问之，则曰：“乐者，心之本体也。有不乐焉，非心之初也。吾求以复其初而已矣。”

“然则必如何而后乐乎？”曰：“本体未尝不乐，今曰必如何而后能是，欲有加于本体之外也。”“然则遂无事于学乎？”曰：“何为其然也？莫非学也，而皆所以求此乐也。乐者，乐此学；学者，学此乐。吾先子盖常言之也。”

“如是则乐亦有辨乎？”曰：“有有所倚而后乐者，乐以人者也。

① 王襞:《明儒王东厓先生遗集 · 寄庐山胡侍御书》,《王心斋全集》,江苏教育出版社 2001 年版,第 224 页。

② 王襞:《明儒王东厓先生遗集 · 语录遗略》,《王心斋全集》,江苏教育出版社 2001 年版,第 214 页。

③ 王襞:《明儒王东厓先生遗集 · 上敬庵许□司马书》,《王心斋全集》,江苏教育出版社 2001 年版,第 219 页。

一失其所倚，则慊然若不足也。无所倚而自乐者，乐以天者也，舒惨欣戚，荣悴得丧，无适而不可也。”

“既无所倚，则乐者果何物乎？道乎？心乎？”曰：“无物故乐，有物则否矣。且乐即道、乐即心也。而曰‘所乐者道，所乐者心’，是床上之床也。”

“学止于是而已乎？”曰：“昔孔子称颜回，但曰‘不改其乐’，而其自名也，亦曰‘乐在其中’，其所以喟然而与点者，亦以此也。二程夫子之闻学于茂叔也于此。盖终身焉，而岂复有所加也。”

曰：“孔、颜之乐，未易识也，吾欲始之以忧，而终之以乐，可乎？”曰：“孔、颜之乐，愚夫愚妇之所同然也，何以曰‘未易识也’？且乐者心之体也，忧者心之障也，欲识其乐而先之以忧，是欲全其体而故障之也。”

“然则何以曰‘忧道’？何以曰‘君子有终身之忧’乎？”曰：“所谓‘忧’者，非如世之胶胶役役然，以外物为戚戚者也，所忧者道也，其忧道者，忧其不得乎学也。舜自耕稼陶渔，以至为帝，无往不乐，而吾独否也，是故君子终身忧之也，是其忧也，乃所以为乐其乐也，则自无庸于忧耳。”①

上述对话讨论的正是宋明理学中的一个著名问题，即“孔颜之乐”。据前述可知，王艮、王栋的“乐”论也是围绕此一问题展开的，可见，对“孔颜之乐”的探讨确实构成了泰州学派美学、美育思想的核心内容。这段对话可以分释为几个层面：

首先，王襞认为，乐是心体的固有状态，是心体本来如是的自然呈现，故说“本体未尝不乐”，乐即是本体，本体即是乐。在这里，“乐是心之本体”的说法完全采自王阳明的观点。在此基础上，王襞重述了王艮的乐学思想，指出乐与学绝非两事，若乐是本体，学便是工夫，

① 黄宗羲：《泰州学案一》，《明儒学案》卷三二，中华书局1985年版，第723页。

“乐莫非学”，学无不是乐，工夫本体原为一事。其次，“乐”可以分为“有所倚之乐”和“无所倚之乐”。“有所倚之乐”是指依赖于外部物质条件和由经验境遇激发的世俗之乐，所谓“乐以人者也”，一旦失去这种物质条件和经验境遇，乐也会随之消失，因此这不是真正的乐。真正的乐是“无所倚之乐”，是超越具体物质和个体情识束缚的本心自乐，是心体自然呈露而达成的生命状态，所谓“乐以天者也”。王襞由此引申出“乐即道也，乐即心也”的观点，这种说法正是前言“本体未尝不乐”“乐是心之本体”的意思，都是把乐视为心体或道体的本然之性和必然表现。按心学，心体即道体，心、道、乐便是浑然为一的。王襞因而对“所乐者道，所乐者心”这样的提法提出了批评，认为这是把乐当作游离于心、道之外的物事，成了身心追逐的经验对象，这显然有悖于心学的体悟路径。论题最后转到“孔颜之乐”的问题上。王襞站在平民主义的教化立场判定，孔颜之乐与愚夫愚妇之乐是相同的，所以并不存在难以实现的问题。针对对话者提出的“始之以忧而终之以乐”的方法，王襞明确表示反对，他认为，如果乐是心之本体，忧则是对心体之乐的一种遮蔽，将忧作为乐的前提实在是南辕北辙，容易弄巧成拙。先圣讲“忧道”，所忧者乃“不得乎乐”，如果能像舜那样，无论做帝王事业还是在日常生活中，都能不改其乐，那么就不会存在忧道的问题了。

王襞的“乐”论与他的“率性修道”说在思想理路上是一致的。前述“率性修道”乃是循天理（道）之本然，依良知而行的意思，只要依此良知，心体皎然莹澈，自然是“无往不乐”，如此，乐即是道，乐即是心，无非道体、心体本来如是而已。应该说，无论是良知见成说还是“乐”论，王襞的美育思想之于阳明、王艮乃至王畿的理论有着鲜明的继承关系，尤其与心斋之学有很多叠合之处，故后世评价他是“心斋一个肖子”。

第三节　颜钧、何心隐的美育思想

黄宗羲对泰州后学有这样一段著名的评价："泰州之后，其人多能以赤手搏龙蛇，传至颜山农、何心隐一派，遂复非名教之所能羁络矣。……诸公掀翻天地，前不见有古人，后不见有来者。释氏一棒一喝，当机横行，放下拄杖，便如愚人一般。诸公赤身担当，无有放下时节，故其害如此。"① 有学者敏锐地指出，理解黄宗羲的这段话关键要认清"赤手搏龙蛇"的内涵。"所谓'赤手搏龙蛇'是指泰州学派的学者大都不受传统经典的限制，只凭自我之体悟而对经典进行随意发挥诠释，并以此来立身行事，故往往轻视经典，蔑视权威。同时，它也指泰州后学大都是平民学者，他们有急于拯救天下的愿望，并以自我的努力来实现其理想。"② 实际上，"淮南三王"的思想虽在不少地方有跳脱儒家经典、背离正统理学的倾向，但总算不至十分乖谬，基本还是在传统的阐释框架当中来表达其个性化的理论观点，强烈的经世意志也主要是通过温和的讲学活动来实践。但到了黄宗羲特意提点出来的颜山农、何心隐一派，其思想旨趣、行为方式却"非名教之所能羁络矣"，泰州学派的这一支脉被认为是极大地叛离了传统儒学的观念形态和价值体系，成了儒学、心学的异端。然而，颜钧与何心隐的思想及其审美教化学说是否真如黄宗羲所言乃是对名教的挣脱和叛离，在我们看来还是存疑的，这只有通过具体的理论分析来验证了。

一、追逐神秘的生命体验：颜钧的美育思想

颜钧（1504—1596），字子和，号山农，又号耕樵，江西吉安府永新县三都中陂村人。早年师从阳明弟子刘邦采，无所得，改投徐樾门下，

① 黄宗羲：《泰州学案一》，《明儒学案》卷三二，中华书局1985年版，第703页。
② 左东岭：《王学与中晚明士人心态》，人民文学出版社2000年版，第337—338页。

又经徐樾引荐而亲见心斋，成为心斋的直传弟子。作为一名布衣儒者，颜钧一生颇富传奇色彩，其为人处世体现了泰州学派典型的狂侠精神，而不平凡的生命经历和心灵体验更是直接造就了他那张扬狂荡且带有强烈神秘主义色彩的思想学说。

颜钧十七岁丧父，继而长兄遭人诬陷下狱，从此家道中落。二十五岁时，仲兄颜钥带回王阳明的《传习录》抄本，读之感奋不已，闭关七日而悟道。颜钧绝不是一位枯坐书斋的学者，他有着急切的救世情怀，并用自己的实际行动，奋不顾身地去践履儒家的忠义精神。颜钧曾在南昌张贴著名的《急救心火榜文》，宣讲“六急六救”之说，招揽了大批信徒，其中就包括泰州后学的中坚人物罗汝芳（1515—1588，字惟德）。颜钧极重师友情义，当门友赵大洲（1508—1576，字孟静）被贬广西荔浦，他竟一路追随至贬所；身为云南布政使的徐樾战死元江，颜钧毅然赴云南寻找老师遗骸，辗转数年，终获碎骨东归，葬于王艮墓旁。他还受到当时江浙总督胡宗宪礼聘，参与征剿海寇的军事活动，并受到表彰。后又因“盗卖官船”罪被判入狱，受尽酷刑，经罗汝芳多方奔走救助才得开释。晚年定居江西永新老家，专心著述，于九十三岁高龄逝世，今存有《颜山农先生遗集》。

由于少年时的家庭变故和其他一些个人原因，颜钧没有接受过系统的教育，亦不曾精研过儒家典籍，故知识修养并不高。正是这样的原因，颜钧传道授业更加注重口传心授，宣扬神秘的“天启”和“心悟”，借助静坐默识的手段见悟心性本体，这就将泰州学派惯有的审美化的心性修养方法和感性化的道德体证模式推向了极端。尽管如此，颜钧的哲学和美育思想仍然遵循了泰州学派和传统儒家的基本思路，那就是将修身当作治国平天下的前提工夫，将个体的道德教化作为通达一个风俗良善、政治清明之升平治世的必由之路。他有一首《自吟》诗，颇能道出此中的思想关节：

负荷纲常只此身，险夷随寓乐天真。当时谁识孔颜志，化雨春风千古盟。

乾坤何事可□身，行道济时始见真。孔孟终身不遇处，只缘尘世少同盟。

顶天立地丈夫身，不淫不屈不移真。世界高超姑舍是，直期上与古人盟。

豪杰原来共此身，聪明独自发天真。吾人若待文王起，便是寻常□□盟。

圣贤教人只修身，身立方知学道真。学道不从身内学，终身虽学负初盟。

石壁庭前五老身，生平既翕未忘真。於今白发各垂老，还是谁贞此道盟。

积德馀庆孕此身，要知报德只还真。若然失却真头面，自丧良心却背盟。

道在事亲与守身，躬行二者得吾真。曾参大孝无过此，也得当时师友盟。

从来物类异人身，人物只争些子真。不作人兮终类物，不如物也更何盟。

休道文章可立身，还从根本去寻真。功名富贵由天定，愿尔儿曹缔此盟。①

整首诗通篇都在讲“身”与“真”，即如何借由修身、守身、立身等工夫以达人性之见真、不移真、学真、还真、得真的目的。按照自王艮以来泰州学派的修身立本之法，“身”乃是道德行为和政治活动的载体，是政道实践的物质起点和功能前提，所谓“学道不从身内学，终身虽学负初盟”，学道与修身是不可分的。颜钧对身的重视毫无疑问是延续了王艮的“身本论”立场。而“真”指的是由修身所达成的生命境界，实质就

① 颜钧:《自吟》,《颜钧集》,中国社会科学出版社1996年版,第73—74页。

是遵循良知本体，拂除情欲知见的干扰，袒露人性的自然真性，故言“若然失却真头面，自丧良心却背盟”。而这种人性之真在颜钧那里又被描述为一种自由活泼、快乐无限的自然生机，一种身心妙合、精神鼓荡的仁和之境。颜钧道：

> 从心妙知，丕显活泼之神机，鼓畅肫灵之乐乐，乐极融明，形躬睟盎，斯为志气硬如铁，如精神活如水，身子软如绵，然后可以齐家兴国达天下，同心之仁也。[1]

这段话提示出颜钧美学、美育理论中两个重要的思想观点。第一，宣扬“乐”的生命自由之境，强调“乐学”的意义。颜钧用“硬如铁”“活如水”“软如绵”这样的感性形象来描述个体身心修养所要达成的理想状态，这种状态整体上可用“乐”字一言蔽之。颜钧将“乐学”视作良知之教的根本特性和价值追求，并在著作中反复述及。《急救心火榜文》讲到自己的师承关系时说：“东西南北，访证归真，始幸诵传阳明道祖，倡讲良知，忽觉醒悟；次获从游心斋业师，引发乐学，透入活机，会而通之。知是昭心之灵，乐是根心之生。越、淮崛起二王，豪义天纵，灵聪先得，此知此乐，唤人耳目……千古正印，以衍传于吴农汉，破荒信，彻良知，洞豁乐学，始以耕心樵仁为专业。”[2] 从王阳明到淮南三王，颜钧认为他们为学本旨皆在明心求乐，自己对阳明心学和泰州之学的继承，目的也在“洞豁乐学”。在自述《履历》中说：“乐学大成正造，快遂自心。”“从心孕乐，率性鼓跃。”[3]“大成”是指王艮的“大成之学”，根要即在从心率性，自循现成良知，以成学乐一体之境。从王艮到王栋、王襞，再延至颜钧，不难看出，“‘乐学’主张几乎构成了泰州学派的特殊

---

① 颜钧:《书盱童生赵与时扇》,《颜钧集》,中国社会科学出版社 1996 年版,第 20 页。
② 颜钧:《急救心火榜文》,《颜钧集》,中国社会科学出版社 1996 年版,第 1—2 页。
③ 颜钧:《履历》,《颜钧集》,中国社会科学出版社 1996 年版,第 35 页。

家风”①。

如果说，泰州学派的“乐学”论意在探求个体在为学求道上如何达到本体与工夫合一的审美化的实践风格和生命境界，那么在颜钧这里，从心率性的乐学活机乃深源于仁这一儒家最高的价值本体和精神极则。这便涉及颜钧心性修养论当中另一个重要观点或命题，即“制欲非体仁”说，又称“放心体仁”说。关于这一命题的详细记录来自贺贻孙的《颜山农先生传》。其中记载，罗汝芳在拜入颜钧门下前，运用理学家倡导的制欲、克念工夫，终于达到不计生死得失的程度，结果种下“心火”之疾。罗汝芳在江西豫章（今南昌）遇到颜钧，后者便对他讲了下面一番话：

> 子所为者，乃制欲，非体仁也。欲之病在肢体，制欲之病乃在心矣。心病不治，死矣。子不闻放心之说乎？人有沉疴者，心怔怔焉……子惟不敢自信其心，则心不放矣。不能自见其心，则不敢自信，而心不放矣。孔子曰：“朝闻道，夕死可矣。”放心之谓也。孟子曰：“学问之道无他，求其放心而已矣。”但放心则萧然若无事人矣。观子之心，其有不自信者耶！其有不得放者耶！子如放心，则火然而泉达矣。体仁之妙，即在放心。②

在颜钧看来，强迫的“制欲”手段无法真正去除人欲，也不符合儒家的仁道，反而会诱燃“心火”，导致“心病”，罗汝芳自诩的“死生得失不复动念”的超脱状态恰恰是“心病”的征兆。那么，如何克治心病呢？求“放心”而已。所谓“放心”，就是敞开心灵，一任心体自然发用流行，反对用外在的规范套路强行克制人心欲念，如此才是真正的体仁手

① 吴震：《泰州学派研究》，中国人民大学出版社2009年版，第285页。

② 贺贻孙：《颜山农先生传》，《颜钧集》卷九附录一，中国社会科学出版社1996年版，第82—83页。

段，而要实践这样的工夫路向，个体需要“自见其心”“自信其心”。在泰州学派的基本观念中，心体良知本就现成圆满，自足无缺，所以，本然心体当然是应该见得、信得的。然而，这里有一个无法回避且又容易遭致误解的重要问题需要阐明，那就是颜钧对人欲究竟持何种态度。理解这个问题，对于我们准确把握颜钧美育思想的人文取向和价值立场甚为关键。

学界对颜钧思想的总体判断大都将黄宗羲的评价作为主要依据：“其学以人心妙万物而不测者也。性如明珠，原无尘染，有何睹闻？著何戒惧？平时只是率性所行，纯任自然，便谓之道。及时有放逸，然后戒慎恐惧以修之。凡儒先见闻，道理格式，皆足以障道。此大旨也。”① 在后世学者看来，黄宗羲所述之以“率性所行，纯任自然”为道，并将传统道德修养工夫视作道的障碍这样的观点，显然已经提示出颜钧对于人的本能欲望的一种开放性姿态。再有像王世贞这样的同时代的文人领袖对颜钧学术所做的“鱼馁肉烂，不可复支”的评断，后者那种“认欲为道”的名教逆子形象就被完全坐实了。上述看法无疑深刻影响了学界对颜钧思想的认识，他们据此把“制欲非体仁”说或“放心体仁”说定性为一个纵扬自然欲望、放任生命本能的启蒙主义命题，并进一步从此视角切入来解读颜钧的美学、美育思想。如新近的一些研究就存在着大量这样的论述：“（颜钧）从‘制欲’到‘放心’的转化，激活了个体无意识的、本能的生命冲动；率性自然的流露成为美的源泉；自由发展人的天性和欲望，甚至放任种种动物性本能，也不必心存忐忑，因为这就是仁的显现。”又如：“颜钧反对‘制欲’，主张‘放心’，肯定人欲的合理，激活人的主体精神、自由意志，淋漓尽致、无遮无挡地宣泄个人的生命本能。”再如：“颜钧的‘制欲非体仁’与‘体仁在放心’是悬崖撒手，任由本我扩张、感性泛滥、冲决一切理性的堤防。”② 那么，颜钧美

---

① 黄宗羲：《泰州学案一》，《明儒学案》卷三二，中华书局1985年版，第703页。

② 姚文放：《泰州学派美学思想史》，社会科学文献出版社2008年版，第163—165页。

学、美育思想的宗旨是否真如上述，是“放任动物性本能”“任由本我扩张”“感性泛滥”“无遮无挡地宣泄个人的生命本能”，概而言之，是“以欲为美”呢？

结合“制欲非体仁”和“放心体仁”这两种说法来看，可以确定的一点是，颜钧将仁视作士人学行修养和政道实践的价值依据，将“体仁”奉为最终的价值目标，这也是其所宣述的心性教化思想的主旨，而问题在于如何通达仁者的境界，即应该采用怎样的体仁方法和手段。显而易见，颜钧否定了理学倡导的“制欲”之法，但这并不表示他对欲望持肯定态度。前文在论述王艮美育思想时已指出，天理和人欲的张力关系构筑了宋明理学的话语基础和阐释框架，而人欲一直被视作妨碍天理、良知流化彰显的消极因素，如何克制、消除人欲乃是理学、心学各派探求论证的核心命题，不同的只是方法。颜钧反对“制欲”绝非要对人欲做道德上的肯定，而是表明，人为强行地克制欲念并不是疗救“欲之病”、体践仁道的有效方法。那么，怎样才是可行的体仁手段呢？这便是与“制欲”相对的“放心”工夫。此“心”当然不是经验之心，乃是永恒普遍的心体。颜钧常以“从心”来表述“放心”。如他说：“心所欲也，性也。”① 这里讲的不是顺从人心欲望的意思，而是指遵循心体的内在要求，一旦依从心体本然，体仁路径便当下朗现，仁体自能皎然彰显。因为在颜钧看来，“人为天地心，心帝造化仁”，“从心为斯仁”②，心体与仁体是合二为一的，心体即仁体，从心率性（放心）正是体仁的不二法门。

由上来看，黄宗羲对颜钧所谓“率性所行，纯任自然”的评价，以及对他荒疏先儒戒慎恐惧之心性修养路径的质疑，更多地是从工夫论的视角所做的批评。黄宗羲认为，颜钧那种完全从心所欲的工夫手段实在太过狂放摇荡，背离儒家轨辙太远，存在倒覆名教的危险。实际上，后

① 颜钧：《论长生保命》，《颜钧集》，中国社会科学出版社 1996 年版，第 15 页。

② 颜钧：《论三教》，《颜钧集》，中国社会科学出版社 1996 年版，第 16 页。

世论者之所以相信颜钧思想中包含了纵放欲望、扩张本能的强烈倾向，实在也是由他鼓吹的随性践履、当下体证的审美化的修养工夫造成的印象。言及此种工夫，就不能不谈到颜钧独具个性且富有浓厚神秘主义色彩的“七日闭关法”。

据颜钧自述，他在二十五岁那年读到《传习录》，对其中“精神心思，凝聚融结，如猫捕鼠，如鸡覆卵”[①] 四句大有感触，遂依其要旨，瞑目静坐，俯首沉思，闭关七昼夜之后，顿觉神智洞开，心神豁然，由是创下“七日闭关法”。颜钧在他极为有限的著述中对这种修炼方法的程序、效果与意义做过多次描述和阐发，足见其重视程度。先看《耕樵问答·七日闭关法》所述：

> 忽觉夫子教颜渊曰“一日克复，天下归仁”，印证“七日来复，利有攸往”之快心，即是敦敦打坐，默默无语，缚目不开，塞耳不听，两手擒拿，两足盘旋，回思内省，肫肫凝结自己精神，融成一片，胸次抑郁，若醉懵愁苦，不可自解以放松。如此忍耐一日二日，不上三日，即自顿冲然，潜伏孔昭之灵洞开，焕发启明，如东日之出见，如龙泉之滚趵。自心而言，若平日偃埋在百丈深坑中，今日俄顷自能升入天堂上。自身而言，若胎生周岁后，尽被父母诱引善好，贪欲情念，即如绳篾匝缚在囚狱炕上，今日超然脱离出监，纵步有乘虚驭风之轻爽。[②]

颜钧认为，每个人先天都秉有纯粹澄然的仁体（“不识不知之肫仁”），但由家庭、社会的诱导和教育所引发的欲望和知识会遮蔽仁体，只有借助“七日闭关法”的启悟，才能使道德意志从情识闻见中解放出来，使

① 今本《传习录》中并没有这一句，而是出现在《示弟立志说》中：“如猫捕鼠，如鸡覆卵，精神心思凝聚融结……”见《王阳明全集》，上海古籍出版社 1992 年版，第 260 页。

② 颜钧：《耕樵问答·七日闭关法》，《颜钧集》，中国社会科学出版社 1996 年版，第 54—55 页。

明觉良知的皎然之质重新显现。更值得注意的是，颜钧将这种修炼方法证之于儒家经典，认为它与《周易》所说的“七日来复，利有攸往”（《周易·复卦》）相契应，而此法要达成的目标与孔子“一日克己复礼，天下归仁”（《论语·颜渊》）的政道理想完全一致。从这里也可以看出，颜钧虽然大力标举“七日闭关法”，但仍然千方百计地到儒家经典当中寻找依据。尽管他对经典是信口谈解，随意发挥，却也害怕自己被视为异端，故劝人“莫厌异诞”，并执意让世人相信，他的方法才是儒家正宗的修炼法门，只是孔子之后未有人领会。

颜钧在《七日闭关开心孔昭》一文中对“七日闭关法”做了更加详细的描述：

> 凡有志者，欲求此设武功，或二日夜，或三日夜，必须择扫楼居一所，摊铺联榻，然后督置愿坐几人，各就榻上正坐，无纵偏倚，任我指点：收拾各人身子，以绢缚两目，昼夜不开；绵塞两耳，不纵外听；紧闭唇齿，不出一言；擎拳两手，不动一指；趺咖两足，不纵伸缩；直耸肩背，不肆惰慢；垂头若寻，回光内照。如此各各自加严束，此之谓闭关。夫然后又从而引发各各内照之功，将鼻中吸收满口阳气，津液漱噀，咽吞直送，下灌丹田，自运旋滚几转，即又吸噀津液，如样吞灌，百千轮转不停，二日三日，不自已已。如此自竭辛力作为，虽有汗流如洗，不许吩咐展拭，或至骨节疼痛，不许欠伸喘息。各各如此，忍捱咽吞，不能堪用，方许告知，解此缠缚，倒身鼾睡，任意自醒，或至沈睡，竟日夜尤好。醒后不许开口言笑，任意长卧七日，听我时到各人耳边密语安置，曰：各人此时此段精神，正叫清明在躬，形爽气顺，皆尔连日苦辛中得来，即是道体黜聪，脱胎换骨景象。须自辗转，一意内顾深用，滋味精神，默识天性，造次不违不乱，必尽七日之静卧，无思无虑，如不识，如不知，如三月之运用，不忍轻自散涣。如此安恬周保，七日后方许起身，梳洗衣冠，礼拜天地、皇上、父母、孔孟、师尊之生育传

教，直犹再造此生。[①]

颜钧的这套方法与佛禅的静修解悟及道家的气功调息在修习程序上极为相似，而且可以肯定的是，它把宋明理学倡导的静坐工夫也更加神秘化和技术化了。但我们之所以引录以上大段论述，是因为它相比中国传统美育思想呈现出一种独特的意义。

众所周知，儒家思想主导下的中国审美教化理论，较为注重艺术经验和审美活动对于主体的政治品性和道德人格的塑造效用，它的受教人群一般是士人精英，教化风格偏重于理性化和精神化，在理论话语表述上则具有强烈的目的性和功利性。而在颜钧对“七日闭关法”的描述中，我们看到了一种以物质身体为载体、以心灵感受为旨归，偏向于感性化、过程化、平民化的审美教化模式。如颜钧指点修习者在闭关前如何安顿自己的五官机能和四肢，以便收摄心神，反观内照；在闭关过程中如何调息吐纳，吞咽津液，反复作为多日，直到肌肤生汗、骨骼疼痛又当做何反应。显而易见，颜钧的这套修习程式主要是落实到调整身体感知、体验生理变化这些感性经验环节上，应该说，对身体感知和感性经验过程做如此深度的观照，在中国传统美育思想尤其是儒家美育思想中是不多见的。但需要指出是，在颜钧看来，身体感知与生理感受与人的灵性悟解、精神升华乃至整个生命解放是息息相关的，对身体感知经验的获得和体味乃是通达理想的精神世界和道德境界的必由之路，故颜钧说，依法修炼三日，便能“自顿冲然，潜伏孔昭之灵洞开……自心而言，若平日偃埋在百丈深坑中，今日俄顷自能升入天堂上”[②]。颜钧并没有耽溺于感性经验的玩赏，而是强调对个体心性的超升效应。另外值得说明的是，这种可以按照操练口诀和技术规范展开实践的修习模式，比起那些对个体的智性能力和悟识水平有着较高要求且趋于知识化、精英化的审

① 颜钧:《七日闭关开心孔昭》,《颜钧集》,中国社会科学出版社 1996 年版,第 38 页。

② 颜钧:《耕樵问答·七日闭关法》,《颜钧集》,中国社会科学出版社 1996 年版,第 54 页。

美教化模式无疑更适应普通民众的要求，物质身体维度的凸显赋予审美经验以世俗性和现实性，尽管这种世俗性和现实性又伴随着一股奇异的神秘气息。

据上述，颜钧心性教化的感性化和审美化特质主要体现在方法和工夫层面，尽管这在客观上为个体欲望和生命意志的自由表达开辟了有限的空间，然而，正如我们已经指出的，所谓生命本能的释放、自然欲望的疏泄，并非颜钧美育思想的根本宗旨，甚至与后者是完全背离的。那么，颜钧身心修养论所指向的价值宗旨究竟是什么呢？“七日闭关法”有一个非常具有象征意味的收尾程序，即，闭关结束后，要求“梳洗衣冠，礼拜天地、皇上、父母、孔孟、师尊之生育传教”，感激其“再造此生”的恩德。可见，无论修习过程如何放纵身心、玄妙神秘，其背后仍以儒家“天地君亲师”作为根本的价值依持。颜钧还作了大量充满民间色彩的歌、词，其中就包括《劝忠歌》《劝孝歌》《歌修省》《歌修齐》这样的道德劝谕作品，目的无非是运用通俗文艺形式来教化乡里百姓和市井平民，以起到移风易俗的社会效应。此外还有颂扬儒家经典的《歌经书》，有阐发明太祖圣谕的《箴言六章》，并作《自励忠怀》一诗抒表自己的政治忠心。在这些作品中，我们已不难窥见颜钧真实的个人心志。

与泰州学派其他师友一样，颜钧其实怀有急切的救世情怀，具有将自己的学思体验付诸社会实践的强烈冲动，这源于他对时局的深切认知：“今天下久倒悬于水旱兵戈征乱，达虏倭夷酷虐，侵渔危患，阱陷生灵，无告无谋，可谓水益深、火益烈也。曾有一仁臣如文王之心、伊尹之志，欲救尧汤七年九年水旱之苦，忧皇皇思回天心，即可运今日颠危如反掌，即可如孔子入鲁三月国大治耶！”① 颜钧承认，天下倒悬、生灵哀苦是毋庸讳言的现实，但他相信，若有一仁臣出，救民于水火乃是易如反掌之事。当然，颜钧的言外之意是，自己正是这样一位仁臣，自己的政道情怀和私人化的修习经验完全可以在社会道德领域中加以展示和发挥，这

---

① 颜钧：《耕樵问答·晰大学中庸》，《颜钧集》，中国社会科学出版社 1996 年版，第 50 页。

也是促使他积极开展乡村教化活动，创建“三都萃和会”这样的乡村组织的精神动因。颜钧集合了家人、族人、邻里民众近七百人，宣讲“耕读正好作人”“作人先要孝悌”“起俗急修诱善”等道德信条，劝人孝顺父母、和睦乡里、勤俭执业、各安生理。据他所述，“会及一月，士农工商皆日出而作业，晚皆聚宿会堂，联榻究竟。会及两月，老者八九十岁，牧童十二三岁，各透心性灵窍，信口各自吟哦，为诗为歌，为颂为赞。学所得，虽皆刍荛俚句，实发精神活机，鼓跃聚呈农览，逐一点裁，迎几开发，众皆通悟，浩歌散睡，真犹唐虞瑟僩，喧赫震村谷，闾里为仁风也”[1]。照颜钧说法，“萃和会”活动开展仅两月，三都乡里便劲刮唐虞之风，呈现三代之治的升平景象，这难免有夸张的成分，不过像“萃和会”这样的乡村组织及其实践形式在明代教育史及美育史上确实有着非常特殊的意义，产生了重要影响。下文将要讨论的颜钧的学生何心隐，便是受到老师的启发而创立了组织更加完备、规模更大的“聚和会”，将一种民间的、私人的教化运动继续推向深入。

至此已不难明白，颜钧这种化俗乡里的教化实践与儒家伦理是完全一致的。他“把当时的正统的道德要求落实于基层生活”，在此方面，他“不仅不是反名教的，反而是更为保守的”[2]，不仅不是对儒学教义的叛离，反而是一种极端的回归。总之，颜钧在晚明士林乃至民间社会中是一个颇具影响又极富争议的人物。一方面，他通过种种直率招摇、放荡不羁的思想言行以及神秘化的传道方式，自我塑造出一种宗教教主般的人格形象[3]，在年轻的士人群体和平民百姓当中拥有不少崇拜者；另一方面，他的许多悖逆之言和出位之举，又遭致正统士人集团的严厉贬斥，

① 颜钧：《自传》，《颜钧集》，中国社会科学出版社 1996 年版，第 24 页。

② 陈来：《明代的民间儒学与民间宗教》，《中国近世思想史研究》，商务印书馆 2003 年版，第 462 页。

③ 余英时认为，颜钧思想的根本特质在于“化儒学为宗教”，在泰州学派史上是一位划时代的人物，《士与中国文化》，上海人民出版社 2003 年版，第 556—565 页。黄宣民则指出，颜钧“似乎不像是儒者而像是一个教主”，《中国哲学》第十六辑，第 371—372 页。

指责他给士林风气带来恶劣影响。无论毁誉如何，颜钧在明代美育思想史上都是极为独特的存在，这种独特性主要体现在他的话语风格和行为方式上，这也是他被当时主流思想界疏离的原因。

二、“以仁设教”：何心隐的美育思想

何心隐（1517—1579），本姓梁，名汝元，字柱乾，号夫山，江西吉安府永丰县人，在泰州学史上与其老师颜钧并称颜、何，被黄宗羲目为挣脱名教、掀翻天地的叛逆人物。何心隐一生经历可谓传奇。早年在家乡创建“聚和会”，意图教养族人、化俗乡里，后因对抗县府强征赋役一事而被诬下狱，被判绞刑，经同门好友程学颜全力救助才得脱险。继而又随程学颜入京师，结识罗汝芳、耿定向等人，在与时任国子监司业的张居正的一次会面中，因观点、脾性不合而发生言语上的龃龉。后来领导了一场反对权相严嵩的活动，事败，去京南下。从此浪游天下，以讲学为业，先后在福建、江西、安徽、湖北、四川、浙江等地开展讲学活动，从者甚众。万历三年（1575），张居正出任首辅，下令禁止讲学，诏毁天下书院。何心隐著《原学原讲》长文，驳斥张居正的横暴政策，以“大盗犯”罪名受通缉，最终在万历七年（1579）于江西南安府被捕，押解至武昌，不久即遭杀害。

考察何心隐的思想，其实与泰州学派倡导的诸如“身本论”“乐学说”“百姓日用即道”等代表性学说并无多少一致之处，之所以将他列入泰州学派，一方面固然是其学统谱系确属心斋一脉（王艮—徐樾—颜钧—何心隐），更重要的原因是他使气任侠的行事作风与泰州学派有根本的相通之处。与后者一样，何心隐对纯粹的理论玄思并无兴趣，而是注重在具体的社会场景和生命境域中来观照现实问题，践行政治理念。应该说，何心隐的思想观点和言行风格与他的生活经历密切相关，与自身的生命经验紧密地勾联在一起，是个体精神和社会政治激烈碰撞的产物。正如黄宗羲所言：“心隐之学，不堕影响，有是理则实有是事，无声无

臭，事藏于理，有象有形，理显于事。”① 也就是说，何心隐治学绝不空谈道理，谈理是以解决实际问题为目的的，而这个实际问题自然是指儒家士人如何在当世立身行道、如何践履治平理想，同样，这一问题也构成了何心隐美育思想言说的着力点。

时人后学大多将何心隐视为道学名教的逆子贰臣，但仔细检读他的著作便可知这种论断是站不住脚的。恰恰相反，何心隐一直将儒家思想奉为正统，并以维护、发扬道学为己任，将当时流行的禅、老之学贬为旁门外道。如果说，颜钧的儒学话语还包裹着一层神秘主义外衣的话，何心隐对道统的宣述和践行则是相当直接、毫不掩饰的，其直切凌厉的语言风格和勇猛果敢的行为作风甚至是导致他受当权者和迂士腐儒攻击的重要原因，但不能否认，显目出格言行的背后却怀藏着一颗真正经世济民的儒者之心。何心隐在著述中无论谈政治、道德、学问等任何问题，都是将孔子尊为光辉的典范和最高的标准。孔子的言行以及由之构筑的完美人格成为何心隐思想论述和政道实践的价值依据，以至他在《原学原讲》这篇长文中不断重复着流传在儒士群体中的一句近乎陈滥的颂语：“自有生民以来，未有盛于孔子者。”② 既然如此，何心隐为何会频遭时人攻击构陷，乃至被诬为“妖逆”呢？除前述所谓独异的言行风格外，更重要的原因或许是他的价值追求与那些俗儒实在有太大的差异，与世风时局太格格不入了。李贽对此有深刻的认识，在《何心隐论》一文中，这位心隐最著名的知己同道说：“公诵法孔子者也。世之法孔子者，法孔子之易法者耳。孔子之道，其难在以天下为家而不有其家，以群贤为命而不以田宅为命。故能为出类拔萃之人，为首出庶物之人，为鲁国之儒一人，天下之儒一人，万世之儒一人也。公既独为其难者，则其首出于人者以是，其首见怒于人者亦以是矣。公乌得免死哉！”③ 在李贽看来，

---

① 黄宗羲：《泰州学案一》，《明儒学案》卷三二，中华书局 1985 年版，第 705 页。

② 何心隐：《原学原讲》，《何心隐集》，中华书局 1960 年版，第 14 页。

③ 李贽：《何心隐论》，《焚书》卷三，《李贽全集注》第一册，社会科学文献出版社 2010 年版，第 245 页。

同是效法孔子，一般俗儒只是效法容易效法的地方，但孔子之所以能够成为超绝出众的天下万世第一儒，在于他那抛舍小家、以天下为家，将结交高才贤达当作最重要的事，却不以物质功名为念的真正的儒者精神，而何心隐所效法的正是这种精神，故心隐在一般士人中亦显得出类拔萃，再加上他时时以圣人自居，便很难不招致别人的忌恨。

大致了解了何心隐的价值取向和精神追求后，再去探析他的美育思想就会看到，后者与传统儒家的教化学说实质是一脉相承的，这集中体现在何心隐对“仁”这一儒家核心观念范畴所包含的心性教化理路的阐发上。只不过在何心隐那里，对仁义的倡举是借由一种狂言狂行的极端方式表达出来的，所以往往被人误解，但明眼人能够看透浮表背后的底色：“先生之狂，独狂于观过知仁之狂，独狂于当仁不让之狂，独狂于固穷俟命之狂。”①

何心隐对“仁”的阐说是相当全面而深刻的，是对先秦儒家和宋明理学有关仁学之思的继承和发扬。他既把仁解释为宇宙万物的本原，看作是支配天地自然运行的规律，同时也将仁视作社会伦理的基础和法则，然无论面向宇宙或人间，对于仁的阐释在何心隐那里始终是围绕人这一价值主体展开的，准确地讲，心隐仁说之实质就是一个关乎如何育人、成人的问题。先来看他《原学原讲》中的一段话：

> 夫人，则天地心也。而仁，则人心也。心，则太极也。太极之所生者，两仪也。而乾乎其乾、坤乎其坤者，非乾坤其仪而两耶？两仪之所生者，四象也。而乾乎其乾、坤乎其坤者，非乾坤其象而四耶？四象之所生者八卦也。而乾乎其乾、坤乎其坤者，非乾坤其卦而八耶？是故卦而八者，莫非象之四而四也；象而四者，莫非仪之两而两也。仪而两者，莫非极之太而太也。太者大也，大莫大于仁，而太乎其极也。用九用六，于元于贞者，始以大而终以大也。

① 周良相：《祭梁夫山先生文》，《何心隐集·附录》，中华书局1960年版，第135页。

大莫大于仁，而终乎其始，于贞乎其元，以用乎其六，于用乎其九也。九则九乎，其奇而奇乎其奇者也。六则六乎，其耦而耦乎其耦者也。奇则奇乎其乾，而乾乎其乾者，其阳纯也。纯莫纯于仁，以纯乎其阳之纯而生阴，而乾乃乾乎其乾，则姤则坤也。耦则耦乎其坤，而坤乎其坤者，其阴纯也。纯莫纯于仁，以纯乎其阴之纯而生阳，而坤乃坤乎其坤，则复则乾也。而原乾坤其原，不原于乾乎其乾、坤乎其坤于仁，其原又奚原耶？[①]

这里最切要的是第一句话："夫人，则天地心也。而仁，则人心也。"要深度把握何心隐的美育思想，须由理解此话入手，所以有必要对它的思想渊源做一番简要的探究。

在这句话中，"天地心"（又称"天地之心"）这一概念是关键所在。此说法最早来自《周易》"复卦"彖辞："复，其见天地之心乎。""复卦"初爻为阳，上面五爻为阴，故称"一阳来复"。它喻指节气中的冬至极阴过后，阳气始生的那一刻，此时寒气逐渐消散，天地再显生机，自然界重新开始生养万物，这同时契应了《周易》所谓"天地之大德曰生"（《周易·系辞下》）的观念。而在宋明理学诸子看来，这正是仁的根本意涵。张载说："大抵言'天地之心'者，天地之大德曰生，则以生物为本者，乃天地之心也。"[②] 二程说："'复其见天地之心'，一言以蔽之，天地以生物为心。"[③] 又道："万物之生意最可观，此元者善之长也，斯所谓仁也。"[④] 二程指出，天地之心乃是一种生育、涵养万物的能力与德性，是最高的善，即所谓"仁"，在这里，天地之心、生意、仁在语义上被贯通起来了。到了二程再传弟子胡宏（1102—1161，字仁仲），就径直将仁等同于天地之心了。他说："仁者，天地之心也。心不尽用，君子

① 何心隐：《原学原讲》，《何心隐集》，中华书局 1960 年版，第 17 页。
② 张载：《横渠易说》，《张载集》，中华书局 1978 年版，第 113 页。
③ 程颢、程颐：《外书》卷三，《二程集》，中华书局 1981 年版，第 366 页。
④ 程颢、程颐：《河南程氏遗书》卷一一，《二程集》，中华书局 1981 年版，第 120 页。

而不仁者，有矣。”[①] 又言：“仁，天心。”[②] 可见，类似“仁为天地之心”或“天地生物之心为仁”这样的观念到胡宏那里已相当成熟了，由是延至朱熹，像“仁者天地生物之心”[③] 这样的表述就相当普遍了。

不过，何心隐没有直接讲“仁者天地之心”，而是说“人，则天地之心”，并以“仁”释人心，其实两种说法的内涵是一致的，但其中确有一层语义的转换和递进。人为天地之心的说法远可溯至《礼记·礼运》，言曰：“人者，天地之心也。”近则有阳明心学的重新释用，类似的表述在阳明学者的著作中是很常见的，所以，何心隐的说法应有其心学话语背景。然问题在于，人和仁如何能够同为天地之心呢？换句话说，两者在理学及心学的义理系统中是怎样被关联起来的？在先秦儒家那里，仁就被阐释为人的道德情感的内核和人格修养的理想境界。如孔子说，“人而不仁，如礼何？人而不仁，如乐何”（《论语·八佾》），“君子无终食之间违仁”（《论语·里仁》），“克己复礼为仁”《论语·颜渊》，“能行五者（按：指恭、宽、信、敏、惠）于天下为仁矣”（《论语·阳货》）。孟子说：“恻隐之心，仁也。”（《孟子·告子上》）孔孟则都有“仁者爱人”的说法。孔孟论仁，实为论人，准确地说，是在探求人之为人的一种道德依据，是在寻觅理想人格的一种修养路径，并在此基础上重建崩坏的礼法秩序。先秦儒家谈论仁之于人的意义，主要还是为了解决具体的社会政治问题和道德文化困境，仁自身的合法性则来自被理想化的历史（“三代之治”），如孔子言“吾从周”“法先王”。

而在理学框架中，仁首先是指宇宙生育涵养万物的“生生之仁”，乃天地之大德，因而能立其为天地之心，由此便构成了仁在理学中的宇宙论内涵。但正如我们所知，理学虽然建立了庞大的宇宙论体系，为儒学开辟了形而上学的领地，其真正的学术意图和价值指向仍是落在人生论、

① 胡宏:《知言·天命》,《胡宏集》,中华书局 1987 年版,第 4 页。

② 胡宏:《知言·汉文》,《胡宏集》,中华书局 1987 年版,第 41 页。

③ 朱熹:《答何叔京》,《朱子全书》第二二册,上海古籍出版社 2002 年版,第 1829 页。

修养论层面上。因此，理学言仁，根本上并不在观照宇宙天地的生物之心，却在圣人、君子的体物之德，从宇宙论来说仁，乃是为阐释道德心性问题追寻高远的形而上依据。试看胡宏和朱熹的相关论述。胡宏说：

> 其合于天地、通于鬼神者，何也？曰：仁也。人而克仁，乃能乘天运，御六气，赞化工，生万物，与天地参，正名为人。①

仁是一种合天地、通鬼神的宇宙原理和生命力量，人若能掌握这种原理和力量（“人而克仁”），便能参天地、化万物、乘御自然，而这是必然能够实现的，因为这是人成其为人的依据（“正名为人”）。更关键的原因还在于，“万物备而为人”②，人之为人，是因为天地万物皆含诸其身，一人之身便能体得天地万物。“夫圣人之道，本诸身以成万物，广大不可穷，变通不可测，而有一言可以蔽之者，曰：仁而已。”③ 胡宏认为，人的这种感通万物、贯联天地的能力和境界就是仁。他说道：“仁也者，人也。人而能仁，道是以生。……人之于道，下学于己而上达于天，然后仁可言矣。”④ 胡宏在这里直接把仁和人进行互释，其中有两层意思：一方面，因万物备于人，人于是赋秉天地生生之仁，故言：“仁者，人所以肖天地之机要也。”⑤ 人亦由此而成人。另一方面，生生之仁必由人而显行，必要落实到人的生存活动中才能集中体现仁的生生之义，此生生之义在理学中也是天道的应有内涵。总之，借由仁这一通道，人合于天，天行诸人，天人得以贯通。

朱熹也有类似且更明晰的说法：“天地以生物为心者也，而人物之生，又各得夫天地之心以为心者也。……盖天地之心，其德有四，曰元

---

① 胡宏:《邵州学记》,《胡宏集》,中华书局 1987 年版,第 150 页。
② 胡宏:《知言·天命》,《胡宏集》,中华书局 1987 年版,第 4 页。
③ 胡宏:《求仁说》,《胡宏集》,中华书局 1987 年版,第 196 页。
④ 胡宏:《求仁说》,《胡宏集》,中华书局 1987 年版,第 196 页。
⑤ 胡宏:《知言·纷华》,《胡宏集》,中华书局 1987 年版,第 25 页。

亨利贞……故人之为心，其德亦有四，曰仁义礼智，而仁无不包。”[①]“天地以生物为心”指的就是天地生生之仁，人以天地之心为心，便得此生生之仁，这是人的先天禀赋。在经验世界中，人秉有的天地之心衍化出塑造人性的四种德性：仁义礼智。而仁能够统归包蕴其余三者，实为德之根本。总之，无论是胡宏还是朱熹，都认为人和天地宇宙共享仁的精神，并且都是在强调仁的宇宙论依据的基础上，揭示仁之于人性生成的本质意义，这是由理学包含的人生论和修养论的价值主题所决定的。

了解了上述思想背景，再来看何心隐的观点便容易发现，其思维方式、逻辑径路基本上是承袭宋明理学的相关论述的，而他所说的“人则天地心”“仁则人心”的意思也就不难理解了。在肯定仁在人心的同时，何心隐又以太极喻人心，由太极化生两仪、四象、八卦以至大千万物，描述了人心（仁心）之所从出、之所能立的深层的宇宙论图景。在何心隐看来，太极的本质就是仁，太极化生万物的过程始终是由仁支配的，所以“大莫大于仁”。当然，这里的仁指的是天地之仁，而当天地之仁赋诸于人，便有了人心之仁和道德实践中的仁，与理学前辈一样，何心隐真正关心的依旧是仁之于人的心性修养的意义。他说：

> 仁则人也，有乾坤而乃有人也，而乃有仁也。而乾坤奚原于仁其原耶？惟乾惟坤，而不有天地，则不有乾坤矣。惟天惟地，而不有人，则不有天地矣。惟人而不有仁，则不有人矣。[②]

按照何心隐的宇宙生成逻辑，乾坤生天地，天地生人，人之为真正意义上的人，在于人而有仁，同样，天地之为真正意义上的天地，在于天地之有人，乾坤之为真正意义上的乾坤，在于乾坤之有天地。概而言之，仁既是天地宇宙的一种生化力量，同时也是赋予天地万物以价值意义的

① 朱熹：《仁说》，《朱子全书》第二三册，上海古籍出版社 2002 年版，第 3279 页。
② 何心隐：《原学原讲》，《何心隐集》，中华书局 1960 年版，第 17 页。

根本条件，而其中关钥乃是仁对于人的生成化育。作为“天地之心”，只要人而有仁，天地万物便能一气贯通，一体成就，这也是天道得以彰化流行的关键，所以胡宏说：“人而能仁，道是以生。”①

接下来的问题是，何心隐所谓以仁成人的人，到底所指为谁呢？以仁成人的教化方案如何践行呢？与传统儒家在教化观念和美育宗旨上侧重君子人格塑造和精英趣味的培养不同，何心隐更加关注普通民众的道德素养，重视在世俗的日常生活和社会实践中去找寻个体精神的方向。他下半生讲学四方，交友无数，从之学、与之交者，除士人外，还有来自民间和社会底层的各色人物，如僧人、商贾、佣夫、马夫、樵夫等。下文将要谈到的“聚和会”，便是何心隐为实践儒家的政道理想而在家乡创建的一个族会组织，它的构成主体就是最底层的乡民百姓。在《论友》一文中，何心隐以独特的所谓“交”的哲学来解释儒家三纲五常中的伦理关系，他说“天地交曰泰”，每个人在生活中都要与不同的人物交往并建立关系，如夫妇、父子、君臣等，但这些交往关系都是有局限的，“或交而匹，或交而昵，或交而陵、而援”②，即要么基于血缘，要么是上下欺凌、服从，要么是范围狭隘，故这一切交往关系都比不上朋友之间的交往，于是做出“交尽于友也”的论断。何心隐的说法似乎给我们这样一种印象，也就是他把朋友视为最重要的伦理关系，甚至超越君臣、父子而凌驾于其余四伦之上，如李贽称赞道：“人伦有五，公舍其四，而独置身于师友贤圣之间。”③ 于是容易得出结论，认为这是对传统宗法血缘观念和社会等级意识的极大冲击，是何心隐对现有政治秩序和伦理体制发起的挑战。然而不得不追问的是，心隐言行中所体现的平民主义倾向的真实意图究竟是什么？《与艾冷溪书》中的一段话或可提供答案：

---

① 胡宏：《知言·求仁说》，《胡宏集》，中华书局 1987 年版，第 196 页。

② 何心隐：《论友》，《何心隐集》，中华书局 1960 年版，第 28 页。

③ 李贽：《何心隐论》，《焚书》卷三，《李贽全集注》第一册，社会科学文献出版社 2010 年版，第 246 页。

某静夜为公细搜，天下无一空处可补，以报朝廷。惟仲尼之道，海内寥寥莫闻，诚为一大空尔。此空一补，岂小补哉？补之何如？亦不过聚英才以育之，将使英才布满于天下以待上用，即周子所谓善人多而朝廷正，天下治矣。补报亦岂小哉？[①]

很清楚，心隐广交天下友，是要“使英才布满天下以待上用”，实现朝廷正、天下治的政道理想。在给艾冷溪的另一封信里他又说：“惟君臣而后可以聚天下之豪杰，以仁出政，仁自覆天下矣。天下非统于君臣而何？……惟友朋可以聚天下之英才，以仁设教，而天下自归仁矣。天下非统于友朋而何？”[②] 这里不仅没有抛弃君臣伦则，而且肯定君臣乃施行仁政、统合天下的政治主脑，团结天下英才，推行仁德教化，则是为了帮助君臣实现“天下归仁”的终极政治愿景。尽管如此，我们仍不能否认，何心隐的仁教美育理念确实具有某种平民化的取向，“友朋”一伦所具有的阶级包容性就能够说明这一点。

那么，践行这种平民化的“以仁设教”的教化方案如何可能呢？何心隐说：

仁无有不亲也，惟亲亲之为大，非徒父子之亲亲已也，亦惟亲其所可亲，以至凡有血气之莫不亲，则亲又莫大于斯。亲斯足以广其居，以履天下之居，斯足以象仁也。[③]

在儒家观念中，血缘亲情是仁的起点和基础，仁者爱人，首先是从父子、兄弟的骨肉亲情开始的，但人的社会关系又不局限于父子、兄弟，还有君臣、朋友以至一切“有血气”的人。真正的仁爱必然是将自己对

① 何心隐：《又与艾冷溪书》，《何心隐集》，中华书局 1960 年版，第 66 页。
② 何心隐：《与艾冷溪书》，《何心隐集》，中华书局 1960 年版，第 66 页。
③ 何心隐：《仁义》，《何心隐集》，中华书局 1960 年版，第 27 页。

亲人的爱由小到大、由近及远地扩充、推广到天下所有人，即“亲其所可亲”，乃至以天下生灵万物为亲。这就是孟子说的“老吾老以及人之老，幼吾幼以及人之幼”（《孟子·梁惠王上》）、“亲亲而仁民，仁民而爱物”（《孟子·尽心上》）的仁爱思想，到宋明，便发展出非常流行的“仁者以天下万物为一体”的观念。而这种推己及人的仁爱逻辑，其实是把建基在血缘亲情基础上的家庭伦理扩展为社会伦理和政治伦理，使得整个社会结构和政治秩序维系在一种泛血缘化的道德情感之上。在传统儒家思想中，这种仁爱观念主要是对统治阶层而言的，尤其是君主，应从情感上视天下百姓如己出，从而能够施行仁政。不过，在何心隐看来，除统治阶层之外，这种以己推人的仁爱观念还应扩展到社会各个阶层，其中也包括普通民众。前言君臣在上，“以仁出政”，使仁覆盖天下，而来自社会中下层的“友朋”则是“以仁设教”，以“仁”育人。因此，为了实现“天下归仁”的理想，无论是统治阶层还是平民百姓，都应该具备“仁”的道德能力和政治素养。

何心隐倡导以仁设教的平民教化理念可能存在两方面的原因：其一，统治集团和官僚阶层的大规模腐坏迫使何心隐这些具有忧患意识的士人不得不将目光移向民间社会，从中寻找廓清寰宇、重振纲常的可能性；其二，晚明之际，商品经济的繁荣和市民社会的发展使原有的道德观念和政治意识发生动摇，个体意识开始抬头，必定在一定程度上威胁到统治秩序。何心隐道：“但言心而未言心之所在，于大而学之，则士农工商莫非在，莫非心，心心各在，各在心足，终身莫知此心之大学矣。言性而未言性之所率，于中而庸之，则士农工商莫非率，莫非性，性性各率，各率性成，终身莫知此性之中庸矣。”① 如果士农工商各言其心，各率其性，便会导致社会的分裂和政治的不稳定，这是何心隐面对晚明世情景象所产生的焦虑。解决的办法就是将仁教理念推延到中下层社会，通过强化宗法伦理的情感纽带，建构民众共同的道德心理基础，使个体能够

① 何心隐:《与艾冷溪书》,《何心隐集》,中华书局1960年版,第65页。

自觉地相互维系在现有的政治秩序当中。

最后，我们再来看一下，何心隐在仁教美育思想主导下创立的乡村组织“聚和会”及其所表达的一些价值理念。聚和会与颜钧的萃和会在宗旨上很切近，都突出了“和”的精神，但聚和会具有更加完整的组织形式和严格的操作制度，成员的衣食、婚丧、教育等生活内容几乎都由组织负责，在制度规范内施行、完成。会内设有两个组织：“教”和“养”。据之各设“率教”一人和“率养”一人，分别负责管理教育事务和经济事务，下面再设“辅教”“辅养”“维教维养”若干人，何心隐亲自担任“率教”之职，可见其对教育的重视。他还为聚和会撰写了两篇堪称施政纲领的文章，即《聚和率教谕族俚语》和《聚和率养谕族俚语》，前者提出了当时乡学教育中存在的问题和改革的建议，文曰：

> 本族乡学之教，虽世有之，但各聚于私馆，栋宇卑隘，五六相聚则寥寥，数十相聚则扰扰，为师者不得舒畅精神以施教，为徒者不得舒畅精神以乐学。故今总聚于祠者，正欲师徒之舒畅也。
>
> 况聚于上族私馆，则子弟惟知有上族之亲；聚于中族私馆，则子弟惟知有中族之亲；聚于下族私馆，则子弟惟知有下族之亲。私馆之聚，私念之所由起。故总聚于祠者，正以除子弟之私念也。……
>
> 每月朔望，自率教以下十二人，同祠首相聚一坐，乐观子弟礼以相让，文以相勖，欢如翕如，而相亲相爱之念亦皆油然而兴矣。故总聚于祠者，又以兴长上之亲爱也。①

何心隐在这里说明了为何将各族乡学的教育场所从各自为营的私馆移至祠堂而打并为一的原因。首先是私馆地方狭隘，空间闭塞，让教师和学生精神不畅。这说明，何心隐认识到，外部的教学设施和环境对教育活

---

① 何心隐:《聚和率教谕族俚语》,《何心隐集》,中华书局 1960 年版,第 68 页。

动中的人的精神状态具有重大影响，优美舒适的教学环境能够让施教者和受教者保持愉快的心情，从而取得积极的教学效果。其次，私馆各行其是，乡里子弟只认本族而疏远他族，容易滋生私念，不利于相邻和睦团结，所以要将上中下各族私馆合作一处，在一体化的教学活动中增强子弟之间的感情。何心隐还提出，每月朔望，即初一、十五两日，“率教”及以下管理者还有族中长老携子弟共聚祠堂，行礼乐之乐，以兴“相亲相爱之念”和“长上之亲爱”。这些教育观念本身都是美育性的。

在对聚和会理念的阐释中，何心隐尤其关注“欲”的问题，可以说，对“欲”的态度和处理方式反映了聚和会教化实践的主旨。《聚和老老文》道：

> 族未聚和，欲皆逐逐，虽不欲货色，奚欲哉？族既聚和，欲亦育育，虽不欲聚和，奚欲哉？聚和有教有养，伯叔欲率未列于率，惟朝夕相与率，相聚以和，育欲率也。①

何心隐认为，欲望的呈现状态与族群之聚和与否密切相关。如果“族未聚和”，欲望便不受约束，放荡不息，如何能“不欲货色”呢？如果“族既聚和”，人就会产生正常的欲望，乃至“聚和”本身成为人最重要的欲望。而“欲聚和”显然要高于“欲货色”，后者是个人私欲，前者则是公共愿望。故何心隐又言：“相聚以和，育欲率也。……相聚以和，育欲辅也。……相聚以和，育欲维也。育欲在是，又奚欲哉？”② 率、辅、维是聚和会的三级管理层。这句话的意思是说，只要“相聚以和”，在道德教化和制度约束下，人的欲望就会保持在正常的范围内，不致泛滥而威胁到固有的社会伦常秩序。因此，何心隐又有“寡欲”之说：“凡欲所

① 何心隐:《聚和老老文》,《何心隐集》,中华书局 1960 年版,第 72 页。
② 何心隐:《聚和老老文》,《何心隐集》,中华书局 1960 年版,第 72 页。

欲，而若有所节，节而和也，自不戾乎欲于欲之多也，非寡欲乎?”[1] 何心隐虽提出“育欲”问题，实际却是主张要在道德规范的限度内来适度表达人的基本物质需求。若说他对欲望持肯定态度，那么所肯定的，并非个人的物质私欲，而是在“聚和”形式下，以集体利益为导向的公共之欲。职是之故，有论者如此阐述“欲聚和”与“欲货色”的关系便是不恰当的：“没有‘聚和’思想，人们各自去追求‘货色’，个人的物质欲望就难以实现……有了‘聚和’思想，人们共同去发展‘货色’，个人的物质欲望没有不在‘聚和’中实现的。”[2] 这里是把“聚和”当作追求个人物欲的手段了，这显然歪曲了何心隐对于“聚和”和“物欲”的真实态度。

综上述，聚和堂虽然也有经济方面的制度规划和措施，但它总体上首先是一个教育组织。“心隐的目的是要建立一个宗族范围内的公共教育体制，其终极目标则是要实现整个宗族或家族（包括本姓和外姓）的和平共处、长久繁荣，为人子弟者则可不愧祖宗，为人父母者则可造福子孙。应当说，这实际上便是儒家学者所津津乐道的‘大同’社会之理想模式。”[3]

---

① 何心隐:《寡欲》,《何心隐集》,中华书局1960年版,第40页。

② 龚杰:《王艮评传》,南京大学出版社2001年版,第260页。

③ 吴震:《泰州学派研究》,中国人民大学出版社2009年版,第295—296页。

第六章　李贽的美育思想

李贽（1527—1602），初姓林，名载贽，后改姓李，名贽，字宏甫，号卓吾，别号温陵居士、百泉居士，福建泉州人。嘉靖三十一年举人，不应会试。曾任共城知县、国子监博士，万历中为姚安知府，旋即弃官，先后寄寓湖北黄安、麻城，专事著述、讲学，从者甚众，晚年以“倡乱道惑世诬民”之罪下狱，在狱中自刎而死，著有《焚书》《续焚书》《藏书》等。李贽是明代最具创造性和革新性的思想家之一，是中国历史上一位颇富传奇色彩的文化巨擘。李贽中年接受心学影响，服膺王阳明、王畿、王艮、罗汝芳等心学宗师，更曾师事泰州学派思想家王襞，而他自己甚至也被后世目为泰州学派的中坚人物。① 李贽思想以“离经叛道”“非礼忤法”而著称，提出了许多在当时看来相当激进的主张和命题。他的美学、美育思想一方面表现出重视审美自娱功能、张扬个体价值的倾向，同时也隐含了深刻的政治道德意图，而反对假道学、倡扬自然情性、追求生命解脱是李贽思想一以贯之的宗旨。那富有高度叛逆精神和个性

---

① 关于李贽与泰州学派的关系，学界颇有争论，一般存在两种观点。一种观点认为，李贽属于泰州学派，甚至是泰州学派的核心人物。这种观点的依据来自两方面，其一是师承关系，李贽有关自己师承王襞的自述（《储瓘》，《续焚书》卷三）被看作是李贽属于心斋再传弟子的铁证；其二是思想特征，李贽的思想取向和风格与泰州学派深相契合，都具有一定的近代精神，因此属于同一种类型。另一种观点认为，李贽思想非泰州学派所能羁络，他是一位超出任何学派的特立独行的思想家。本文赞同第二种观点，认为没有必要争论李贽的学派归属问题，他的思想的丰富性、复杂性及影响力已足够使其卓然成一大家，同时也需承认，李贽的思想是转益多师得来，其中也包括泰州学派。有关李贽与泰州学派的关系问题可参看吴震：《泰州学派研究》，中国人民大学出版社 2009 年版，第 30—38 页。

化色彩的美育话语可被视为继王明阳之后明代美育思想的最强音。

第一节　李贽的“三教”哲学及其精神追求

李贽的思想颇为庞杂，他既注《老》《庄》，也苦读佛经，更潜心王学，同时兼蓄其他诸子之学，但其思想主体仍是儒释道，是基于自我体悟而对之所做的融会贯通。李贽对儒释道思想的兼收并用与一般士大夫的取向不同，后者从根本上是站在儒家的经世立场，将三家思想做调和取用，以之为宦途得志或失意之际的精神慰藉。李贽为官三十多年，不是因为对政治功业怀有多少抱负，按他自己的话说，只是为了养家糊口而已。对他来说，比起仕宦，求道具有更重要的意义，而他求道之宗旨正如其所言：“凡为学皆为穷究自己生死根因，探讨自家性命下落。”[①]即是说，李贽对儒释道思想的研究运用完全是为了解决他自己的人生困惑和生命意义问题，这些终极问题才是李贽为学的出发点，是他一切思想的中心和归宿。因此，把握李贽对三教哲学的态度和取用方式，探究他依凭三教来拷问“生死根由”的思路，对于我们理解包括美学和美育理论在内的李贽思想的实质是必不可少的。

一、儒家：圣人之志与死亡意识

李贽疏狂怪异的性格、孤高耿介的情性，再加上众多离经叛道的思想言说，使得当世人及后来者都把他看作是“非圣无法”“惑世诬民”的异端，是礼教的逆子贰臣。如顾炎武说：“自古以来，小人之无忌惮而敢于叛圣人者，莫甚于李贽。”[②] 然而，李贽从来没有否认自己是儒教徒，相反，李贽晚年出家后，据说房间里还挂着孔子的画像，并在其时所撰之《初潭集序》中言道：“夫卓吾子之落发也有故，故虽落发为僧，而实

① 李贽:《答马历山》,《李贽全集注》第三册,社会科学文献出版社 2010 年版,第 1 页。

② 黄汝成:《日知录集释》中,上海古籍出版社 2006 年版,第 1070 页。

儒也。”[1] 实际上，这位异端之尤怀有强烈的圣人情结，他对孔子这位儒家先圣的追慕是贯穿其一生的。

万历二十八年，在李贽七十四岁时，他拜谒了孔庙，游览了孔林，写下《释迦佛后》，讲述了游历的感受：

> 余偶来济上，乘兴晋谒夫子庙，登杏坛，入林中，见桧柏参天，飞鸟不敢栖止，一草一木皆可指摘而茎数，刺草不生，棘木不长，岂圣人之圣真能使草木皆香洁，乌鹊不敢入林窠噪哉！至德在躬，山川效灵，鬼神自然呵护，庸夫俗子无识不信，独不曾履其地乎？何无目之甚也！
>
> 夫孔夫子去今二千余岁矣，孔氏子姓安坐而享孔圣人之泽，况鲤也为之子，伋也为之孙，累累三坟，俎豆相望，历周、秦、汉、唐、宋、元以至今日，其或继今者万亿劫可知也。盖大圣人之识见度量总若此矣，而又何羡于佛与释迦乎？[2]

李贽在孔庙、孔林中感触孔子的伟大神圣，认为自然万物都倾服于孔子的人格和德行，圣人精神历经千朝百代而不衰，亦必将亘古长青，从这里可看出李贽对孔子的仰慕。李贽认为，士夫君子立身行事，当以孔子为楷模，学习孔子的圣人之德。他说：“余又愿后之君子，要以神圣为法。法神圣者，法孔子者也，法文王者也，则其余亦无足法矣。”[3]

在拜谒孔庙的同一年，李贽又撰《圣教小引》，回顾了自己一生尊孔的心路历程：

> 余自幼读《圣教》不知《圣教》，尊孔子不知孔夫子何自可尊，

---

① 李贽:《初潭集序》,《李贽全集注》第一二册,社会科学文献出版社 2010 年版,第 1 页。
② 李贽:《释迦佛后》,《李贽全集注》第三册,社会科学文献出版社 2010 年版,第 291 页。
③ 李贽:《九正易因注》,《李贽全集注》第一五册,社会科学文献出版社 2010 年版,第 2 页。

所谓矮子观场，随人说研，和声而已。是余五十以前真一犬也，因前犬吠形，亦随而吠之，若问以吠声之故，正好哑然自笑也已。五十以后，大衰欲死，因得友朋劝诲，翻阅贝经，幸于生死之原窥见斑点，乃复研穷《学》《庸》要旨，知其宗贯，集为《道古》一录。……余今日知吾夫子矣，不吠声矣；向作矮子，至老遂为长人矣。虽余志气可取，然师友之功安可诬耶！既自谓知圣，故亦欲与释子辈共之，盖推向者友朋之心以及释子，使知其万古一道，无二无别，真有如我太祖高皇帝所刊示者，已详载于《三教品刻》中矣。①

李贽反省早年尊孔是人云亦云，不知所以，犹如吠声之犬，并非自己的真实看法。直到中年出入佛道，穷究生死之原，然后再回观圣学，方悟得其中奥妙，也才真正认识到孔子的伟大之处，李贽因此视自己为孔子的知己同道，自谓“知圣”，此处不难见出他的求圣志向。

李贽尊孔，但对于假道学深恶痛绝，并对之进行激烈的批判：“阳为道学，阴为富贵，被服儒雅，行若狗彘然也。夫世之不讲道学而致荣华富贵者不少也，何必讲道学而后为富贵之资也？……夫唯无才无学，若不以讲圣人道学之名要之，则终身贫且贱焉，耻矣。此所以必讲道学以为取富贵之资也。然则今之无才无学，无为无识，而欲至大富贵者，断断乎不可以不讲道学矣。”② 这种对假道学深入骨髓的批判很容易让人感觉是对整个儒教道学的攻击，但这恰恰说明了李贽的尊孔求圣的真实意图。

从学术取向上说，李贽对儒家思想内部是有自己的选择的。他对孔、孟自是深怀崇敬，而在宋明理学诸家中，他服膺的是程颢、陆九渊、陈

---

① 李贽：《圣教小引》，《李贽全集注》第三册，社会科学文献出版社 2010 年版，第 196 页。

② 李贽：《初潭集注》（一），《李贽全集注》第一二册，社会科学文献出版社 2010 年版，第 311 页。

献章、王阳明等人，尤其对王阳明在学问、事功上的成就极为钦佩。李贽对自己所写的《道古录》有这样的评价：“远之不足以继周、邵，近之不足以继陈、王。然此四先生者，精爽可畏，亦必喜而读之曰：‘是明灯道古之录也，是犹在门庭之内也，真不谬为吾家的统子孙也。”① 他以身为儒家的“统子孙”而自豪。在李贽时代，阳明学的势头已盖过朱子学而渐成儒学主流，李贽本人对朱子学亦多有贬损，故他接受的儒学影响主要还是来自阳明学派，尤其是王学左派，如王艮、王畿、罗汝芳等人的思想。李贽对王艮以一介布衣而凭自身卓越天资与能力开宗立派的事迹固然倾心有加，但对王艮并非全部肯定，亦曾评说道：“此老气魄力量实胜过人……然此老当时亦为气魄亏，故不能尽其师说，遂一概以力量担当领会。”② 真正令李贽表现出几近毫无保留之敬服的是王畿。他称王畿为“三教宗师”，对后者的学问品行称颂不已，说：“世间讲学诸书，明快透髓，自古至今未有如龙溪先生者。”③ 更言：“余尝谓先生此书，前无往古，今无将来，后有学者可以无复著书矣，盖逆料其决不能条达明显一过于斯也。”④ 李贽不仅在学问上拜服王畿，对其人格风范也是极度崇敬，深受感召。关于李贽如此推重王畿的原因，左东岭做出了准确的解释：“卓吾看重龙溪者，乃是其注重个体生命之解脱，亦即儒学所言学以自得，求取个人的真实受用。龙溪论学，反对仅从气魄上支持，知解上凑泊，格套上依傍，其因即在于无补于自我生命之解脱。……‘出世’与‘超脱’自然并非龙溪之学全部，其尚有经世济民之一面，卓吾重前者而略后者无疑是经由其有意识之选择。”⑤ 以李贽对王畿的接受为例，我们可以发现李贽对儒学的真实态度和立场，其中的问题在于，李

---

① 李贽：《道古录引》，《李贽全集注》第一四册，社会科学文献出版社 2010 年版，第 227 页。
② 李贽：《与焦漪园太史》，《李贽全集注》第三册，社会科学文献出版社 2010 年版，第 85 页。
③ 李贽：《复焦弱侯》，《李贽全集注》第一册，社会科学文献出版社 2010 年版，第 110 页。
④ 李贽：《龙溪先生文录抄序》，《李贽全集注》第一册，社会科学文献出版社 2010 年版，第 327 页。
⑤ 左东岭：《李贽与晚明文学思想》，天津人民出版社 1997 年版，第 127 页。

贽究竟是基于怎样的宗旨来批判、化用当时的儒学资源的。

儒学是经世之学，以现实世界的社会政治和道德关系为问题对象，探索人在世俗境域中构造道德精神、寄托生命意义的可能性，故儒家多言人事，罕言生死。即使存在如“孔颜之乐”这样的超越性意趣，也是一种在世性的个体内在的自我愉悦，与佛家从存在之根柢处关切性命、究极生死的价值本旨是不一样的。理学受佛禅影响，大谈天道、性理，其中必然涉及对生死问题的探讨。不过，宋儒多将对死亡所持的不同态度作为区分儒释的依据，他们对死亡总体上仍持回避姿态，如张载所谓“存，吾顺事；没，吾宁也”① 乃是宋儒的普遍态度。从明代中叶开始，恶劣的政治环境终于迫使先前被经世情怀所掩盖和裹缚着的对于生死的焦虑、意义的困惑凸显为士大夫精神世界中的核心问题之一，而阳明学则为探入这类问题提供了有效的思想路径和体证方式。正如彭国翔所指出的，“儒家传统讳言生死的情况在中晚明的思想界发生了明显的改变，生死关切在儒家的问题意识中由‘幕后’转至‘前台’，从以往较为边缘的话语地位突显成为当时以阳明学者为代表的儒家学者问题意识的焦点之一。死亡已不再是儒者讳言的问题，而成为关联于圣人之道的一项重要指标。”② 显然，李贽正处于这样一个思想转型期，无论是受时代潮流影响，还是为化解自身的精神困顿，李贽对儒家思想的阐释和取用都是本着一种自我解脱的终极旨趣。前言李贽对王畿学问的认同和赞赏，原因就如他自己所说：“王先生字字皆解脱门，既得者读之足以印心，未得者读之足以证入也。”③ 李贽另写有《五死篇》一文，其中描述了“第一等好死”“临阵而死”“不屈而死”“为尽忠被谗而死”和“功成名遂而死”这五种死，虽有次第之分，但李贽认为皆属大丈夫之死，而作为五死理由的忠、义、勇、智皆为儒家的道德观。他进而说：“丈夫之生，

---

① 张载：《正蒙·乾称篇》，《张载集》，中华书局 1978 年版，第 63 页。

② 彭国翔：《儒家传统：宗教与人文主义之间》，北京大学出版社 2007 年版，第 131 页。

③ 李贽：《复焦弱侯》，《李贽全集注》第一册，社会科学文献出版社 2010 年版，第 112 页。

原非无故而生，则其死也又岂容无故而死乎？其生也有由，则其死也必有所为。”[①] 从这里也可以看到，当李贽从儒家立场论生死时，并没有如佛家那般去追寻死后的解脱，却是赋予死亡以使命和期待。“使死而可以成事，则死真无难矣；使死而不足以成事，则亦岂肯以轻死哉！”[②] 由此，死亡被道德化、意义化了，从一般宗教的解脱目的来说，李贽揭示出的儒家的存在意义的终极进路显然是有限制的，他对此不无体察，而在了悟生死问题上，佛学能提供更彻底的答案。

二、佛禅：性空理论与终极关怀

儒家自宋明理学以后，虽注重个体自我的心性修养，开出所谓内在超越之境，但经时济世的政道关怀仍是其价值重心，这与李贽追求生命解脱的为学目的始终有隔阂，尽管他没有摒弃儒家的心性之学，却已深感后者无力从根本上解决自己的“人生大事”，故不得不求助于佛禅。其实，李贽对于儒家生死观的探讨在学理上就有对佛学的援用，这也是晚明士人的普遍思路。如龚鹏程所论，晚明士人对生死问题的处理方法，“基本上是‘以禅诠儒，使知两家合一之旨’，而反对修命长生之说。认为只有佛教无生之旨才能真正解决生命的困惑，让人摆脱生死轮回。”[③] 这里以禅所释之“儒”主要是指王阳明的良知之学。

按佛教义理，人世为苦海，生活的本相即是苦，“多一日在世，则多沉苦海一日”[④]，所以佛教鼓励人要看破生死，以求解脱。李贽据此给出了自己面对生死的态度：

> 生之必有死也，犹昼之必有夜也。死之不可复生，犹逝之不可复返也。人莫不欲生，然卒不能使之久生；人莫不伤逝，然卒不能

---

① 李贽：《五死篇》，《李贽全集注》第二册，社会科学文献出版社 2010 年版，第 69 页。
② 李贽：《昆仑奴》，《李贽全集注》第二册，社会科学文献出版社 2010 年版，第 129 页。
③ 龚鹏程：《晚明思潮》，商务印书馆 2005 年版，第 183 页。
④ 李贽：《答友人书》，《李贽全集注》第三册，社会科学文献出版社 2010 年版，第 32 页。

止之使勿逝。既不能使之久生，则生可以不欲矣。既不能使之勿逝，则逝可以无伤矣。故吾直谓死不必伤，唯有生乃可伤耳。勿伤逝，愿伤生也！①

生死是相辅相成的，有生必有死，人一出生，便已堕入生死轮回，生命的流逝不可遏止，正如死亡必然来临一样。既然生命不能长久，就无须留恋，既然死亡终将到来，也不必悲伤，真正应该悲叹的是生本身，生才是一切痛苦的根源。然李贽感叹世人因贪欲而迷失于世俗的福乐当中，对生死的本相毫无觉悟，无法求得解脱之道，其言曰："夫佛以生死为苦海，而今学者反以生死为极乐，是北辕而南其辙，去彼岸愈远矣。"②

那么，如何能够真正出离生死呢？李贽认为，首先需有"怕死"的念头。他说："学道人大抵要跟脚真耳，若始初以怕死为跟脚，则必以得脱生死、离苦海、免恐怕为究竟。虽迟速不同，决无有不证涅槃到彼岸者。""跟脚"是起点的意思，即是说，怕死之念乃是解脱之道的入道法门。"世人唯不怕死，故贪此血肉之身，卒至流浪生死而不歇。"③ 怕死是对生死之苦的觉悟，因为害怕死亡，所以才追求解脱。若说怕死是解脱的起脚处，则在李贽看来，这条解脱之路最终渡达的乃是无生无死之境，也就是他要求彻悟的"原无生死"的观念。他说：

"原无生死"四字，虽是诸佛现成语，然真实是第一等要紧语也。……"原无"二字甚不可不理会：既说原无，则非人能使之无可知矣，亦非今日方始无又可知矣。若待今日方始无，则亦不得谓之原无矣。若人能使之无，则亦不得谓之原无矣。"原无"二字总说

① 李贽:《伤逝》,《李贽全集注》第二册,社会科学文献出版社 2010 年版,第 72—73 页。

② 李贽:《观音问・答澹然师四》,《李贽全集注》第二册,社会科学文献出版社 2010 年版,第 80 页。

③ 李贽:《观音问・答自信二》,《李贽全集注》第二册,社会科学文献出版社 2010 年版,第 84 页。

不通也。故知原无生者，则虽千生总不妨也。何者？虽千生终不能生，此原无生也。使原无生而可生，则亦不得谓之原无生矣。故知原无死者，则虽万死总无碍也。何者？虽万死终不能死，此原无死也。使原无死而可死，则亦不得谓之原无死矣。①

由怕死而起解脱之念，但深究生死本质，却是原无生死。无生死，又何必恋生，又何必怕死，不恋生在于无生可恋，不怕死在于无死可怕，生死由此一同被超越和消解，于是便得解脱，这正是李贽汲汲于求成的大道。

以上是李贽依据佛教的基本观念对生死问题的解悟，但从佛学义理上说，还不能停留在这一层面。李贽所谓的“原无生死”的本质是什么呢？它与庄周以齐生死来超越生死、与老子以虚无观来取消生死分际的思路是不同的，李贽的“无生死”依据的是禅宗的性空理论。性空理论来自《金刚经》和《心经》，两者都是大乘般若空宗经典。《金刚经》讲的是万法为空，实相皆虚，为求解脱应该离一切诸相而无所住。李贽阐释道：“惟无所住则虚，虚则廓然大公，是无物也。既无物，何坏之有？惟无所住则灵，灵则物来顺应，是无息也。既无息，何灭之有？”② 无执于物，无住于相，勘破万法虚空之本性，如此又何来好坏、有无、生死的差异和区别。而《心经》的基本理论是“缘起性空论”，即认为世间万物乃因缘生灭，并无固定不变的性质，经验认知到的现象都是虚假的，只有否定这种经验认知，觉解万物“真空”之本性，才能获得真正的超脱。李贽在《心经提纲》通过论述空与色的关系来解释禅宗的真空观。他说：“舍利子，勿谓我说空，便即着空也。如我说色，不异于空也；如我说空，不异于色也。然但言不异，犹是二物有对，虽复合而为一，犹

① 李贽：《观音问·答自信一》，《李贽全集注》第二册，社会科学文献出版社2010年版，第83页。

② 李贽：《金刚经说》，《李贽全集注》第三册，社会科学文献出版社2010年版，第215页。

存一也。其实我所说色，即是说空，色之外无空矣；我所说空，即是说色，空之外无色矣。非但无色，而亦无空，此真空也。”① “色”即指一切可感知的经验现象，这些现象皆是因缘生灭，变化无常，无其自体自性，故而是“空”。李贽认为，在能够集中体现《心经》真空观的“色不异空，空不异色，色即是空，空即是色”这句话中，道法真谛全在后面两句。“色不异空，空不异色”，言“不异”乃是存对待之念而强合之，合之为一则仍是对有的执着。“色即是空，空即是色”起始处便取消了对待，说“色即是说空”，并非色外有空，而是色本身即空。反之，说“空即是说色”，万物皆空，空外无物，亦是无色，非但无色，亦无空。于是李贽说：“空即是色，更有何空；色即是空，更有何色；无空无色，尚何有有有无，于我挂碍而不得自在耶?”这便是空尽一切有，空尽一切无，空尽一切色，空尽一切空，此之谓“真空”。彻悟“真空”，“十八界皆空，无眼界乃至无意识界也，以至生老病死，明与无明，四谛智证等，皆无所得。此自在菩萨智慧观照到无所得之彼岸也。如此所得既无，自然无挂碍恐怖与夫颠倒梦想矣，现视生死而究竟涅槃矣。岂惟菩萨，虽过去、现在、未来三世诸佛，亦以此智慧得到彼岸，共成无上正等正觉焉耳，则信乎尽大地众生无有不是佛者。”这是从真空处得大解脱，修成正果了。

然而，如此解脱之法对于个体来说是很高的要求，实在难以达成。李贽说：

> 弃有着空，则成顽空矣，即所谓断灭空也，即今人所共见太虚空是也。此太虚空不能生万有。既不能生万有安得不谓之断灭空，安得不谓之顽空？顽者，言其顽然如一物然也。然则今人所共见之

① 本段以下引语皆出自李贽:《心经提纲》,《李贽全集注》第一册,社会科学文献出版社2010年版,第280页。

空，亦物也，与万物同矣，安足贵乎？①

又道：

> 夫使空而可为，又安得谓之真空哉！纵然为得空来，亦即是掘地出土之空，如今之所共见太虚空耳，与真空总无交涉也。②

在李贽看来，空无一切之难在于难以弃“有”。首先，如果空无一切，便是“顽空”“断灭空”，这种“空”本来就是一种寂灭状态，它无法生出万有，也就没有解脱的必要，解脱是以“有”为前提的。其次，“空诸所有”说明“空而可为”，此念头本来就是一种“有”，所以不是真无，亦非真空。那么，究竟该如何理解真空呢？李贽言道：“真空者众苦之母，众苦者真空之苦，谓真空能生众苦则可，谓真空不能除灭众苦又岂可哉！盖既能生众苦则必定能除灭众苦无疑也。众苦炽然生，而真空未尝生；众苦卒然灭，而真空未尝灭。”③ 这是把真空当作生成万物的本体，乃万有之母，人生的苦痛也是来自真空，自然也要从真空处去除灭它。另一方面，真空既能生万物，则万物亦包容、流行于真空之中，故真空与万物又存在一种体用关系。如果将真空落实到人的心性上，便有所谓真心，其特点为虚广灵明，容纳万境。即李贽所言：“岂知吾之色身泊外而山河，遍而大地，并所见之太虚空等，皆是吾妙明真心中一点物相耳。”④ 这是李贽借空宗理论来说心性，释心性为空无之体，如此言个体之解脱，便指向一种虚无空明的心理状态，解脱的路径即是达到或恢复此种真空状态。

---

① 李贽：《观音问·答明因二》，《李贽全集注》第二册，社会科学文献出版社 2010 年版，第 91—92 页。

② 李贽：《解经文》，《李贽全集注》第二册，社会科学文献出版社 2010 年版，第 5 页。

③ 李贽：《书〈决疑论〉前》，《李贽全集注》第二册，社会科学文献出版社 2010 年版，第 2 页。

④ 李贽：《解经文》，《李贽全集注》第二册，社会科学文献出版社 2010 年版，第 5 页。

三、道家：自然人性论与个人主义

据前章所述，在泰州学派那里，阳明良知之学中的理性主义内涵和道德规范意义被弱化了，而其中有关个体性、世俗性、物质性的语义内容得到了强化。与此相应，阳明为澄明良知本体（为善去恶）而强调的“致知”工夫在不少泰州学人看来亦是多余的。因为良知是“天性之体”，本就活泼无碍，只要“率性所行，纯任自然，便谓之道”①，若着意修身以取道，便即刻与这“天性之体”相隔绝了。此即“良知现成”说，认为良知是自然圆满的，只需顺应个体的自然心性，道无处不在，无时不有，一切皆是当下具足，自然之初便是理想之终，这就从哲学和伦理上肯定了世俗生活的意义，维护了个体欲望的正当性，并确证了感性生命的价值。黄宗羲在评价阳明心学流变时说：“王门惟心斋氏盛传其说，从‘不学不虑’之旨，转而标之曰‘自然’，曰‘学乐’，末流衍蔓，浸为小人之无忌惮。”② 尽管黄宗羲的评价是消极的，却也从某种角度说明，从“良知”到“自然”的转向乃是心学转变的标志之一，而以良知现成为内核的自然人性论被看作是泰州学派的基本思想取向。无论是否将李贽视作泰州学派的一分子，他与后者的渊源关系是不容否认的，而自然人性论正是两者在思想上的重要关联点。史孟麟（1559—1623，字际明）有一段评论李贽讲学的话：“李卓吾讲心学于白门，全以‘当下自然’指点后学，说人都是见见成成的圣人，才学，便多了。”③ “当下自然”就是良知现成的意思，“见见成成的圣人”与王艮“满街人都是圣人”的说法亦无二致，可见，李贽与泰州学派在自然人性论这一思想维度确实存在着交集。然而，这不能说明，李贽的自然人性论观点完全援自泰州学派，在我们看来，它还有更渊深的思想源头，那就是老庄

---

① 黄宗羲:《泰州学案一》,《明儒学案》,中华书局 1985 年版,第 715 页。

② 黄宗羲:《明儒学案 · 师说》,中华书局 1985 年版,第 12 页。

③ 黄宗羲:《东林学案三》,《明儒学案》,中华书局 1985 年版,第 1475 页。

哲学。

《老子》最早使用“自然”一词，“自然”被认为是道家哲学的基本精神。概括地说，《老子》的“自然”概念大致包含了如下含义：（一）人或事物天然如此的本真状态。如“功成事遂，百姓皆谓：我自然”（《老子》第十七章）。（二）事物发展、运行的法则和规律。如“希言自然”（《老子》第二十三章）（三）事物自己本身的样态。如“人法地，地法天，天法道，道法自然”（《老子》第二十五章）。（四）万物的本性。如“以辅万物之自然而不敢为”（《老子》第六十四章）。“自然”的上述含义虽存在差异，但贯穿着某种中心意旨，即尊重、维护万事万物（包括自然事物、社会事物及作为物质和精神实体的人）的本真状态和自有法则，反对外力的干预和操弄。老子认为，世间万有都应按它们本有的形态呈其所是，人力的介入是对万物自然本性的遮蔽。所谓“自然”，实质是要求万物回归自身，呈现万物的本真存在。《庄子》对“自然”亦多有表述，其语义与《老子》相差不大，《渔父篇》中对“真”的内涵与意义的阐述集中反映了庄子的自然人性的观点。其曰：“真者，精诚之至也。不精不诚，不能动人。故强哭者虽悲不哀，强怒者虽严不威，强亲者虽笑不和。真悲无声而哀，真怒未发而威，真亲未笑而和。真在内者，神动于外，是所以贵真也。……礼者，世俗之所为也；真者，所以受于天也，自然不可易也。故圣人法天贵真，不拘于俗。”（《庄子·渔夫》）庄子的“真”是指一种禀之于天、自然而然的心性状态，它反对世俗礼法的约束，要求人的情感脱尽伪饰，自然流露。庄子的自然真性说对李贽有很大的影响。

到了魏晋时期，学者们对“自然”概念的阐释主要体现在四个意义维度：首先，明确将“自然”等同于万物之根本的“道”。如何晏说：“自然者，道也。”（《无名论》）其次，用“自然”指称客观的自然界、自然事物。如阮籍所说的“天地生于自然，万物生于大地”[①] 即是把

---

① 阮籍:《达庄论》,《阮籍集校注》,中华书局 1987 年版,第 138 页。

"自然"视为天地万物的总称，看作是包罗万象的整个自然世界。再次，"自然"是指人或事物自由发展、不受外力干预的一种状态。如王弼言："天地任自然，无为无造，万物自相治理。"（《老子注》第五章）最后，"自然"直接用来指称人所本有的内在心性和情感，它与名教礼法相对。嵇康就提出了"越名教而任自然"的口号，又在《难自然好学论》中说："六经以抑引为主，人性以纵欲为欢。抑引则违其愿，纵欲则得自然。"① 此处的"自然"概念并非用来描述一种心性状态，而直接就是人的心性本身，这无疑是对老子哲学中"自然"意涵的丰富和发展，也是中国思想史上第一次明确以"自然"概念来指涉人的心灵和性情，具有极为重要的意义。可以肯定的是，魏晋士人标举的自然心性的学理基础来自老庄哲学。当老子从形而上维度说明作为万物在本真呈现中而达致一种澄明之境的"自然"概念时，其中关于人性的自然主义评判在魏晋玄学中获得了明确的表述。

老庄和魏晋玄学中的自然人性论思想对李贽的启悟作用是巨大的。最直接的证据莫过于《老子解》和《庄子解》二书。李贽将《老子》看作是治世之书，比较看重其蕴含的政治哲学意涵，特别是无为而治的思想，这从《老子解序》可以清楚地体现出来："是故其为道也，以虚为常，以因为纲，以善下不争为百谷之王，以好战为乐杀人，以用兵为不得已，以胜为小美，以退为进，以败为功，以福为祸，以得为失，以无知为知，无欲为欲，无名为名，孰谓无为不足以治天下乎？世固未知无为之有益也。"② 与《老子解》相比，李贽对《庄子》的解注更能鲜明地反映出他在"道法自然"的哲学框架内表达尊重和维护个体自然本性的思想意图。李贽曾对庄周的人生态度有如此评述："顾后患者必不肯成天下之大功，庄周之徒是已。是以宁为曳尾之龟，而不肯受千金之币；宁为濠上

① 嵇康：《难自然好学论》，《嵇康集校注》，人民文学出版社 1962 年版，第 261 页。

② 李贽：《〈老子解〉序》，《李贽全集注》第一四册，社会科学文献出版社 2010 年版，第 5 页。

之乐，而不肯任楚国之忧。”[①]“曳尾之龟”与“濠上之乐”皆喻指一种自由自在、悠闲洒脱的生命状态，李贽显然是借此抒表自己的人生志趣。《庄子·逍遥游》中载有许由拒绝尧舜禅让天下的故事。李贽论道：

> 夫尧舜欲让位而许由不受者，使必待于治天下而后足以乐其心，则天下固大于许由矣，许由亦有待之人耳，何足以治天下。故证以接舆之言，然后知尧舜者粃糠也。安有至人而肯以粃糠为事乎哉！[②]

“治天下”的观念使个体成为“有待之人”（尧舜），由此，个人比之天下必然是渺小的，而许由能够忘怀天下，进入“无待”之境，无所凭恃、无所束缚，所以能获得最大的自由。这样的理解明显掺入了李贽自己的发挥，无非是借他人酒杯浇自己块垒，这是李贽解《老》、注《庄》的特色。

有学者概括了李贽《庄子解》的三种思想特征，在此不妨参鉴以助理解：其一，在阐发庄周“道法自然”观念的同时，特别将个体的自然本性置于万物自然本性的中心位置，从而表明其思想由自然意识向自然个体意识转变。其二，如同庄周一样，对自然个体意识的彰扬总是伴随着对非自然的群体意识（孔子的仁德思想）的驳斥，质而言之，即是以自然之性反对仁义道德，由此形成李贽自然之真与非自然之假的二元对立判断模式。其三，以个体自然意识为基调的认知方法塑造了李贽“以任真自得为趣”的价值取向，构成了他此后“自然、真率、快乐”思想的基石。[③]如果按照前文对“自然”概念的哲学意涵的揭示，李贽在《庄子解》中主要就是在宣扬人的自然之性，并借此追求一种未受礼法干预的自然心性和自适逍遥的生存状态。个体本真的自然之性不仅是精神

① 李贽：《孔明为后主写申韩管子六韬》，《李贽全集注》第二册，社会科学文献出版社2010年版，第232页。

② 李贽：《庄子解·逍遥游》，《李贽全集注》第一四册，社会科学文献出版社2010年版，第116页。

③ 许建平：《李贽思想演变史》，人民出版社2005年版，第175页。

层面上的，同时也指涉物质身体的维度。当李贽解释《庄子·大宗师》提出的“真人”理想时说道：“名与身孰亲？乃行名而失乎已，真人岂为之哉！”[①] 对于人来说，声名与肉体生命哪一个更贴近存在的本真？答案自然是后者，真人绝不会为名而丧生（身）。李贽对“失乎已”的担心表达了对个体价值的重视，而个体的最紧要内容便是肉体生命，所以丧“身”就是失“已”。这里不仅强化了《庄子》中鼓吹的个体意识，而且将人的自然生命构筑为个体价值的核心维度。然而需要说明，庄子虽以自然真性为宗旨，却并无拔高肉体生命的意思，据其物我两忘、生死齐一的根本精神，肉体生命最终是要与物同化，融于自然造化之中的，又何来独有的价值呢。据此，不得不说，李贽对个体的肉体生命的肯定乃是应他自己的思想需求而对庄子思想的某一面所做的发挥，这显然与晚明的感性解放潮流有直接的关联。

李贽对《老》《庄》的阐释并没有直接论及“生死根由”的问题，只是根据《老子》“以身为患”[②] 的观点引申出这样一段话：“有身是苦：非但病时是苦，即无病时亦是苦；非但死时是苦，即未死时亦是苦；非但老年是苦，即少年亦是苦；非但贫贱是苦，即富贵得意亦无不是苦者。”[③] 这里表现出抛开肉体凡胎以脱离苦海的意愿，但这明显是将《老子》做了释家的转义了。尽管如此，李贽借老庄对自然真性的肯定和宣扬，亦是对生命何为、生存何意之类的终极困惑做出了道家式的解答。

李贽说：“儒、道、释之学，一也，以其初皆期于闻道也。必闻道然后可以死，故曰：‘朝闻道，夕死可矣。’”[④] 他坚信，儒释道三家学问虽形式不同，却都是为了解决出离生死、安顿性命的终极问题，他出入三教，正是要寻此问题的答案。李贽的“三教”哲学及其个体解脱的精神

① 李贽：《庄子解·大宗师》，《李贽全集注》第一四册，社会科学文献出版社 2010 年版，第 195 页。

② 《老子》第十三章：“吾所以有大患者，为吾有身，及吾无身，吾有何患？”

③ 李贽：《与周友山》，《李贽全集注》第三册，社会科学文献出版社 2010 年版，第 46 页。

④ 李贽：《三教归儒说》，《李贽全集注》第三册，社会科学文献出版社 2010 年版，第 223 页。

追求乃是其文学、美学、美育思想的根柢和依托，故只有了解他的“三教”哲学的命意，才能透解其美育思想的价值诉求和学术品性，而不致流于知识的浮表。同时，李贽对“三教”哲学的阐述本身也是在表达一种教化观，只不过这种教化观在相当程度上抽离了道德的内核，而直接诉诸终极的人生旨趣。

第二节　“童心说”与李贽的人格理想

“童心说”是李贽最为人熟知的理论学说，不仅在他的哲学、美学体系中占有核心地位，而且在晚明思潮中具有重大影响。“童心说”是李贽长期思考人性、文学问题的理论结晶，是他思想发展历程中的一次飞跃，故我们探查其美育思想，首先要面对的就是“童心说”。

一、“童心说”的思想意旨

何谓“童心”，李贽说道：

> 夫童心者，真心也。若以童心为不可，是以真心为不可也。夫童心者，绝假纯真，最初一念之本心也。若失却童心，便失却真心；失却真心，便失却真人。人而非真，全不复有初矣。童子者，人之初也；童心者，心之初也。①

李贽一开始就将“童心”定义为“真心”，将童心的内涵解释为“真”。何谓“真”？“真”是人心的“最初一念”，是人心的初始状态，即所谓“本心”，失去童心即是失去初始状态的“真”。然何以会失去童心呢？李贽接着说：

① 李贽:《童心说》,《李贽全集注》第一册,社会科学文献出版社 2010 年版,第 276 页。

夫心之初曷可失也！然童心胡然而遽失也？盖方其始也，有闻见从耳目而入，而以为主于其内而童心失。其长也，有道理从闻见而入，而以为主于其内而童心失。其久也，道理闻见日以益多，则所知所觉日以益广，于是焉又知美名之可好也，而务欲以扬之而童心失。知不美之名之可丑也，而务欲以掩之而童心失。夫道理闻见，皆自多读书识义理而来也。古之圣人，曷尝不读书哉！然纵不读书，童心固自在也，纵多读书，亦以护此童心而使之勿失焉耳，非若学者反以多读书识义理而反障之也。夫学者既以多读书识义理障其童心矣，圣人又何用多著书立言以障学人为耶？①

童心之失是因为随着个体的成长，“道理闻见”侵入童心，使浑然纯真的本心产生了区别意识，懂得如何去扬美掩丑、逐善弃恶，而这种价值选择完全是基于一种世俗标准，结果是污蚀童心的本初状态而失其真。“道理闻见”是指一般的经验知识和道德观念。按李贽的说法，它们主要由读书识理而来，读书愈多，知识愈盛，童心愈有失落的危险，然李贽并非反对读书识理，只是要以养护童心为目的。

只要稍微了解明代思想史就可以发现，李贽对“童心”的定义和阐释思路与王阳明的良知说有一定的相似性。阳明说：“性无不善，故知无不良，良知即是未发之中，即是廓然大公，寂然不动之本体，人人之所同具者也。但不能不昏蔽于物欲，故须学以去其昏蔽，然于良知之本体，初不能有加损于毫末也。”② 良知是人人同具的先天道德本体，是自足现成、不假外求的，但容易为私欲遮蔽，故心性修养之要务便在去欲而复良知本体。而阳明同样认为，人的私欲很大程度上也与闻见道理有关，故有“知识愈广而人欲愈滋”③ 的说法。然而我们知道，良知主要是一

① 李贽：《童心说》，《李贽全集注》第一册，社会科学文献出版社2010年版，第276页。
② 王阳明：《传习录中》，《王阳明全集》，上海古籍出版社1992年版，第62—63页。
③ 王阳明：《传习录上》，《王阳明全集》，上海古籍出版社1992年版，第28页。

个道德范畴，致良知是一种为善去恶的道德实践。李贽的童心则不言善恶，只说真假，“真”是最高价值标准，只有真的，才是善的。此外，阳明的良知是先天恒在的，即使为物欲所蔽，本体却无加损于丝毫，通过致知工夫便能复其心体之本然。童心虽是人心本有，（“童心固自在”）但一旦失陷于道理闻见，便难以复返本初（“全不复有初”），所以李贽并没有针对童心之失而提出一般的克欲存理工夫。

与良知相比，天然纯真的童心与罗汝芳的“赤子之心”似更加切近。罗汝芳说：“夫赤子之心，纯然而无杂，浑然而无为，形质虽有天人之分，本体实无彼此之异。故生人之初，如赤子时，与天甚是相近。奈何人生而静后，却感物而动，动则欲已随之……甚而为欲所迷且没焉。”① 赤子之心是人心的原初状态，是“纯然无杂”“浑然无为”的，但随着人在社会环境中不断成长，人心“感物而动”，进而为物欲所迷，赤子之心由此“不可复见”。不过罗汝芳认为，赤子之本心虽为私欲所蔽，却并未丧失，只要“当下反求”自己本心，就会发现“天体依旧还在”。如此，“其形虽止七尺，而其量实包太虚；其齿虽近状衰，而其真不减童稚”。② 赤子之心其实是罗汝芳对不学不虑之良知的一种比喻性描述，他欲借此揭示孟子“人性本善”的道理，认为“本来赤子之心完养，即是大人之圣”，内中所含道德吁求是至为强烈的。李贽与罗汝芳有亲密交往，对后者的学问操行甚是景仰，称之为“大圣人”。

学界一般认为，“童心说”的创构是深受“良知说”（本心）和“赤子之心说”的影响。李贽曾深潜于心学，有理由相信，无论就概念内涵或致思方式而言，“童心说”对后两者皆有吸收和借鉴。但正如上文已指出的，“良知说”与“赤子之心说”意在唤醒主体的先天道德意识，重建主体的道德判断力，道德理想主义的色彩较为浓厚。李贽倡扬“童心”，乃是立“真”为价值极则，借以批判伪善的假道学，其中含有强烈

① 罗汝芳：《一贯编·易》，《罗汝芳集》，凤凰出版社2007年版，第335页。
② 罗汝芳：《一贯编·易》，《罗汝芳集》，凤凰出版社2007年版，第338页。

的现实批判精神。据此而言，童心说与其余两者的价值宗旨是不一样的。与其讲“童心说”脱胎于“良知说”（本心）和“赤子之心说”，毋宁认为，后两者是作为构成“童心说”的一个切近的思想背景而呈现其意义的，而这种背景还应该包括王艮、王襞父子的“复初说”。

实际上，若要深入洞悉童心说的义理内涵和思想实质，立足禅宗的性空观念来理解其基本的语义陈述是一种必要的选择，了解李贽的思想演变状况可以知道，禅宗对李贽晚年思想产生了重大的影响，而《童心说》即是其晚年作品。[①]

李贽言童心乃“最初一念之本心”，是“人之初”。所谓“人之初”，从儒家的角度来说，当指出生不久、尚未开蒙的婴儿，心性纯然一片，天真无瑕，即如罗汝芳的“赤子”。若从佛家来看，“人之初”是指比婴儿更早的胎儿阶段，此阶段无身、无识、无觉，纯是一片空无，是存在的一种虚待之态。试看李贽的如下论述：

> 即说“父母未生前”，则我身尚无有，我身既无有，则我心亦无有；我心尚无有，如何又说有佛？苟有佛，即便是魔，即便有生有死矣，又安得谓之“父母未生前”乎？……故凡说心说性者，皆是不知心性者也。何以故？心性本来空也。本来空，又安得有心更有性乎？又安得有心更有性可说乎？故二祖直至会得本来空，乃得心如墙壁去耳。既如墙壁，则种种说心说性诸缘，不求息而自息矣。诸缘既自息，则外缘自不入，内心自不惴，此真空实际之境界也，大涅槃之极乐也，大寂灭之藏海也。[②]

“父母未生前”即是童心的“人之初”，而“人之初”之心性便是“心之

---

① 许建平在《李贽思想演变史》中考证出《童心说》的写作时间当在万历二十年（1592年），即李贽六十六岁时，人民出版社2005年版，第270—277页。本文从其说。

② 李贽：《观音问·答明因》，《李贽全集注》第二册，社会科学文献出版社2010年版，第91—92页。

初”，“心性本来空也”。心性本空，大千色相对它来说只是随缘起灭，并无恒常意义，永恒的唯有心性的空与净。此处讲的是，人若摒除心中的一切欲望，就能回复到“人之初”即童子时期的空净状态，便可以摆脱世间烦恼，进入极乐境界，李贽的“童心”在此意义上具有佛家的空无之性。

问题在于，童心即真心，“真”在价值上即是“有”，则“有”与空无之性如何能同具于童心之中呢？通读文本不难看到，“童心说”虽包含了释家义理，却并非以超脱为本旨，而是更多地针对人生问题和社会现实来发言的。“童心”指称的心性空净不是断灭一切的彻底死寂，却是如李贽所说，需用“空不用空”来理解，这是一种典型的禅性思维。“所谓‘空不用空’者，谓是太虚空之性，本非人之所能空也。若人能空之，则不得谓之太虚空矣，有何奇妙，而欲学者专以见性为极则也耶！所谓‘终不能空’者，谓若容得一毫人力，便是塞了一分真空，塞了一分真空，便是染了一点尘垢”。[①] 意思是说，真空是太虚空的本性，它不是靠人力造作而成，若是以人力而成空，就不能称之为真空。职是故，李贽主张要顺应万物的自然之性，只有使万物各顺其性才能洞见生命的本质、存在的本性。故在他看来，真空之性不能是以空见空，而是从顺其自然之性的万物中见出，如此，真空便存于万物之中。李贽曾借“清净本原”与“山河大地”的关系来说明“空不用空”：

> 若无山河大地，不成清净本原矣，故谓山河大地即清净本原可也。若无山河大地，则清净本原为顽空无用之物，为断灭空、不能生化之物，非万物之母矣，可值半文钱乎？然则无时无处无不是山河大地之生者，岂可以山河大地为作障碍而欲去之也？[②]

---

① 李贽：《答邓石阳》，《李贽全集注》第一册，社会科学文献出版社 2010 年版，第 8 页。

② 李贽：《观音问·答自信》，《李贽全集注》第二册，社会科学文献出版社 2010 年版，第 85 页。

高玄的清净本原就在山河大地之具象中，离却山河大地，清净本原便成了不能化生万物的“断灭空”，这对于生命来说是毫无价值的，所以，不能将具象的山河大地当作领悟清净本原的障碍而强行摒除，只因清净本原已合于山河大地之中，单单舍此取彼是不可能的。同理，真空之性不是凭“空”存在的，它蕴藏于大千万象。若将之延伸到世俗生活境域，便“只宜于伦物上识真空……于伦物上加明察，则可以达本而识真源”。[1] 而在李贽看来，伦物（人伦物理）即“穿衣吃饭”，除却“穿衣吃饭”便无伦物，进而可知，在穿衣吃饭这些高度体现人的自然之性的日常物欲行为当中可以领悟真空的内涵。这里告诉我们，对于虚无空明之体的领悟不应该违拗个体的自然心性，只有顺应自然人性才能真正认识存在的性空本质。显然，这种纯任自然，摒弃人为之“伪”的取向即是真，反过来说，真即是自然之性，后者包括个体生活的感性需要和物质欲求。

至此我们可以梳理出关于“童心说”的这样一种阐释逻辑：童心即真心，真心则包含了佛禅境界中的虚无空明的心性特质，但李贽并没有以不能生化万物的“断灭空”来解说童心之真，而是认为性空之体正合于大千万象（包括人的行为）之中，这是存在的自然之性，且只有从后者入手才能彻悟真空的本质。基于这样一种哲学论证，李贽将童心之真与以虚无空明之体为根基却又以世俗欲望为内涵的自然人性等同起来。

根据前文对李贽“三教”哲学的解析，李贽的自然人性论主要源于老庄哲学。老子言“复归于婴儿”“复归于朴”（《老子》第二十八章），庄子言“同乎无知，其德不离；同乎无欲，是谓素朴”（《庄子·马蹄》）。此种“见素抱朴”的思想，实是“童心说”开展出来的以“真”为价值内核的自然人性论的思想依据。学界一般肯定，“童心说”融合了儒释道三家学说，尤其是对释、道两家的深切体认。但需要进一步言明的是，释、道思想在“童心说”的理论构成中到底分别扮演了怎样的功

---

① 李贽:《答邓石阳》,《李贽全集注》第一册,社会科学文献出版社 2010 年版,第 8 页。

能性角色，不能混融不分，笼统言之。简单地说，童心的义理规定和学理基础更多的是依据禅宗的性空观念，如“最初一念之本心”“心之初”的说法都是讲心体的虚无空明之性，是将童心之真阐释为心性之空。不过，童心并没有止于此义，因为“童心说”的立说宗旨在于批判假道学，是以童心之真来要求人在情感抒发和欲望表达上的自然性，在此意义上，“真”就不唯从初心、本心的性空内涵来理解，而是具有与虚假伪饰相对立的真实无欺之义。由此，童心的形上之性便生化出经验性的维度，这实际是其所依据的禅宗的性空理论向道家的自然人性论转换的结果。正是这种转换使“童心”具备了世俗批判的意义，而此批判之目的又是与当时以心学为代表的儒学革新运动的道德文化意图密切相关的，两者都寄意于对一种新的人格理想的探索。

二、“真人”：“童心说”的人性追求

李贽在《童心说》的开篇即言明：“夫童心者，真心也。……若失却童心，便失却真心；失却真心，便失却真人。人而非真，全不复有初矣。”① 根据这里的论述逻辑，从童心到真心到真人，失童心的结果是失真人，存童心的目的在于得真人，于是可知，具备童心（真心）的真人乃是李贽所崇奉的一种人格理想。与真相对的是假，《童心说》用了相当的篇幅揭示了一个由假人、假言、假事、假文构成的虚假世界，他说：

> 童心既障，于是发而为言语，则言语不由衷；见而为政事，则政事无根柢；著而为文辞，则文辞不能达。非内含于章美也，非笃实生辉光也，欲求一句有德之言，卒不可得，所以者何？以童心既障，而以从外入者闻见道理为之心也。
>
> 夫既以闻见道理为心矣，则所言者皆闻见道理之言，非童心自出之言也。言虽工，于我何与，岂非以假人言假言，而事假事文假

① 李贽：《童心说》，《李贽全集注》第一册，社会科学文献出版社2010年版，第276页。

文乎？盖其人既假，则无所不假矣。由是而以假言与假人言，则假人喜；以假事与假人道，则假人喜；以假文与假人谈，则假人喜。无所不假，则无所不喜。满场是假，矮人何辩也？[①]

人本来只要顺应本心，不以世俗的利害观念和道德知识伪饰自然人性，则一切言语、行为自能真诚无欺。但李贽身处的世界，睁眼所见，“满场是假”，而无论假言、假事、假文，皆来自失去童心的假人，“其人既假，则无所不假”。可以想见，在一个充斥着假人的世俗世界中，李贽会感到怎样的格格不入，在别人眼中又显得如何的离经叛道。他与耿定向的论争，对何心隐的辩护，都是自身真诚人格的一种不容已的表现。最后，为了追求自己心中的真道，便只能与这个虚伪的社会相隔绝，李贽无奈而不无愤恨地说道：“今之欲真实讲道学以求儒、道、释出世之旨，免富贵之苦者，断断乎不可以不剃头做和尚矣。”[②]

既然假人是一切假之根源，则若要回复到乃至创造一个真诚的社会，关键就在于培养真人。李贽所说的“真人”可以从以下两个方面来理解。

其一，真人是具有真情的人。

晚明对于人之真情的渴望及对真情之自由表达的吁求成为一股重要的思想文化潮流，遍布于哲学、文学、艺术等领域。为这种真情价值观奠定哲学基础的是王阳明的良知说，后者对晚明士人在文学上的情性书写和生活上的自然任真作风起到了重要的鼓舞作用。在阳明那里，良知是自然明觉、真诚恻怛的道德本心，这种道德本心具有强烈的情感色彩，由良知主导的道德判断源于情感的本能驱使，“好善如好好色，恶恶如恶恶臭”，真实自然，毫不做作。李贽对此亦有同论：“‘如好好色，如恶恶臭’，盖即此以比好恶之真实不欺处。”[③] 李贽对真情价值的论述并不是

---

① 李贽：《童心说》，《李贽全集注》第一册，社会科学文献出版社 2010 年版，第 276 页。

② 李贽：《三教归儒说》，《李贽全集注》第三册，社会科学文献出版社 2010 年版，第 224 页。

③ 李贽：《道古录》，《李贽全集注》第一四册，社会科学文献出版社 2010 年版，第 277 页。

哲学性的，而多是从自身的人生经历和生命体验出发，这也使他对真情意义的证述更令人信服，亦令人感动。

李贽在《感慨平生》一文中，写了六条内容来感叹自己一生的坎坷遭际，最后一条更是哀情倍至，他说：

> 以上六条，末条复潦倒哀鸣，可知余言之不顾矣！劝尔等勿哭勿哀，而我复言之哀哀，真情实意，固自不可强也。我愿尔等勿哀，又愿尔等心哀，心哀是真哀也。真哀自难止，人安能止？[①]

李贽落发出家，友人“涕泣甚哀”，他劝友人不要悲痛。然而又说自己所述皆出于真情实意，友人之心哀亦是真哀，真哀是自然流露、真实无欺的真情，如何能够强行抑制呢？他在另一处说：“唯其痛之，是以哀之；唯其知之，是以痛之。故曰哀至则哭，何常之有！非道学礼教之哀作而致其情也。”[②] 情之所哀源于心之所痛，心之痛极，故情之哀极，“哀至则哭”便是自然而然的情感呈露了。这一切心理情感活动皆人之常情，表之则真，掩之则假，礼教将哀情的表达纳入一套礼仪节度当中，将情感表达规范化、仪式化，终于难免虚伪造作。

李贽还以自然真情来叙述人伦之爱。在与他相濡以沫四十余年的发妻去世后，李贽袒露自己对妻子的至爱真情，他说：

> 人生一世，如此而已。相聚四十余年，情境甚熟，亦犹作客并州既多时，自同故乡，难遽离割也。夫妇之际，恩情尤甚，非但枕席之私，亦以辛勤拮据，有内助之益。若平日有如宾之敬，齐眉之诚，孝友忠信，损己利人，胜似今世称学道者，徒有名而无实，则

---

① 李贽:《豫约·感慨平生》,《李贽全集注》第二册,社会科学文献出版社 2010 年版,第 111 页。

② 李贽:《初潭集注》(二),《李贽全集注》第一三册,社会科学文献出版社 2010 年版,第 134 页。

临别尤难割舍也。何也？情爱之中兼有妇行妇功妇言妇德，更令人思念耳。①

李贽对妻子的称赞，一方面固然因为她辛勤贤惠，对自己有“内助之益”，另一方面，乃是妻子具有“孝友忠信”“损己利人”的真诚品格，比那些“有名而无实”的学道者更称得上是一位“真人”，所以赢得了李贽同样的真情。

李贽认为，自然真情的表达最典型地体现在文学创作中，真正的文学创作都源于作者的真情实感。他说：

且夫世之真能文者，此其初皆非有意于为文也。其胸中有如许无状可怪之事，其喉间有如许欲吐而不敢吐之物，其口头又时时有许多欲语而莫可所以告语之处，蓄极积久，势不能遏。一旦见景生情，触目兴叹，夺他人之酒杯，浇自己之块垒。诉心中之不平，感数奇于千载。既已喷玉唾珠，昭回云汉，为章于天矣。遂亦自负，发狂大叫，流涕恸哭，不能自止。②

上述真诚无伪、直抒胸臆的文学观与《毛诗序》中的“诗言志”、司马迁的“发愤著书”说、韩愈的“不平则鸣”说这些传统思想是一脉相承的。这些文学创作观或价值观都高度重视文学抒写与主体情志的深切关联，即将文学看作是主体精神受到外部环境的刺激而做出的一种情感反应。但在儒家文学观念中，情感表达需符合礼义规范，“乐而不淫，哀而不伤”才是尽善尽美。李贽则认为，创作是作者“蓄极积久”之情感的爆发，一旦见景触情，便“势不能遏”，乃至“发狂大叫，流涕恸哭”。显然，李贽的这种真情文学观与儒家的载道文学观是相冲突的，前者在

---

① 李贽：《与庄纯夫》，《李贽全集注》第一册，社会科学文献出版社 2010 年版，第 108 页。
② 李贽：《杂说》，《李贽全集注》第一册，社会科学文献出版社 2010 年版，第 272 页。

情感表达上更强调直接性、个体性，以自然真实为第一原则。袁中道在《李温陵传》中描绘了李贽在激情状态下执笔作书的有趣形象："亦喜作书，每研墨伸楮，则解衣大叫，作兔起鹘落之状，其得意者亦甚可爱，瘦劲险绝，铁腕万钧，骨棱棱纸上。"① 这实在是李贽通过自己的艺术实践为他所宣扬的自然真情说提供了一个生动的例证。

李贽相信，每个人若能随情而作，率性而行，"怕做官便舍官，喜做官便做官；喜讲学便讲学，不喜讲学，便不肯讲学"②，方能做个彻彻底底的真人。不仅如此，如果治理社会能遵行这样的原则，"贪财者与之以禄；趋势者与之以爵；强有力者与之以权；能者称事而官；懦者夹持而使。有德者隆以虚位，但取具瞻；高才者处以重任，不问出入。各从所好，各骋所长，无一人之不中用。"③

其二，真人是具有独立人格的人。

真人有真情，且能够自由抒发，在于真人拥有一种自作主宰、自信本心的独立人格，故能不从流俗。因为世俗倾向往往是："俗人以为丑则人共丑之，俗人以为美则人共美之。世俗非真能知丑美也，习见如是，习闻如是。闻见为主于内，而丑美遂定于外，坚于胶脂，密不可解。"④ 俗人并不是从自家本心来判美丑，而是以众人之美丑为美丑，众人对于美丑之好恶又是从于道理闻见，所以俗人非真知美丑，他们没有发于初心本真的主见。这犹如李贽在《圣教小引》中反省自己早年不识圣人之教时所做的比喻："矮子观场，随人说妍，和声而已。"

李贽将具有独立人格的人称为"大人"，他说：

> 大人者，庇人者也；小人者，庇于人者也；凡大人见识力量与众不同者，皆从庇人而生，日充日长，日长日昌。若徒荫于人，则

① 袁中道：《李温陵传》，《珂雪斋集》卷十七，上海古籍出版社 1989 年版，第 721 页。

② 李贽：《复焦弱侯》，《李贽全集注》第一册，社会科学文献出版社 2010 年版，第 110 页。

③ 李贽：《答耿中丞》，《李贽全集注》第一册，社会科学文献出版社 2010 年版，第 41 页。

④ 李贽：《答周柳堂》，《李贽全集注》第一册，社会科学文献出版社 2010 年版，第 219 页。

终其身无有见识力量之日矣。今之人皆受庇于人者也，初不知有庇人事也。居家则庇荫于父母，居官则庇荫于官长，立朝则求庇荫于宰臣，为边帅则求庇荫于中官，为圣贤则求庇荫于孔、孟，为文章则求庇荫于班、马，种种自视，莫不皆自以为男儿，而其实则皆孩子而不知也。豪杰凡民之分，只从庇人与庇于人处识取。①

“大人”与“小人”之分，在于庇人或庇于人。庇人者，自有见识与力量，否则何以能庇人，且见识与力量随庇人之行为而增长。庇于人者乃是将自己的利益寄托在他人身上，有求于人则必受制于人，终不能在人格上获得独立。孟子曰：“大人者，不失其赤子之心者也。”（《孟子·离娄下》）有理由相信，李贽的“大人”之说亦导源于孟子此论，那么，他说的“大人”便是保有童心之人，不失童心者方是拥有独立人格的“豪杰”。若联系李贽生平，他的上述说法相当程度上还是有感于自己的切身经历。他曾寄居在黄安耿定向、耿定理（1534—1577，字子庸）兄弟家中，一起谈学论道，而与耿定理尤为投契。耿定理去世后，李贽与耿定向关系日趋紧张。后者难容李贽自由不羁、非圣诬法的言行，李贽亦不满耿定向虚伪的假道学做派，二人互相攻讦，终至决裂。耿、李之争在李贽思想发展过程中具有关键性的意义，他的反道学立场就是在此事件中生成和强化的。无论如何，李贽的这一生活和思想境遇使他愈加深刻地认识到人格独立的重要性，其精神上的企望也变得更加强烈。

从“童心说”出发，李贽把拥有自然真情和独立意识的“真人”奉为一种人格理想，以“真”作为衡量人格优劣的标杆和价值准则。据此标准，李贽认为，那些来自底层、不拘礼法的平民百姓反而更有“真人”风范，他说：“市井小夫，身履是事，口便说是事，作生意者但说生意，

① 李贽：《别刘肖川书》，《李贽全集注》第一册，社会科学文献出版社2010年版，第141—142页。

力田作者但说力田。凿凿有味，真有德之言，令人听之忘厌倦矣。”①“有德之言”非指言行合乎道德，而是说言行一致、表里如一的真诚无伪。这种至情至性、自然无伪的人格本身无疑具有强烈的审美化特质，而“真人”正是李贽美育思想所诉诸的教化目标。

然而，这里还有一个不得不提的问题是，李贽的自然人性论和“童心说”倡导立人行事需顺从本心真性，追求率性任真、自然无伪的“真人”理想，更提出人心即私心，无私心则无人心的激进主张②，这就让当时的正统士人和后来的学者相信，李贽是一位批判和否定儒家纲常伦理的反礼教者。由是，无论被批之为“无忌惮”的“小人”还是颂之为思想解放的先驱，都是基于李贽表面的反道德取向所做出的判断。那么，李贽的“真人”果然是一种非道德的人格形象吗？

李贽的自然人性论确实能给予人的本能、欲望、情感等感性内容以某种程度的肯定。他说：“世间种种皆衣与饭类耳，故举衣与饭而世间种种自然在其中……”③ 世间道理皆在穿衣吃饭这类日用常行中显现出来，穿衣吃饭正是来自人饥则食、渴则饮的生命需求。然而，我们不能偏执地认为，李贽的自然人性论只是对人的物质欲求做出辩护，实际上，其真正目的乃是通过对物质欲求的肯定，提出一种关于普遍的天理伦则的新的叙事方式，意图借此突破以程朱理学为代表的儒家仁德模式。李贽直言，“穿衣吃饭，即是人伦物理，除却穿衣吃饭，无伦物矣”④，这种表述无疑将泰州学派的自然主义发挥到了极致，似乎完全是在物质欲求活动当中来言述伦常法则。但需要说明的是，“穿衣吃饭”一方面当然实指人的物质活动，另一方面，它更起到一种修辞上的类比、起兴作用，即拿“穿衣吃饭”来引申性地解释一种以直觉性、情感性为践行特点的

① 李贽：《答耿司寇》，《李贽全集注》第一册，社会科学文献出版社 2010 年版，第 72 页。

② 李贽《德业儒臣后论》曰：“夫私者，人之心也。人必有私，而后其心乃见；若无私，则无心矣。”见《李贽全集注》第六册，社会科学文献出版社 2010 年版，第 526 页。

③ 李贽：《答邓石阳》，《李贽全集注》第一册，社会科学文献出版社 2010 年版，第 8 页。

④ 李贽：《答邓石阳》，《李贽全集注》第一册，社会科学文献出版社 2010 年版，第 8 页。

道德观。“穿衣吃饭”本身无关道德，但道德应该如穿衣吃饭那样自然真实，符合生命的本质需求。由是可知，李贽并非真正要非人伦、反道德，而是反对那种强制人的情感欲求，从而导致人言行不一、里外不合、情感与理性分裂的伪道德。在他看来，一切道德行为都应从人的自然情性中生发出来，故必合乎人的自然情性。道德是“由仁义行”，而不是“为行仁义”。[1] 即，道德乃是按照仁义本心去行动，不是为了达到仁义的目的才去做仁义之事，否则便失于“矫强”。在《读律肤说》一文中，李贽做出了更明确的表述：

> 故自然发于情性，则自然止乎礼义，非情性之外复有礼义可止也。惟矫强乃失之，故以自然之为美耳，又非于情性之外复有所谓自然而然也。……所谓自然者，非有意为自然而遂以为自然也。若有意为自然，则与矫强何异？故自然之道，未易言也。[2]

从自然情性中生长的道德其实正是情性本身，它能够行之所当行，止之所当止，是一种人性的自然而然，故而是一种美，由此可以得出这样一条等式：自然 = 情性 = 道德（礼义） = 美。“以自然之为美”正是李贽美学、美育思想的核心原则。

第三节　李贽文艺思想中的美育诉求

李贽是明代杰出的文艺理论家和批评家，其激进而深刻的文艺主张对晚明的文艺新思潮具有直接的催化作用，在当时和后世都有重大影响。李贽的文艺思想以自然人性论为其哲学和美学的基础，注重个体情性的自由抒发和个性精神的张扬，将自适、自得和生命解脱视作文学创作的

---

① 李贽：《答邓石阳》，《李贽全集注》第一册，社会科学文献出版社 2010 年版，第 8 页。
② 李贽：《读律肤说》，《李贽全集注》第一册，社会科学文献出版社 2010 年版，第 365 页。

根本目的，由此也构成其美育思想的基本价值诉求。

一、自适与解脱：文学的目的

李贽的人格理想和价值准则乃是唯“真”是从，唯“真”是立，他的自然人性论的核心价值观即是“真”，故他对假人说假言、写假文、做假事的社会现状深恶痛绝。而诸假之中最根本的是假人，因人假而无所不假，所以，要在道德上建立一个真情、真性的世界，本质在于塑造真人。然而，个性狂傲不羁、追求精神自由的李贽并不像传统儒家士大夫那样，总是将修身为学之事关联到“治国平天下”的政治理想上，在他看来，“士贵为己，务自适。如不自适而适人之适，虽伯夷、叔齐同为淫癖；不知为己，惟务为人，虽尧、舜同为尘垢秕糠”。[1] 意思很明确，为学求道的目的乃是“为己”“自适”，是要获得自我心灵的满足，而非为了符合社会的价值标准。

李贽提出的“为己之学”的思想并非其独创，而是传统儒学的重要论题之一。孔子曰：“古之学者为己，今之学者为人。”（《论语·宪问》）王阳明亦言：“君子之学，为己之学也。为己故必克己，克己则无己。”[2] 儒家高贤讲的“为己之学”中的“己”带有强烈的伦理品格，诚如阳明所言，“为己”实为“克己”，并最终达到“无己”境界，以“内圣”的修炼实现“外王”的抱负。而李贽的“为己”却真正是以个体自我为中心，他说：“大凡我书，皆是求以快乐自己，非为人也。”[3] 又说：“我以自私自利之心，为自私自利之学，直取自己快当，不顾他人非刺。”[4] 李贽讲得很明白，为学宗旨乃在探究自身的生命价值和意义，最终目的是使自我生命得以适畅快意，其“为己之学”也是以个人的心灵自由为旨归，故而要忘却世俗利害来达致超越境界。正如有学者判断，“李贽的超

---

① 李贽:《答周二鲁》,《李贽全集注》第一册,社会科学文献出版社 2010 年版,第 214 页。
② 王阳明:《书王嘉秀请益卷》,《王阳明全集》,上海古籍出版社 1992 年,第 272 页。
③ 李贽:《与袁石浦》,《李贽全集注》第三册,社会科学文献出版社 2010 年版,第 142 页。
④ 李贽:《寄答留都》,《李贽全集注》第一册,社会科学文献出版社 2010 年版,第 226 页。

越是双向的，他既对世俗势力不感兴趣，更厌恶大谈修齐治平的道学之徒。他唯一的希望是我行我素，不受拘束，自由自在地表现自我，从而获得心灵的自由与解脱”①。由此可以看出，李贽的求真、立真之思固然是出于对陈腐、虚伪的社会伦理和政治意识形态的批判，却并不完全以重建一套更加契合士大夫集团利益的新的观念秩序为目的。在他那里，个体思想、情感的自由表达和真实抒发比一切都重要，个体灵魂的安适与解脱是至为根本的，唯有如此才是对个体在思想和行为上的直率和真诚之性的彻底体现。可以肯定的是，李贽引导的这种思想转向不仅对传统儒学场域中的“成圣”观念构成了颠覆效应，同时也从根本上决定了他的美育思想的重要特征，即追求在审美愉悦中获致个体心灵的超越和灵魂的解脱，这种美育宗旨在一定程度上包含了宗教的终极关怀意义。

然而，李贽最初并不认为个体生命的意义解证可以托付于如文学这样的审美表意实践，但也恰恰是在其文学思想中，那种具有高度个人主义色彩和自然心性论内涵的美育思想获得了最为充分的体现。李贽一开始是将文学与自我解脱的性命之学对立起来，认为“文学纵得列于词苑，犹全然于性分了不相干”②，故判定文学不如穷究生死根由的性命之学重要，可见文学在李贽心目中是无法替代对于生命解脱之道的探求的。但随着李贽对文学本质理解的不断深入及对道体的认识视域的逐渐扩大，文学与性命之学在主体人格的交融点上最终被融为一体。正如前述，李贽的最高人生理想乃是勘破死生之事，遁入自由无碍、浑然忘我的超越境界，而这种境界实在可以通过文学鉴赏过程中的审美愉悦来充分获取。“正是在这‘游心’的内在超越上，卓吾的人生解脱之道与文学创作的审美心境求得了共识与共赏”。③

李贽痴于谈佛参禅，因佛理乃“生死之大学问”，能够帮助自己解决

① 左东岭：《李贽与晚明文学思想》，天津人民出版社 1997 年版，第 77 页。

② 李贽：《与弱侯焦太史》，《李贽全集注》第三册，社会科学文献出版社 2010 年版，第 69 页。

③ 左东岭：《李贽与晚明文学思想》，天津人民出版社 1997 年版，第 188 页。

生命存在的困惑，直窥个体意义的根底。于是，当他提出“谈诗即谈佛”这样的观点时，无疑已承认，诗文为个体提供怡情适性的功用的同时，也将最终为后者实现人生价值。不妨引相关论述如下：

> 彼以谈诗谈佛为二事，不知谈诗即是谈佛。若悟谈诗即是谈佛人，则虽终日谈诗何妨。我所引‘白雪阳春’之语，不过自谦之词，欲以激厉彼，俾知非佛不能谈诗也，而谈诗之外亦别无佛可谈。自信失余之意，反以谈诗为不美，岂不误哉？历观传灯诸祖，其作诗说偈，超逸绝尘不可当，亦可以谈诗病之乎？唯本不能诗而强作，则不必；若真实能诗，则因谈佛而其诗益工者又何多也，何必以谈诗为病也。①

基于这样的诗、佛相通的观念，文学在李贽那里就不再是末技小道，而是被作为求解人生之道的重要途径。李贽据此针对杨慎的文学思想提出了不同的看法。杨慎曾为孔融沉溺于文章之道而叹息：“北海大志直节，东汉名流，而与‘建安七子’并称，骆宾王劲辞忠愤，唐之义士，而与‘垂拱四杰’为列。以文章之末技，而掩其立身之大闲，可惜也。”李贽对此批评道：“文章非末技，大闲岂容掩！先生差矣。”② 杨慎又对王羲之本“有经济才，而为书名所盖”表示惋惜，感叹“艺之为累大哉”！李贽同样反驳：“艺又安能累人？凡艺之极精者，皆神人也，况翰墨之为艺哉！”③ 从之前认为文学“于性分了不相干”到这里承认“文章非末技”，并宣称艺精者即可为神人，李贽的文学思想、美学立场皆发生了根本性的转变。他之所以将艺术创作水平和人格境界（神人）联系起来，乃是看到文艺对于个体人格的陶养作用，希冀个体能够通过文艺创作和

---

① 李贽：《观音问·答澹然师》，《李贽全集注》第二册，社会科学文献出版社 2010 年版，第 81 页。

② 李贽：《孔北海》，《李贽全集注》第二册，社会科学文献出版社 2010 年版，第 198 页。

③ 李贽：《逸少经济》，《李贽全集注》第二册，社会科学文献出版社 2010 年版，第 197 页。

鉴赏活动而自我塑造成为一种气质高洁、胸襟坦恻、言行通脱的超绝世俗之人。

李贽是一个注重哲学思考和人生意义之探求的思想家，他的文艺思想几乎都是有关文艺的功能和目的的，因为只有这些问题才能与其关于人生之自适与解脱的哲学追求相一致。质而言之，在李贽看来，唯有将文艺问题纳入到穷究生死根由的终极考量之中，才能真正凸显前者的价值，这也恰恰构成李贽美育思想最为深刻的部分。

当然，李贽不会否认，文艺除了具有探索人生终极问题的功能外，它还作为日常个体的情感抒泄途径而有其价值。比如在《读书乐》一文中，李贽认为，读书的目的在于求乐，在于“怡性养神”的精神享受。此中所谓“乐”，包括歌与哭两种内涵：“读书伊何？会我者多。一与心会，自笑自歌；歌吟不已，继以呼呵。恸哭呼呵，涕泗滂沱。……歌哭相从，其乐无穷。寸阴可惜，曷敢从容！”[①] 歌即是情感的自我愉悦，哭则是自我宣泄，歌与哭的阅读效果不仅让读者获得了高强度的审美感受，而且亦让作者在这种审美活动中获得精神之绵延和不朽。读书以及具体的文学鉴赏在此不仅是陶养情感的手段，更成为个体追逐精神自由，抒发生命意趣的人生目的。这里所说“自笑自歌”“恸哭呼呵”皆表达了李贽鄙弃狭隘污浊的现实世界，拥抱无限广大之宇宙的自我快慰，亦显出其疏离世俗、自成高洁天地的无奈而又决绝的态度。因为只有在无拘无束的精神世界中，才能使自身摆脱俗世瓜葛的无尽纠缠，享受灵魂升华的喜悦。

二、小说、戏曲美育论

在古代文学思想史上，李贽是作为一位富有思想个性且重要的文学批评家而占有其独特地位的，他对小说、戏曲等通俗文学作品的评点不

---

① 李贽:《读书乐》,《李贽全集注》第二册,社会科学文献出版社 2010 年版,第 240—241 页。

仅发展了评点这一文学批评样式，对通俗文学地位的提高及其传播也做出了不可磨灭的贡献。而他在小说、戏曲的鉴赏、批评实践中所表达的丰富的美育观念同样值得我们重视，故有必要做出理论上的梳理和总结。

在《童心说》中，李贽提出了理想文学的标准："天下之至文，未有不出于童心焉者也。苟童心常存，则道理不行，闻见不立，无时不文，无人不文，无一样创制体格文字而非文者"[①]。出于童心之文，不受道理闻见的干扰和世俗观念的桎梏，是真心之文、真情之文。只要出于真情实感，任何话语皆可成文，任何人皆能为文，这显然是一种相当自由、开放的文学观念。李贽由此严厉批评了复古派的"格调说"：

> 追风逐电之足，决不在于牝牡骊黄之间；声应气求之夫，决不在于寻行数墨之士；风行水上之文，决不在于一字一句之奇。若夫结构之密，偶对之切；依于理道，合乎法度；首尾相应，虚实相生：种种禅病皆所以语文，而皆不可以语于天下之至文也。[②]

李贽认为，"规矩法度"乃是作文的死法，"天下之至文"绝不会出于规矩法度之中。字句、结构如牝牡骊黄，只是外部的形式，无关文章的精义，要写出天下至文，关键是做到情感的自然抒发，即"发于情性，由乎自然"。李贽进而将这种文学审美观应用到小说、戏曲批评当中。他说：

> 诗何必古选，文何必先秦。降而为六朝，变而为近体；又变而为传奇，变而为院本，为杂剧，为《西厢曲》，为《水浒传》，为今之举子业，皆古今至文，不可得而时势先后论也。故吾因是而有感

① 李贽：《童心说》，《李贽全集注》第一册，社会科学文献出版社 2010 年版，第 276—277 页。

② 李贽：《杂说》，《李贽全集注》第一册，社会科学文献出版社 2010 年版，第 272 页。

于童心者之自文也，更说甚么《六经》，更说甚么《语》《孟》乎？[①]

李贽以历史发展的眼光来看待文学中的“至文”。“至文”作为一种审美典范，并非如复古派声称的那样，以法古为前提，而是随着时代的变化而变化，一时代有一时代之“至文”，延至元明，杂剧、传奇、小说这些通俗文学体裁也发展出自身的“至文”，重要的是在于感童心而发，发于真心真性。李贽将小说戏曲和诗歌辞赋以及举子业并列，无非是为提高戏曲小说的文学地位，使它们能够承担起审美化育和人文教化的职责。比起已陷入刻板僵化的传统诗文，感于童心、发自真情的小说戏曲或许更能肩负塑造“真人”的使命。

《忠义水浒传叙》是李贽的一篇著名的小说评论文章，比较集中地体现了李贽的小说美育观。文章开头即道出文学创作的心理条件和情感动力：

> 太史公曰：“《说难》《孤愤》，圣贤发愤之所作也。”由此观之，古之贤圣，不愤则不作矣。不愤而作，譬如不寒而颤，不病而呻吟也，虽作何观乎？《水浒传》者，发愤之所作也。盖自宋室不竞，冠屦倒施，大贤处下，不肖处上。驯致夷狄处上，中原处下。一时君相犹然处堂燕鹊，纳币称臣，甘心屈膝于犬羊已矣。施、罗二公身在元，心在宋；虽生元日，实愤宋事。是故愤二帝之北狩，则称大破辽以泄其愤；愤南渡之苟安，则称灭方腊以泄其愤。敢问泄愤者谁乎？则前日啸聚水浒之强人也。”[②]

施耐庵、罗贯中作《水浒》与司马迁写《史记》的宗旨在李贽看来是一

---

① 李贽：《童心说》，《李贽全集注》第一册，社会科学文献出版社 2010 年版，第 277 页。

② 李贽：《忠义水浒传序》，《李贽全集注》第一册，社会科学文献出版社 2010 年版，第 301 页。

样的，皆“发愤之所作”，从而说明，情感郁结可以化为创作的动力，创作则使郁结的情感得以宣泄。清人雁宕山樵（即陈忱，1615—1670，字遐心）《水浒后传序》亦云：“嗟呼！我知古宋遗民之心矣。穷愁潦倒，满眼牢骚，胸中块磊，无酒可浇，故借此残局而著成之也。”① 对读者来说，阅读这样的作品，同样可以感怀自家身世，借以抒发与小说人物及作者相似的牢骚和愤懑。另一方面，“发愤说”不仅能够解释个体的创作动因，而且隐隐昭示出，作者或读者压抑心理的形成与外部的社会环境有关，进而构成对现实政治的批判。

李贽认为，《忠义水浒传》的核心价值观就在忠义二字，而《水浒》所表之忠义精神不唯是个体的情感抒怀，它还具有独特的社会政治效用：

> 故有国者不可以不读，一读此传，则忠义不在水浒而皆在于君侧矣。贤宰相不可以不读，一读此传，则忠义不在水浒，而皆在于朝廷矣。兵部掌军国之枢，督府专阃外之寄，是又不可以不读也，苟一日而读此传，则忠义不在水浒，而皆为干城心腹之选矣。否则不在朝廷，不在君侧，不在干城腹心，乌在乎？在水浒。此传之所为发愤矣。②

李贽不无天真地相信，通过阅读《水浒传》，其忠义精神能够感召宰相、将军这些手握重权的统治者，使他们能够为君王尽忠义的本分，使水浒之忠义“在君侧”“在朝廷”。因为在现实境况中，忠义不在君侧、朝廷，而在民间草莽，才导致政治失序、社会混乱，这也是小说作者发愤作此书的原因。李贽倡自然人性而与世俗礼法相颉颃，但此处不难看出其真实的道德心态。正如前文所述，李贽所反对者，是那些“阳为道

① 雁宕山樵：《水浒后传序》，《中国历代小说论著选》，江西人民出版社 1982 年版，第 307 页。

② 李贽：《忠义水浒传序》，《李贽全集注》第一册，社会科学文献出版社 2010 年版，第 302 页。

学，阴为富贵，被服儒雅，行若狗彘”[1] 的伪道学家，是借忠义之名而谋名利之实的奸狡之辈，对于真正的忠义之人、忠义之事，李贽又何曾反对。其友周友山说他：“身世孤单，生平不爱见俗人，闻俗语，以故身世益孤。唯爱读书。读书每见古忠臣烈士，辄自感慨流涕，故亦时时喜闻人世忠义事。”[2] 李贽读小说、戏曲作品时经常会产生强烈的道德体验，并据此来评价作品。他读《拜月亭》，“使人有兄兄妹妹，义夫节妇之思”[3]，读《红拂记》又说：“乐昌破镜重合，红拂智眼无双，虬髯弃家入海，越公并遣双妓，皆可师可法，可敬可羡。孰谓传奇不可以兴，不可以观，不可以群，不可以怨乎？”[4] 他评价宋江：“身居水浒之中，心在朝廷之上，一意招安，专图报国……忠义之烈也！”而对于鲁智深坐化六和寺、燕青辞主、李俊童氏兄弟投化外国等行为，李贽却讥之为“小丈夫自完之计”。依照这些评语，若言李贽比那些所谓的道学家更讲忠孝节义，更像忠臣孝子，应该是不为过的。这样一个李贽与那个狂人李贽在价值取向上似乎很矛盾，但两者的精神实质是一样的，即，无论忠义还是猖狂，都出于李贽的自然真情，在“真”这一价值维度上，两者是可以统一的。

李贽还非常重视文艺作品的审美感染力，他反对枯燥的道德说教，认识到文艺的道德教化效用是通过美感的陶养功能来实现的，以情达意，以美育善才是正确的教化路径。李贽讲到寺庙的晨钟暮鼓对心灵的洗涤作用：“声音之道，原与心通。”“闻则自然悲仰，亦且回心易向，知身世之无几，悟劳攘之无由矣。”“一鸣则蝶梦还周，耳目焕然，改观易听矣。纵有杂念，一击遂忘；纵有愁思，一捶便废；纵有狂志悦色，一闻音声，

---

① 李贽：《三教归儒说》，《李贽全集注》第三册，社会科学文献出版社 2010 年版，第 223 页。

② 周友山：《周友山为僧明玉书法语》，《李贽全集注》第二册，社会科学文献出版社 2010 年版，第 26 页。

③ 李贽：《拜月》，《李贽全集注》第二册，社会科学文献出版社 2010 年版，第 132 页。

④ 李贽：《红拂》，《李贽全集注》第二册，社会科学文献出版社 2010 年版，第 133 页。

皆不知何处去矣。”[①] 声音之所以能对人的心灵产生陶养、净化作用，完全是基于本身的审美表现方式（一鸣、一击、一捶）和由此产生的审美感染力。

李贽在评点《水浒传》中的人物时，非常注重作品对人物性格的刻画及其带来的艺术效果，而不是直接从道德上进行评断。在梁山诸好汉中，他对李逵的评价超出众人之上，赞曰："李逵者，梁山泊第一尊活佛也，为善为恶，彼俱无意。”[②] 李逵无论行善作恶，都不是出于私利，而是根于自然天性，“率性而行，不拘小节，方是成佛作祖根基。”小说第五十回《宋公明三打祝家庄》，李逵杀了扈太公一家，宋江斥责他违抗军令，便以杀敌功劳来抵过。李逵说：“虽然没了功劳，也吃我杀得快活。”李贽点评道：“妙人妙人，超然物外，真是活佛转世。”第七十三回《梁山泊双献头》，李逵以为宋江霸占人家女儿，竟气冲冲跑上山要杀宋江。李贽评道：“真人。”很明显，同真实人物品性高低的评价依据一样，李贽对小说人物的品鉴也是全然以“真”作标准，抛开世俗伦常观念，以真与假来判定人物行事之是非，这与“童心说”的思想是一脉相承的。从小说的教化功能来说，作者根本不用硬生生地去宣讲一些空洞的道德文字，只要造出李逵这般真情真性的人物，谁能不被吸引和感染呢？李逵的忠义是真忠义，“宋江用之便知有宋江而已，无成心也，无执念也，藉使道君皇帝能用之，我知其不为蔡京、高俅、童贯、杨戬明矣。”[③] 他不是为着外在的功利目的和政治道德的名目来行忠义，而是近乎本能地出自一片自然真心。就读者角度讲，能欣赏得李逵这样人物，能与他们的情感产生共鸣，就自然知道何谓真正的忠义，李贽所谓忠义“在君侧”

① 李贽:《豫约·早晚钟鼓》,《李贽全集注》第二册,社会科学文献出版社 2010 年版,第 102 页。

② 李贽:《梁山泊一百单八人优劣》,《李贽全集注》第一九册,社会科学文献出版社 2010 年版,第 3 页。

③ 李贽:《梁山泊一百单八人优劣》,《李贽全集注》第一九册,社会科学文献出版社 2010 年版,第 3 页。

“在朝廷”的政治理想也就有可能实现。

围绕文学作品的艺术效果问题，李贽还提出了著名的“化工说”。他说：

> 《拜月》《西厢》，化工也；《琵琶》，画工也。夫所谓画工者，以其能夺天地之化工，而其孰知天地之无工乎？今夫天之所生，地之所长，百卉具在，人见而爱之矣。至觅其工，了不可得，岂其智固不能得之欤！要知造化无工，虽有神圣，亦不能识知化工之所在，而其谁能得之？由此观之，画工虽巧，已落二义矣。文章之事，寸心千古，可悲也夫！①

“化工”是指一种自然天成的艺术创造，所谓“清水出芙蓉，天然去雕饰”，乃天工之巧夺，造化之自成，所以“化工”即“无工”。“工”便是技巧，“无工”便是消灭了技巧的痕迹而达到真实自然的境界。“画工”则是人为的工巧，是作者因着外在的目的做出的艺术上的高超安排，它是人力所能达到的最高水平，虽也能极尽造化之妙，与呈显自然之真、以无工为至境的“化工”相比，毕竟落入第二义了。基于“化工”原则，李贽探讨了“情”之真伪深浅与审美感染力的关系，他说：

> 杂剧院本，游戏之上乘也，《西厢》《拜月》，何工之有！盖工莫工于《琵琶》矣。彼高生者，固已殚其力之所能工，而极吾才于既竭。惟作者穷巧极工，不遗余力，是故语尽而意亦尽，词竭而味索然亦随以竭。吾尝揽《琵琶》而弹之矣：一弹而叹，再弹而怨，三弹而向之怨叹无复存者。此其故何耶？岂其似真非真，所以入人之心者不深耶！盖虽工巧之极，其气力限量只可达于皮肤骨血之间，则其感人仅仅如是，何足怪哉！《西厢》《拜月》，乃不如是。意者宇宙之内，

---

① 李贽：《杂说》，《李贽全集注》第一册，社会科学文献出版社 2010 年版，第 272 页。

本自有如此可喜之人，如化工之于物，其工巧自不可思议尔。①

在李贽看来，《琵琶记》可谓极尽工巧，已穷竭作者的才力，但在艺术感染力上始终无法与《西厢》《拜月》相比。因为作者只注意用技巧去刻画人物外在的道德形象，而且刻画得十分完美，语言和形象也结合得天衣无缝。然正因如此，人物似真非真，情感淡薄，精神干枯，语尽而意完，经不起读者的反复咀嚼品味。而如《西厢》《拜月》者，天工开物，自然如此，读者无须巧思领会，只需以情合情，便能深入骨血，获得深切感受。这表达了李贽以情感人、以情化人的审美教化思路。

三、礼乐教化论

从孔子开始，儒家将礼乐教化视作政道体制的根本，希冀以礼乐化成天下，回归圣王的升平治世，故礼乐教化观念成为儒家美育思想的核心内容。在李贽这里，礼乐教化论同样是其美育思想的重要组成部分，他的礼乐之论尽管基本上未脱出儒家的价值轨辙，但同时也包含了激生于新的时代境域的新思路和新观点。

李贽是十分重礼的，这一点可以从他对“子贡欲去告朔之饩羊”②这一事件的评论看出来。《论语・八佾》：“子贡欲去告朔之饩羊。子曰：‘赐也！尔爱其羊，我爱其礼。’”李贽说：“子贡欲去告朔之饩羊，非爱羊也，伤时君之废礼也。夫子不欲去告朔之饩羊，非不爱羊也，冀时君之能复礼也。全赖圣贤相与发明而笔之于书，使天下知告朔之礼不当废，又知告朔之礼所当复。此《春秋》旨也。吾因是而知圣贤爱礼之深也。

① 李贽:《杂说》,《李贽全集注》第一册,社会科学文献出版社 2010 年版,第 272 页。

② 依据周礼,周天子会在每年秋冬之际把第二年的历书颁给诸侯,诸侯将历书置于祖庙内,并在每月初一杀一只活羊祭庙,以示每月听政之始。这种祭庙仪式就叫“告朔”。鲁国自文公开始,君主已不再亲自行“告朔”之礼,“告朔”成了形式。所以,子贡提出干脆将“饩羊”一并去掉,以免“无实而妄费”(朱熹《论语集注》)。孔子对此大为不满,责备子贡爱羊而不爱礼。

今若徒泥夫子之言，以谓赐也但知爱羊而不爱礼，则圣贤之意荒矣。”[1]李贽认为，不应根据孔子的字面意思来判定子贡去饩羊是爱羊不爱礼，相反，子贡的说法恰恰是他对告朔之礼遭到废弃而表现出的一种感愤态度。而依靠孔子和子贡的这一次对话，亦能使天下后世都知道礼的重要性，知道圣贤爱礼之深如此。从这段评论的字里行间能让我们强烈体会到，礼之“不当废”“所当复”正是李贽在道德文化上的祈望。

李贽总是批评时人没有真正理解礼的本质，要么拘泥于古礼，亦步亦趋，意图拿过往的礼制来行政治世；要么以外在的条文规约为礼，结果或流于形式，或束缚身心，总之不合礼教的真义。而相较起来，第二个方面尤为严重，是导致现实生活中一方面虚文假礼盛行，一方面道德人心败坏的主要原因。《童心说》讲“有闻见从耳目而入而以为主于内……有道理从闻见而入而以为主于其内，而童心失”说的就是这个问题，即，义理礼法是由外而内地来强制规范个体心性的。李贽由此提出对礼的新的理解，《四勿说》道：

> 盖由中而出者谓之礼，从外而入者谓之非礼；从天降者谓之礼，从人得者谓之非礼；由不学、不虑、不思、不勉、不识、不知而至者谓之礼，由耳目闻见，心思测度，前言往行，仿佛比拟而至者谓之非礼。语言道断，心行路绝，无蹊径可寻，无涂辙可由，无藩卫可守，无界量可限，无扃钥可启，则于四勿也当不言而喻矣。[2]

儒家讲“礼自外作”，即礼显于外，是从外部来规束个体的身心活动和社会行为，所以礼带有一定的强制性和专断性。李贽从根本上否定外作之礼，直言之“非礼”，而认为“礼从中出”，中者，心也，意思是，礼应

① 李贽:《道古录》,《李贽全集注》第一四册,社会科学文献出版社 2010 年版,第 326—327 页。

② 李贽:《四勿说》,《李贽全集注》第一册,社会科学文献出版社 2010 年版,第 284—285 页。

该是人的生命情感的自然需求，是发源于自然本心（童心）的一种自觉的规范意识。人之行礼并非是去依从一种外在的规范，而是生命与德性的融合为一，这就将礼作了一种内在化、情感化、个体化的阐释，将礼变成了自然人性，变成了童心，礼教变成了情教。由于礼在本心，心即礼，李贽所谓“复礼”，便是祛除知见情识对本心的蔽障，恢复心体的清净本原，如此，凡视听言动无不合礼。

按照这样的礼学思路，李贽进一步论述了“德、礼、刑、政”的关系，从中可以深窥其礼教思想。《论语·为政》云：“道之以政，齐之以刑，民免而无耻。道之以德，齐之以礼，有耻且格。”用法制刑罚治理百姓，百姓不犯法只是为求免于罪罚，并没有道德上的羞耻心；用道德礼制来教化、规范百姓，他们就会有羞耻心，且能自行匡正。李贽的论述正是发挥孔子此话而来。他首先指出：“今之言政、刑、德、礼者，似未得礼意，依旧说在政教上去了，安能使民格心从化?”李贽认为，人们所说的道德礼教实质上还是以强制管束为手段的政治教令，如此无法使百姓自正于心而获得真正的教化。造成这种状况的主要原因在于误解了“齐之以礼”的意思，以为“齐则欲齐人之所不齐以归于齐”。然天下之大，人各有情，物各有形，如何能够强行约束，“欲强天下使从己，驱天下使从礼”呢？于是就不得不施用政令刑罚的威权了。那么，如何才是真正的“齐之以礼”呢？李贽说：

> 以其躬行实德者道之于上，则为下者既自耻吾之不能孝弟与慈矣，而上焉者又不肯强之使从我，只就其力之所能为，与心之所欲为，势之所必为者以听之，则千万其人者，各得其千万人之心，千万其心者，各遂其千万人之欲，是谓物各付物，天地之所以因材而笃也，所谓万物并育而不相害也。今之不免相害者，皆始于使之不得并育耳。若肯听其并育，则大成大、小成小，天下更有一物之不得所者哉？是之谓“至齐”，是之谓“以礼”。夫天下之民，各遂其

生，各获其所愿有，不格心归化者，未之有也。[①]

在李贽看来，为上者要在道德践行上做出表率，为下者必会效之。为上者不能勉强下者，而是就其能力、意愿、外部环境等条件，听其各自修身向善，因才成就，关键是使百姓能够各得其心、各遂其欲、各遂其生、各成其性，如是则人心归服，天下大治，这才是真正的“齐之以礼”。李贽显然认为，道德教化必须尊重个体的独特性，那种外在化、形式化的礼制规约试图将不同个体生命整齐划一的做法是违反人的自然心性的，欲强不齐以齐之，实非真齐。他相信，“礼为人心之所同然，本是一个千变万化活泼泼之理”。人同此心，心同此礼（理）。所谓礼之齐者，乃是人人皆有对于礼的心理欲求，根本无须外部的强制，只要顺乎人情、依乎人性，礼教化成天下的政治愿景自然可以实现。

儒家一向礼乐并论，礼教和乐教在国家政教体系和个体人格修养方面，都是相须为用，相辅相成，缺一不可的。《乐记》中有不少这样的论述，如：“乐也者，动于内者也；礼也者，动于外者也。乐极和，礼极顺。内和而外顺，则民瞻其颜色而弗与争也，望其容貌而民不生易慢焉。”（《乐记·乐化》）“乐者为同，礼者为异。同则相亲，异则相敬。乐胜则流，礼胜则离。合情饰貌者，礼乐之事也。礼义立则贵贱等矣，乐文同则上下和矣，好恶著则贤不肖别矣。”“乐至则无怨，礼至则不争。揖让而治天下者，礼乐之谓也。”（《乐记·乐论》）这些论述说明，礼乐在人性教化、社会治理方面共同发挥着重要作用。再看《乐记》单就乐本身具有的政治、伦理功能做出的关键论述：“凡音者，生于人心者也。乐者，通伦理者也。是故知声而不知音者，禽兽是也。知音而不知乐者，众庶是也。唯君子为能知乐。是故审声以知音，审音以知乐，审乐以知政，而治道备矣。是故不知声者，不可与言音。不知音者，不可与言乐。知乐，则几于礼矣。礼乐皆得，谓之有德。德者，得也。”（《乐记·乐

① 李贽：《道古录注》，《李贽全集注》第一四册，社会科学文献出版社2010年版，第271页。

本》）此处“乐者，通伦理者也”“审乐以知政”正是儒家乐教的核心观点，体现了以音乐行政道教化的价值意图。

李贽正是以上述乐教理论为背景来阐述自己的乐教观的。他对音乐的审美结构所做的可知者与不可知者的区分首先值得重视。他认为，乐师所掌握的乐之“声容节奏”乃可知者，“至其所不可知者，则出于声容节奏之外，可以和神人而协上下，可以仪凤凰而舞百兽，如季札所谓‘如天之无不覆也，如地之无不载也。’吾夫子所谓‘不图为乐之至于斯也’，闻之三月而不知肉味也。则太师当自得之，非夫子之所能语也。所谓乐之所不可知者也。”① 可知者是指感官可以感知到的审美表象，就音乐说即是音调、节奏等。不可知者是超出审美表象之外的审美韵味，用传统美学的概念表述，就是象外之象、韵外之致、味外之旨。它超逸于感知世界，合于天地之道，通达宇宙精神，是乐教的终极意旨之所在。若能体悟到这一层意旨，便能谐和万物、交通天人，升平治世亦自在其中矣。尽管我们相信，李贽乐教思想的最高旨趣同样是寄托于“不可知者”，但他认为，对于现实处境中的个体来说，乐之“可知者”能够在经验层面上产生直接的审美效用，而这又源于人之心声与乐声的相通性。他说：“性格清彻者音调自然宣畅，性格舒徐者音调自然疏缓，旷达者自然浩荡，雄迈者自然壮烈，沉郁者自然悲酸，古怪者自然奇绝。有是格，便有是调，皆情性自然之谓也。”② “格”是指主体的情志品格，“调”是指音乐的声律韵调，人的不同情性自有与其相应的韵调，重要的是两者都发于真情，由乎自然，如此自有声色之美。同理，声乐之教的目的在于涵养人的自然情性，情性所在便是礼义所在，“非于情性之外复有礼义”。

李贽还撰有一篇《琴赋》来阐发声乐之教的本质。其曰：

---

① 李贽:《道古录注》,《李贽全集注》第一四册,社会科学文献出版社 2010 年版,第 327—328 页。

② 李贽:《读律肤说》,《李贽全集注》第一册,社会科学文献出版社 2010 年版,第 365 页。

《白虎通》曰："琴者禁也。禁人邪恶，归于正道，故谓之琴。"余谓琴者心也，琴者吟也，所以吟其心也。人知口之吟，不知手之吟；知口之有声，而不知手亦有声也。……夫心同吟同，则自然亦同……故善听者独得其心而知其深也，其为自然何可加者，而孰云其不如肉也耶！吾又以是观之，同一琴也，以之弹于袁孝尼之前，声何夸也？以之弹于临绝之际，声何惨也？琴自一耳，心固殊也。心殊则手殊，手殊则声殊，何莫非自然者，而谓手不能二声可乎？而谓彼声自然，此声不出于自然可乎？故蔡邕闻弦而知杀心，钟子听弦而知流水，师旷听弦而识南风之不竞，盖自然之道，得手应心，其妙固若此也。[1]

这里的意思很明确，琴为心之吟，琴声即心声，皆发于人的自然情性，琴声之不同源于人之情性各异，有何种情便有何种声，关键在于合乎自然之道。

据上述可以发现，尽管在音乐性质的认识上，李贽的乐教观与传统乐教思想是一致的，都认为乐生于人心，源于情性，且最终都指向人文教化的目的。然而两者也存在重要的差异。传统乐教更多的是直接强调音乐的政教功能，而较少关注音乐的审美特点。据前文所引《乐记》，音乐在艺术层次上被分成"声""音""乐"三个部分。"声"指感物而动的自然之声；"音"是因声的节奏变化所形成的一定曲调，具有一定的情感色彩；"乐"则是完整地含有五声六律，且合诗、乐、舞为一体的综合性艺术。在儒家看来，唯有知乐，在道德上才可称君子，唯"审乐"才可"知政"，唯"乐"，才可"通伦理"，故就乐教言，只有"乐"才有真正的政教功能，而更具审美性质的声与音是不足言教的。与此不同，李贽讲乐教，较少直接论述音乐的政治和道德内涵，而是首要突出其情性本质，认为只要顺应情性之真，便能合乎自然之美，风俗之良、政教之善亦自得于其中，这显然有异于传统的乐教思路。

① 李贽：《琴赋》，《李贽全集注》第二册，社会科学文献出版社 2010 年版，第 167 页。

第七章　汤显祖、冯梦龙的美育思想

明代美育思想的一个显著特色是对“情”的重视和宣扬，“言情”成为明代中后期士人的人生追求，不论是哲学、文学甚至政治，都显示出强烈的言情倾向，这种所谓的情本论思想可以说是对宋明理学扬理抑情观念最有力的批判。与中晚明许多重要思潮一样，情本论也受到了阳明心学的巨大激励，其哲学范畴和理论立场皆与心学体系有莫大的关联。我们知道，阳明心学本身即显示出重情感的特征，“心即理”说意味着要将性与情统于一心，无论是理或心皆具有情感内涵。以泰州学派为代表的心学左派更是极大地发挥了阳明对于情感的肯定意义，并进一步延伸出了关于“欲”的合法性的论辩。尽管明代美育思想中存在多种不同风格的“情本论”叙事，但最具代表性亦最富思想冲击力的非汤显祖的“至情说”和冯梦龙的“情教说”莫属。汤显祖通过构筑“有情之天下”和“有法之天下”的对立，将情感在晚期宗法社会中艰难的价值境遇前所未有地凸显出来，并表达了尚情抑法、以情抗法的思想主张。而冯梦龙提出的“情教说”可谓晚明哲学、美学“主情”思潮中一朵异常夺目的思想浪花，它将明代的“主情”论美学进一步推向高峰。

第一节　汤显祖的美育思想

汤显祖（1550—1616），字义仍，号海若、若士、清远道人，江西临川人。万历十一年进士，曾任太常寺博士、南京礼部主事，后调任浙江遂昌知县，终因不附权贵而弃官归里，未有再仕。汤显祖是明代伟大的戏曲家、诗人，著有《紫钗记》《还魂记》（即《牡丹亭》）、《邯郸记》《南柯记》，合称“临川四梦”，并写有大量诗文，收入《玉茗堂诗文集》。

汤显祖以一曲“因情成梦，因梦成戏”的《牡丹亭》在晚明文坛掀起了言情浪潮。汤显祖的言情主张绝非追求个体情性的自由疏泄，亦非将人生意义全然寄付于感性生命的欢愉之中。“情”在汤显祖这里含具世俗性和宗教性的双重特质，它既是个体经验层面的自然欲望，也是聚合社会人群的心理纽带，更在终极维度上成为能够超脱生死的宗教力量，故情之于宇宙、社会或人生，皆具本质性的构成意义。情不唯是个体的、感性的、自然的，更是社会的、道德的、艺术的。而在中年追求至情至性的汤显祖，在晚岁却再度转向道学，重张理学的性命题旨，倡导以理法（礼义）规导情性，修教身心，以达教化天下的目的。故在我们看来，要真正理解汤显祖的所谓“至情论”美育观，就必须同时把握情和理（礼）这两个思想层面及价值维度，而不能执“情”之一端，就轻易将反道学、反礼教的高帽戴到汤显祖头上。

一、汤显祖的思想渊源及其人性论

汤显祖的至情论美育观具有复杂的思想背景和理论来源，除了晚明文学界、思想界浓烈的言情风尚这一宏观背景之外，对至情论产生直接影响的莫过于罗汝芳、李贽、达观（1543—1603）三人。在写给管志道（1536—1608，字登之）的一封信中，汤显祖有是言：“如明德先生者，时在吾心眼中矣。见以可上人之雄，听以李百泉之杰，寻其吐属，如获美剑。”①

汤显祖是罗汝芳的入室弟子，十三岁便游学近溪门下，在思想言行上都深受其师影响。汤显祖后来撰文回忆罗汝芳对自己的教导和开省：“十三岁时从明德罗先生游。血气未定，读非圣之书。所游四方，辄交其

① 汤显祖:《答管东溟》,《汤显祖诗文集》,上海古籍出版社 1982 年版,第 1229 页。

气义之士，蹈厉靡衍，几失其性。中途复见明德先生，叹而问曰：‘子与天下士日泮涣悲歌，意何为者，究竟于性命何如，何时可了？’夜思此言，不能安枕。久之有省。”① 汤显祖尽管很早就从学罗汝芳，但因年少气盛，纵游浪歌，无心于圣学，故无法进入罗汝芳的性理世界。直到他三十六岁任南京太常寺博士，是年，罗汝芳到南京讲学，对自己昔日的这位少年弟子以“性命”问题相究问，使汤显祖“夜思此言，不能安枕”，才终于有所省悟。罗汝芳论学以“求仁”为宗旨，以自然现成的“赤子之心”为法门，总旨仍然不离心学范囿。黄宗羲概述其学问要义：“先生之学，以赤子良心，不学不虑为的，以天地万物同体、彻形骸、忘物我为大。此理生生不息，不须把持，不须接续，当下浑沦顺适。”② 罗汝芳由赤子之心立身求圣，发扬孔孟的仁学精髓，将仁视为生生不已的道德力量。他说：“天命生生不已，是替孝父母、弟兄长、慈子孙通透个骨髓。直竖起来，便成上下今古；横亘将去，便作家国天下。”③ 将这种生生不已之仁扩充到家国天下：“由一身之孝弟慈而观之一家，一家之中，未尝有一人而不孝弟慈者；由一家之孝弟慈而观之一国，一国之中，未尝有一人而不孝弟慈者；由一国之孝弟慈而观之天下，天下之大，亦未尝有一人而不孝弟慈者。”④ 生生不已的万物一体之仁使罗汝芳将性命之学的要旨从个体的修己立德、安身立命推及到关切世情、博施济众的社会政治层面，而这对汤显祖的至情主义思想产生了直接的影响。

汤显祖与李贽的私人交往并不十分密切，但李贽叛逆的、个性化的言行和文风以及纵身对抗世俗的决绝姿态使汤显祖很是认同和钦慕。在《焚书》刊印不久，汤显祖便寄信友人代求此书：“有李百泉先生者，见其《焚书》，畸人也。肯为求其书寄我骀荡否？”⑤ 李贽在狱中自杀后，

① 汤显祖:《秀才说》,《汤显祖诗文集》,上海古籍出版社 1982 年版,第 1166 页。
② 黄宗羲:《泰州学案三》,《明儒学案》卷三四,中华书局 1985 年版,第 762 页。
③ 黄宗羲:《泰州学案三》,《明儒学案》卷三四,中华书局 1985 年版,第 783 页。
④ 黄宗羲:《泰州学案三》,《明儒学案》卷三四,中华书局 1985 年版,第 782 页。
⑤ 汤显祖:《寄石楚阳苏州》,《汤显祖诗文集》,上海古籍出版社 1982 年版,第 1246 页。

汤显祖作诗悼念，诗云：“自是精灵爱出家。钵头何必向京华？知教笑舞临刀杖，烂醉诸天雨杂花”。[①] 惋惜之情溢于言表。汤显祖与李贽尽管少有直接的思想交流和讨论，但两者在性格特点、精神意趣乃至生活经历方面都存在许多共性。李贽《童心说》倡举自然情性，以真人、假人之分批判假道学，高标“真”的价值理想。尽管求真是晚明普遍的思想风尚，但汤显祖的如下论述很难说没有受到李贽的启发：“世之假人，常为真人苦。真人得意，假人影响而附之，以相得意。真人失意，假人影响而伺之，以自得意。……大势真之得意处少，而假之得意时多。”[②]

达观是明代四大高僧之一，是汤显祖在释门中的至交，称之为“吾所敬爱学西方之道者也”[③]。达观是晚明盛行的三教合一思潮在佛学界的代表人物，与心学援禅入儒相似，达观也喜欢搬用心学话头来揭说释教义旨。他直言：“佛法者，心学也。……夫自心者，圣贤由之而生，天地由之而建。光明广大，灵妙圆通，不死不生，无今无古，昭然于日用之间。”[④] 此处论述与阳明心学的义理取向甚为相似。达观有关“性情”问题的论说特别值得关注，他说：“夫理，性之通也；情，性之塞也。然理与情而属心统之，故曰‘心统性情’。即此观之，心乃独处于性情之间者也，故心悟，则情可化而为理，心迷，则理变而为情矣。若夫心之前者，则谓之‘性’，性能应物，则谓之‘心’。应物而无累，则谓之‘理’。应物而有累者，始谓之‘情’也。”[⑤] 理、性、心、情都是理学的核心范畴，“心统性情”亦是理学的重要命题。理学虽然把天理奉为自然、社会和人性领域的价值主宰，将存理去欲作为个体道德修养的目标，但并不完全否认情感的价值，而是承认其作为人性之必有内容的合理性，并努

---

① 汤显祖:《叹卓老》,《汤显祖诗文集》,上海古籍出版社 1982 年版,第 583 页。

② 汤显祖:《答王宇泰太史》,《汤显祖诗文集》,上海古籍出版社 1982 年版,第 1236 页。

③ 汤显祖:《寿方麓王老先生七十序》,《汤显祖诗文集》,上海古籍出版社 1982 年版,第 997 页。

④ 达观:《栖霞寺定慧堂饭僧缘起》,《紫柏老人集》,北京图书馆出版社 2005 年版,第 294 页。

⑤ 达观:《法语》,《紫柏老人集》,北京图书馆出版社 2005 年版,第 11 页。

力为情在精神结构中寻找适当的位置，所以朱熹才会说："情如何可灭！此乃释氏之说。"[①] 是否"灭情"因此成为区分理学与佛学的一个标志。达观由佛学立场认为，情是性之塞、心之迷、人之累，故灭情复性，使"理彻而情空"[②] 乃佛家根本宗旨。

达观很早就发现汤显祖有深厚的慧根，多次欲度脱其入佛门，甚至曾在南京雨花台为汤显祖授记，以示将来必定成佛。汤显祖本人亦倾心佛学的解脱法门，经常留恋梵殿，喜与僧人交游，甚至表示过出家的意愿。尤其到了中年，先后有子女夭折，自己也身患顽疾，这使汤显祖的出世倾向愈加强烈。达观试图利用佛学框架中的理、性、情之关系来点化汤显祖，寄书曰："此理皎如日星，理明则情消，情消则性复，性复则奇男子能事毕矣。"[③] 然而，对苍生黎民的关切，对世俗的满腔真情始终无法让汤显祖超离红尘。在给达观的回信中，他言道："情有者理必无，理有者情必无。真是一刀两段语。使我奉教以来，神气顿王。谛视久之，并理亦无，世界身器，且奈之何。"[④] "情有者理必无，理有者情必无"是汤显祖对达观观点的转述。达观言："夫理，性之通也；情，性之塞也。""应物而无累，则谓之'理'；应物而有累者，始谓之'情'。"[⑤] 他揭说情与理的对立关系旨在辩明消情以明理的意旨，汤显祖尽管肯定这种对立关系，但他在其中看到的是情之于生命存在的不可或缺的价值，并体证到自己对情的一种难以割舍的心怀。信的最后，汤显祖说："迩来情事，达师应怜我。白太傅、苏长公终是为情使耳。""怜"既是指对迷误红尘者的怜悯，也是期待一种理解和同情，而拿白居易和苏轼作例子，实有自我辩护的意思。应该说，与达观的交往，使汤显祖认识到自己的情根之重乃更甚于慧根，这对他的至情主义文艺观和美育观的形成起到

---

① 朱熹：《朱子语类》卷五九，中华书局 1986 年版，第 1381 页。
② 达观：《皮孟鹿门子问答》，《紫柏老人集》，北京图书馆出版社 2005 年版，第 560 页。
③ 达观：《与汤义仍》，《紫柏老人集》，北京图书馆出版社 2005 年版，第 610 页。
④ 汤显祖：《寄达观》，《汤显祖诗文集》，上海古籍出版社 1982 年版，第 1268 页。
⑤ 达观：《法语》，《紫柏老人集》，北京图书馆出版社 2005 年版，第 11 页。

了关键作用。

罗汝芳、达观、李贽三人对汤显祖思想的形成和发展具有重大影响，这种影响是总体性的，不仅体现在文艺观方面，更可以从他的哲学观和人性论上看出来。而我们会发现，汤显祖在中年时期发展成熟的至情主义，在他早年撰写的以人的生存论和修养论为主题的两篇理学文章中已初具思想理路，这两篇文章阐释的人性学说从根本上构成了汤显祖美育理论叙事的价值依据。

汤显祖在贬谪广东徐闻县时写下了《贵生书院说》一文，提出了“贵生说”。其文曰：

> 天地之性人为贵，人反自贱者，何也？孟子恐人止以形色自视其身，乃言此形色即是天性，所宜宝而奉之。知此则思生生者谁，仁孝之人，事天如亲，事亲如天。故曰：“事死如生，孝之至也。”治天下如郊与禘，孝之达也。子曰：“天地之大德曰生，圣人之大宝曰位。”何以宝此位，有位者能为天地大生广生，故观卦有位者“观我生”，则天下之生皆属于我；无位者止于“观其生”，天下之生虽属于人，亦不忘观也。故大人之学，起于知生，知生则知自贵，又知天下之生皆当贵重也。①

此文开篇即强调人在天地之间的高贵地位，贵生乃在贵人，贵人是贵生精神的集中体现。而贵生之首义是对肉体生命的尊重，对人的物质身体的护养，这在道家的养生学说中有一定的表现，但养生的最终目的乃是超脱形体，以达无生境界。汤显祖的贵生观念主要来源于儒家，第一句“天地之性人为贵”便是出自《孝经》。他一方面肯定个体的自然生命，但更指出，贵生不是只贵重人的物质形体，而要使每个人从自身的物质

① 汤显祖:《贵生书院说》,《汤显祖诗文集》,上海古籍出版社 1982 年版,第 1163 页。

形体出发来体会天地生生之大德，即，“知生之为性是也，非食色性也之生”[1]。这种天地大德付施人间，就成为社会中的仁孝伦理，所以他说：“仁孝之人，事天如亲，事亲如天。”汤显祖由此把贵生之义纳入到儒家的伦理规范当中。在他看来，生之所当贵者正在于人能够知行仁孝，懂得亲亲为仁的道理，若“仁孝之心尽死，虽有其生，正与亡等”[2]。在《与汪云阳》中，汤显祖表明自己提出“贵生说”的目的和以“贵生”命名书院的缘由，主要是因为徐闻县“人轻生，不知礼义”，“故以贵生名之”，[3] 道德教化意图可谓十分明显。

汤显祖讲贵生又展开为两个层面，一是自贵，一是贵重天下之生。自贵就是每个人都应认识到，“天生人至灵也”，人得阴阳、五行之秀，与天地并立为三，如此便要体认到自我的可贵，不能“以身坏之”，不能“起秽自臭”，而要善待“形色”，不杀身，不害生，成就大仁、大孝。从这里可以看出，汤显祖的“贵己”与杨朱“拔一毛而利天下，不为也”的利己主义是根本不同的。“贵生”的另一层意思是贵天下之生。每个人需认识到，“天下之生皆属于我”，如果不知天下之生可贵，只想到自贵，那就违背了生生之仁的精神，此就统治者而言尤其重要。汤显祖因此把知生、贵生当作成就“大人之学”的前提。“大人”既指政治上的统治者，也指在道德上教化百姓的圣贤君子，而在儒家观念中，两者是合为一体的，汤显祖名之曰“有位者”。他期待“有位者能为天地大生广生”，因为只有后者能够承担生养、教化百姓的职责，能够践行天地生生之大德，这里明显表达了儒家圣贤人格所要求的“万物一体之仁”的精神。根据前文对罗汝芳生生之仁思想的简述，不难发现，汤显祖的“贵生说”正是对罗氏思想的承述和化用。罗汝芳就认为，儒家仁学之要义全在“生生”二字，“孔门《学》《庸》，全从《周易》‘生生一语’

---

① 汤显祖:《秀才说》,《汤显祖诗文集》,上海古籍出版社 1982 年版,第 1166 页。

② 汤显祖:《贵生书院说》,《汤显祖诗文集》,上海古籍出版社 1982 年版,第 1163 页。

③ 汤显祖:《与汪云阳》,《汤显祖诗文集》,上海古籍出版社 1982 年版,第 1407 页。

化得出来”。①

如此生生不已之仁落实到具体的人性中，便是《中庸》所谓的“天命之性”。在《明复说》中，汤显祖提出了对于人性的总体认识：

> 天命之成为性，继之者善也。显诸仁，藏诸用。于用处密藏，于仁中显露。仁如果仁，显诸仁，所谓“复其见天地之心”，“生生之谓易”也。不生不易。天地神气，日夜无隙。吾与有生，俱在浩然之内。先天后天，流露已极。②

汤显祖依据《中庸》和《周易·系辞》的观念认为，人性是禀受天命而来，与天地之道相贯通，因此是纯善至仁大德的流露。然而，处在现实环境中的人性总是被各种利害所迷障，失去了自觉、自省的能力，无法发现自身的天然善性，所以也无法成就个体的道德人格。因此，圣人便是要“引人知性”，使人重新认识和回归到本来的天性，这个过程即谓“明复”。明复的关键在于“率性而行”。“如天性露于父子，何以必为孝慈。愚夫愚妇亦皆有此，止特其限于率之而不知，知皆扩而充之，为尽心，为浩然之气矣。”③ 率性便是让人的天性自然呈露而无须丝毫强作，流露于父子自然有孝慈，流露于君臣自然有忠义，甚至愚夫愚妇亦是如此，但一般人率性而不知，只要将此天性之知扩而充之，就能尽心、知性而知天。汤显祖这里是把道德礼义看作是人的自然天性发用流行的结果，这种明复思路与泰州学派的现成良知说很近似。

王艮写有《复初说》一文。其言曰：“是学至圣人，只复其不善之动而已矣。知不善之动者，良知也。知不善之动而复之，乃所谓‘致良知’，以复其初也。”④ 王艮所言复初，是指复显那个被私欲遮蔽的良知

---

① 黄宗羲:《泰州学案三》,《明儒学案》卷三四,中华书局 1985 年版,第 783 页。

② 汤显祖:《明复说》,《汤显祖诗文集》,上海古籍出版社 1982 年版,第 1164 页。

③ 汤显祖:《明复说》,《汤显祖诗文集》,上海古籍出版社 1982 年版,第 1164—1165 页。

④ 王艮:《复初说》,《王心斋全集》,江苏教育出版社 2001 年版,第 28 页。

本体，重彰其知善知恶的先天能力。良知是现成自足的，只要率良知而行，任良知自然发用，修善去恶的目的自然能够实现。作为泰州学派的后嗣，汤显祖的人性明复之说实际内含了良知现成的思维理路。汤显祖虽无明言良知，但他对罗汝芳“纯然无杂”“浑然无为”的赤子之心是全盘接受的，赤子之心与现成良知在义理上是相等同的。罗汝芳说：“天性之知，原不容昧，但能尽心求之，明觉通透，其机自显而无蔽矣。故圣贤之学，本之赤子之心以为根源，又征诸庶人之心，以为日用。”[①] 汤显祖直接用“赤子之知”来解释《中庸》“自诚明谓之性”这句话，其曰：“‘自诚明谓之性’，赤子之知也。”[②]《中庸》言：“诚者，天之道也。”诚是天道的根本性质与法则，而在诉诸内圣之道的心学中，“诚是心之本体”。“诚者之明，即此良知为明”[③]，即是让赤子良知“自显无蔽”，不受私欲蒙昧，也就是率天命之性而行的意思，所以，汤显祖也认为，明觉、回复人性之本初就是不失赤子之心，赤子之心发用落实到现实生活，便是以罗汝芳所倡导的“孝弟慈”之礼义原则来规范人伦、化民成俗。

无论是基于“生生之仁”思想的“贵生说”，还是以率性而明复赤子本心的“明复说”，都表达了一种尊重个体自然真性的意愿，这种自然真性是源于天命之性，是天道所赋施的客观的人性内容，其中必然也包含了人的情感。而在罗汝芳看来，率性而行本身就能带给个体情感上的愉悦，是一种“从容快活”的生命乐境，这无疑给汤显祖高倡至情、以情言性、以情命世提供了思想依据。

二、“至情”：文与人

汤显祖在创作出“家传户诵、几令《西厢》减价”[④] 的《牡丹亭》

---

① 黄宗羲：《泰州学案三》，《明儒学案》卷三四，中华书局 1985 年版，第 771 页。

② 汤显祖：《明复说》，《汤显祖诗文集》，上海古籍出版社 1982 年版，第 1165 页。

③ 王阳明：《与黄勉之二》，《王阳明全集》，上海古籍出版社 1992 年版，第 193 页。

④ 沈德符：《顾曲杂言》，《中国古典戏曲论著集成》第四册，中国戏剧出版社 1959 年版，第 206 页。

后，相国张位（1538—1605，字明成）对他说："以君之辩才，握麈而登皋比，何渠出濂、洛、关、闽下？而逗漏于碧箫红牙队间，将无为青青子衿所笑！"汤显祖答道："某与吾师终日共讲学，而人不解也。师讲性，某讲情。"（《王季重批点牡丹亭题词》）张位的意思是，汤显祖有弘道传法之才，若能登坛讲学，成就当不在周敦颐、二程、张载、朱熹等理学大师之下，然却在难登大雅之堂的戏曲中浪费自己的才情，难免为年轻士子所嘲笑。汤显祖则以讲性与讲情的分别明确表达了自己和张位及大多数理学家不同的价值追求。在冯梦龙的《古今谭概》中记录了相似的对话："张洪阳（按：张位号洪阳）相公见《玉茗堂四记》，谓汤义仍曰：'君有如此妙才，何不讲学？'汤曰：'此正吾讲学。公所讲是性，吾所讲是情。'"① 此处颇可注意的是，在汤显祖看来，无论是在理学中讲性，还是以戏曲讲情，实质都是讲学。这可说明两点：其一，汤显祖将情与性对举以凸显自身的诉求，表明情乃是其思想表达的核心内容；其二，讲情并非只是鼓吹个体情感的张扬和自由抒泄，而是内含着一种人性建设的目的，所以戏曲表演可被看作是一种讲学形式，观众在欣赏过程中接受了情感教育。无论从哪个方面看，情作为汤显祖美育思想的首要主题都是不容置疑的。

汤显祖认为，情对于人或世界，都是一种本质性的构成要素。《宜黄县戏神清源师庙记》一文说："人生而有情。思欢怒怨，感于幽微，流乎啸歌，形诸动摇。或一往而尽，或积日而不能自休。盖自凤凰鸟兽以至巴渝夷鬼，无不能舞能歌，以灵机自相转活，而况吾人。"② 情是人与生俱来的自然天性，是天命之性的必有内容，而情感总是处于不断生聚起伏的变化之中，当它郁积到一定程度就要发泄出来。不仅人生而有情，整个世界都是由情创造，是一种情感化的存在。汤显祖说："世总为情，

① 程芸：《汤显祖与晚明戏曲的嬗变》，中华书局2006年版，第52页。

② 汤显祖：《宜黄县戏神清源师庙记》，《汤显祖诗文集》，上海古籍出版社1982年版，第1127页。

情生诗歌，而行于神。天下之声音笑貌大小生死，不出乎是。因以憺荡人意，欢乐舞蹈，悲壮哀感鬼神风雨鸟兽，摇动草木，洞裂金石。其诗之传者，神情合至，或一至焉。一无所至，而必曰传者，亦世所不许也。”① 人之音容笑貌、生死离合，大自然之草木鸟兽、风雨金石，皆可表诸情，可谓无处非情，处处是情，这明显具有一种泛情主义的倾向。而汤显祖相信，文艺是情感凝聚的最佳形态和表达情感的最佳方式，诗歌、戏曲，舞蹈都是人所郁积的情感的宣泄途径，艺术因情而生，由情而传。

众所周知，儒家文论中有深厚的“缘情说”传统，从《礼记》《毛诗序》到《文赋》《文心雕龙》以致《诗品》，无不是强调文学艺术的情感本质，它们一般都是从艺术发生学的视角认为，文艺是人感物而生情而形诸语言文字、舞咏动作的产物。典型表述如钟嵘《诗品》：“气之动物，物之感人，故摇荡性情，形诸舞咏。”②《文心雕龙·物色》：“诗人感物，联类不穷；流连万象之际，沉吟视听之区。”③ 这种物感说发展到明代，在前七子的文学复古论当中亦有强烈的响应，李梦阳、徐祯卿对此都有过阐述（详见第二章第一节）。因此，汤显祖以情感来解说文艺的本质特性从传统文论发展的连续性来说，乃是自然而然的结果。然而，仔细考察汤氏的言情思想可以发现，其与传统的“缘情说”是不尽一致的。首先，后者一般都要强调情感的发生原理，说明感物而动的一种依他性。汤显祖很少讲到情感的发生机制，因为他已经明确表示，“人生而有情”，“世总为情”，情不知何所来，不知何所往，与天地宇宙同始终，故没有必要追究它的起源，它如其所是的存在、变化，并生发出意义。其次，与“缘情说”相比，汤显祖更加注重情感的内在性、能动性特征。既然情是生而有之的，它就构成了生命主体的必要维度，是内在心灵的

① 汤显祖:《耳伯麻姑游诗序》,《汤显祖诗文集》,上海古籍出版社 1982 年版,第 1050 页。
② 陈廷杰:《诗品注》,人民文学出版社 1961 年版,第 1 页。
③ 刘勰:《文心雕龙·物色》,《文心雕龙注》,人民文学出版社 1958 年版,第 693 页。

一种自然欲求。当人心于莫可名状之“幽微”处流生出情感时，此情更需人“以灵机自相转活”，才能变成具体的审美形式（“流乎啸歌，形诸动摇”），这便是主体以情感为内容而开展的能动的艺术创造活动。

文艺的情本属性决定其对人性的作用必然是通过以情化人、感人之情的方式来实现的。汤显祖说道：

> 使天下之人无故而喜，无故而悲。或语或嘿，或鼓或疲，或端冕而听，或侧弁而哈，或窥观而笑，或市涌而排。乃至贵倨弛傲，贫啬争施。瞽者欲玩，聋者欲听，哑者欲叹，跛者欲起。无情者可使有情，无声者可使有声。寂可使喧，喧可使寂，饥可使饱，醉可使醒，行可以留，卧可以兴。鄙者欲艳，顽者欲灵。①

戏曲能够激发、培育人的情感（“无故而喜，无故而悲”；“无情者可使有情”），鼓动、兴起生命的活力（“瞽者欲玩，聋者欲听，哑者欲叹，跛者欲起”），并能提升趣味，净化心灵，实现人性一体之改造（“鄙者欲艳，顽者欲灵”）。汤显祖认为，戏曲作为一种表演艺术，之所以具备强大的身心感化功能，完全来源于表演者高超入神的表演技艺，用庄子的话说，这是技已近乎道的境界。他在《庙记》中便记述自己劝教当时的戏曲演员，应该如何提高自身艺术修养，做一名优秀的戏曲表演者。言曰：

> 汝知所以为清源祖师之道乎？一汝神，端而虚。择良师妙侣，博解其词，而通领其意。动则观天地人鬼世器之变，静则思之。绝父母骨肉之累，忘寝与食。少者守精魂以修容，长者食恬淡以修声。为旦者常自作女想，为男者常欲如其人。其奏之也，抗之入青云，

① 汤显祖：《宜黄县戏神清源师庙记》，《汤显祖诗文集》，上海古籍出版社 1982 年版，第 1127 页。

抑之如绝丝，圆好如珠环，不竭如清泉。微妙之极，乃至有闻而无声，目击而道存。使舞蹈者不知情之所自来，赏叹者不知神之所自止。若观幻人者之欲杀偃师而奏《咸池》者之无怠也。若然者，乃可为清源祖师之弟子。进于道矣。①

概括地说，就是要求演员：一、摒除杂念，专心于戏曲学习（“一汝神，端而虚”）；二、寻求良师妙侣的帮助，全面理解剧作的台词和主题（“良师妙侣，博解其词而通领其意”）；三、观察、体验生活，把握戏曲艺术的现实来源（“动则观天地人鬼世器之变，静则思之”）；四、抛却家庭亲情的负累，专情于戏曲，同时注意调养优化自己的身体条件（“绝父母骨肉之累，忘寝与食。少者守精魂以修容，长者食恬淡以修声”）；五、代入角色，深刻体验，做到人戏合一（“为旦者常自作女想，为男者常欲如其人”）。只要做到这五点，技之所在便是道之所存，不仅表演者能够进入忘情境界（“舞蹈者不知情之所自来”），而且能给观众带来一种神游八方的极高的审美享受（“赏叹者不知神之所自止”）。再作深入理解可以发现，汤显祖这里讲的几点演员修养要求，实质都和情有关。摒除杂念、抛开负累可曰“专情”；观察、体验生活乃是“寻情”；揣摩、代入角色便为“移情”，从表演到鉴赏，无不与情、与情感教育有关。

汤显祖讲情之于人、之于世界、之于艺术的本质性意义，不只是一味就情而论情，而是进一步将情置入其与理、法构成的对立关系中来凸显它的独特价值，由此强调情感在人文教化方面的重要功能。

从阳明心学开始，对程朱理学的批判就逐渐成为明代思想的主题之一，其中，对具有先验性、客观性的“理”的消解与反叛无疑是首要课题，而这通常又被理解为是一个颠覆外在理性权威宰制，引导个体情感

---

① 汤显祖:《宜黄县戏神清源师庙记》,《汤显祖诗文集》,上海古籍出版社 1982 年版,第 1128 页。

价值回归的思想解放运动。汤显祖的“情”也应该被置于这样的思想背景中来理解，即，对情的肯定和张扬是在与“理”的对立中展开的，并由此构成对后者的批判。《牡丹亭记题辞》有云：“第云理之所必无，安知情之所必有耶。”某些事以理相格几近荒唐，若以情体会却是必然如此，这就把情看作是比理更为根本，更有价值的东西，反对以理来衡量情，乃至否定情。戏曲家吴炳对此评价道：“第云理之所必无，安知情之所必有，临川序语，大是解醒。”（《疗妒羹》）王思任（1574—1646，字季重）在《批点玉茗堂牡丹亭叙》中说：“若士以为情不可以论理，死不足以尽情，百千情事，一死而止，则情莫有深于阿丽者矣。”[①] 这里用“情不可以论理”来概括汤氏所认为的情、理关系是至为恰当的。而前述汤显祖站在至情论立场对达观“情有者理必无，理有者情必无”这句话的肯定，更将情和理推入了一种非此即彼的矛盾之中。当然，无须过多说明也应明白的是，犹如“理”在宋明理学中的意义，汤显祖所言之“理”主要也不是认知理性的内涵，而应作道德理性和礼义规范解。

情与理的对立更集中地表现为情与法的冲突。“法”即是维护王权统治的礼法制度，它是理的一种社会化、制度化的形态。汤显祖在《青莲阁记》中提出了“有情之天下”与“有法之天下”相互对立的看法。文中说：

> 世有有情之天下，有有法之天下。唐人受陈隋风流，君臣游幸，率以才情自胜，则可以共浴华清，从阶升，娭广寒。令白也生今之世，滔荡零落，尚不能得一中县而治。彼诚遇有情之天下也。今天下大致灭才情而尊吏法，故季宣低眉而在此。假生白时，其才气凌厉一世，倒骑驴，就巾拭面，岂足道哉。[②]

① 王思任：《批点玉茗堂牡丹亭叙》，《中国历代美学文库·明代卷》下，高等教育出版社2003年版，第84页。

② 汤显祖：《青莲阁记》，《汤显祖诗文集》，上海古籍出版社1982年版，第1113页。

汤显祖将唐代李白和当朝文士李季宣做对比。二李皆有盖世才情，性格也都是孤高耿介、洒脱不羁。不同的是，李白生在盛唐这样一个“有情之天下”，尽管恣情任性，不尊礼法，却能够为君臣所重，受万世景仰。而李季宣生于“灭才情而尊礼法”的“有法之天下”，其性情和才能皆不为世道所容，导致仕途坎坷，才情困滞，只能在寂寥落寞中了此余生。汤显祖将二李不同遭遇的原因主要归结为时代环境的差异，其矛头所向，自然是明朝当权者扬法灭情的统治策略。如果说，情与理的对峙是要在价值观念上批判理学的精神专制，那么情与法的对立则是在社会政治层面反抗礼法权威，理和法在汤显祖的至情论当中是使情感价值得以实现的张力要素。

不管是以情抗理还是以情破法，汤显祖意在倡导情感的自由抒发和真实表达，希冀在文艺领域乃至整个日常生活境域中高张至情主义的理想。然而，情毕竟是人之情，“有情之天下”乃有情人之天下，唯有情之人方能共创“有情之天下”，所以，对至情主义的呼吁其实关键在诉诸一种情感价值主导下的人格理想，即培育有情天下中的有情之人。这种人格理想在汤显祖那里表现出两种类型，一是真人，一是奇士。

李贽在《童心说》中以“真心”解释“童心”，提出了“真人”的人格理想，他反对外在“道理闻见”对真心的遮蔽，认为“天下之至文”皆源自真心。对李贽极为欣赏且受其影响的汤显祖在他的言情思想中显然也贯穿了这种求真、尚真的理念。他所谓“人生而有情”便可与“童心”的“最初一念”相照看，而情与理、法的对立也就是情之真和“道理闻见”之迷障的对立。可以说，汤显祖所讲之情隐含了一个真的价值内核。他对前后七子的复古主张多有驳辩，批评说：“李梦阳而下，至琅邪，气力强弱巨细不同，等赝文尔。弟何人，能为其真？不真不足行。”[①] 李梦阳、王世贞等人的诗文在才情、成就上虽有所不同，但模拟古人而失落真情这一点是一样的。汤显祖坚持文学创作贵在“真色”，只

① 汤显祖:《答张梦泽》,《汤显祖诗文集》,上海古籍出版社 1982 年版,第 1365 页。

有饱含真情的作品才能感染人、教育人，才能塑造真人，其言道："其填词皆尚真色，所以入人最深，遂令后世之听者泪，读者颦，无情者动心，有情者肠烈。何物情种，具此传神手。"① 读者的精神情感之所以能随作品波动流转，皆因后者蕴含真情。时人对《牡丹亭》就有这样的评价："笑者真笑，笑即有声；啼者真啼，啼即有泪；叹者真叹，叹即有气。"② 富有真情的文艺作品能够培育真情之人，而具备真情之人方有真道德，方是真君子。《寿方麓王老先生七十序》有云："必不可不寿者，真人也。孝则真孝，忠则真忠，和则真和，清则真清。……凡若此人者，无所害于人，而有功于人；取天下者少，与天下者多；人之所不厌，而天下之所独容也。"③ 唯真人能做到真孝、真忠，才是真正有利于国家社稷的。

除真人外，汤显祖还提出了"奇士"这样一种人格形象以及与之相应的文章风格——奇文。汤显祖相信，"天下文章所以有生气者，全在奇士。士奇则心灵，心灵则能飞动，能飞动则下上天地，来去古今，可以屈伸长短生灭如意，如意则可以无所不如"④。奇士有"灵心"，有灵心便能摆脱陈规俗套的束缚，情感激荡，思维活跃，任由想象力上下古今纵横驰骋，可谓从心所欲，无所不至，由此便实现了文学创造的最大自由，在这种精神状态下创作的作品也必然是突破常规、独具一格的。奇士不仅拥有超出常人的文学才能，而且在为人行事上也是一群放浪不羁的狷狂之士。汤显祖举例说："东方曼倩以岁星入汉，当其极谏，时杂滑稽；马季长不拘儒者之节，鼓琴吹笛，设绛纱帐，前授生徒，后列女乐；石曼卿野饮狂呼，巫医皂隶徒之游。之三子，曷尝以调笑损气节，奢乐堕儒行，任诞妨贤达哉!"⑤ 东方朔（生卒年不详，字曼倩）、马融

---

① 汤显祖:《焚香记总评》,《汤显祖诗文集》,上海古籍出版社 1982 年版,第 1486 页。

② 王思任:《批点玉茗堂牡丹亭叙》,《中国历代美学文库·明代卷》下,高等教育出版社 2003 年版,第 83 页。

③ 汤显祖:《寿方麓王老先生七十序》,《汤显祖诗文集》,上海古籍出版社 1982 年版,第 997 页。

④ 汤显祖:《序丘毛伯稿》,《汤显祖诗文集》,上海古籍出版社 1982 年版,第 1080 页。

⑤ 汤显祖:《点校虞初志序》,《汤显祖诗文集》,上海古籍出版社 1982 年版,第 1482 页。

（79—166，字季长）、石延年（994—1041，字曼卿）都是古代经纶满腹的高士，但他们的言行却背反礼法，不合世俗。汤显祖为此三人辩护，认为他们任情率性的作风不但无损礼义纲常，于“气节”无亏，于“儒行”无背，于“贤达”无妨；相反，在一个虚文假道盛行的时代，其不拘格套、不中绳墨的言行才是真正符合道德与礼法的。之所以如此，是由于奇士与真人一样，以真情真性为生命之根基，以赤子真心为个体之主宰，具有独立的人格和自信的精神。按心学，吾心自足，便是从容快活，如何要拘束于外在的条理规范。所谓“奇”，是从那些安于现状、墨守成规的腐儒俗士之眼来看的，但“奇”的本质是真，只因如李贽言，世间多是假人、假事、假言，故“真”便成了“奇”。

有奇士必有奇文、奇艺。然文艺如何是奇？文艺何以需奇呢？汤显祖说：“予谓文章之妙不在步趋形似之间。自然灵气，恍惚而来，不思而至。怪怪奇奇，莫可名状。非物寻常得以合之。苏子瞻画枯株竹石，绝异古今画格。乃愈奇妙。若以画格程之，几不入格。米家山水人物，不多用意，略施数笔，形像宛然。正使有意为之，亦复不佳。故夫笔墨小技，可以入神而证圣。”① 包括文章在内的一切艺术，其精妙所在不是亦步亦趋地模仿，而必然是打破常规的自由创造，是作者灵感迸发的产物，绝不能以寻常法则来评判它们。据此认识，汤显祖对明代兴盛起来的在传统文学系统中被视为末技小道的小说、戏曲尤为重视。戏曲自不必说，他还就小说论道：“小说家唯说鬼、说狐、说盗、说黥、说雷、说水银、说幻术、说妖道士，皆厥体中第一义也。”② 吕天成评价《牡丹亭》亦言：“杜丽娘事，甚奇。而著意发挥，怀春慕色之情，惊心动魄。且巧妙叠出，无境不新，真堪千古矣。”③ 在汤显祖看来，小说、戏曲正是以写

---

① 汤显祖：《合奇序》，《汤显祖诗文集》，上海古籍出版社 1982 年版，第 1078 页。

② 汤显祖：《续虞初志评语三十二则》，《汤显祖诗文集》，上海古籍出版社 1982 年版，第 1483 页。

③ 吕天成：《曲品》，《中国古典戏曲论著集成》第六册，中国戏剧出版社 1959 年版，第 230 页。

奇人、奇事见长的奇文，作为一种新兴的审美生产力，它们能够打破陈规旧例，革新意识观念，从而开创新的文学格局。从读者的角度来看，欣赏此类奇文，“足拓人胸臆，起人精神”[①]。“奇僻荒诞，若灭若没，可喜可愕之事，读之使人心开神释，骨飞眉舞。”[②] 因此，反过来说，赏鉴奇文乃可培养涵备真情之真人或奇士。

汤显祖孜孜以求“有情之人”（真人、奇士），竭力呼求“有情之天下”的到来，但这样的理想人格和理想社会却很难在现实中实现，正是现实世界严密的法理罗网对自然人性的束缚和摧残，才逼促汤显祖不得不以情抗理。既然现实无法为真情提供自由广阔的空间，那便无妨到想象世界中去寻找，于是“因情成梦”，在梦中建构真情世界的美好图景，宣泄郁积心中的愁怨，获得心灵的解脱。汤显祖多次说“梦生于情”，又说“梦中之情，何必非真”[③]，相比现实生活中被道德礼法打扮、支配的虚情假意，梦中之情反而最为真实。不难看出，梦在汤显祖那里乃是情、理冲突的产物。然而，梦境毕竟过于虚幻，必须为梦找到一个有效的表现形式，因而便有“因梦成戏”。“戏”是梦的寄托和表达，梦之真情或真情之梦被理想化为艺术形象，由是梦即是戏，戏即是梦，杜丽娘成了“天下第一有情人”。按照汤显祖的观点，戏梦中的人生是最为自由、超脱的，它能够超越物质和欲望而逍遥于天地之间，穿梭于阴阳两界。同样，唯有戏梦中的情感才能达到情之极致。汤显祖对所谓“至情”有一个判断的标准，他认为，“生而不可与死，死而不可复生者，皆非情之至也”[④]，至情具有“生者可以死，死可以生”的超现实力量，但也只有在如梦如幻般的艺术世界中才可实现这种至情的力量和境界。艺术之至境必然是至情之境，唯至情方可达致艺术之至境。

---

① 汤显祖:《续虞初志评语三十二则》,《汤显祖诗文集》,上海古籍出版社 1982 年版,第 1483 页。

② 汤显祖:《点校虞初志序》,《汤显祖诗文集》,上海古籍出版社 1982 年版,第 1482 页。

③ 汤显祖:《牡丹亭记题词》,《汤显祖诗文集》,上海古籍出版社 1982 年版,第 1093 页。

④ 汤显祖:《牡丹亭记题词》,《汤显祖诗文集》,上海古籍出版社 1982 年版,第 1093 页。

梦和戏是汤显祖的真情或“至情”理想的寄托，是对无情之现实的一种超越性批判。梦和戏与现实的对立使我们对真与假的一般性区分发生了反转。本应真实的现实在礼（理）、法的伪饰下变得虚假不堪，而虚幻的艺术世界由于超脱世俗利害、为人们提供自由抒发情感的渠道而成为理想的“实现”，成为一个另类真实的乌托邦。

三、人情与名教

汤显祖一生的心路历程大致可分为三个阶段。[①] 第一阶段，从少年举业开始，直至四十九岁（1598）遂昌任上辞官归里。这一时期，汤显祖与传统士大夫一样，走的也是举业为官的道路。不过他好为古诗文，创作了不少诗歌作品，更对道学有相当的兴趣，所作《贵生书院说》《明复说》二文受到当时的理学名家高攀龙（1562—1626，字存之）的高度赞赏。第二阶段，约从四十九岁到五十六岁（1605），期间创作了“临川四梦”中的《牡丹亭》《邯郸记》《南柯记》三剧，并全面开展戏剧活动。用汤显祖自己的话说：“学道无成，而学为文。学文无成，而学诗赋。学诗赋无成，而学小词。”[②] 第三阶段，这是汤显祖人生的最后十年，他重新转向罗汝芳早年为他开启的道学之路，同时亦从二氏处寻求精神慰藉。此即其所言“学小词无成，且转而学道，犹未能忘情于所习也”。[③] 通过对汤显祖一生学思历程的了解可以发现，我们一般讲的汤氏尚情、主情的思想取向主要在第二个阶段，而他人生的大部分时期实际都没有放弃对道学的思考和追求。更加要问的是，即使是曾作为其生命与艺术之要旨的至情主义，其中凸显的所谓情与理的对立是否真如通常认为的那般彻底、决绝呢？以情抗理的最终目的是要以情代理吗？这个问题前文已有涉及，但有必要对之做进一步

① 以下对汤显祖思想三阶段的概述参考了肖鹰《中国美学通史 · 明代卷》中的论述，江苏人民出版社 2014 年版，第 261 页。

② 汤显祖：《与陆景业》，《汤显祖诗文集》，上海古籍出版社 1982 年版，第 1338 页。

③ 汤显祖：《与陆景业》，《汤显祖诗文集》，上海古籍出版社 1982 年版，第 1338 页。

辨析与阐明，它对我们准确理解汤显祖的美育思想尤为关键。

汤显祖通过提倡真情、至情来批判已然僵化的程朱理学的天理观及其衍生出的礼法世界，而对于情的宣扬更是包含了对人的原始欲望的肯定。《牡丹亭》所展现的杜丽娘对情爱的生死之诉就是源自其内心的自然欲求，情爱之中实有欲的成分在。杜丽娘对自己的形体外貌非常自信甚至自恋。她在游园前精心装扮，顾镜自赏："翠生生出落的裙衫儿茜，艳晶晶花簪八宝填，可知我常一生儿爱好是天然。恰三春好处无人见。不提防沉鱼落雁鸟惊喧，则怕的羞花闭月花愁颤。"① 纵使天生丽质，奈何芳华易逝，杜丽娘叹道："可惜妾身颜色如花，岂料命如一叶乎！"② 于是将自己的芳容形诸丹青，她想，"若不趁此时自行描画，流在人间，一旦无常，谁知西蜀杜丽娘有如此之美貌乎！"③ 画像完成后，她又感伤不已："也有古今美女，早嫁了丈夫相爱，替他描模画样；也有美人自家写照，寄与情人。似我杜丽娘寄谁呵！"④ 由上可见，杜丽娘对自己身体容貌的关注，体现为一种强烈的感性欲求，这种自我欣赏其实是对生活中异性缺失的代偿，它必然会转化为对异性的强烈渴求。终于在《惊梦》一出中，杜丽娘梦中初会柳梦梅，便与柳"温存一晌眠"，此处对情欲的表达就十分大胆、直率了，而两人接下来的情感缠绵与纠葛以及整个故事的起承转合亦是全然从这样一种原始欲念中生转出来的。然而我们须明白，汤显祖对情欲的表现和肯定绝不仅仅是以情论情，从欲讲欲，去浅薄地鼓吹个体的感性权利，他的情欲主张实在是有着充分的理学依据的，这种依据主要来自泰州学派的思想，而更直接地承袭于他的老师罗汝芳。

罗汝芳与弟子曾就"天机"与"嗜欲"的关系问题展开了如下对话：

---

① 汤显祖:《牡丹亭》,人民文学出版社 1963 年版,第 43 页。
② 汤显祖:《牡丹亭》,人民文学出版社 1963 年版,第 44 页。
③ 汤显祖:《牡丹亭》,人民文学出版社 1963 年版,第 63 页。
④ 汤显祖:《牡丹亭》,人民文学出版社 1963 年版,第 65 页。

问：阳明先生“莫谓天机非嗜欲，须知万物是吾身”其旨何如？罗子曰：“万物皆是吾身，则嗜欲岂出天机外耶？”曰：“如此作解，恐非所以立教。”曰：“形色天性，孟子已先言之，今日学者，直须源头清洁，若其初，志气在心性上透彻安顿，则天机以发嗜欲，嗜欲莫非天机也；若志气少差，未免躯壳着脚，虽强从嗜欲，以认天机，而天机莫非嗜欲矣。”①

“天机”便是先天的道德本心，即良知或赤子之心。在罗汝芳看来，只要立住本心，良知澄明（“源头清洁”），“嗜欲莫非天机”，因为情欲就是良知的发用流行，不会超逸于良知之外，这无疑就赋予情欲以道德上的合法性了。汤显祖晚年也常说“天机”，他回忆少年从学罗汝芳：“盖予童子时从明德夫子游，或穆然而咨嗟，或熏然而与言，或歌诗，或鼓琴。予天机泠如也。后乃畔去，为激发推荡歌舞诵数自娱。积数十年，中庸绝而天机死。”② 汤显祖反省自己年轻时不能领会老师的“天机”之旨，后来陷溺于声色，以致道心微茫，天机绝亡。他所说“中庸”和“天机”，正是从罗汝芳的良知或赤子之心的意思上来讲的，两者庶几同义，故言道：“中庸者，天机也，仁也。去仁则其智不清，智不清则天机不神。”③ 基于此，很难想象汤显祖会离却中庸之道、天机之德来单说情欲。他相信，对情的高扬是符合良知之教的，致良知以教化天下，顺遂自然人情亦乃题中之意，但严苛僵化的世俗礼法束缚了良知活泼泼的体用之机，消情灭欲就是必然的结果，以道德纲常规约人性，反而离德愈远。因此，在我们看来，汤显祖高张情欲的价值，实有抱着从人性最本真、切身之维度入手，来激活被纲常礼义所障蔽的良知本心的目的。

汤显祖虽扬情抗理（礼），却显然不是偏执地反对一切理，他所反对

---

① 黄宗羲：《泰州学案三》，《明儒学案》卷三四，中华书局1985年版，第800页。

② 汤显祖：《太平山房集选序》，《汤显祖诗文集》，上海古籍出版社1982年版，第1037页。

③ 汤显祖：《太平山房集选序》，《汤显祖诗文集》，上海古籍出版社1982年版，第1037页。

的是那些违背自然人性，罔顾人的情感欲求的伦理教条和礼法制度。汤显祖绝不反对忠孝节义这些道德纲目，只要它们是发于人性之自然，包含真情实感。这种思路和李贽所坚持的“去浮理，揣人情”（袁中道语）的立场十分相近。“浮理”即是不合人情的假理、虚礼，正因它有悖人情，所以它无关乎真正的道德。而反过来说，无论如何肯定自然真情，它最终仍是以天理道德为价值依持和精神旨归的。前引罗汝芳语便道：“若志气少差，未免躯壳着脚，虽强从嗜欲以认天机，而天机莫非嗜欲矣。”良知澄明，“嗜欲莫非天机”，但若心体摇荡，起始处即从情欲着眼，那只会南辕北辙，因为这是误将情欲本身认作良知。故此，汤显祖说：“道心之人，必具智骨；具智骨者，必有深情。”[①] 欲达深情，必以道心、智骨为条件。这就“不是从情出发，而是从‘道’出发，以‘道心’为根，‘智骨’为用，‘深情’是由道心而得‘智骨’之花”。[②] 从世俗的政道意义上讲，“道心”便是经国济世的胸怀和抱负，“智骨”则是治国安邦、解民于倒悬的政治智慧与能力。显而易见，汤显祖没有放弃儒家仁善、仁政的政道追求，尽管仕途多艰，乃至最终弃官归里，却丝毫没有损减他关怀黎民苍生的热情。他所构想的“有情之天下”就是一个充满生机与人情味的温暖世界，也是他的政治理想的最高体现。汤显祖不会允许情感的自由表达流于感性欲望的无度放纵，因为背后还牵引着一种强大的道德理性和政治诉求。情感虽是人的自然欲求，是生生之仁的体现，不能过度的压抑乃至摒弃，但终究是要用道德礼义对之规范和引导。《南昌学田记》云：“圣王治天下之情以为田，礼为之耜，而义为之种。然非讲学，亦无以耨也。于是乎获而合之仁，安之乐，至于食之肥，而天下大顺。”[③] 在汤显祖看来，人情是有善恶之分的，“情田”会长出杂草，需用仁德礼教手段来修培、耕耘才能收获成果。有学者对

---

① 汤显祖：《睡庵文集序》，《汤显祖诗文集》，上海古籍出版社 1982 年版，第 1015 页。

② 肖鹰：《中国美学通史·明代卷》，江苏人民出版社 2014 年版，第 265 页。

③ 汤显祖：《南昌学田记》，《汤显祖诗文集》，上海古籍出版社 1982 年版，第 1117 页。

此阐释道：汤显祖“对心性情理的辨析、对人性本质的体察、对情感欲望的张扬，都只是一中间环节而非根本旨趣；立足于‘孝弟慈’等伦理性情感，从推行礼义的一己出发，促成一个人人都体现礼义的‘天下家国’的实现，这才是儒者讲学、习道的最终目的。”①

汤显祖以情化育天下的政治道德意图在《宜黄县戏神清源师庙记》这篇阐述戏曲教化功能的文章中说得更加明白：

> 可以合君臣之节，可以浃父子之恩，可以增长幼之睦，可以动夫妇之欢。可以发宾友之仪，可以释怨毒之结，可以已愁愦之疾，可以浑庸鄙之好。然则斯道也，孝子以事其亲，敬长而娱死，仁人以此奉其尊，享帝而事鬼。老者以此终，少者以此长。外户可以不闭，嗜欲可以少营。人有此声，家有此道，疫疠不作，天下和平。岂非以人情之大窦，为名教之至乐也哉。②

人生而有情，便将喜怒哀乐发于歌咏舞蹈，从而产生了戏曲，戏曲反过来也作用于观众的情感，对人群产生多样化的感召力，而这尤其体现在它的道德教化及构筑政治文化秩序的功能上。戏曲“可以合君臣之节，可以浃父子之恩，可以增长幼之睦，可以动夫妇之欢”，甚至能够“疫疠不作，天下和平”，这自然是与儒家的兴、观、群、怨的文艺功能观一脉相承。所谓“以人情之大窦，为名教之至乐”便是用一种合乎人情的审美化手段，达到教化天下的目的，实现政通人和的愿景。在汤显祖那里，以理格情、以理灭情固然是无法接受的，但情同样不能取代理，他所期望的应该是高倡情欲的同时，情理并行而以情助理，这才是“至情说”的真义。

---

① 程芸：《汤显祖与晚明戏曲的嬗变》，中华书局2006年版，第90—91页。

② 汤显祖：《宜黄县戏神清源师庙记》，《汤显祖诗文集》，上海古籍出版社1982年版，第1127页。

总之，汤显祖的“情”范畴所蕴含的思想义理是比较丰富的，这也决定了“至情说”美育观的意涵的复杂性。最后，我们不妨借用当代学者左东岭对汤显祖的“情”范畴的评述来为“至情说”美育观做一总结。他认为，“汤氏所言之情从哲学观上讲，是指生生不息的宇宙精神，体现在人类身上，则是生生之仁，表现在具体的人性之上，便是包括爱情在内的人之情感。……从汤氏的个体人格上讲，此情是指其对现实人生的执着以及对现实政治的关注，同时也指他丰富的情感世界与充沛的生命活力。从文学思想上讲，此情是指文学产生的原动力以及感化人心的艺术力量，它是文学得以产生并传之久远的决定因素，同时也是它能够发挥教化百姓、和谐社会的根本原因”。①

第二节　冯梦龙的美育思想

冯梦龙（1574—1646），字犹龙，又字子犹，号龙子犹、墨憨斋主人、顾曲散人等，南直隶苏州府长洲县（今江苏省苏州市）人，曾任丹徒县训导，后迁福建寿宁知县。冯梦龙是明代著名的通俗文学作家和编纂家，编著有《喻世明言》《警世通言》《醒世恒言》，合称“三言”，是中国白话短篇小说的代表作品。另整理、编写有《情史》《智囊》《山歌》《挂枝歌》等民歌集和小说集，对后世通俗文学影响巨大。

冯梦龙继汤显祖的“至情说”之后提出了“情教说”。所谓“情教”，便是从人性论角度肯定情感本身价值的同时，又将之施诸社会道德领域，主张情在教化民众、美化风俗、维护伦常秩序方面的重要意义。可以说，“情教”本身就是一个明确的美育概念，情教思想直接就是一种美育论。“情教说”既包括对个体的自由情感意志（表现在男女情爱、同性情爱以及某些有违世俗伦理的情爱关系中）的宽容和尊重，但最终仍

① 左东岭：《阳明心学与汤显祖的言情说》，《明代心学与诗学》，学苑出版社2002年版，第351页。

是以施济苍生、化成天下为根本宗旨，个体与社会，情感与道德在其中被构筑为一种对立统一的关系。

一、情本哲学

纵观冯梦龙的生平及著述，重情乃是贯穿其一生的核心思想。他对情的表达、呼求比之前任何一位诗人和思想家都更加大胆、直白，而吁情之目的也是异常明确。冯梦龙如此描述自己的“痴情”及内中缘由：

> 余少负情痴，遇朋侪必倾赤相与，吉凶同患。闻人有奇穷奇枉，虽不相识，求为之地。或力所不及，则嗟叹累日，中夜展转不寐。见一有情人，辄欲下拜；或无情者，志言相忤，必委曲以情导之，万万不从乃已。尝戏言：“我死后不能忘情世人，必当作佛度世，其佛号当云‘多情欢喜如来’。有人称赞名号，信心奉持，即有无数喜神前后拥护，虽遇仇敌冤家，悉变欢喜，无有嗔恶妒嫉种种恶念。”又尝欲择取古今情事之美者，各著小传，是人知情之可久，于是乎无情化有，私情化公，庶乡国天下，蔼然以情相与，于浇俗冀有更焉。①

言情如此之深、之广、之切，在中国古代士人中确实是少见的，冯梦龙立志以情淳美风俗、教化众生乃是晚明士人治世理念的又一种理想化、美学化的表述。

高扬情的教化作用与冯梦龙对情本身的认识是分不开的，在《情史序》中，他集中表达了自己的情本哲学。言曰：

> 天地若无情，不生一切物，一切物无情，不能环相生。生生而不灭，由情不灭故。四大皆幻设，惟情不虚假。有情疏者亲，无情

① 冯梦龙:《情史·龙子犹序》,凤凰出版社 2011 年版,第 1 页。

亲者疏。无情与有情，相去不可量。我欲立情教，教诲诸众生。子有情于父，臣有情于君。推之种种相，俱作如是观。万物如散钱，一情为线索。散钱就索穿，天涯成眷属。若有贼害等，则自伤其情。如睹春花发，齐生欢喜意。盗贼必不作，奸宄必不起。佛亦何慈悲，圣亦何仁义。倒却情种子，天地亦混沌。无奈我情多，无奈人情少。愿得有情人，一起来演法。①

冯梦龙在这里首先是将情看作一种宇宙的创生力量，是生发、演化一切的起始和根源，它生化万物、感化万物，不可捉摸却无处不在。因此，情是生命力的象征，且贯穿于自然和人类社会当中。情生万物，故万物皆有情，“鸟之鸣春，虫之鸣秋，情也”②。冯梦龙又说：“草木之生意，动而为芽；情亦人之生意也。谁能不芽者?”③ “万物生于情，死于情，人于万物中处一焉，特以能言，能衣冠揖让，遂为之长，其实觉性与物无异。……”④ 冯梦龙认为，人是因为具备语言能力和礼仪文明才成为万物之灵长，但若从万物由情生、由情死这一本体层面来讲，人与其他自然万物都是平等的，并无实质的差别。他更是相信，“人生死于情者也；情，不生死于人者也。人生，而情能死之，人死，而情又能生之。即令形不复生，而情终不死，乃举生前欲遂之愿，毕之死后；前生未了之缘，偿之来生。情之为灵，亦甚著乎!”⑤ 情能操作生死，主导轮回。“墓不能封，榇不能固，门户不能隔，世代不能老，鬼尽然邪？情使之耳!”“死者生之，而生者死之，情之能颠倒人一至于此”。⑥ 冯梦龙此处表达的情主生死轮回的看法与汤显祖所说的情使“生者可以死，死可以生”

---

① 冯梦龙:《情史 · 龙子犹序》,凤凰出版社 2011 年版,第 1 页。
② 冯梦龙:《情史 · 情迹类总评》,凤凰出版社 2011 年版,第 695 页。
③ 冯梦龙:《情史 · 情芽类总评》,凤凰出版社 2011 年版,第 399 页。
④ 冯梦龙:《情史 · 情通类总评》,凤凰出版社 2011 年版,第 677 页。
⑤ 冯梦龙:《情史 · 情灵类总评》,凤凰出版社 2011 年版,第 260 页。
⑥ 冯梦龙:《情史 · 情鬼类总评》,凤凰出版社 2011 年版,第 596 页。

的观点极为相似，而对情的推崇似又更高于后者。汤先祖言“世总为情”“人生而有情”固然已在一定程度上将情视作造化之根本，但表述尚不成系统，到了冯梦龙这里，情才真正被提升到万物本体的高度。因人能生死于情，而情却不生死于人，它充盈于更广阔的天地宇宙之间。

既然情是天地万物的创生和支配力量，那么在时空维度上，它自然也是永存不灭、生生不息的，不会随着物质形骸的枯荣存亡而改变。对于人来说，它具有超越生死的力量，从而赋予人的精神以永恒性。冯梦龙据此把情感的永恒不朽与儒家的“三不朽”联系起来，说道：“古有三不朽，以今观之，情又其一矣。无情而人，宁有情而鬼，但恐死无知耳。如有知，而生人所不得遂之情，遂之于鬼，吾犹谓情鬼贤于情人也。且人生而情死，非人；人死而情生，非鬼。”[①] 宁做有情鬼，不做无情人，只要有情即可不朽。那么，情的永恒性又是以怎样一种方式存在的呢?《情史序》说：“一切物无情，不能环相生。生生而不灭，由情不灭故。”这里概括起来有两点意思：其一，以情生情，环环相生而不灭。情首先是一种先验的本体存在，它是创生的第一个也是最关键的一个环节，有了这个环节便可情情相生，无限循环下去。其二，情的生化延续需要借助物化的载体。情尽管弥漫于宇宙之间，却是一种抽象的能量，其价值功能要借助具体的事物尤其是人的生命活动表现出来。天地万物因情而永恒，情的永恒性则是在万物当中实现。

冯梦龙的情本哲学派生出许多有价值的情感论，其中，情的自然观和情的平等观尤值得注意。

情的自然观主要指对人的自然情欲的肯定。冯梦龙对情欲的看法大都散落在小说、戏曲、歌谣的序言和评语中，但从他编撰的《三言》《情史》《挂枝儿》《山歌》等作品的故事情节、思想主题、语言风格等方面，就能充分感受到冯梦龙对待情欲的态度，有些作品中的人物所表达的观点实质就是作者自己的立场。在《情史·情外类》的评语中，冯梦

① 冯梦龙:《太霞新奏·情仙曲序》,《冯梦龙研究》,学林出版社 2002 年版,第 69 页。

龙就强调，“饮食男女，人之大欲”①，这是对人性自有的本能欲望做出肯定，而他特别看重男女之情（欲）之于其他情感的首要性，其编著的通俗文学作品包含了大量这方面的内容。这种认识可能与传统哲学中的阴阳交感而生万物的思想观念有关，男女便是配属阴阳。《周易》有云：“天地氤氲，万物化醇；男女构精，万物化生。”（《周易·系辞传下》）《挂枝儿》《山歌》收录了许多大胆表现男女情欲的歌谣，可稍举两例并冯氏批语便可窥全豹：

> 娇滴滴玉人儿，我十分在意，恨不得一碗水吞你在肚里，日日想，日日捱，终须不济，大着胆，上前亲个嘴，谢天谢地，他也不推辞，早知你不推辞也，何待今日方如此。
>
> 冯批：色胆大如天，非也，直是情胆大如天耳……碌碌之夫，遇事推调，不是胆歉，尽由情寡。②

> 俊亲亲，奴爱你风情俏，动我心，遂我意，才与你相交，谁知你胆大就是活强盗，不管好和歹，进门就搂抱着，撞见个人来，亲亲，教我怎么好。
>
> 冯批：亦真。此上二篇毫无奇思，然婉如口语，却是天地间自然之文。何必胭脂涂牡丹也。③

从冯梦龙的批语可以看出，他对待情欲的态度是相当开放的，毫无礼教所谓“男女大防”的顾忌。不仅肯定情欲本身的合理性，而且鼓励男女将情爱之想大胆付诸行动，两相愉悦，水乳交融，享受当下的人间至乐。《山歌》《挂枝儿》还收录了大量以“偷情”为主题的民歌俚曲，有别于

① 冯梦龙：《情史·情外类总评》，凤凰出版社2011年版，第664页。
② 冯梦龙：《挂枝儿·调情》，《挂枝儿·山歌》，上海古籍出版社1993年版，第11—12页。
③ 冯梦龙：《挂枝儿·调情》，《挂枝儿·山歌》，上海古籍出版社1993年版，第13页。

传统宗法伦理观念将偷情视为无耻的下作行为，冯梦龙对之给予热烈的颂扬。《山歌》歌唱“偷情”，为历朝民歌所罕见。《山歌·交易》：“郎爱子姐哩姐咦爱子郎。偷情弗敢明当当。姐有亲夫郎有眷。何弗做场交易各成双。”冯氏批曰：“这场交易。谁做中人。”① 调侃中含有乐观其成的意思。《山歌·怕老公》：“丢落子私情咦弗通。弗丢落个私情咦介怕老公。宁可拨来老公打子顿。那舍得从小私情一旦空。”② 冯梦龙在通俗歌谣中展现这些逾越纲常藩篱的“大逆不道”的情爱行为，正如他自己所说，是要“借男女之真情，发名教之伪药”③，即是借最炽热的男女真情烧毁窒息自然人性的世俗礼法的罗网。此处关钥全在一“真”字，只要出自真心真情，任何道德规约也不能成为个体追求情性自由的障碍。“情真而不可废”，真即是善，于是，偷情也成了天经地义的行为。

自然真情不仅是世俗人的合理欲求，有情人亦不限于红尘中的男男女女，对情欲本真的渴望足可冲破一切法理禁则和清规戒律，甚至将四大皆空的佛门子弟都裹挟到欲海情潮中去。《挂枝儿·小和尚》：“小和尚就把女菩萨来叫，你孤单，我独自，两下难熬，难道是有了华盖星便没有红鸾照，禅床做合欢帐，佛面前把花烛烧，做一对不结发的夫妻也，和你光头直到老。”④ 在《醒世恒言》第三十九卷《汪大尹火焚宝莲寺》这则故事中，冯梦龙将一个出家人对情欲的饥渴心态展示得淋漓尽致，至慧和尚对自我心理的剖白令读者觉得是如此合情合理，他说：“我和尚一般是父娘生长，怎地剃掉了这几茎头发，便不许亲近妇人。我想当初佛爷，也是扯淡！你要成佛作祖，止戒自己罢了，却又立下这个规矩，连后世的人都戒起来。我们是个凡夫，那里打熬得过！”可见真如冯梦龙自己所言，“佛亦何慈悲，圣亦何仁义。倒却情种子，天地亦混沌”⑤。

① 冯梦龙：《山歌·交易》，《挂枝儿·山歌》，上海古籍出版社 1993 年版，第 65 页。
② 冯梦龙：《山歌·怕老公》，《挂枝儿·山歌》，上海古籍出版社 1993 年版，第 74 页。
③ 冯梦龙：《叙山歌》，《冯梦龙集笺注》，天津古籍出版社 2006 年版，第 147 页。
④ 冯梦龙：《挂枝儿·小和尚》，《挂枝儿·山歌》，上海古籍出版社 1993 年版，第 271 页。
⑤ 冯梦龙：《情史·龙子犹序》，凤凰出版社 2011 年版，第 1 页。

唯有情者，百无禁忌。

情既是人的自然天性，是人人具有的生理能力和精神意愿，则不论男女、尊卑，皆有享受情感自由及建立在此基础上的人生幸福的权利，这便是冯梦龙所宣扬的情的平等观。情的平等首先体现在男女享有平等的情感权利。冯梦龙鄙弃男尊女卑的观念，反对社会文化制度对女性身心的压抑，同时极力主张女性和男性在人格、社会地位上的平等，甚至认为女性更优于男性。他说："豪杰憔悴风尘之中，须眉男子不能识，而女子能识之；其或窘迫急难之时，富贵有力者不能急，而女子能急之；至于名节关系之际，平昔圣贤自命者不能周全，而女子能周全之。岂谢希孟所云'光岳气分，磊落英伟，不钟于男子而钟于妇人'者耶？"[①]《情史》《智囊》刻画了许多才智过人、有情有义的女中丈夫的形象，其中，勇敢追求爱情，对爱情坚贞不移的女性人物尤能体现女性在情感上的自由意志。此类例子不胜枚举。如卓文君与司马相如情投意合，背父弃亲而与相如私奔，怎奈家徒四壁，便当垆卖酒。冯梦龙评之曰："相如不遇文君，则绿绮之弦可废；文君不遇相如，两颊芙蓉，后世亦谁复有传者。是夫是妇，千秋为偶。风流放诞，岂足病乎！"[②] 司马相如评卓文君是"放诞风流"，意思是对自己钟情之人毫无保留的放纵感情，故放诞风流即是专情，即是对爱情的坚贞不移。女性对爱情的这种热烈、无畏的追求，在民歌当中以更开放、粗犷的姿态呈现出来。《山歌·偷》："姐儿梳个头来漆碗能介光。众人头里脚撩郎。当初只道郎偷姐。如今新泛世界姐偷郎。"普通女子对异性如此主动调情，更无所顾忌地喊出"姐偷郎"，因为这是"新泛世界"中每个人的自然权利，这"新泛世界"类似汤显祖的"有情之天下"，是一个人人有情、人人得情的理想社会。又有同名歌谣："结识私情弗要慌。捉着子奸情奴自去当。拼得到官双膝馒头跪子从实说。咬钉嚼铁我偷郎。"冯梦龙批曰："此姐大有义气。"应该

① 冯梦龙：《情史·情侠类总评》，凤凰出版社2011年版，第113页。

② 冯梦龙：《情史·情侠类·卓文君》，凤凰出版社2011年版，第87页。

说，对女性情爱自觉意识的呼唤以及对施诸女性身心的禁欲主义的批判，在冯梦龙这里达到了前所未有的高度。

情的平等观还体现在维护和尊重来自不同社会阶层、职业身份的民众个体的情感权利。比如，冯梦龙塑造了不少妓女形象，这些女性属于社会边缘人群，受尽凌虐和欺辱，但当他们遇到自己心仪的情郎，便义无反顾，舍生忘死，用情之深、之专、之坚，不仅胜过良家女子，亦强于男子远甚。《情史·情贞类》中《张小三》一篇，讲妓女张小三钟情杨玉山，杨玉山为之荡尽家产，双目失明。张小三得知后，尽出所有，替杨氏维持家业，婚配子女，杨氏死，守灵柩不去。冯梦龙评论说："世皆云，娼无定情，其情伪也、强也。今观张卿事，岂伪与强所能哉！幼而知贞，长而守志，老而不渝节，卒以清白从杨生地下。观其推财恤患，有古侠士之风。岂特风尘中难之，士君子或愧焉。"① 这里虽也歌颂了女主人公持贞守节的传统妇德，但主要还是在赞扬女性对爱情能够自作主宰并勇于付出、敢于坚持的可贵品质。《情史·情豪类》中《柳睦州》一篇，讲妓女陈娇容与柳睦州相好。唐玄宗早闻娇容之名，召之入宫，娇容不肯背弃柳氏，称病不从。冯梦龙赞之曰："卓哉志节，亦青楼中之以品胜者乎！寿王妃当愧死矣。"② 将妓女与杨玉环相比，并赞美前者不因富贵动摇爱情意志的高尚节操，贵族与平民的尊卑之分在面对情感的抉择时却发生了逆转。杨玉环背弃寿王，转投玄宗怀抱，位尊而品低，陈娇容拒绝玄宗引诱，遵从自我意愿，对爱情从一而终，位卑而品高。

以上就是冯梦龙情本哲学的基本内容。就内涵来看，它是晚明"主情"论美学的进一步发展，其价值诉求与当时兴盛的反理学思潮亦存在极大共鸣。而对情本论的形成产生根本影响的无疑是阳明心学。冯梦龙对王阳明的学问事功无比拜服，更著有《皇明大儒王阳明先生出身靖难录》以歌颂其功德。王阳明将程朱理学设定的外在天理拉回到了主体的

---

① 冯梦龙:《情史·情贞类·张小三》,凤凰出版社 2011 年版,第 19—20 页。

② 冯梦龙:《情史·情侠类·柳睦州》,凤凰出版社 2011 年版,第 129 页。

内在心性上，把道德的客观依据转换成了当下受用、直接浑成的主观境界，道德判断在某种程度上成为一种明心见性的感性体悟，其自然明觉的道德体验显然具有高度的直觉化、情感化的特征，这就给冯梦龙的情本思想提供了哲学支持。另外，王阳明在良知维度上将圣人和愚夫愚妇相等同的观念、泰州学派的自然人性论及思想的平民化立场，以及汤显祖的“至情说”，都对冯梦龙的情本哲学，尤其是自然情欲观和情的平等观产生了直接而深刻的启示作用。

二、情教观

冯梦龙自称“情僧”，几乎终其一生都在参悟这个“情”字。他大力阐扬情的价值和意义，将情标举到至高无上的地位，自汤显祖后，痴情莫如冯梦龙。然所谓“情僧”，只是冯梦龙精神肖像的一面，不能忽视的是，他还是明代一位重要的经学家。除了编印小说、戏曲、民歌之外，冯梦龙花费了很大精力去编述《春秋衡库》《麟经指月》《春秋定旨参新》等著作，更有《纲鉴统一》这样的经世资治之书。在诸经中，冯梦龙对《春秋》情有独钟。冯梦熊在《麟经指月·序》中言其兄“幼治《春秋》，胸中武库，不减征南（按：即杜预，222—285）。居恒研精覃思曰：‘吾志在《春秋》。’墙壁户牖皆置刀笔者，积二十余年而始惬。……抚书叹曰：‘吾惧吾之苦心，土蚀而蠹残也。吾其以《春秋》传乎哉？’”[①] 可见，注解经书，并图之流传后世，确是冯梦龙平生的志业和抱负。古来注经、解经，总是为宣发圣人教旨，为礼教张目，故一般看来，经学家与“痴情”文人这两种形象应该是矛盾的。然而在冯梦龙这里，解经与倡情却在他的“情教”思想中获得了某种统一，情本论最终是要落实到他的“情教”思想上来理解的。即，确立情的本体价值实质是要构建一种以情感教化为途径的道德革新机制和社会改良方案，对情的高倡深层次地反映出对现实社会中礼的缺失和扭曲的焦虑。冯梦龙

① 冯梦熊：《〈麟经指月〉序》，《冯梦龙集笺注》，天津古籍出版社2006年版，第17页。

感叹晚明社会“人情少”，认为一切社会症结和道德困境皆源于情的缺乏，故明志：“我欲立情教，教诲诸众生。子有情于父，臣有情于君。……盗贼必不作，奸宄必不起。”① 其言情的目的是要淳化社会风俗，重建人伦纲常，修复礼法秩序，只不过与理学的教化方式不同，他采用了一种以情化俗，以情育德，以情修礼的模式，此中关键就在情感的化育，通过使“无情化有，私情化公”，德礼之教在情感的愉悦中实现。这里存在一个重要的思维模式——道德的情感化，即道德是以情感为内核的，道德的改变和礼义的重彰需从情感陶养入手。

于是我们看到，冯梦龙将儒家经典及其包含的礼教内容都做了情感化的阐释：

> 六经皆以情教也。《易》尊夫妇，《诗》首《关雎》，《书》序嫔虞之文，《礼》谨聘奔之别，《春秋》于姬姜之际详然言之，岂非以情始于男女？凡民之所必开者，圣人亦因而导之，俾勿作于凉，于是流注于君臣父子、兄弟朋友之间，而汪然有余乎！异端之学，欲人鳏旷，以求清净，其究不至无君父不止，情之功效亦可知已。②

圣人编“六经”以教化人群，正是看到情感是人性的本质内容，故设教必以情为主，要成之以德，必先动之以情，以礼教之，须由情化之。而圣贤亦个个是有情之人。“文王、孔子之圣也而情，文正、清献诸公之方正也而情，子卿、澹庵之坚贞也而情，卫公之豪侠也而情，和靖、元章之清且洁也而情。”③ “人知惟圣贤不溺情，不知惟真圣贤不远于情”。④ 涉及国家政治层面，君王臣子亦需个个是有情人，“王道本乎人情。不通

① 冯梦龙：《情史·龙子犹序》，凤凰出版社2011年版，第1页。
② 冯梦龙：《情史·詹詹外史序》，凤凰出版社2011年版，第2页。
③ 冯梦龙：《情史·情芽类总评》，凤凰出版社2011年版，第399页。
④ 冯梦龙：《情史·情芽类·孔子》，凤凰出版社2011年版，第389页。

人情，不能为帝王”[1]。如此方能以情治天下，实现治世升平。

“六经”之教，具体是要塑造人在政治活动和道德生活中必须具备的忠孝仁义等德目，但后者在冯梦龙的时代已经变成了严重束缚人性、压抑人情的礼教罗网，不仅失去了积极的政教功能，反而对政治统治造成了负面影响。冯梦龙试图在一种新的时代境域中为这套僵死的礼教制度寻找新的精神基础，使其合乎人性的本然要求，由此赋予它新的合法性。与把对“六经”的理解纳入情感主义的框架相同，冯梦龙也将情作为各种道德实践的前提和动力。他说：

> 自来忠孝节烈之事，从道理上作者必勉强，从至情上出者必真切。夫妇其最近者也，无情之夫，必不能为义夫；无情之妇，必不能为节妇。世儒但知理为情之范，孰知情为理之维乎。[2]

“从道理上作者”“理为情之范”乃是冯梦龙对程朱理学伦理机制的概括和批判。宋学中的“理”是一种超验的存在，具有鲜明的形而上特质，也是世俗伦理的终极依据。宋儒虽承认情的存在，但对之多做消极的评价，认为它会对理的彰显与践行造成遮蔽和破坏，故理学总是强调圣人要克制情欲，用理来规范情。冯梦龙对此极不赞同，提出“情为理之维”这一相反实乃相成的观点。他认为，只有发自内心真情的忠孝节义才是真的忠孝节义，情是维护理（礼）的基本前提，没有情便不会有理，有的也是虚理、假理。《情史》记载了不少底层人群由真情驱使而做出崇高道德行为的故事，并将他们与上层士人虚情而悖理的行为进行对比，表达了“从至情上出者”的伦理观。冯梦龙这种纳情入理的方式既消解了程朱之“理”的强制性，也赋予情以道德内容。他进一步说明，情为理

① 冯梦龙:《情史·情芽类·智胥》,凤凰出版社 2011 年版,第 390 页。

② 冯梦龙:《情史·情贞类总评》,凤凰出版社 2011 年版,第 26 页。

之维是因为“世上忠孝节义之事，皆情所激。故子犹氏有情胆之说”[①]。有情才会有胆，有胆才有真忠义。冯梦龙这样解释情胆：“语云：‘色胆大如天。’非也，直是‘情胆大如天’耳。天下事尽胆也，胆尽情也。杨香孱女而拒虎，情极于伤亲也；刖跪贱臣击马，情极于匡君也。由此言之，忠孝之胆，何尝不大如天乎？总而名之曰‘情胆’。聊以试世，碌碌之夫，遇事推调，不是胆歉，尽由情寡。”[②] 胆由情生，无情便无胆，便无真正的忠孝节义，所谓“情不至，义不激，事不奇”[③]。

既然以情教作为淳风俗、施教化的手段，便不能允许个体情欲的放纵，于是就有节制情欲的必要性，因此，冯梦龙虽肯定情之于个体生命意义的不可或缺性，却对之采取谨慎态度。他说：

> 情，犹水也。慎而防之，过溢不上，则虽江海之决，必有沟浍之辱矣。情之所悦，惟力是视。田舍翁多收十斛麦，遂欲易妻，何者？其力余也。况履极富贵之地，而行其意于人之所不得禁，其又何堤焉？始于宫掖，继以戚里，皆垂力之余而溢焉者也。上以淫导，下亦风靡。生斯世也，虽化九阈而为河间，吾不怪焉。夫有奇淫者，必有奇祸。汉唐贻笑，至今齿冷。宋渚清矣，元复浊之。大圣人出，而宫内肃然。天下之情不波，猗与休哉！[④]

此处无非说明，物质生活的丰裕将激荡个体的情欲，特别是对统治阶级来说，情欲的放纵更加容易，也更加难以节制。在上行下效的作用机制下，整个社会风气会变得奢靡腐化，堕落不堪，故对于冯梦龙来说，尚情固然重要，但情欲带来的负面效应是绝不可忽视的。正因此，他一方面提倡“王道本乎人情”，另一方面则对王权庇护下的骄奢淫逸的纵欲景

---

① 冯梦龙:《情史·张俊》,凤凰出版社 2011 年版,第 137 页。
② 冯梦龙:《挂枝儿》卷一,《冯梦龙全集》第十册,江苏古籍出版社 1993 年版,第 5 页。
③ 冯梦龙:《情史·情侠类总评》,凤凰出版社 2011 年版,第 113 页。
④ 冯梦龙:《情史·情秽类总评》,凤凰出版社 2011 年版,第 460 页。

象高度警惕。

由上可知，冯梦龙绝非偏激的唯情主义者，而是一位对情的作用和价值有着全面、深刻认识的思想家。对于纵情和节情的矛盾，冯梦龙有着自己初步的解决方案。在《情史序》中，他道出了自己编撰此书的意图：

> 是编也，始乎“贞”，令人慕义；继乎“缘”，令人知命；“私”“爱”以畅其悦；“仇”“憾”以伸其气；“豪”“侠”以大其胸；“灵”“感”以神其事；“痴”“幻”以开其悟；“秽”“累”以窒其淫；“通”“化”以达其类；“芽”非以诬圣贤，而“疑”亦不敢以诬鬼神。辟诸《诗》云兴、观、群、怨、多识。种种俱足，或亦有情者之朗鉴，而无情者之磁石乎！①

情是一种不知何所起亦不知何所终的不可阻遏之物，禁制与放纵都不可取，故“情教说”对情应有双方面的态度，既要使无情者有情，又要让纵情者收敛，起到“有情者之朗鉴”与“无情者之磁石”的双重作用。冯梦龙编撰《情史》便是以此思想为主导。

冯梦龙这种以情释德，将道德做情感化处理的方式实际是儒家伦理的惯有思路，这在先秦儒家那里是至为明显的。孔子就以亲子之情来说明“三年之丧”的道德合理性，李泽厚对此做过很好的阐释：

> 孔子把“三年之丧”的传统礼教，直接归结为亲子之爱的生活情理，把“礼”的基础直接诉之于心理依靠。这样，既把整套的“礼”的血缘实质规定为“孝悌”，又把“孝悌”建筑在日常亲子之爱上，这就把“礼”以及“仪”从外在的规范约束解说成人心的内在要求，把原来的僵硬的强制规定，提升为生活的自觉理念，把一

---

① 冯梦龙:《情史·詹詹外史序》,凤凰出版社 2011 年版,第 2 页。

种宗教性神秘性的东西变而为人情日用之常，从而使伦理规范与心理欲求溶为一体。①

此外，孟子提出恻隐之心、羞恶之心、辞让之心、是非之心这四端，其实也是人的一种本能情感，由此四端而发展为仁、义、礼、智“四德”。这种情理观到了宋代便被程朱理学遏止了，而代之以抑情扬理的“天理观”。冯梦龙所谓“六经皆以情教”实在是以一种较为偏执的方式接续了孔孟的思路。他“把‘六经’拉入他的情教体系，其意图就是把‘六经’的微言大义与人伦物理接通起来，经过来自内心情感的注入而成为人们的一种自觉的心理欲求”。② 至此不难明白，冯梦龙的“情教说”绝不是反对儒家伦理，而是反对过分扼杀自然情欲的理学道德观，其目的是创造一种以情为本，情、理兼容互用的道德实践机制，对冯梦龙来说，无情不足以言德。

只是到了晚年，冯梦龙的这种情理兼容的观念似乎又走向了反面，甚至成为传统礼教的竭力鼓吹者，在后期的不少作品中已看不到一丝“情”的影子。在任寿宁知县期间，冯梦龙重建状元坊，表旌“先达”“孝子”“节妇”。他对此说：“磨世砥俗，必章劝诫。故忠孝节义，日而月之，下者醇谨无咎，备名耆宿，亦宜表著，用风顽钝。”③ 这俨然又变成了一副道学家的面孔。职是之故，我们在解读冯梦龙的“情教”美育论时，便要充分考量其中的复杂性，既要把握冯氏思想的基本内核，也要注意它的发展变化。

三、通俗文学美育观

冯梦龙不仅是明代杰出的通俗文学创作家和编纂家，也是重要的通

① 李泽厚:《中国古代思想史论》,人民出版社1985年版,第20页。
② 聂付生:《冯梦龙研究》,学林出版社2002年版,第83页。
③ 聂付生:《冯梦龙研究》,学林出版社2002年版,第85页。

俗文学理论家，他对小说、戏曲、民歌、笑话等几乎所有的通俗文学样式都发表了极富价值的观点和见解，内容涉及其历史发展、审美特征、教化功能等方面，形成了颇具时代特色的通俗文学理论体系，这其中当然也包括通俗文学的美育观。冯梦龙的通俗文学美育观与他的“情教”思想紧密相关，是后者在文学观念领域的具体表现。以下将分别探讨冯梦龙的民歌、戏曲、小说理论中的美育思想。

民歌在明代受到文人空前的关注，李梦阳、李开先、王世贞、袁宏道都对民歌表现出浓厚的兴趣，并对之做出了丰富的理论阐释。在李梦阳的《诗集自序》中，王叔武首次提出“真诗乃在民间”的观点，李梦阳对之做出肯定，相信“真诗果在民间”（详见第二章第三节），李开先则进一步强调“真诗只在民间”。概而言之，“真诗在民间”成为明代文人肯定民歌、倡举民歌的一个标志性口号，而“真”就成为其核心的评价标准。民歌的价值就在于它是“真诗”，而欲求诗之真，唯求于民歌。这里的真主要指诗歌要表达真情实感。如李开先说，《山坡羊》《锁南枝》这些民歌，“淫艳亵狎，不堪入耳，其声则然矣，语意则直出肺肝，不加雕刻，俱男女相与之情，虽君臣友朋，亦多有托此者，以其情尤足感人也。故风出谣口，真诗只在民间。”① 因为民歌表情达意不加修饰，“直出肺肝”，故“其情尤足感人”，从艺术接受的角度来说，这是民歌的最大价值所在。然若从教化功能来看，李开先对民歌的看法就有所保留，说“二词颇坏人心，无之则无以考见俗尚，所谓惩创人之逸志，正有须乎此耳”②。

冯梦龙的民歌理论无疑受到上述等人的影响，他对民歌的基本定位和评价也是落实到“真”这一标准上的。试看他的《叙山歌》：

> 书契以来，代有歌谣，太史所陈，并称风雅，尚矣。自楚骚唐

① 李开先：《〈市井艳词〉序》，《明代文论选》，人民文学出版社 1999 年版，第 142 页。
② 李开先：《〈市井艳词〉后序》，《明代文论选》，人民文学出版社 1999 年版，第 144 页。

律，争妍竞畅，而民间性情之响，遂不得列于诗坛，于是别之曰“山歌”。言田夫野竖矢口寄兴之所为，荐绅学士家不道也。唯诗坛不列，荐绅学士不道，而歌之权愈轻，歌者之心亦愈浅。今所盛行者，皆私情谱耳。虽然，桑间濮上，国风刺之，尼父录焉，以是为情真而不可废也。山歌虽俚甚矣，独非郑、卫之遗欤！且今虽季世，而但有假诗文，无假山歌，则以山歌不与诗文争名，故不屑假。苟其不屑假，而吾藉以存真，不亦可乎？抑今人想见上古之陈于太史者如彼，而近代之留于民间者如此，倘亦论世之林云尔。若夫借男女之真情，发名教之伪药，其功于《挂枝儿》等，故录《挂枝儿》而次及《山歌》。①

《叙山歌》是集中反映冯梦龙民歌理论的一篇重要文献。冯梦龙首先论述了民歌与文人诗歌分化的原因。他认为，民歌自古有之，与宫廷雅乐并称“风”“雅”。但自文人诗歌兴起后，诗歌的语言和主题都趋向精英化，出于“田夫野竖”之口以表达平民的心灵情感（“民间性情之响”）的民歌便受到文人的排斥，而无法进入正统的诗歌评鉴体制。冯梦龙指出，从内容上看，当世流行的民歌大多是歌咏男女情爱的，即所谓“私情谱”，但这不能成为“荐绅学士不道”的理由。因为孔子订《诗经》，也没有删掉抒情过于热烈的《郑风》和《卫风》，主要在于这些诗歌表达的都是人的真情实感。冯梦龙借孔子删《诗》这一重要的文化事件为民歌的合法性提供理论依据，更从中引出“情真”这条评判标准。他试图说明，以“情真”评价诗歌，是早在儒家圣人那里就已提出来的，而在诗歌中，情之最真者，莫若民歌，若“情真不可废”，则民歌亦不可废，这也是冯梦龙费尽心力收集、编纂民歌的原因。序文接着以民歌之真批判当时流行的假诗文，后者主要是指在16世纪下半叶再次兴起的复古派文学。在冯梦龙看来，正因民歌“不与诗文争名，故不屑假”，所以

① 冯梦龙:《叙山歌》,《冯梦龙集笺注》,天津古籍出版社2006年版,第147页。

能完全立足个体情性的真实表达。最终，冯梦龙将民歌的情性之真与礼教的虚伪本性对立起来，明确提出“借男女之真情，发名教之伪药”的主张。此前，李梦阳、李开先对民歌的肯定基本上还是限于文学领域，但冯梦龙却将批判的触角直接伸向与政道秩序紧密结合的礼法制度，这不能不说是发前人所未发。对接受者来说，欣赏民歌获得的不仅是情感的愉悦，因为民歌之真与名教之假的对立，使得欣赏者在审美享受的同时认识到后者的虚假本质。但正如前文所述，冯梦龙以真情揭批礼教之假，目的则是要建立以情感为活动前提并内化于情感之中的真礼教。就此意义来说，民歌便是一种“情教”的手段，它在批判旧礼教的同时，自然也成为冯梦龙心目中新礼教的施教途径，结合“情教”理论，这是可以从文献中推导出来的结论。

冯梦龙精通曲学，编有传奇集《墨憨斋定本传奇》，收录的剧本大多经过他的修改，其中《双雄记》《万事足》是其亲作。冯梦龙为许多剧本写了序言和评语，这构成他戏曲论著的主要内容。他还便有一本散曲集《太霞新奏》，收录了套数、杂曲、小令，并附有评论和曲坛掌故。若从美育视角来看，冯梦龙为这本曲集写的序言尤其值得重视。其文如下：

> 文之善达性情者无如诗，三百篇之可以兴人者，唯其发于中情，自然而然故也。自唐人用以取士，而诗入于套；六朝用以见才，而诗入于艰；宋人用以讲学，而诗入于腐；而从来性情之郁，不得不变而之词曲。胜国尚北，皇明专尚南，盖易弦索而箫管，陶激烈于和柔，令听者解烦释滞，油然觉化日之悠长，此亦太平鸣豫之一征矣。……然传奇就事敷演，易于转换，散套推陈致新，戛戛乎难之。当行也，语或近于学究；本色也，腔或近于打油。又或运笔不灵，而故事填塞，侈多闻以示博；章法不讲，而饾饤拾凑，摘片语以夸工。此皆世俗之通病也。作者不能歌，每袭前人之舛谬，而莫察其腔之忤合；歌者不能作，但尊世俗之流传，而孰辨其词之美丑。自

非知音人，亟为提其耳而开其曚，则今日之曲，又将为昔日之诗。词肤调乱，而不足以达人之性情，势必再变而之《粉红莲》，《打枣竿》矣，不亦伤乎?①

与对民歌所谓“性情之响”的定位一样，冯梦龙也从情感论的立场来评判戏曲，视之能否“达人之性情”。文学中最能达人性情的，当首推诗歌，不过在冯梦龙看来，自《三百篇》而后，诗歌被一些外在功能（取士、讲学）所绑架，落入规法套路之中，无法做到“自然而然”，其达情之旨便逐渐失落了。于是，词曲趁时而兴，箫管和柔，“令听者解烦释滞”，以诗歌为代表的正统文学的抒情使命便在一定程度上让渡给以词曲为代表的俗文学了。冯梦龙在这里揭示的是古典文学由表现庙堂伦理和宗法观念的雅文学向表现世俗情感和平民意趣的俗文学转变的事实，并进一步指出，在诚挚真切地表达情感方面，后者绝不逊于乃至优于正统的诗文，此处显示了冯梦龙文学批评上的胆识。那么，戏曲如何能够更好地达人性情呢？冯梦龙批评了许多曲作者不讲章法，“莫察其腔之忤合”，“饾饤拾凑，摘片语以夸工”，所以“不足以达人之性情”。质言之，戏曲要实现达情之旨，在创作上应该严格遵照曲法律式。

我们知道，明代戏曲界有著名的吴江派和临川派之争。吴江派讲究作曲要“合律依腔”，严格按照句法、曲式及音韵格律进行创作，宁可“不工”，也要“协律”。语言上则癖好“本色”，反对雕琢词句。此派代表人物有沈璟、吕天成、王骥德等。以汤显祖为首的临川派反对吴江派过度拘于声律法式、“按字模声”的形式主义取向，主张“文学以意趣为佳”，强调发挥作家才情，语言既要本色，也求文采。根据上文冯梦龙的说法及其他相关论述，可知其戏曲观念更多地倾向于吴江派。《〈新灌园〉序》说：“夫律必叶、韵必严，此填词家法，即世俗论议不及，余宁奉之

① 冯梦龙:《叙山歌》,《冯梦龙集笺注》,天津古籍出版社 2006 年版,第 177 页。

惟谨。”[①] 冯梦龙坚信，严格地依律合韵之于戏曲创作是具根本性意义的。这里似乎暴露出冯梦龙戏曲理论中的一个关键性矛盾，他一方面鼓吹戏曲要通达情性，且是“自然而然”，另一方面，又以“调协韵严”作为评判优劣的主要标准，这就难免产生审美自由与审美规则之间的冲突，其实质是吴江、临川之争在冯梦龙身上的集中呈现。然而，重要之处在于，冯梦龙并不认为两者是矛盾的，在他看来，只有合乎曲法的作品，才能获得良好的达情效果，“词肤调乱不足以达人之性情”。与临川派重情而轻法不同，冯梦龙力图做到情、法并重，但又明显偏向于以法约情，真正目的是要寻求一种规范化、形式化、价值指向明确的情感表达方式，其遵循的是一种纳情入理（法）的思路。前文已经阐明，冯梦龙言情最终不在情本身，而是诉诸立德明礼的教化之用，就此来说，“律必叶，韵必严”与抒情达意确实是不矛盾的，且只有将两者相结合，才能更好地发挥戏曲“情教”的功用。他赞赏“古传奇全是家门正传，从忠孝节义描写性情”[②]。并认为传奇剧本只有“关风化，而奇可传”[③]，这明显是直承高明的戏曲教化理念了。

除民歌、戏曲之外，冯梦龙在通俗小说的整理、编纂和研究方面也做了大量工作，他的小说理论在古典小说理论史上占有重要地位，对小说发展史、文学性质、社会功用等问题的阐释都达到了新的高度。他的小说美育观构成其通俗文学美育论的主要内容，其中最有意义的是揭示了小说的通俗性与教化功能之间的关系。《〈古今小说〉序》言道：

皇明文治既郁，靡流不波；即演义一斑，往往有远过宋人者。而或以为恨乏唐人风致，谬矣。食桃者不费杏，絺縠毳锦，惟时所

① 冯梦龙：《〈新灌园〉序》，《冯梦龙集笺注》，天津古籍出版社2006年版，第200页。
② 冯梦龙：《〈永团圆〉总评》，《冯梦龙集笺注》，天津古籍出版社2006年版，第213页。
③ 冯梦龙：《〈新灌园〉序》，《冯梦龙集笺注》，天津古籍出版社2006年版，第200页。

适。以唐说律宋，将有以汉说律唐，以春秋战国说律汉，不至于尽扫羲圣之一画不止。可若何？大抵唐人选言，入于文心；宋人通俗，谐于里耳。天下之文心少而里耳多，则小说之资于选言者少，而资于通俗者多。试令说话人当场描写，可喜可愕，可悲可涕，可歌可舞，再欲捉刀，再欲下拜，再欲决脰，再欲捐金，怯者勇，淫者贞，薄者敦，顽钝者汗下。虽小诵《孝经》《论语》，其感人未必如是之捷且深也。噫！不通俗而能之乎?①

冯梦龙对小说辅俗化民的政教功能是首先肯定且极为重视的。从这一点出发，他反对那种将唐人雅正典肃的文言小说奉为楷模的小说复古论，因为这些作品“尚理或病于艰深，修词或伤于藻绘”，故“不足以触里耳而振恒心”,② 它们只能供少数士人赏玩，不能为平民大众所接受，这也就无法最大程度地发挥小说的教化功用。相较而言，宋人开创的尚通俗的白话小说（话本）无论从艺术表现（“可喜可愕，可悲可涕，可歌可舞”)、读者规模（“资于通俗者多”）还是接受效果（“怯者勇，淫者贞，薄者敦，顽钝者汗下”）看，都要优于文言小说，其道德教化之用相比《孝经》《论语》等伦理经典有过之而无不及，关键就在于它具有通俗性的特点。冯梦龙提出小说可以“导愚”，但前提是能“适俗”，唯适俗方可导愚。

《〈警世通言〉叙》讲了相同的观点，文曰：

《六经》《语》《孟》，谭者纷如，归于令人为忠臣、为孝子、为贤牧、为良友、为义夫、为节妇、为树德之士、为积善之家，如是而已矣。经书著其理，史传述其事，其揆一也。理著而世不皆切磋之彦，事述而世不皆博雅之儒。于是乎村妇稚子、里妇估儿，以甲

---

① 冯梦龙:《〈古今小说〉序》,《冯梦龙集笺注》,天津古籍出版社 2006 年版,第 80 页。
② 冯梦龙:《〈醒世恒言〉序》,《冯梦龙集笺注》,天津古籍出版社 2006 年版,第 85 页。

是乙非为喜怒，以前因后果为劝惩，以道听途说为学问，而通俗演义一种，遂足以佐经书史传之穷。①

《六经》劝人行忠孝节义，但底层百姓无法直接由阅读经书来识得道德义理，通俗小说“谐于里耳”，故能“为六经国史之辅”。② 但教化并非枯燥的说教，小说也不是道德教科书，因此冯梦龙特别强调：“说孝而孝，说忠而忠，说节义而节义，触性性通，导情情出。”③ 小说必须以情感人、以情化人，才能获得“捷且深”的教育效果，这同样是他“情教”思想的表述。

对小说的真实与虚构关系的讨论在明代小说批评中是比较突出的，在中国这样一个拥有深厚的史传传统，高度重视历史真实性价值的国家，如何认识小说的虚构性质及其与现实的关系，是决定小说艺术发展的一个重要的理论问题。冯梦龙对此提出了不少有价值的见解，他对小说真、幻（赝）关系的看法将古典小说理论对该问题的认识推向深入。《〈警世通言〉叙》开篇即言：“野史尽真乎？曰：不必也。尽赝乎？曰：不必也。然则，去其赝而存其真乎？曰：不必也。”④ “野史”是小说的同义语，这里的意思是，小说不必完全符合生活真实，也不必尽是虚构，两者应该并行不悖、相济相用。而在不同题材、类型的小说中，真实和虚构在作品中的构成分量是不一样的。冯梦龙就认为，《西游记》重在“幻”，《三国演义》拘于史实，两者在艺术上都有偏胜。《水浒传》堪称真、幻结合的典范，在于它“以真为正，以幻为奇”⑤，既源于现实，又能充分发挥作者的想象力。

---

① 冯梦龙：《〈警世通言〉序》，《冯梦龙集笺注》，天津古籍出版社2006年版，第82—83页。

② 冯梦龙：《〈醒世恒言〉序》，《冯梦龙集笺注》，天津古籍出版社2006年版，第86页。

③ 冯梦龙：《〈警世通言〉序》，《冯梦龙集笺注》，天津古籍出版社2006年版，第83页。

④ 冯梦龙：《〈警世通言〉序》，《冯梦龙集笺注》，天津古籍出版社2006年版，第82页。

⑤ 冯梦龙：《墨憨斋批点〈北宋三遂平妖传〉序》，《冯梦龙集笺注》，天津古籍出版社2006年版，第96页。

不仅如此，真实和虚构在小说中所承担的艺术功能是不一样的，“其真者可以补金匮古室之遗，而赝者亦必有一番激扬劝诱、悲歌感慨之意。事真而理不赝，即事赝而理亦真；不害于风化，不谬于圣贤，不戾于诗书经史。若此者，其可废乎！”① 小说“真”的部分可补正史之缺，“赝”（幻）的部分则能发挥风教功能。此处所言“真”和“赝”指涉两层意思，一种是小说故事本身的真实和虚构，一种是故事所蕴含的“理”的真实与虚假，从上下文看，这个理主要是指道德礼义、纲常伦理。冯梦龙认为，事真理固然真，但虚构的故事同样可以表现真切的道德诉求，不仅无背于风化礼教，甚至更有助于后者。我们知道，像《二十四孝图》《列女传》这类道德劝教书，多是编录历史上的真人真事（实多有附会）为模范，以对读者形成道德感召和教育。编录者显然认为，人物和事件的真实性是施教得以可能的前提条件，因为真实不仅感人，而且令人信服。但在冯梦龙看来，事无论真假，理皆可为真，由于虚构之事不拘于一方，其所论之理更具有普遍性，所以能带来更强烈的教化效果。冯梦龙的这一认识无疑是对古典小说美育理论的一大贡献。也正是这样，我们才可理解，冯梦龙为何如此热衷通过编写《三言》这类小说来践行他的政教意图。

总之，冯梦龙的“情教说”是贯穿在他的通俗文学美育论之中的，他的整个通俗文学的编纂、创作活动都可看作是对“情教说”的践行，其中心意旨无非《三言》书名所示，是以“喻世”“警世”“醒世”为目的。冯梦龙在《〈三教偶拈〉序》中讲了这么一段话：“余于三教概未有得，然终不敢有所去取。其间于释教，吾取其慈悲；于道教，吾取其清净；于儒教，吾取其平实。所谓得其意皆可以治世者，此也！”② 这种说法当然体现了晚明非常流行的三教合一的思想潮流，但冯梦龙对三教的真正态度，并非像他说的那样是平均取用，《〈醒世恒言〉序》就说：

① 冯梦龙：《〈警世通言〉序》，《冯梦龙集笺注》，天津古籍出版社2006年版，第83页。

② 冯梦龙：《〈三教偶拈〉序》，《冯梦龙集笺注》，天津古籍出版社2006年版，第94页。

“崇儒之代，不废二教……以二教为儒之辅可也。”① 尽管我们惯用思想解放、个性自由这样的标签来定位冯梦龙的美学、美育思想，但还是要认识到，儒家明道立教的经世取向对其整个文学活动和理论叙事的主导作用。

① 冯梦龙:《〈醒世恒言〉序》,《冯梦龙集笺注》,天津古籍出版社2006年版,第86页。

第八章　“公安三袁”的美育思想

以袁宗道、袁宏道、袁中道三兄弟为代表的公安派是晚明最重要的一个文学流派，因袁氏兄弟籍贯湖北公安而得名。公安派的文学观念是对复古派的反动，他们抨击后者句拟字摹、食古不化，以致文坛“剽窃成风，众口一响”，主张“世道既变，文亦因之”[①] 的文学发展观，质疑古人法度的普适性，认为“代有升降，而法不相沿”，文艺创作要“各极其变，各穷其趣”[②]。公安派的文艺美学思想发端于袁宗道，至袁宏道成其大，其提出的“独抒性灵，不拘格套”的主张使“性灵说”成为晚明最有影响的文学、美学理论。袁中道对于“性灵说”的传播厥功至伟，但他清楚地看到性灵文学衍生出的严重弊端，故对之做出了较大修正。

公安派不仅仅是一个文学流派，从三袁留存的文献看，他们的思想兴趣绝不只是停留在诗文上，而是广泛涉及道学、佛学等领域，对生死问题的探究、对生命意义的追问构成公安派思想的重要内容。正如袁宏道的自述：“一切文字，皆戏笔耳，岂真与文士角雌较雄邪？至于性命之学，则真觉此念真切。”[③] 袁宏道的这一态度在袁氏兄弟中是一致的。有基于此，我们对公安三袁的美育思想的梳理和解读，就必须关涉到两个题域，一个是文学思想题域，主要是剖解性灵文学观所包含的美育旨趣，

---

① 袁宏道:《江进之》,《袁宏道集笺校》卷一一,上海古籍出版社 1981 年版,第 515 页。

② 袁宏道:《叙小修诗》,《袁宏道集笺校》卷四,上海古籍出版社 1981 年版,第 188 页。

③ 袁宏道:《徐崇白》,《袁宏道集笺校》卷一一,上海古籍出版社 1981 年版,第 495—496 页。

另一个是道学思想题域，主要是阐发其中的心性修养论和人文教化观，这样才能对三袁的美育思想做出较为完整的审视。

第一节　袁宏道的审美人生观

袁宏道（1568—1610），字中郎，号石公，湖北公安人。万历二十年进士，历任吴县知县、礼部主事、吏部郎中、国子博士等职。在袁氏三兄弟中，袁宏道被公认为是文才最高、成就最著者。公安派的文学思想虽肇端于袁宗道，但中郎高标性灵，力主打破复古主义的陈套旧规，再加上创作上的非凡成就，使其毫无争议地成为公安派的中坚和实际领导者。探讨袁宏道的文学理论和美学思想，自然要以“性灵说”为焦点，然而，若深究中郎所谓的美育论，就不能不观照到他那具有浓郁个性化色彩和强烈审美化风格的人生观与修养论，袁宏道在整个人生实践当中所表现出的狂放与沉沦、入世与超脱的价值矛盾，则是晚明士人群体某种时代心态的典型反映。

袁宏道一生三度出仕，又三度辞官，体现出他在出仕与归隐之间徘徊辗转的纠结心态。袁宏道具有杰出的施政才能，任吴县县令只一年有余，便令郡县大治，赢得了百姓的爱戴，以至百姓听说他因庶祖母詹氏病危，要辞官回乡侍亲尽孝，竟“骇叫狂走，凡有神佛处，皆悬幡点灯建醮，乞减吴民百万人之算，为詹姑延十年寿。以留仁明父母”①。一般以经世济民为己任的正统士夫文人，无论为仕途功名计或出于真正的治平理想，见此民情呼求之热切，多少会犹豫甚至继续留任。然袁宏道连上七牍乞归，已足见其去意之坚决。就在准备去官回乡时，宏道得知詹氏已康复，他便决定携妻暂居无锡。在此时写给友人聂化南的一封信中，他表露出自己跳脱官场牢笼之后的愉快心情：“败却铁网，打破铜枷，走

---

① 袁中道:《吏部验封司郎中中郎先生行状》,《珂雪斋集》卷一八,上海古籍出版社 1989 年版,第 757 页。

出刀山剑树，跳入清凉佛土，快活不可言！不可言！投冠数日，愈觉无官之妙。”[1] 欢欣雀跃之态跃然纸上。将官场视作“铁网”“铜枷”“刀山剑树”并不是袁宏道去吴之后的感慨，在县令任上，他就已四处倾诉为官之苦。在写给母舅龚惟长的一封信中，袁宏道说：“‘无官一身轻’，斯语诚然。甥自领吴令来，如披千重铁甲，不知县官之束缚人，何以如此。不离烦恼而证解脱，此乃古先生诳语。甥宦味真觉无十分之一，人生几日耳，而以没来由之苦，易吾无穷之乐哉！计欲来岁乞休，割断藕丝，作世间大自在人，无论知县不作，即教官亦不愿作矣。实境实情，尊人前何敢以套语相诳。直是烦苦无聊，觉乌纱可厌恶之甚，不得不从此一途耳。不知尊何以救我？”[2] 做官“如披千重铁甲”，“烦苦无聊”，渴望做“大自在人”，可见袁宏道一直有弃官之意。离任之后，宏道遍游东南名胜，创作了大量诗文，编为《解脱集》四卷。潘之恒（约 1536—1621，字景升）为《解脱集》作序道：“嗟乎，中郎真解脱人也！”[3] 中郎所谓解脱者，不唯是对樊笼般的仕宦生活的摆脱，也是指个体心灵超越世俗利欲羁绊后获得的自由和解放。他说：“世间第一等便宜事，真无过闲适者。”[4] 践行、享受一种闲适人生乃是袁宏道最大的人生志趣。

在写给徐汉明的一封信中，袁宏道将世间学道者分为四种人，借此明确表达了自己的闲适人生观。他说：

> 玩世者，子桑、伯子、原壤、庄周、列御寇、阮籍之徒是也。上下几千载，数人而已，已矣，不可复得矣。出世者，达磨、马祖、临济、德山之属皆是。其人一瞻一视，皆具锋刃，以狠毒之心，而行慈

---

① 袁宏道：《聂化南》，《袁宏道集笺校》卷六，上海古籍出版社 1981 年版，第 311 页。

② 袁宏道：《龚惟长先生》，《袁宏道集笺校》卷五，上海古籍出版社 1981 年版，第 222 页。

③ 潘之恒：《解脱集序》，《袁宏道集笺校》附录三，上海古籍出版社 1981 年版，第 1693—1694 页。

④ 袁宏道：《识伯修遗墨后》，《袁宏道集笺校》卷三五，上海古籍出版社 1981 年版，第 1111 页。

悲之事，行虽孤寂，志亦可取。谐世者，司寇以后一派措大，立定脚跟，讲道德仁义者是也。学问亦切近人情，但粘带处多，不能迥脱蹊径之外，所以用世有余，超乘不足。独有适世一种其人，其人甚奇，然亦甚可恨。以为禅也，戒行不足；以为儒，口不道尧、舜、周、孔之学，身不行羞恶辞让之事，于业不擅一能，于世不堪一务，最天下不紧要人。虽于世无所忤违，而贤人君子则斥之惟恐不远矣。弟最喜此一种人，以为自适之极，心窃慕之。除此之外，有种浮泛不切，依凭古人之式样，取润贤圣之余沫，妄自尊大，欺己欺人，弟以为此乃孔门之优孟，衣冠之盗贼，后世有述焉，吾弗为之矣。①

玩世者，或如庄子等道家先圣，或如阮籍等风流贤达，他们逸世超尘，优游天地，不过此等人世所罕有，往者既逝，不复再现。“出世者”，如达摩等佛禅宗师，抛尘绝俗，摒弃人伦世情，其观人观世别具慧眼，直透人心，看似无情，行的却是度人苦厄的慈悲之事。“谐世者”，便是创自孔子的儒者群体，他们立足现实，通过推行道德仁义维护世俗礼法秩序，俯仰进退皆关人情，但“用世有余，超乘不足”。“适世者”，非禅非儒，无志无才，不背戒行，亦不彰德义，是“最天下不紧要人”。袁宏道坦言，比起玩世的“不可复得”，出世的“孤寂”和谐世的过于“粘带”，适世是自己最赞赏的人生态度，因为此种人生“自适之极”。按照世俗眼光，适世者实在是“天下无能第一”，“于国于家无望”，但他们超脱利害，自由无忌，无所拘束亦无所担负，而这恰是符合人的自然本性的。在袁宏道看来，万物都应适己之性。他举例说：“夫鹦鹉不爱金笼而爱陇山者，桎其体也；雕鸠之鸟，不死于荒榛野草而死于稻粱者，违其性也。异类犹知自适，何以人而桎梏于衣冠，豢养于禄食邪？则亦可嗤之甚矣。”② 这段话的意思很容易令人联想到陶渊明（约365—427，字

① 袁宏道:《徐汉明》,《袁宏道集笺校》卷五,上海古籍出版社1981年版,第217—218页。

② 袁宏道:《冯秀才其盛》,《袁宏道集笺校》卷一一,上海古籍出版社1981年版,第480页。

元亮）《归园田居》一诗，其中，“少无适俗韵，性本爱丘山……羁鸟恋旧林，池鱼思故渊”几句与上文义旨正相契合，该诗最后两句，“久在樊笼里，复得返自然”显然也与袁宏道的自适精神是一致的。陶渊明确实是袁宏道最崇敬的诗人之一。他赞赏“陶潜总任真”[①]，经常会“忽忆东篱叟”[②]。袁宏道对陶渊明的推崇表面上是因为后者对官场的态度使他引为同道，但从思想深层上说，源于二人对人性随情任真的自然本质有着相同的认识。相应于陶渊明的道家精神，袁宏道也借庄子进一步解释了对人性之自然的看法：“圣人之于生也，无安排，无取必，无侥幸，任天而行，修身以俟，顺生之自然，而不与造化者忤，是故其下无伤生损性之事，而其上不肯为益生葆命之行。”[③] 这里虽是讲道家的养生之法，但“无安排”“任天而行”反映的无不是袁宏道的人生态度。

率性而行的闲适人生就是一种随心适意、自在自得的快乐人生。袁宏道相信，个体的存在意义就在寻求生命的无穷快乐，这种快乐源于个体心灵随顺人情而获得的安闲自足，当沉静时沉静，当放逸时放逸，不故作超拔而博高名，不假借风流而纵私欲，无念无住，随缘任运，方为人生至乐。由是，袁宏道提出了著名的“人生五乐”的说法：

> 真乐有五，不可不知。目极世间之色，耳极世间之声，身极世间之鲜，口极世间之谭，一快活也。堂前列鼎，堂后度曲，宾客满席，男女交舄，烛气熏天，珠翠委地，金钱不足，继以田土，二快活也。箧中藏万卷书，书皆珍异。宅畔置一馆，馆中约真正同心友十余人，人中立一识见极高，如司马迁、罗贯中、关汉卿者为主，分曹部署，各成一书，远文唐、宋酸儒之陋，近完一代未竟之篇，三快活也。千金买一舟，舟中置鼓吹一部，妓妾数人，游闲数人，

① 袁宏道:《偶成》,《袁宏道集笺校》卷三,上海古籍出版社 1981 年版,第 123 页。

② 袁宏道:《东菊》,《袁宏道集笺校》卷一,上海古籍出版社 1981 年版,第 48 页。

③ 袁宏道:《广庄 · 养生主》,《袁宏道集笺校》卷二三,上海古籍出版社 1981 年版,第 801 页。

泛家浮宅，不知老之将至，四快活也。然人生受用至此，不及十年，家资田地荡尽矣。然后一身狼狈，朝不谋夕，托钵歌妓之院，分餐孤老之盘，往来乡亲，恬不知耻，五快活也。士有此一者，生可无愧，死可不朽矣。①

依宏道所述，“五乐”其实可以分为三个层次。第一个层次是纵情释欲的声色、口腹之乐，是在繁华、奢靡的世俗生活当中获致的感官享受，第一、第二种“快活”即指此。袁宏道从不隐讳对物色财货的热烈追逐。他高调地说：“人生三十岁，何可使囊无余钱，囤无余米，居住无高堂广厦，到口无肥酒大肉也！”② 并坦荡宣称“我好色”③，“往时亦有青娥之癖”④。不可否认，色欲之念在袁宏道的精神结构中占有相当突出的位置，特别在其诗文当中，可以看到大量毫无忌讳地表白情欲、追求感官快适的淫词艳曲。如《浪歌》：“朝入朱门大道，暮游绿水桥边。歌楼少醉十日，舞女一破千钱。鹦鹉睡残欲语，花骢蹄健无鞭。愿为巫峰一夜，不愿缑岭千年。”⑤ 不愿成仙得道的长生不老，只求美人在侧的一夜欢愉。此处放肆地展示“青娥之癖”，活脱脱一个癫狂浪子的形象。更有对狂嫖滥赌的极端放浪行为的垂涎和赞许，如《江南子》吟道：“白面青髭美少年，朝投五水暮摊钱。百千一注不洗手，赢来赌取少娃眠。男儿作事勿偃蹇，黄金博尽终当转。莫道腰间无一文，闺中少妇犹堪典。”⑥ 此外，像《小妇别诗》四首、《湖上迟陶石篑戏题》《艳歌》等情欲偾张的作品，皆表现了个体纵情顺性的自足之乐。由此看出，宋明理学一直贬抑的感官私欲在袁宏道这里被宣扬到了极致，道德理性的约束在个体情性

① 袁宏道：《龚惟长先生》，《袁宏道集笺校》卷五，上海古籍出版社 1981 年版，第 205—206 页。

② 袁宏道：《毛太初》，《袁宏道集笺校》卷五，上海古籍出版社 1981 年版，第 209 页。

③ 袁宏道：《别石篑·其七》，《袁宏道集笺校》卷九，上海古籍出版社 1981 年版，第 404 页。

④ 袁宏道：《李湘洲编修》，《袁宏道集笺校》卷四二，上海古籍出版社 1981 年版，第 1233 页。

⑤ 袁宏道：《浪歌》，《袁宏道集笺校》卷八，上海古籍出版社 1981 年版，第 332 页。

⑥ 袁宏道：《江南子·其五》，《袁宏道集笺校》卷八，上海古籍出版社 1981 年版，第 326 页。

的自我放纵下似乎已荡然无存。袁宏道这种当下快意、寄兴浮生的审美化的人生态度，一方面固然离不开个人的性格因素，但扩而言之，不能不说与当时整个社会文化思潮息息相关，尤其是受到晚明的狂禅运动以及自然人性论思想的影响，这应该是众所周知的思想事实。

袁宏道毕竟是一名有着很高人文修养的文人，若仅仅在浮世中追逐声色享受，那与一般的登徒子就没有区别了。他在《兰亭记》中说："卑者或纵情曲糵、极意声伎，高者或讬为文章声歌，以求不朽。"[①] 于是，袁宏道又意图在感官之乐的基础上去践行更加高雅的人文趣味，即上文所言第三、第四种"快活"，尤其是第三种，高朋知己欢聚，坐拥珍籍异典，可谓极尽文人雅意。而在实际的审美生活中，袁宏道深好品瓶、评酒、斗蚁、畜虫及玩赏自然山水等雅事，并为此撰有《瓶史》《觞政》《斗蛛》《畜促织》等文笔雅丽、意趣清幽的"闲文"，从中可知他对"雅道"的造诣。但不得不说，"藏万卷书，书皆珍异"，"千金买一舟"，置鼓吹、妻妾，"泛家浮宅"的规模，非巨富之家不能为，高雅的精神乐趣也是以充分的物质条件作保障的。

前面四种"真乐"大多都只能发生在富贵场中，实质是物欲的不同形式的表现，享此极欲之乐的结果必然是"家资天地荡尽"，"一身狼狈"，"朝不谋夕"，但袁宏道竟认为，这种财资丧尽、尊严堕地的生命窘境也是一种快乐，甚至是最大的快乐。因为此时，个体完全挣脱了财富、名誉的羁绊，跳出了在世俗世界中往复于满足和匮乏之间的生命轮回而直达人生的本初之境，唯在此刻，才能看清存在的本质，透悟性命的根柢。袁宏道说："可以娱心意悦耳目者，唯有一唱一咏一歌一管而已矣，过此则有太上之至乐，穷天地之奥妙，发性命之玄机，究生死之根源。"[②] 据前文袁宏道的行文逻辑，五种"真乐"乃是并列关系而无高下之分，所以每个人只要五者有其一，便"生可无愧，死可不朽"。但从这里看，

---

① 袁宏道：《兰亭记》，《袁宏道集笺校》卷十，上海古籍出版社1981年版，第444页。

② 袁宏道：《徐渔浦》，《袁宏道集笺校》卷六，上海古籍出版社1981年版，第304页。

声色耳目之乐最终是要被超越的，因为在了悟生死根由、性命玄机之后获得的解脱之乐才是人生的极乐，当然也是自得自适的最高境界。故宏道又言：“因思浮生倏忽，真如电火，愁者固愁不得几何，乐者又乐得几何？不如且料理末后一着为吃紧，余俱闲事也。”[①] “料理末后一着”即是究极生死问题，“最天下不紧要人”无论在俗世间如何逍遥，自家性命下落仍旧是不得不面对的“吃紧”事。可见，宏道闲适精神所寄，绝没有停留于情欲的表面，而是深入到了终极意义的思考当中。但这里需进一步提问的是：既然以终极超越为旨归，是否意味着感官之乐一开始就要被否定呢？袁宏道似乎并不这么认为。“吃紧”事不是唯一事，更关键在于，“吃紧”事恰恰还要从所谓“闲事”中体证出来。荡尽资财、抛却声名的解脱乃是从有到无的解悟过程，没有“有”的生命内容又如何达致“无”的存在境界，赏尽世间芳华，阅尽人间春色，方知白茫茫大地从何而来，有何意义。因此，这种超越性的自适并非凭空而获，却是建立在丰富的生活阅历的基础上，面对人间情欲，必有无所顾忌的拥抱和释放，才有彻底通透的超越和解脱。

在袁宏道这里，无论是身体感官的赏乐、文人化的生活雅趣，还是追究性命宏旨的宗教性超越，皆是审美化风格的生命实践，反映了袁宏道审美人生观的多层次内涵。从物质到精神到存在，从审美鉴赏的品级来说是步步递进的过程，但三者之间又是互相关联，各具意义的。尤其是在晚明以高张自然人性论为主要内容的所谓思想解放的大背景下，袁宏道的情欲论述受到现代研究者的特别关注，而将之作为明代文学、美学转型的重要环节。然在相当长时期内，人们对自然人性论的理解过于偏执，只是看到其中高倡情欲的一面，却没有把握（也可能是故意忽略）此种主张背后曲折而坚定的政教意识和更为复杂的思想渊源。不可否认，袁宏道以闲适为旨趣的人生观及后文将要探讨的“性灵说”确实极大淡化了儒家的经世观念和教化意识，将身心的自足安乐作为个体的价值归

① 袁宏道：《龚惟长先生》，《袁宏道集笺校》卷二二，上海古籍出版社 1981 年版，第 770 页。

宿，但不能忽略的是，自适之乐不唯是个体情性的自由释放，更是一种无念无住、了无挂碍的大解脱，后者方是至闲至适的终极之境。由此提示我们，对袁宏道美育思想的解读必须将其中包含的看似矛盾实则统一的不同观念面相作为一个完整的思想实体来把握，这样才能获得对他的美学、美育思旨的准确理解。

第二节 “性灵说”的美育意旨

“性灵”是袁宏道美学思想的核心概念以及整个公安派最突出的思想标记。在公安派阵营中，袁宏道最早将“性灵”范畴明确标举出来，并做出阐释。一般认为，“性灵”概念指的就是自然性情，即个体生命的自然本真或本然性，但“性灵说”之所以能够卓然挺立于明代思想界并产生重大影响，实在有其更为复杂的思想背景。因此，在集中阐释“性灵说”的美育意旨之前，有必要对它的一些相关性问题做简单的述介，以使我们更全面地了解其针对文学、人性问题所提出的改良主张背后的思维依据和价值根源。

一、“性灵说”的理论来源和问题背景

“性灵”一词在魏晋南北朝时期便已频繁出现。《文心雕龙·原道》有言：“两仪既生矣。惟人参之，性灵所钟，是谓三才。”[①] 此处“性灵”指人的天赋灵性，是人成其为人的自然禀赋，与此同时也是创作文章的必要素质。颜之推（529—595，字介）论作文时，也有“陶冶性灵”“发引性灵”[②] 的说法。庾信《赵国公集序》云：“含吐性灵，抑扬词气。”[③] 这里的“性灵”指的都是文学活动中人的情感或性情。谢灵运

① 刘勰:《文心雕龙·原道》,《文心雕龙注》,人民文学出版社1958年版,第1页。

② 颜之推:《颜氏家训·文章第九》,中华书局2007年版,第142页。

③ 庾信:《赵国公集序》,《庾子山集注》卷一一,中华书局1980年版,第656页。

(385—433) 则较早地从佛学视角来言述"性灵"。宋文帝对何尚之说："范泰、谢灵运每云：六经典文，本在济俗为治耳。必求性灵真奥，岂得不以佛经为指南耶!"[①] 此"性灵"乃佛教所说之真性、灵觉，也就是众生自有的对真如法性的本觉之智。性灵的这层释家义旨直接影响了明代学者的性灵观。南朝张融（444—497，字思光）关于性灵的说法亦值得关注，他说："夫性灵之为性，能知者也；道德之为道，可知者也。能知而不知，所可知非能知之义，可知而不为能知所知，非夫可知矣。故知能知必赴于道。"[②] 张融强调了性灵的认知功能，并和道德关联起来。在袁宏道稍早前，明代文人对性灵一词的使用其实也已相当普遍，如徐渭、王世贞、王世懋、屠隆等人都较多地运用性灵概念，并赋予其丰富的义涵，[③] 但直到袁宏道，才将"性灵"树立为文学改革的旗帜，并成为一种人性学说的关键范畴，从而奠定了其在文学思想史和美学史上的地位。

自明中叶以后，明代任何一种思想学说和思想运动几乎都可看作是对阳明心学的不同形式的回应。它们或是直接承继、创发后者而来，成为心学的支流余脉，或是在心学的影响下来发展自己的学说，或是通过与心学的对抗、辩难来彰示自身的理论主张。明代思想文化语境中的"性灵说"毫无疑问也受到了心学的沾溉，而性灵和良知在价值特性上的关联反映出前者的心学渊源。在"性灵"这一概念中，"性"本身就是宋明理学的核心范畴，在宋儒那里，它是根源于天理的道德理性，且与心、情这些经验意识严格区分开来。朱熹对有人所问"灵处是心，抑是性"这个问题的回答是："灵处只是心，不是性，性只是理。"[④] "灵处"是指人的认知功能和一种经验性的自觉意识。王阳明依其心学，将心、

① 何尚之:《答宋文帝赞扬佛教事》,《弘明集》,中华书局 2011 年版,第 296 页。

② 张融:《答周颙书并答所问》,《全上古三代秦汉三国六朝文》第五册,中华书局 1965 年版,第 149 页。

③ 关于"性灵"一词在明正德、嘉靖年间诗文中的使用情况可参看黄卓越:《明中后期文学思想研究》,北京大学出版社 2005 年,第 233—234 页。

④ 朱熹:《朱子语类》卷五,中华书局 1986 年版,第 85 页。

性、理乃至情通过良知这一范畴统一起来。他对良知的解释是："心之虚灵明觉"；"天理之昭明灵觉处"。"虚灵明觉"强调人所固有的先天道德理性的觉醒自知，"昭明灵觉"是指天理在人的本心处开显明现出来，两者都强调良知之于道德主体的构成意义。王畿将良知和性灵在语义上的联系阐发得更加紧密，他说："良知是性之灵，原是以万物为一体，明明德于天下，原是一体不容已之生机，非以虚意见承当得来。"① 又说："良知者，性之灵也，至虚而神，至无而化，不学而虑，天则自然。"②不过，心学语境中与良知关联的性灵之论毕竟带有强烈的道德色彩，这与后来公安派的性灵思想是有相当大的差异的。心学对"性灵说"的影响主要还是表现在对主体性的价值宣扬、厌伪崇真的精神立场以及突破格套的学术勇气等方面。

若讲到对"性灵说"产生直接影响的思想家，非李贽莫属。袁氏兄弟三人均对李贽的为人和学问钦敬有加，袁宏道受其影响尤深，曾两次专门拜访李贽。袁中道对此有精到的评述："先生既见龙湖，始知一向掇拾陈言，株守俗见，死于古人语下，一段精光，不得披露。至是浩浩焉如鸿毛之遇顺风，巨鱼之纵大壑。能为心师，不师于心，能转古人，不为古转。发为语言，一一从胸襟流出，盖天盖地，如象截急流，雷开蛰户，浸浸乎其未有涯也。"③ 李贽思想的魅力就在于以一种前所未有的霹雳手段，毫无保留地攻击一切遮蔽人性本真的思想学说与道德礼法，将个体心性的自足自得和自我生命的解放视作为学求道的最终目的。这里面包含了对真实无欺的自然情性的高度肯定和对一种"真人"的人格理想的热切追求，这也正是"童心说"的思想主旨所在。李贽的为人为学给予了"性灵说"最直接的精神滋养和观念启悟，这使袁宏道将李贽视为同声同气的同道知己。

---

① 王畿：《留都会纪》，《王畿集》卷四，凤凰出版社 2007 年版，第 89 页。

② 王畿：《白鹿洞续讲义》，《王畿集》卷二，凤凰出版社 2007 年版，第 46 页。

③ 袁中道：《吏部验封司郎中中郎先生行状》，《珂雪斋集》卷一八，上海古籍出版社 1989 年版，第 756 页。

除心学之外，“性灵说”还深受佛禅思想的浸润，忽视其佛学本源是无法尽窥性灵奥妙的。袁宏道是晚明的著名居士，对禅宗、华严宗、净土宗皆有很高的修为，并撰有《西方合论》《德山尘谭》《宗镜摄录》等佛学专著。佛禅对性灵说的影响主要在于心性论层面。在宋明理学中，心性问题成为儒、佛两家思想的最大交集，所不同的是，佛学言心性是指向万象空无的超脱法门，而儒家言心性却是要为世俗个体的道德生存寻找主体依据。晚明思想界所称的“性灵”概念含有鲜明的佛学义理。质言之，“‘性’就是真如法性或如来佛性，即真性。而‘灵觉’则指众生本具灵觉悟性，所谓‘观灵觉即菩萨’，即言众生本具真如佛性，故自有真如本觉之智，要须除灭妄识、证悟心源方使本觉呈露”①。因此，就佛学内涵说，性灵即是人人具有的真如佛性和本觉妙智。袁宏道说：“真神真性，天地之所不能载也，净秽之所不能遗也，万念之所不能缘也，智识之所不能入也。”“真神真性”即是永恒常在的佛性，“一切计较，皆缘见性未真，误以神识为性”②，只要悟得此佛性，便能超越生死。将此种佛学心性论借“性灵说”落实到文学和人性修养论当中，便是要求艺术创造须抒发真情真性，鼓励人的自我真体的大胆显露。正如有学者所概括的：“袁宏道赋‘性灵’以禅宗心性论的主体性特征，使晚明文学与当时的社会思潮更紧密地联系在一起，同时也与作家的审美体验更相应合；将‘性灵’与本体之‘心’联系在一起，深化了‘性灵说’的内容。”③

“性灵说”在思想渊源上与儒、释两家关联深厚，但其在晚明的盛行乃是直接与文学批评相关的，简单地说，是针对现实中的文学弊病所提出的一种新的审美主张，而这些文学弊病被认为是肇始于15世纪末期且已持续近百年的复古运动所带来的结果。为打破明初因台阁诗风造成的

---

① 易闻晓：《公安派的文化阐释》，齐鲁书社2003年版，第208页。

② 袁宏道：《与仙人论性书》，《袁宏道集笺校》卷一一，上海古籍出版社1981年版，第490页。

③ 周群：《袁宏道评传》，南京大学出版社2011年版，第82页。

萎弱沉闷的格局，前七子提出诗文创作要追慕秦汉、盛唐的复古口号，认为这是振兴皇朝文学的必由之路。然汉唐典范实在难以企及，于是，力追汉唐的文学理想只能被狭隘地落实在修辞格律这些审美形式上，流风日久，终于陷入“剿袭模拟、影响步趋”的僵局。以王世贞为代表的后七子紧承前七子而来，复古声势由此愈发浩大。尽管王世贞、李攀龙等人在后期也认识到复古主义存在弊端，并提出了改良意见，但主格调、讲法度、贵古贱今的总体取向没有变，所以无法获得根本的突破。总的来说，复古派固然也注重主体精神的观照和个体情感的抒表，但始终没有摆脱摹古观念的束缚，感发情性仍以“固守唐音”为前提，由此，其审美格套愈发与文学应有的抒发个性自由、表达真情实感的价值原则相对立，并不可避免地对文学的创新发展造成严重妨碍。从前七子到后七子，复古主义便持续受到唐宋派、竟陵派，以及徐渭、汤显祖等主情论文人的攻击，公安派的崛起其实也与此批判思潮直接相关。袁宏道的文章中便有大量批判复古主义的论述，其批判之深、之广确是前所未见。《叙小修诗》论道：“盖诗文至近代而卑极矣，文则必欲准于秦、汉，诗则必欲准于盛唐，剿袭模拟，影响步趋，见人有一语不相肖者，则共指以为野狐外道。曾不知文准秦、汉矣，秦、汉人曷尝字字学《六经》欤？诗准盛唐矣，盛唐人曷尝字字学汉、魏欤？秦、汉而学《六经》，岂复有秦、汉之文？盛唐而学汉、魏，岂复有盛唐之诗？唯夫代有升降，而法不相沿，各极其变，各穷其趣，所以可贵，原不可以优劣论也。”① 这是从开放的文学发展观出发，对前、后七子的“文必秦汉，诗必盛唐”的复古主张提出了激烈批评，所谓“代有升降”，“法不相沿”，时代既变，文风、文法必随之而变，“变”才是文学发展的常道。在《雪涛阁集序》中，袁宏道又对复古派亦步亦趋摹袭前人字句的做法进行了抨击，他说：“复古是已，然至以剿袭为复古，句比字拟，务为牵合，弃目前之景，摭腐滥之辞，有才者诎于法，而不敢自伸其才，无之者，拾一二浮泛之语，

---

① 袁宏道：《叙小修诗》，《袁宏道集笺校》卷四，上海古籍出版社 1981 年版，第 188 页。

帮凑成诗。智者牵于习，而愚者乐其易，一倡亿和，优人驺子，皆谈雅道。吁！诗至此，抑可羞哉！夫即诗而文之为弊，盖可知矣。”① 这种从字句上取法古人的机械的形式主义完全扼杀了文学的创造精神，诗人的才情拘于成法而无处施展，如此便诗不为诗。不用再列举更多的论述，基于这种强烈的反复古意识，“性灵说”已呼之欲出。

二、“性灵说”的审美内涵及美育意旨

要探讨“性灵”之于心性修养和人格塑造的美育意义，首先要把握“性灵”范畴本身所具有的审美精神内涵。实际上，袁宏道在著述中直接言述性灵的文字并不多，后世普遍以性灵作为中郎和整个公安派的美学标识，是因为这个概念高度凝练了公安派的文学思想和审美精神。袁宏道在为弟弟中道写的诗歌评论文章《叙小修诗》中，首次提到“性灵”。他说：

> 弟小修诗……大都独抒性灵，不拘格套，非从自己胸臆流出，不肯下笔。有时情与境会，顷刻千言，如水东注，令人夺魄。其间有佳处，亦有疵处。佳处自不必言，即疵处亦多本色独造语。然予则极喜其疵处，而所谓佳者，尚不能不以粉饰蹈袭为恨，以为未能尽脱近代文人气习故也。②

可以看出，中郎对小修诗的评价首先是从情感之真实自然与表达之率性自由两方面着眼的，与童心之真一样，“真”由此也成为性灵的第一个重要的美学规定。基于这种“真性”原则，只要作品是出于个体的真情实感而创作的，便都是有价值的，不管在艺术上是“佳”或“疵”，因其皆从真性流出。相较起来，由于疵处摆脱格套而多本色语，佳处却是陈

① 袁宏道:《雪涛阁集序》,《袁宏道集笺校》卷一八,上海古籍出版社 1981 年版,第 710 页。
② 袁宏道:《叙小修诗》,《袁宏道集笺校》卷四,上海古籍出版社 1981 年版,第 187 页。

陈相因，多出自人力虚饰，故疵比佳更真。袁宏道这里关于文学审美趣味的偏激之论明显是针对前后七子“剿袭模拟”的复古主张而发的。复古主义唯古人法度是瞻，很难在既成格套中抒发诗人的自然真情，袁宏道由是着力强调要在创作中讲真情，作真诗。“大抵物真则贵，真则我面不能同君面，而况古人之面貌乎！唐自有诗也，不必《选》体也；初、盛、中晚自有诗也，不必初、盛也。”① 如何才是包含了真情的真诗呢？一切皆从性灵流出。他说：“诗何必唐？又何必初与盛？要以出自性灵者为真诗尔。夫性灵窍于心，寓于境。境所偶触，心能摄之；心所欲吐，腕能运之。……以心摄境，以腕运心，则性灵无不毕达，是之谓真诗。……又何必唐，又何必初与盛之为沾沾哉！”② 真诗出自性灵，性灵即是真心，心与境谐而生真情，信手写来，自然无不是含蕴真情之真诗。一诗人有一诗人之真情，一时代有一时代之真诗，唯其真，必是新，欲由模拟古人来求真期新是绝不能得的。

袁宏道又从“诚”的角度对诗歌的真情真性做了延伸性的解释。“诚”便是真诚，一种自然无伪的坦恻之性。他说：“夫迫而呼者不择声，非不择也，郁与口相触，卒然而声，有加于择者也。古之为风者，多出于劳人思妇，夫非劳人思妇为藻于学士大夫，郁不至而文胜焉，故吐之者不诚，听之者不跃也。”③ “诚”来源于心中所“郁”，郁是指人的忧愁和苦闷，这种情绪积蓄到一定程度就不得不发泄出来，而出于发泄的急迫性就不会过多地考虑表达方式，只要“郁”从口出，自然成声，就是最好的表达。然而，文人学士往往过于注重外在的表达方式，忽略了内在情感的真实状态，所以总是“郁不至而文胜”，这样的表达无论多么美妙，都是不真诚的，观者也无法被打动。反而是来自民间的“劳人思妇”，不拘形式，直抒真情，所以更能动人。袁宏道因此高度评价民歌的

---

① 袁宏道：《丘长孺》，《袁宏道集笺校》卷六，上海古籍出版社 1981 年版，第 284 页。

② 江盈科：《敝箧集序》，《袁宏道集笺校》附录三，上海古籍出版社 1981 年版，第 1749 页。

③ 袁宏道：《陶孝若枕中呓引》，《袁宏道集笺校》卷三五，上海古籍出版社 1981 年版，第 1114 页。

审美价值，相信民间“妇人孺子所唱之《擘破玉》《打草竿》之类”才是保有真性灵的文艺，因为这些作品“不效颦于汉、魏，不学步于盛唐”，“故多真声”①。如此任性而发的“情至之语，自能感人，是谓真诗”。针对时人以“太露”诟病这种创作风格，中郎反问道：“情随境变，字逐情生，但恐不达，何露之有?”②

袁宏道对真声、真文的强调实际都落实到对真人的追求上，后者正是性灵美育论的重要人文诉求。他对袁中道性情的描写就是在刻画一个“真人”形象：

> 盖弟既不得志于时，多感慨；又性喜豪华，不安贫窘；爱念光景，不受寂寞。百金到手，顷刻都尽，故尝贫；而沈湎嬉戏，不知樽节，故尝病；贫复不任贫，病复不任病，故多愁。愁极则吟，故尝以贫病无聊之苦，发之于诗，每每若哭若骂，不胜其哀生失路之感。③

性灵之真表现在人格上便是顺情任性的洒脱自然，即“性喜豪华”，“爱念光景”，“白金到手，顷刻都尽”，这是一种自适人生观的体现。而在文学创作态度上则是尽情坦露，毫无遮饰，即“愁极则吟”，“若哭若骂”，这两方面归结起来都是以真实自然原则为依准。不过在袁宏道看来，创作上的尽情坦露乃是主体情性的表现，诗文的无所遮蔽的真性风格亦是主体性灵的一种呈现方式，因此，“性灵说”虽是面对文学问题而发，终究应以“真人”的人格理想为价值本位。《识张幼于箴铭后》进一步对“真人”言道：“性之所安，殆不可强，率性而行，是谓真人。今若强放达者而为慎密，强慎密者而为放达，续凫项，继鹤颈，不亦大可

① 袁宏道:《叙小修诗》,《袁宏道集笺校》卷四,上海古籍出版社 1981 年版,第 188 页。
② 袁宏道:《叙小修诗》,《袁宏道集笺校》卷四,上海古籍出版社 1981 年版,第 188 页。
③ 袁宏道:《叙小修诗》,《袁宏道集笺校》卷四,上海古籍出版社 1981 年版,第 188 页。

叹哉!”[①]“真人”就是“率性而行”的人，也就是按照自己的本性行事的人。由于人的本性是无法改变的，故率性其实是人的一种内在要求，“真”实乃人之为人的一种本质规定。依据“真人”的价值准则，袁宏道反对虚伪的“小人”。他说：“夫君子不屑为人使，凡任役使者，皆小人也。小人贪名逐利，故甘心为人用。”[②] 又说：“若只同寻常人一般知见，一般度日，众人所趋者，我亦趋之，如蝇之逐膻，即此便是小人行径矣。”[③] 这里讲到两种小人，一种是为了名利甘愿受人驱使，一种是盲目从众，没有主见。他们的共同特点是缺乏主体意识，一切言语行为都是受到外部力量（名利、他人）的驱使而不由自我真性主宰，所以，小人也就是假人。

袁宏道标举的性灵之真以及由此成就的“无闻无识真人”在相当程度上同李贽所说的无缚于“闻见道理”的“真人”是一个意思，他们所说的“真”都是一种生命的本然性，具有非理性乃至反理性的特质。“闻识”便指包括儒家教义和纲常礼法在内的社会理性内容，它们都是与“真”相对的“假”，是与性灵不相容的。然而我们知道，李贽在讲究个体解脱的同时，对世俗传统和社会礼法采取了尖锐的批判态度，他呼唤“真人”理想的背后还隐伏着一个“圣王”政治的愿景，还存有对三皇治世这样一种家国理想的期待，这就不是一种全然的非理性或反理性了。袁宏道在这方面显然比李贽更为洒脱，他虽不满礼法纲常对个体真性的压抑，却丝毫没有主动向前者提出批判和挑战的意愿及行动，他汲汲所求的乃在自我心灵的自适，真正在意的是个体灵魂的潇洒快意，个体和社会的张力关系在袁宏道的“性灵”范畴中被消解了。由于人作为社会存在的理性之维（现实的礼法规范和未来的政治期待）被剔除了，所存便只有生命的本然情性，也就是性灵之真。

---

① 袁宏道:《识张幼于箴铭后》,《袁宏道集笺校》卷四,上海古籍出版社 1981 年版,第 193 页。
② 袁宏道:《德山尘谈》,《袁宏道集笺校》卷四四,上海古籍出版社 1981 年版,第 1298 页。
③ 袁宏道:《答李元善》,《袁宏道集笺校》卷二二,上海古籍出版社 1981 年版,第 786 页。

袁宏道对人之真性的追求，与他修炼的佛学有莫大关系。佛学的基本思想是将存在分为本体与现象，以真、俗二谛辨之，它要令人相信，大千万象皆为虚妄之空，唯有佛法能够勘破空相，领受存在之真理，所以人们应该摒弃对现象的执着和世俗的迷恋，证取真如本体，回归“本真”的存在。释家既言一切皆空，便从根本上否定政治、历史、艺术乃至人性这些社会人文的存在价值。然而，否定一切的背后有可能是对一切的肯定，特别是深契士人之心的禅宗，其所谓“色不异空，空不异色”“即心即佛”“即人即佛”的参悟方式实在是在否定世间万象的同时，又从另一个角度给予其存在的意义。只要心中有佛，时时开睁直观真如本体的法眼，万法虚空之念常存，则身处繁花锦簇、情天欲海之中又能如何呢？甚至可以说，唯有直接面对这纷繁的色相才能参悟真空的本质，真空即存于万象之中，离却万象，真空本性也就无处参寻。李贽提出“于伦物上识真空”便有这样的意思。按照释家之理，人内在的自然情性与外在道理知识皆属虚妄，但由于真空及其参寻之道的定性，对于追求个体灵魂快适自足的袁宏道来说，蕴含丰富感性内容的自然情性便被认为是真实的存在而受到高度肯定。在他看来，“唯有本然性情及其自适为真，而有碍于此本然情性的道理知识闻见及一切礼法伦常乃至诗文‘格套’（实即既成文学范式）都被视为虚假的存在”[①]。

既然袁宏道把诗文创作看作是个体情性自由宣泄的一条路径，强调诗文所应担负的自娱、自适的精神功能，则如复古主义者遵循的那些格套律法自然就成为束缚心灵自由的枷锁，他说的“为格套所缚，如杀翮之鸟，欲飞不得”，不得“信心而言”“寄口于腕”[②]，就是这个意思。中郎同时认为，除了在形式上要超脱文法格式的约束，在内容描写上也要抛却家国天下、黎民苍生这类沉重论题，而以雪月风花、闺情狎趣这类

① 易闻晓：《公安派的文化阐释》，齐鲁书社2003年版，第214页。

② 袁宏道：《叙梅子马王程稿》，《袁宏道集笺校》卷一八，上海古籍出版社1981年版，第699页。

能够直抒情欲的事物为对象，只有这样才能达到至情、至真的审美意境和生存意境。

前言袁宏道对《打草竿》《擘破玉》这类民歌俚曲的赞扬，是因为这些普通百姓自娱自乐的“私情谱”能够无所拘束地抒发底层俗世生活中的真挚情感，而人们在对民歌时调的鉴赏愉悦中，也能够更加自由地纵情骋怀，成就真人境界，于是，性灵之真就必然包含了俗的审美要求。

中国传统文化和文艺批评当中，雅与俗的对立观念是根深蒂固的，孔子“恶郑声”，斥其“淫”，就是一个典型例子。因为郑声多写男女情爱，语言大胆，抒情活泼甚至露骨，违背了“乐而不淫”的审美原则。孔子之后，儒家对文艺雅俗之辨的基本原则便一直支配中国文艺的创作和批评。无论是统治集团还是普通士人都只充分注重雅艺的教化功能，忽视或鄙斥通俗文艺的教育作用。直到宋代话本小说兴起，中历元曲之大盛，及至明清白话小说和传奇的繁荣，通俗文艺的价值才获得重视，其比高雅文学更普遍、更具效力的教化力量才受到士人高度关注。民歌或山歌等民间文艺是出于底层民众抒发情感的需要而产生的，是“田夫野竖”的随性之作，自然难登缙绅士人所把控的大雅“诗坛”，但民歌并没有因为文化精英的排斥而消亡。明代自李梦阳始，文人们逐渐意识到，这些民间文艺皆为情真之作，自有不可替代的价值。袁宏道既然以真为审美判断的最高标准，那么在他那里便没有所谓古今雅俗之分，只是一任胸臆所发而已。他在《答刘光州》书中谈到文章抒表情性的特点时说道：“心有所蓄，间一发之于文，如雨后之蛙，狂呼暴噪，闻者或谓之阁阁，或谓之鼓吹，然而蛙无是也。”① 袁宏道以蛙鸣比喻作文，言闻之者或有雅俗之辨，但作者不应有此区分。问题在于，文学的现实状况是，诗文泥古之弊甚重，一味摹古从雅，违背了文学的求真本质，所以为了不再“从人脚根转”，不“拾人一字”，便只有“宁今宁俗”。② 袁宏道自

---

① 袁宏道:《答刘光州》,《袁宏道集笺校》卷二二,上海古籍出版社1981年版,第779页。

② 袁宏道:《冯琢菴师》,《袁宏道集笺校》卷二二,上海古籍出版社1981年版,第781—782页。

评诗文说："不肖诗文质率，如田父老语农桑，土音而已。"[①] 这种对俗语土音的坦诚认同在中晚明之前的传统文人那里是不可想象的。

袁宏道对俗趣、俗文的爱好更表现在他对通俗小说的审美价值和美育功能的肯定上。他在评论《两汉演义》时指出："《两汉演义》之所为继《水浒》而刻也，文不能通而俗可通，则又通俗演义之所由名也。"[②] "俗"是指一种文学风格，而"通"实质是指在审美接受上贯通无碍，能够获得普通民众的一致响应，即冯梦龙所言之"触里耳而振恒心"。袁宏道如此描述《两汉通俗演义》对老百姓的影响：

> 汉家四百余年天下，其间主之圣愚，臣之贤奸，载在正史及杂见于稗官小说者详矣，兹演义一书胡为而刻？又胡为而评？中郎氏曰：是未明于通俗之义者业。……今天下自衣冠以至村哥里妇，自七十老翁以至三尺童子；谈及刘季起丰、沛，项羽不渡乌江，王莽篡位，光武中兴等事，无不能悉数颠末，详其姓氏里居，自朝至暮，自昏彻旦，几忘食忘寝，聚讼言之不倦，及举《汉书》《汉史》示人，毋论不能解，即解亦多不能竟，几使听者垂头，见者却步。[③]

通俗小说之所以能产生如此强烈的艺术效果，就是因为在创作上"明白晓畅，语语家常"，契合普通民众的审美趣味，符合时代的审美风尚。如果说，像袁宏道这样的精英士人可以通过诗文来宣发自然情性，那么普通民众只能在那些民间文艺和通俗文学作品中寄兴感怀了。虽然通俗文学属于大众趣味，但个体在作品中依然能够找到只属于自己的审美意象和情感世界，关键在于性情的真切，在于心灵的自由。由此来看，

---

① 袁宏道:《答钱云门邑侯》,《袁宏道集笺校》卷四三,上海古籍出版社 1981 年版,第 1275 页。

② 袁宏道:《东西汉通俗演义序》,《袁宏道集笺校》附录一,上海古籍出版社 1981 年版,第 1636 页。

③ 袁宏道:《东西汉通俗演义序》,《袁宏道集笺校》附录一,上海古籍出版社 1981 年版,第 1635—1636 页。

我们不能把“性灵说”仅仅看作是精英士人的话语，它更应该被用于观照超越了雅与俗、精英和大众的个体精神，这也符合袁宏道在“性灵说”当中透露出的平民主义情怀。

基于“俗”的审美风格及其审美效用，袁宏道提出要“打倒自家身子，安心与世俗人一样”① 这样一种人性追求。他认为，人性最大最深的弊病就是对个体自我的执着，也就是佛家说的“我执”：“我之为我，其伏甚细，其害甚大。”② “我爱一念甚细，二乘虽极力破除，居然是我在。”③ 此“我爱”或“我执”之念又被视作“明”。宏道说：“世人终身受病，唯是一明，非贪嗔痴也。因明故有贪有嗔及诸习气。试观市上人，衣服稍整，便耻挑粪，岂非明之为害？凡人体面过不得处，日用少不得处，皆是一个明字使得不自在。”④ 世人之所以有贪嗔痴诸习气和人我的区别意识，皆是“明”在作怪。“明”和“我”遮蔽了真性（佛教意义上的真如法性）而使人陷落在由虚礼伪俗构成的荒诞世界中。因此，袁宏道说的“打破自家身子”就是要消除这种“明”“我”对真性的桎梏，而“世俗人”其实是一个借喻性的概念，指的就是消除了习气，消弭了差别意识，并最终超脱“我执”的真人。

袁宏道在审美上追求真、俗，意在于倡导个体自足安适、自然无伪的生命境界，这与程朱之学以根源于天理的道德律法来约束心性的做法是迥然不同的，而人性的自然之真同时又必然关联到生命之趣。陆云龙（1628 年前后在世）说：“小修称中郎诗文云率真。率真则性灵现，性灵现则趣生。即其不受一官束缚，正不蔽其趣，不抑其性灵处。”⑤ “趣”本乎真，它既是一种审美感受、审美趣味，更是一种理想的生命存在方

---

① 袁宏道:《德山尘谈》,《袁宏道集笺校》卷四四,上海古籍出版社 1981 年版,第 1299 页。
② 袁宏道:《广庄 · 人间世》,《袁宏道集笺校》卷二三,上海古籍出版社 1981 年版,第 805 页。
③ 袁宏道:《德山尘谈》,《袁宏道集笺校》卷四四,上海古籍出版社 1981 年版,第 1288 页。
④ 袁宏道:《德山尘谈》,《袁宏道集笺校》卷四四,上海古籍出版社 1981 年版,第 1291 页。
⑤ 陆云龙:《叙袁中郎先生小品》,《袁宏道集笺校》附录三,上海古籍出版社 1981 年版,第 1721 页。

式（“不受一官束缚”），它构成“性灵”的应有之义。

袁宏道在《叙陈正甫会心集》一文中阐释了他的“趣”论：

> 世人所难得者的唯趣，趣如山上之色、水中之味，花中之光、女中之态，虽善说者不能下一语，唯会心者知之。今之人慕趣之名、求趣之似，于是有辨说书画、涉猎古董以为清，寄意玄虚、脱迹尘纷以为远；又其下则有如苏州之烧香煮茶者。此等皆趣之皮毛，何关神情。夫趣得之自然者深，得之学问者浅。当其为童子也，不知有趣，然无往而非趣也，面无端容，目无定睛，口喃喃而欲语，足跳跃而不定，人生之至乐，真无逾于此时者。孟子所谓不失赤子，老子所谓能婴儿，盖指此也。趣之正等正觉最上乘也。山林之人，无拘无缚，得自在度日，故虽不求趣而趣近之。愚不肖之近趣也，以无品也，品愈卑故所求愈下，或为酒肉，或为声伎，率心而行，无所忌惮，自以为绝望于世，故举世非笑之不顾也。此又一趣也。迨夫年渐长、官渐高、品渐大，有身如梏，有心如棘，毛孔骨节俱为闻见知识所缚，入理愈深，然其去趣愈远矣。[①]

在袁宏道看来，“趣”是一种只可心领意会的东西，不可用语言做理性的定义。他对“趣”的形象化描述基本符合严羽的看法。后者曰：“盛唐诗人惟在兴趣，羚羊挂角，无迹可求。故其妙处，透彻玲珑，不可凑泊，如空中之音，相中之色，水中之月，镜中之象，言有尽而意无穷。”[②] 袁中道在一篇文章中也对“趣”做了相似说明：“凡慧则流，流极而趣生焉。天下之趣，未有不自慧生也。山之玲珑而多态，水之涟漪而多姿，花之生动而多致，此皆天地间一种慧黠之气所成，故倍为人所珍玩。”[③] 显然，山之多

---

① 袁宏道：《叙陈正甫会心集》，《袁宏道集笺校》卷十，上海古籍出版社 1981 年版，第 463—464 页。

② 郭绍虞：《沧浪诗话校释》，人民文学出版社 1983 年版，第 26 页。

③ 袁中道：《刘玄度集句诗序》，《珂雪斋集》卷十，上海古籍出版社 1989 年版，第 456 页。

态、水之多姿、花之多致就是指这些自然景物的审美风态，它们之所以给人以美感是因为有“趣”。此处关键在于袁中道对“趣”所由生的看法，他认为，不管是自然生物还是人，“趣”皆是由“慧黠之气”流动生成的，特别就人而言，“慧黠之气”实质就是袁宏道所说的“性灵”，故“趣”生于性灵是肯定的。在对“趣”做出一番描述之后，袁宏道针对某些庸士俗儒的求“趣”行为进行了讽刺和批评。诸如“辨说书帛画”“涉猎古董”“烧香煮茶”这些表面看来好像雅趣至极的爱好在袁宏道眼中却只是“趣”之皮毛，因为这些“趣”行都是有意为之，出于人力伪作而失却自然真性。中郎对“趣”的规定很清楚：“得之自然。”儿童在日常行为中根本不会意识到“趣”，但他的一言一行却无往而非“趣”，因为没有理性的造作。山林之人不求“趣”而得“趣”也是同样的道理，也因此，比起文人雅趣，袁宏道更肯定谐趣和俗趣。不过，袁宏道着意探讨的还是身处社会规范之中的人如何得“趣”。他相信，离礼法纲常愈远，离“趣”就愈近，世俗品德愈薄，自然之“趣”就愈浓，只因性灵在这种状态中获得最少的束缚。当人随着年龄的增长和社会地位的提高，个体性灵终被“闻见知识”所绑缚和污染，离“趣”也就愈发远了。在《寿存斋张公七十序》一文中，袁宏道谈及相同的意思：“大都士之有韵者，理必入微，而理又不可以得韵。故叫跳反掷者，稚子之韵也；嬉笑怒骂者，醉人之韵也。醉者无心，稚子亦无心，无心故理无所托，而自然之韵出焉。由斯以观，理者是非之窟宅，而韵者大解脱之场也。”①“韵”与“理”的对立就是“趣”和“理”的对立，只有摆脱“理”的桎梏，才能得“韵”（“趣”），才能得人生之“大解脱”。

我们还可以看到，袁宏道是拿孟子的“赤子”和老子的“婴儿”来解说“趣”的意涵，这固然从一个侧面揭示了“趣”的思想渊源，但与他的“趣”具有更加密切关系的还是罗汝芳的“赤子之心”和李贽的

---

① 袁宏道：《寿存斋张公七十序》，《袁宏道集笺校》卷五四，上海古籍出版社 1981 年版，第 1542 页。

"童心"。罗汝芳说："赤子初生，孩而弄之则欣笑不止，乳而育之则欢爱无尽，盖人之出世，本由造物之生机，故人之为生，自有天然之乐趣。"①这与袁宏道所说童子"面无端容，目无定睛，口喃喃而欲语，足跳跃而不定"是同一个意思。按照心学的思路，"天然之乐趣"本于良知明觉，乃活泼自然之天机，袁宏道的"趣"意即从此开出生命本然自得的意蕴，但弱化了良知的伦理内涵。李贽的"童心"则完全拒斥道理闻见以呈"私心"，故与中郎之"趣"就更加切近了。

从"自然之趣"这样一种生命兴味和审美理想出发，袁宏道在文艺上主张一种平淡、天真的自然美，从而提出"淡"的概念。《叙呙氏家绳集》云：

> 苏子瞻酷嗜陶令诗，贵其淡而适也。凡物酿之得甘，炙之得苦，唯淡也不可造，不可造，是文之真性灵也。浓者不复薄，甘者不复辛，唯淡也无不可造；无不可造，是文之真变态也。风值水而漪生，日薄山而岚出，虽有顾、吴，不能设色也，淡之至也，元亮以之。东野、长江欲以人力取淡，刻露之极，遂成寒瘦。香山之率也，玉局之放也，而一累于理，一累于学，故皆望岫焉而却，其才非不至也，非淡之本色也。②

"淡"固然是就文艺创作论层面来说的，但正如台湾学者田素兰所言，中郎文论"是性情的，也是文学的，是中郎其人的风格，也是其文的风格"③，故"淡"被看作是"文之真性灵"，而这"性灵"当然是就主体精神而言，"淡"便是主体性灵在诗文中的自然坦露。只有"性灵"本身唯淡，抒之于诗文才能得诗文之"淡"，人力取之则非"淡"之真本

---

① 黄宗羲：《明儒学案》卷三四，中华书局 1985 年版，第 765 页。
② 袁宏道：《叙呙氏家绳集》，《袁宏道集笺校》卷三五，上海古籍出版社 1981 年版，第 1103 页。
③ 田素兰：《袁中郎文学研究》，台湾文史哲出版社 1981 年版，第 141 页。

色。其实“淡”是包含在“趣”之中的。可以发现，袁宏道所谓“山上之色、水中之味，花中之光、女中之态”既是对“趣”的描写，同时也是对淡雅之态的刻画，至于从真性灵流出，无知识闻见之束缚，亦无人力造作其中，更是“趣”和“淡”的共同特征。不过，与“趣”注重本然性情抒发有所区别的是，“淡”已是更多地基于随缘任运的超脱的文士情怀，这体现了饱经世事之后的袁宏道对社会理性规范的某种程度的妥协和认可。

根据易闻晓的考察[①]，袁宏道“性灵说”中的“趣”范畴具有多方面的特点，我们不妨稍作参鉴，以加深对此美学、美育范畴的理解。一是自我封闭性。“趣”是个体心理的内在体验，它只能发生在个体精神场域之中，所以袁宏道称“趣”是自得的自在。因此他认为，“趣”是无法向外求取的，诸如以“辩说书画、涉猎古董”或“寄意玄虚、脱迹尘纷”求取“雅趣”，只能是“求趣之似”而仅得“趣之皮毛”。二是自适性。“趣”是一种自我顺适的心理快感，关键在于要自由地顺应个体的自然情性，摒弃一切与之违拗的道理和知识，所以，山林之人，无拘无束，全然自足于内心。这不仅是在身体行为上与外部世界隔绝，其个体精神亦与社会规范完全陌路，故能得心灵的自由顺适。三是自然性。“趣”作为性灵的自然坦露具有决然本真的自然特色。袁宏道自道“或为酒肉，或为声伎，率心而行，无所忌惮”的情欲抒泄之“趣”显然就是自然生命顺适而行的表现。在世俗理性看来或是卑下，但决然成“趣”。四是非理性。“趣”是个体的本然性情之呈露，它发生于“前社会化”或“前理性化”的感性心理层面，只有在没有知性参与的自我体验过程中才能感受到。袁宏道因而说“趣得之学问者浅”或竟“不知有趣”。五是反理性。“趣”既然关联于非理性的感性存在，那它与理性也是对立而不相容的，袁宏道将两者的对立态势描述得非常尖锐而深刻：“毛孔骨节俱为闻见知识所缚，入理愈深，然去趣愈远矣。”

---

① 易闻晓:《公安派的文化阐释》,齐鲁书社 2003 年版,第 217—218 页。

“趣”是袁宏道“性灵说”美育思想中的一个极为重要的范畴，它不仅集中体现了“性灵说”的思想特质和文化意涵，而且鲜明地表达了以袁宏道为代表的公安派美育思想的价值诉求和精神关怀，即在审美愉悦中达致个体心灵的闲适、自得之境。

从以上对“性灵说”之真、趣、俗、淡诸内涵的解读，不难看出，无论是自然情性的真实无欺、自由抒发，还是文学创作和生活行为中呈露出的顺生随性的生命意趣，袁宏道在“性灵说”中表达的美育观愈发远离了儒家那种以道德教化为本位，以家国政治为目的的宏大的美育叙事，而把重心回置到个体生存的价值维度，以追求个体的自然、自适、自由、自在为根本旨归。如果说，李贽的童心说、汤显祖、冯梦龙的情本论美育思想在反抗“天理”支配下的儒家礼乐体制的同时，仍对一种理想的“圣王”政治存有更高的期待的话，那么，袁宏道的“性灵”主义基本上是转向对个体审美生存境界的执着追求。

第三节 袁宗道的美育思想

袁宗道（1560—1600），字伯修，号石浦。万历十四年会试第一，选庶吉士，授翰林院编修，官至右庶子，职掌侍从礼仪，后充东宫讲官。与袁宏道、袁中道旷达自任、洒脱不拘的性格相比，袁宗道言行作风更趋稳实内敛，虽有归隐林下的意愿，却始终难弃经世之志。宗道仕途远较两位兄弟通达顺适，只是天不假年，仅四十一岁就在任上“惫极而卒”。后世论公安派自然首推袁宏道，但公安文学之先声实由宗道所发。钱谦益（1582—1664，字受之）对此有论：“伯修在词垣，当王李词章盛行之日，独与同馆黄昭素厌薄俗学，力排假借盗窃之失。于唐好香山，于宋好眉山，名其斋曰白苏，所以自别于时流也。其才或不逮二仲，而公安一派实自伯修发之。”① 除了在文坛力发新声，袁宗道在心学、禅学

---

① 钱谦益:《袁庶子宗道》,《列朝诗集小传·丁集中》,上海古籍出版社2008年版,第566页。

方面亦有相当的造诣，基本立场是以儒为宗，采取以禅诠儒的思路，这些学术思考无疑对他的文学观念和美育思想有直接的影响。

一、道学与文学

袁宗道四十岁任东宫讲官，当时在职讲官只有三人，宗道说："当此危疑之际，而拂衣去，吾不忍也。"充任讲官后"鸡鸣而入，寒暑不辍"，直到最后身体有恙，仍"力疾入讲，竟以惫极而卒"[①]，由此可见袁宗道的用世之志。从中也就不难理解，尽管宗道欲在学术上倡明儒释合一之旨，却始终坚持"至宝原在家内，何必向外寻求"这样一种归旨儒学的信念。[②] 他说："三教圣人，门庭各异，本领是同。所谓学禅而后知儒，非虚语也。先辈谓儒门澹泊，收拾不住，皆归释氏。故今之高明有志向者，腐朽吾鲁、邹之书，而以诸宗语录为珍奇，率终身濡首其中，而不知返。不知彼之所有，森然具吾牍中，特吾儒浑含不泄尽耳，真所谓淡而不厌者也。闲来与诸弟及数友讲论，稍稍借禅以诠儒，始欣然舍竺典，而寻求本业之妙义。"[③] 袁宗道批评时人厌弃圣学而以释家语录为尚，在他看来，佛禅思想已尽摄于儒门，只要尽心解证便能求得其中妙义，而他所行的途径恰是以禅法来阐明儒家教旨。

袁宗道是学宗王阳明的，他说的以禅诠儒之儒，主要就是指王阳明的心学或良知学，他对心学的禅学化解释即是围绕良知展开的。如我们所知，良知本身就有深厚的佛禅背景，故由此入手而开出以禅说儒的路径可谓慧眼独具。袁宗道首先承认，"吾人各具有良知，虚灵寂照，互古互今，包罗宇宙，要在当人设方便致之"[④]。对良知本体的这种认识是心学的基本观念。他接下来论道：

---

① 袁中道:《石浦先生传》,《珂雪斋集》卷一七,上海古籍出版社 1989 年版,第 710 页。

② 袁中道:《石浦先生传》,《珂雪斋集》卷一七,上海古籍出版社 1989 年版,第 709 页。

③ 袁宗道:《说书类》,《白苏斋类集》卷一七,上海古籍出版社 1989 年版,第 237 页。

④ 袁宗道:《说书类 · 读大学》,《白苏斋类集》卷一七,上海古籍出版社 1989 年版,第 239 页。

良知二字，伯安自谓从万死得来，而或者谓其借路葱岭。夫谓其借路，固非识伯安者。然理一而已，见到彻处，固未尝有异也。余观宗镜所引圭峰语，谓达磨指示慧可壁观之后，复问渠："莫成断灭否?"答："虽绝诸念，亦不断灭。"问："以何徵验?"答："了了常知，言不可及。"师即印曰："即此是自性清净心，更勿疑也。"……伯安所揭良知，正所谓"了了常知"之知，"真心自体"之知，非属能知所知也。或曰：伯安以知善知恶为良知，将无与真心自体之知异乎? 余曰：知善知恶，彼为中下根人权说耳。王汝中所悟无善无恶之知，则伯安本意也。汝中发伯安之奥也，其犹荷泽发达磨之秘乎!①

袁宗道认为，王阳明所说的良知就是禅宗的"真心自体之知"或"了了常知之知"。不过，虽然在他眼中，重建心体的王阳明就是直指心法的达摩祖师，但他坚决否认阳明心学是借用了禅学的义理，这显然是基于维护心学正统地位的意图。宗道指出，阳明虽赋予良知知善知恶的功能，但这是针对普通人的德性修养而言的，直到王畿（汝中）提无善无恶之知才把良知真义揭发出来。无善无恶之知就是超脱善恶名相挂碍、无念无住的真心本体，在袁宗道看来，这是《大学》所言之至善所在。至善固非"住于恶"，亦非"住于善"，而是"善恶两边俱不依"。之所以生出善恶，是因为人会"起心动念"，"起心动念，不属善边，便属恶边，便不是至善"②。那么如何达到至善境界呢? 唯有"息机忘见"，也就是不起心，不动念，无欲无求，不难看出，这里的至善已经具备禅家的虚空之性了。然在袁宗道这里，还是要拉回到儒学理路上，因此他又着重强调"知"的意义，说道："又须知天下皆息机忘见者，尽天下无一人起

① 袁宗道:《说书类 · 读大学》,《白苏斋类集》卷一七,上海古籍出版社 1989 年版,第 239—240 页。

② 袁宗道:《说书类 · 读大学》,《白苏斋类集》卷一七,上海古籍出版社 1989 年版,第 238 页。

心动念者，所恨不知耳。故下文遂有知止之说，知字最吃紧。……故一知止，自臻诚正及治平之效，而大人之能事毕矣。知止便是格物致知，定静安便是诚意，正心修身而能虑，便是齐治平云。”[①] 只有知“息机忘见”，才能真正做到“息机忘见”，此“知”按心学义，自然指虚灵明觉之良知，而且与王阳明一样，宗道也以“知”来贯联《大学》的三纲领、八德目，但在这里，“知”更是指佛教中那种透悟一切诸法名相的无上慧知，只有运用这样的慧知，个体乃至整个世界才能实现“息机忘见”，故宗道说：“千古圣贤设教，只是教人一知罢了。”[②]

理学与心学都讲究克情欲而复天理，只是工夫上有向内和逐外的区别。袁宗道同样将情欲和良知相对立，言曰：“情识之视良知，真不翅坐块之在大泽也，安得不谓之小?”[③] 既然如此，应该如何处理情呢？袁宗道提出两种方法，一种是相当于理学的格物致知的方法。他说：“情念不孤起，必缘物而起，故名情念为物也。初入道人，如何用功，须是穷自己情念起处。穷之又穷，至于穷不得处，自然灵知显现，迥然朗然，贯通今古，包罗宇宙，则知致矣。故曰，致知在格物。”[④] 由于情是缘物而起，所以消灭情念便要从起念处着手，作格物工夫，通过穷究情欲的本源（物）来克尽情欲，穷到究极处，则“灵知显现”，这就是致知。“灵知”就是良知，只要良知朗显，一切私意情欲便如“洪炉点雪”，即刻消融。可以看出，袁宗道表面上是用理学的格物工夫（穷之又穷），但最终强调的是本体与工夫合一的良知之教，也就是发明自体本心，本心澄明，情欲自消，所以他提出要“不离情欲，而证天理”[⑤]。然要正心，仍需有诚意的工夫，这也是明阳心学的思路，之所以不离情欲，是因为诚意需有着手处。袁宗道由此阐述了他的修养论，言道：

---

① 袁宗道:《说书类 · 读大学》,《白苏斋类集》卷一七,上海古籍出版社1989年版,第238页。
② 袁宗道:《说书类 · 读孟子》,《白苏斋类集》卷一七,上海古籍出版社1989年版,第274页。
③ 袁宗道:《说书类 · 读论语》,《白苏斋类集》卷一七,上海古籍出版社1989年版,第252页。
④ 袁宗道:《说书类 · 读大学》,《白苏斋类集》卷一七,上海古籍出版社1989年版,第240页。
⑤ 袁宗道:《说书类 · 读论语》,《白苏斋类集》卷一七,上海古籍出版社1989年版,第251页。

心犹水也，意犹冰也。水体常流，而一结为冰，则失其常流之性矣。心体本正，而一发为意，则失其本正之体矣。然全冰是水，不舍冰而觅水。全意是心，岂断意以正心。故欲复水体，惟在融其冰；欲复心体，惟在诚其意。意诚则虽曰已发，不离未发；虽第二机，即第一机也。今夫骤见孺子而怵惕，骤闻呼蹴而不受，此不涉安排，不立能所，所谓诚也。不涉安排、不立能，所则不妨发见，而未尝有所迁；不妨变化，而未尝有所动。不动不迁，所谓正也。[①]

这里是按照心学的基本观念来解释心与意的关系。先天本心自正，但发为经验性的意念（包括情欲）便会失其本正之体，既然意是心之所发，心之所在不离意（“全意是心”），则正心（“复心体”）须从诚意着手，诚意是已发的工夫，却直接关联着未发的心体。然又如何诚意？袁宗道在《读中庸》一文中说：“诚者自诚也，而道自道也。自者全体现成，不假求索。若求之趋之，是从他觅，非自也。”[②] 诚意是主体的一种自主自觉的行为，即《中庸》所谓“自明诚”。宗道言之“不涉安排，不立能所”，依据的是良知现成的观念。天命之性，率性即道，不假外求而意自诚，意诚而心自正，宗道言之“不动不迁”。反过来说，若心体不动不迁，那么情识闻见自然也就无所妨害，这其实在一定程度上承认了情欲的合法性。值得一提的是，袁宗道说的“不涉安排”的“诚”与袁宏道讲的率性自然的性灵之“真”存在很深的关联。前文已经谈到袁宏道对“诚”的论述，他说的“诚”就是“真”的意思，从这里也可看出，袁宗道对“性灵说”确是有直接启发之功的。

袁宗道的心性修养论总体上是依据王阳明的心学理路，但在思考路径和价值取向上偏向于王学左派，当然也渗入了禅学。讲到佛禅对袁宗

① 袁宗道:《说书类 · 读大学》,《白苏斋类集》卷一七,上海古籍出版社 1989 年版,第 238 页。

② 袁宗道:《说书类 · 读中庸》,《白苏斋类集》卷一八,上海古籍出版社 1989 年版,第 264 页。

道思想的影响，不得不提到他对孔子“未知生，焉知死”这句话的解释。袁宗道体衰多病，年少时抱病几死，成年后又多次经历丧妻失子之痛，故对生死性命问题特别关心，对人生终极意义的追寻尤显迫切。因此，他坦言自己对孔子“未知生，焉知死”这句话很难理解，于是读妙喜、中峰这些禅师的语录，而尤其服膺中峰对生死的觉悟法门。他大段引用中峰语录：“学者未有不言为生死事大者，逮叩其何为生死，例是茫然。或者强谓生不知来处，死不知去处，是谓生死。斯谓狂言。纵使知来知去，即其所知，宛是生死。以生死脱生死，无是理也。须知生死元无体性，因迷自心，妄逐轮转，宛然成有。譬如积寒，结水成冰；寒气忽消，冰复成水。积迷于心，妄结生死。所迷既悟，心体湛然。欲觅生死，如睡觉人求梦中事，安有复得之理。当知生死本空，由悟方觉；涅盘本有，以迷罔知。或不能洞悟自心，而欲决了生死，是犹不除薪火而欲鼎之不沸，理岂然哉!”① 这里的中心意思是，超脱生死，不能从生死本身处着手，否则就是陷入了生死的迷妄，因为生死本空，既然一切皆空，又何必贪生惧死，所以关键在于由自心透悟万物的性空之理，以此来消解生死。袁宗道将中峰对生死的解悟看作是“夫子‘未知生，焉知死’之注释”。他由于无法在儒家那里找到解决生死问题的思想资源，所以转向佛禅，但其儒家立场又不得不促使他将释家的觉悟路径向孔门的性命之学上挂靠。

袁宗道的文学观根植其道学思想中，他前期的作品多是馆阁诗文，尤重经世致用的价值，并采取道德优先的评价标准。在《刻文中子序》中，他将《庄子》《列子》比为甘美可口的海味，把《文中子》比作味道“无奇”却有饱腹之用的粱肉。自言读“《庄》《列》而神动心艳也。已读《文中子》，泊乎其难入也”，但始终“不忍去手，尽易《庄》《列》

---

① 袁宗道：《说书类 · 读论语》，《白苏斋类集》卷一七，上海古籍出版社 1989 年版，第 248—249 页。

之好好之”，因后者“无奇而卒周于用”。[1] 集中反映袁宗道的道德文学观的是《士先器识而后文艺》一文，该文的根本意旨是探讨如何使才“用于天下”。袁宏道认为，士人君子用才于世，首先要立本，本立则才自显，若本不立而耀才，不仅“才亦龌龊趚趚”，且可能会因文得祸。何为本？如何是不立本？又该如何立本呢？袁宗道解释说：

> 本不立者，何也？其器诚狭，其识诚卑也。故君子者，口不言文艺，而先植其本。凝神而敛志，回光而内鉴，锷敛而藏声。其器若万斛之舟，无所不载也；若乔岳之屹立，莫撼莫震也；若大海之吐纳百川，弗涸弗盈也。其识若登泰巅而瞭远，尺寸千里也；若镜明水止，纤芥眉须，无留形也；若龟卜蓍筮，今古得失，凶吉修短，无遗策也。故方其韬光养嘿，退然不胜，如田畯野夫之胸无一能。而比其不得已而鸣，则矢口皆经济，吐咳成谟谋；振球琅之音，炳龙虎之文；星日比光，天壤不朽。[2]

“本”，是指“器”和“识”，也就是作者的胸怀和识见，立本就是要涵养心胸，拓展见识，提升创作主体的精神境界，如此所作之文，才是“龙虎之文”，才能显其光辉灿烂，与天地不朽。袁宗道强调“先器识而后文艺”，重德轻文的取向已经很明显，故言“器识狷薄者，即文艺失之”。按照上文描述，袁宗道采取的立本进德之阶主要就是心学的修养方法，器和识其实是良知本心自然发用的应有之义。

袁宗道虽持守道德文章观，却没有妨碍他对文学复古主义的批判，所作《论文》（上、下）被认为是公安派文论的纲领性文献，其中意思已颇有“性灵说”的旨趣。《论文》（上）开篇曰：

① 袁宗道:《刻文中子序》,《白苏斋类集》卷七,上海古籍出版社 1989 年版,第 84 页。
② 袁宗道:《士先器识而后文艺》,《白苏斋类集》卷七,上海古籍出版社 1989 年版,第 92 页。

口舌代心者也，文章又代口舌者也。展转隔碍，虽写得畅显，已恐不如口舌矣，况能如心之所存乎？故孔子论文曰：“辞达而已。”达不达，文不文之辨也。唐、虞、三代之文，无不达者。今人读古书，不即通晓，辄谓古文奇奥，今人下笔不宜平易。夫时有古今，语言亦有古今。今人所诧谓奇字奥句，安知非古之街谈巷语耶？①

袁宗道认为，文章是代口舌而发言，口舌所发乃心声，文章与心声之间于是就有了隔阂，文章是否真正能够传达心声便值得怀疑。袁宗道据此提出作文的标准在于“达”，“达不达，文不文之辨也”。古人作文用的是当时的口语，今人之所以感觉“古文奇奥”，是因为语言（口语）发生了变化，袁宗道的言外之意是，今时之文应用今时之语，只要文章能够准确地传情达意，就应该不避俚词俗语，这自然是反复古的论调了。宗道进而对以李梦阳为代表的复古派提出批评：“空同不知，篇篇模拟，亦谓反正。后之文人，遂视为定例，尊若令甲，凡有一语不肖古者，即大怒，骂为野路恶道。”但他对李梦阳亦有肯定的评价：“且空同诸文，尚多己意，纪事述情，往往逼真。其尤可取者，地名官衔，俱用时制。”②问题在于后学抄袭太甚，使学古之风愈演愈烈，愈趋愈下。

袁宗道在《论文》（下）中又以“学问”“意见”“语言”的逻辑关系来说明文章基于作者真实人格心性而必有的个性化风格。他说：

爇香者，沉则沉烟，檀则檀气。何也？其性异也。奏乐者钟不藉鼓响，鼓不假钟音，何也？其器殊也。文章亦然。有一派学问，则酿出一种意见。有一种意见。则创出一般言语。无意见则虚浮，虚浮则雷同矣。故大喜者必绝倒，大哀者必号痛，大怒者必叫吼动地，发上指冠。惟戏场中人，心中本无可喜事，而欲强笑；亦无可

① 袁宗道：《论文》（上），《白苏斋类集》卷二十，上海古籍出版社1989年版，第283页。

② 袁宗道：《论文》（上），《白苏斋类集》卷二十，上海古籍出版社1989年版，第284页。

哀事，而欲强哭。其势不得不假借模拟耳。[①]

袁宗道将文章的根基归结到学问上，可反映出其文学观的理性主义特质，重要的是，他对学问采取一种开放姿态，所以相信，不同的学问会有不同的意见，不同的意见产生不同的文学语言。袁宗道提倡语言的多元化和个性化，因为来自不同个体的学问和意见本来就是多元的。问题在于，当下的文人大多无学无识，缺乏思想主见和真情实感，由此不得不人云亦云，千人一面，以假借模拟为能事。袁宗道这里是立足作家人格心性的维度来阐说模仿和复古的主体性根源，强调了作家自我人格修养的重要性。

尽管袁宗道的心性修养论和文论总体上呈现出理性稳实的特点，但细检其反复古思想，实际与袁宏道的“性灵说”是深有契应的。在人生的最后几年，宗道的诗文创作及观念向性灵主义的转变就更加明显了，这主要还是受到袁宏道的影响。袁中道对此有明确的说法：“伯修诗稳而清，慎轩诗奇而藻，两人皆为中郎意见所转，稍稍失其故步，读此诸作自见。”[②] 因此在后期的诗歌当中，我们能看到袁宗道不少纵情怡乐之作。如《对酒》：“美酒入犀杯，微作松柏气。佐之芹与蒿，颇有山林意。不用烹猪羊，酒清忌肥腻。颊有三日红，囊无百钱费。不费复不饕，养财兼养胃。都门仕宦者，独有二乐事。第一多美酒，第二饶朋辈。欲得不思归，呼朋时一醉。”[③] 此处抒发的皆为诗人满足物欲后的畅爽安适。在另一首诗中，袁宗道对饮酒体验的描写更加感官化，诗中有这么几句：“坐愁汤老手自沦，才闻酒香涎不禁。三杯好颜色，七碗生寒栗。清泠顷

① 袁宗道:《论文》(下),《白苏斋类集》卷二十,上海古籍出版社 1989 年版,第 285 页。

② 袁中道:《书方平弟藏慎轩居士卷末》,《珂雪斋集》卷二一,上海古籍出版社 1989 年版,第 891 页。

③ 袁宗道:《对酒》,《白苏斋类集》卷二,上海古籍出版社 1989 年版,第 12 页。

觉肝肠换，磊块都从毛孔出。”[①] 这里是从嗅觉、视觉、味觉、肤觉的全方位感官来抒表纵酒之乐。而在给袁中道的一封信中，宗道又拿自己和他崇慕的白居易对比，他说：“乐天是世间第一有福人……乐天罢守，即有粟千斛，有太湖石、华亭鹤、折腰菱等物……乐天所居履道里宅，据东都之胜，花鸟鱼池，仿佛蓬、瀛……乐天有妓樊素、小蛮，能舞霓裳，吾辈兢兢守官，那及此事。”[②] 袁宗道称道白居易是“有福人”，乃是羡慕后者能够尽情享受人间的声色物货之乐。由以上诗文例子所展现出来的，是一个既通脱率性、不拘格套，又对世俗物欲有着强烈渴求的狂士形象，其无疑是袁宗道基于个体自然情欲的一种自适价值观的体现，这与早期那种谨严规整的儒士作风是迥然有别的。

二、君子人格论与人才观

深浸道学而具有强烈经世精神的袁宗道，对于如何培育合格的治世人才提出了自己的看法，特别是对作为经世主体的士人君子所应该具备的博施济众、亲民利人的道德人格做出了规定，宗道为此特撰有《论大人小人》一文。

文章是围绕孔子教导子夏所谓“汝为君子儒，无为小人儒”（《论语·雍也》）这句话展开的。袁宗道批评了朱熹对此话所做的“君子儒为己，小人儒为人”（这实质是朱熹引二程的话，袁氏有误）这样的解释，进而提出了自己的观点。他说：

> 夫子夏，笃信谨守人也。为人者必不谨笃，谨笃者必不为人。果若朱解，夫岂对症之药乎？愚意当云：君子儒为人，小人儒为己。盖为己则狭隘，而为人则广大也。……吾所名小人者，非加之狗私

① 袁宗道:《寿亭舅赠我宜兴瓶茶具酒具,一时精美,喜而作歌》,《白苏斋类集》卷一,上海古籍出版社 1989 年,第 6 页。

② 袁宗道:《寄三弟》,《白苏斋类集》卷一六,上海古籍出版社 1989 年版,第 229 页。

谋利之徒也。狗私谋利之徒，则谓之恶人，岂小人哉！吾所谓小人者，斤斤自守之人也。自一身之外，即为胡、越。自全一身名节之外，即无学问。苟有利于人，而损己之名，决不为也。即千万分有利于人，而一二分有损于名，亦决不为也。夫人一身抟六合之广，攒人物之伙，而聚为大骸。今总不注思游神于其间，独认自首至足七尺之骸以为我，而日扃其盖天盖地之物以为之闲滕守护。窃窃焉避毁而遁讥，是孟子之所谓"从小体而不从大体"者也，虽欲不谓之小人，不可得矣。①

首先不得不指出，袁宗道对朱熹的注释显然存有误解，而依其道学修养可推断，这种误解应该是有意为之的。"君子儒为己"，"己"说的自然不是个体私己，袁宗道也说明，他之言"小人"并非指"狗私谋利之徒"，而是指斤斤自守、气格狭隘、缺乏家国情怀的苟全之辈。即使如此，在理学语境中，"为己"其实说的是个体人格的自我修养、自我完善以及在此基础上的自我实现，它最终是为一种合乎道义的政治实践准备主体条件，遵循的正是内圣而外王的政道逻辑，所以为己最终是为人。与此相反，"小人儒"之"为人"乃是指为获得外在的赞赏或其他利益而迎合他人，这样的人缺乏道德判断的主体性能力，故为人实是为己。孔子说的"古之学者为己，今之学者为人"（《论语·宪问》）正是此意。然而，袁宗道却将"为己""为人"的意思完全反转过来，言"君子儒为人，小人儒为己"，而与其说颠倒，不如说是恢复了两个词组在口语上的本义，目的自然是要强调君子、大人应有的推己及人、扶世济民的担当意识和万物一体的仁道精神。

"大人"在传统儒家观念中首先是指具有崇高道德境界的人，"大人"之"大"主要是就道德而言的。如孟子说："大人者，正己而物正。"（《孟子·尽心上》）端正自己才能端正天下万物。"大人者，不失

① 袁宗道:《论大人小人》,《白苏斋类集》卷二十,上海古籍出版社1989年版,第286—287页。

其赤子之心者也。”（《孟子·离娄下》）“赤子之心”是指自然率真、纯净无污的道德本心。又言：“大人者，言不必信，行不必果，惟义所在。”（《孟子·离娄下》）大人说话不一定句句守信，做事不一定非有结果不可，只要合乎道义就行。孟子的“大人”观决定了后世儒家对“大人”普遍采取一种以道德价值为优先标准的理解方式。袁宗道对“大人”的理解与此有异。他说：

> 大人者，譬诸海洋变化，种种蛟龙，种种珠宝，然粪壤宿尸，亦溷其中也。小人者，譬诸尺潭，清莹彻底，虽置寸鳞，犹惊怖不定也。然世人但睹海洋之浊，而不睹其变化之大；但取尺潭之清，而不知其一无所用，此大人之所以弃置于世也。①

在袁宗道这里，道德并不是衡量“大人”的首要标准。在他看来，“大人”的人格犹如海洋般深沉广大而又灵动活泼，如此涵容深广的精神世界必定不是纯净无瑕的，既含有珠玉，也会裹挟泥沙。但世人信奉道德至上论，仅仅看到“大人”在道德人性上的消极面，就将之“启置于世”，埋没了他的巨大才能。“小人”谨小慎微，固守尺寸之地，尽管道德上毫无过失，却是“一无所用”。袁宗道所谓“大人”，并非是道德上的圣人，而是用世之人、经世之才，这是立足晚明世俗社会对传统儒家君子、大人人格观念所做的一种革新之论。

与此相关，袁宗道阐述了他的人才观。他在《论用才》一文中将人分为四种，分别是有才君子、无才君子、有才小人、无才小人，进而对之论道：

> 有才君子如神龙然，飞天驾云，膏沃万里。无才君子如仙鹤孔雀，置之园囿，足以妆点风景。有才小人如俊鹰快马，可以击狐搏

① 袁宗道：《论大人小人》，《白苏斋类集》卷二十，上海古籍出版社1989年版，第287页。

兔，负重致远。无才小人，则凡羽冗毛，遍地皆是也。大抵神龙难得，而仙鹤也、孔雀也，鹰也、马也，人间不乏。故为豢鹤之道者，处之茂林修竹清流之间而已。为畜鹰养马之道者，多与粱肉，以致其死力；慎加绦缰，以妨其扬去。然后使之击狐搏兔，负重行远，则无不如意也。若夫凡羽冗毛，彼泛泛然生天地间，听其自活自死，不必问也。①

有才君子是德才兼备者，德足以感召天下后世，才足以拯济苍生众庶，于君于民，于时于世之重大价值，自不必多言，但这种人非常罕遇难得。无才君子是有德乏才者，这类人只能作为道德楷模供人瞻看，却不能让他们以德为才来行治国之务，否则会带来严重后果。有才小人则是有才无德者，他们都是用才来谋利，只要诱之以利，便会竭力效命。最后一种是无才小人，无德无才，唯有自生自灭。袁宗道的人才论是针对晚明统治者错误的用才观而发的，他批评说："晚世过信德而过疑才，重无用而轻有用，崇虚而黜真，进名而退实，非古人察能授官之义也。"② 尽管袁宗道所揭示的用才之道实质就是封建权贵的驭人术，但不能否认，他对人性的认识和勘察是极为深刻透彻的，他的人才观的基本观点是：重实用，轻虚名，不唯德是举，而要各尽其才，无论德或才，都要以经世致用为评判标准。

第四节　袁中道的美育思想

袁中道（1570—1624），字小修，又作少修，在袁氏三兄弟中排行最末。与两位兄长一样，袁中道也是少年早慧，十余岁便作有五千多言的《黄山》《雪》二赋。十六岁考中秀才，此后科场困顿，历经艰辛，直到

① 袁宗道:《论用才》,《白苏斋类集》卷二十,上海古籍出版社 1989 年版,第 288 页。

② 袁宗道:《论用才》,《白苏斋类集》卷二十,上海古籍出版社 1989 年版,第 289 页。

四十七岁才中进士，授徽州府教授，后迁南京吏部郎中。袁宗道是公安派后期的领军人物，他在文学思想的创造性上虽不及袁宏道，却对“性灵说”的传播与变革发挥了关键作用。性灵文学自中郎谢世后，逐渐陷入俚俗之弊，造成“鄙俚公行，风华扫地”的严重后果，受到当时诗坛的批评。袁中道意图对“性灵说”做出调整和修正，以期抵制攻击，维护袁宏道和性灵文学的地位。他的基本主张是打通复古派和公安派的诗学理念，既克服两派之缺陷，同时又兼采其长，这从某种程度上促成了明末复古文学和性灵文学的合流。袁中道的美育思想主要有两部分构成，一部分来自他的心性修养论，一部分来自他的性灵主义文论，另外，他的《明民》一文是公安派少有的有关美育的专论文章，特别值得重视，以下将分释之。

袁中道的心性之学并无超越两位兄长之处，同样是心学和佛学（主要是净土宗）的糅杂，甚至含有浓重的因果业报观念，但从教化论的角度看，这些心性论又是袁中道美育思想的重要组成部分。

袁中道的会试文章《圣人之喜怒不系于心论》包含了他的心性论的基本观点。“圣人之喜怒不系于心”是程颢在《定性书》中的一句话，说的是理学的定性之法。程颢认为，若将人心（性）和万物做内外之分，通过制内以拒外的办法来定性乃是一种治标工夫，万物纷扰，感人无穷，这种做法不能真正实现定性。若使人与万物完全隔绝，就会心如槁木，必定堕入佛教的虚寂之学。程颢因此主张性无分内外，因天理亦是不分内外，人与天地万物本为一体，只要识得天理本体，动静、内外一并打消，如此“动亦定，静亦定”，也就不存在如何定性的问题了。袁中道对这个问题做出了心学的解释。他说：

> 心体本自无累而能，所之情境，相偶而至，心始不能不受其柴棘。……而其中之虚名者，光魄已亏，则其累已甚。思释其累者，欲遣之，而遣之即为病，皆非真能事心者也。真能事心者，非逆之，非顺之，非闭之，非纵之；悟其心之体，以守其心之常，使纷纷者

皆有去来，我以心邮之，而不为之囊橐。[1]

袁中道相信，心体本是通透莹彻、无所负累而又能应变万事万物的，这一点普通人和圣人是一样的，但普通人久浸于世俗情境，必定沾习物欲，导致心体亏缺，初心不再。袁中道深析其中原因，指出乃“有以系焉故也。系焉者，留而不去之谓也”。程颢反对通过完全斩断心与物的联系以定人之性，因为人生而在世间，见物、应物乃生存之必然，但应物而不能累于物，只要性体呈露无碍，便会无所执着。袁中道持相同看法，不过采取了心学的阐释路径。他认为，人心感触外物而生喜怒之情，心物相接犹如“明镜之照影也，影有往来，而镜如故”[2]。同理，物有去来而心体恒常，心可迎送万物，却不能固执一物，“一切喜怒之触，入其中而能出”[3]。这里关键是所谓“悟其心之体，以守其心之常”。具体来说就是：“悟以开之，而见此心；敬以凝之，而护此心。心之本体出，而常自保任，然后情习无力，而天下之大可喜大可怒者，不待遣之，而自不系矣。”[4] 这就是袁中道举倡的能够使心体“脱然无累”的心性修养方法，其中机要还是澄明心体。其实很容易看出，袁中道所揭之心性修养路径是直承王阳明的。阳明多用明镜喻良知心体，言之“无所偏倚……如明镜然，全体莹彻，略无纤尘染着”[5]。“无所偏倚”就是中道说的“不系于心”。他又说：“良知之体皎如明镜，略无纤翳。妍媸之来，随物见形，而明镜曾无留染。所谓情顺万事而无情也。……明镜之应物，妍者妍，

① 袁中道：《圣人之喜怒不系于心论》，《珂雪斋集》卷二十，上海古籍出版社 1989 年版，第 833 页。

② 袁中道：《圣人之喜怒不系于心论》，《珂雪斋集》卷二十，上海古籍出版社 1989 年版，第 833 页。

③ 袁中道：《圣人之喜怒无系于心论》，《珂雪斋集》卷二十，上海古籍出版社 1989 年版，第 835 页。

④ 袁中道：《圣人之喜怒无系于心论》，《珂雪斋集》卷二十，上海古籍出版社 1989 年版，第 835 页。

⑤ 王阳明：《传习录上》，《王阳明全集》，上海古籍出版社 1992 年版，第 23 页。

媸者媸，一照而皆真，即是生其心处。妍者妍，媸者媸，一过而不留，即是无所住处。”① 袁中道的论述与此如出一辙。

在日用常行中复明本心，破除情欲执念，乃是袁中道按照心学理路阐发的修身之法，但这种方法是对于具有一定的知识修养和道德自省能力的士人群体而倡的，对普通人的纲常教化则不切实际。袁中道在《名教鬼神》一文中将人分为三类，据之提出三种教化方式。他说：

> 人者，情欲之聚也，任其情欲，则悖礼蔑义，靡所不为。圣人知夫不待教而善者，上智也。待刑而惩者，下愚也。其在中人之性，情欲之念虽重，而好名之念尤重，故借名以教之。②

袁中道承认人的本质是情欲，但他并不像我们对性灵派文人所一贯认识的那样，宣扬纵情任性，反而认为情欲“悖礼蔑义”而主张节制情欲，这显然是中道后期的观点。因为人的品性有高低之分，所以要采取不同的教化手段。圣人毋须教，下愚之人无法教，只能用刑罚来约束，但还有一类“中人”，也就是多数的普通人，他们虽有强烈的世俗情欲，却有更重的好名之心，故可以名诱教之。“名”就是个人的名誉、尊严和与之相关的伦常意识。好名是人的本性，好名“足以夺人所甚欲，而能勉其所大不欲”③，质言之，就是采取以名制欲的办法，使个体不敢纵欲违礼。

然而，袁中道探讨名教更重要的目的是揭陈其弊：“遵名教者，其道属外，属人。惟其属外，属人，则或修之于共见共闻，而坏之于不见不闻；饰之于稠人广众，而违之于暗室屋漏。”在他看来，名教是依靠人和人之间的互相监督（客观意义上）来约束个体的，个体之“名”，乃是由他人的看法和态度所塑造出来的，因此，如果脱离了社会关系，失去

① 王阳明：《传习录中》，《王阳明全集》，上海古籍出版社 1992 年版，第 70 页。
② 袁中道：《名教鬼神》，《珂雪斋集》卷二十，上海古籍出版社 1989 年版，第 838 页。
③ 袁中道：《名教鬼神》，《珂雪斋集》卷二十，上海古籍出版社 1989 年版，第 839 页。

了他人的监督，很可能会走向自我放纵。袁中道将名教视为道外之教，因为它只遵奉伦常虚名，缺乏恭默守静、慎独内省的修养工夫，无法有效地约束心性，所以才会出现“违之于暗室屋漏”的问题。而邀德名于外，坏心术于内，这就容易造就“假人”。袁中道说：“吾常见夫遵名教者，往往其中多假人也。非乐假也，真未必得名，而假有名也。”① 那该如何解决呢？中道径直转向了佛教的因果业报论。其言曰：

> 若信因果者不然，其道属内，属鬼神。一事之失也，人不见而鬼神见之；一念之差也，人不知而鬼神知之。凭信夫己之心地，而求慊于内之独觉。自作自受，无与人为；有种有收，皆缘己力。故信因果者，未有不真者也，以势不得不真也。然则名教之弊，流而为伪；因果之教，无往不真。是以因果教人之益，百倍于名教教人之益也。……故使人信鬼神，则信因果矣。信因果，则天下多真君子矣。小人有所怖而不敢伪，君子有所乐而不伪。礼乐刑政皆为虚器，而天下治矣，何必名教也？②

袁氏兄弟皆深习佛禅之学。袁宗道借佛释儒，袁宏道的禅学修养，晚明士人少有出其右者，而袁中道最突出的佛学旨趣就是宣扬三生因果业报，大谈生死轮回，相信赏善罚恶的力量来自鬼神，而不是儒家的礼乐刑政，更将后者视为“虚器”，这从一定程度上反映出他的悖儒倾向。中道和中郎一样，都视“真人”为理想人格，但不同在于，袁宏道的“真人”是追求率性而行的自然人性之真，袁中道的“真人”则更多地指一种真诚的道德人格。由于对鬼神、轮回、业报持有恐惧和信仰，个体不会掩饰自己的心性意志而向信仰对象真实坦露，所以袁中道说：“使人深信鬼

---

① 本段引文均见《名教鬼神》，《珂雪斋集》卷二十，上海古籍出版社1989年版，第839页。

② 袁中道：《名教鬼神》，《珂雪斋集》卷二十，上海古籍出版社1989年版，第839—840页。

神，则不敢伪矣。则欲人之诚也，慎无以鬼神为妄诞，而断天下之善根哉！”[①]“欲使人之诚”正是中道的教化目标，“诚”与“伪”相对，即是真。很明显，中道这是把道德教化的任务完全托付给鬼神和“因果之教”了，因为后者使人诚，是“天下之善根”所在，名教使人伪，是“假人”之渊薮。袁中道对因果业报说深信不疑，这尤其可从他对自己生平恶习的忏悔上看出来，他为此写有《心律》一文，详细坦白自己如何犯贪、嗔、痴三戒，并深自忏悔，表白要彻底改正的决心。

除儒佛的心性教化论之外，袁中道对性灵诗学观的修调，反映了性灵美育论的一种发展趋向。我们知道，袁宏道正是在为中道所作的《叙小修诗》中提出了公安派诗学的核心观念“性灵说”，可见，中道早年的创作实为性灵文学的代表。而他自己也有关于性灵的论述，如说宋元诗“取裁肸臆，受法性灵，意动而鸣，意止而寂”[②]；又提出诗文创作须“抒自性灵，不由闻见”，并认为前人所言“一一从自己胸臆中流出”是“真得文字三昧”[③]。这里的性灵观与袁宏道所论完全一致。据此出发，袁中道表达了他的反摹古立场，提出作诗要“以意役法，不以法役意”。因为“古之人，意至而法即至焉。吾先有成法据于胸中，势必不能尽达吾意，达吾意而或不能尽合于古之法”。[④] 中道并非完全舍弃古人之法，但强调要正确处理意与法的关系，以“达吾意”为先，如此“合于古法者存，不合于古法者亦存”[⑤]。

然而，面对性灵派末流“冲口而发，不复检括”[⑥] 的“俚易”之病，袁中道做的更多的是一种纠偏工作，他试图在诗情和诗法之间构筑一种微妙的平衡，同时克服复古派和公安派的偏激取向。在《花雪赋引》一

① 袁中道:《名教鬼神》,《珂雪斋集》卷二十,上海古籍出版社 1989 年版,第 840 页。
② 袁中道:《宋元诗序》,《珂雪斋集》卷一一,上海古籍出版社 1989 年版,第 498 页。
③ 袁中道:《成元岳文序》,《珂雪斋集》卷十,上海古籍出版社 1989 年版,第 482 页。
④ 袁中道:《珂雪斋前集自序》,《珂雪斋集》卷首,上海古籍出版社 1989 年版,第 19 页。
⑤ 袁中道:《珂雪斋前集自序》,《珂雪斋集》卷首,上海古籍出版社 1989 年版,第 19 页。
⑥ 袁中道:《阮集之诗序》,《珂雪斋集》卷十,上海古籍出版社 1989 年版,第 462 页。

文中，他提出了一种诗歌的循环发展论：

> 天下无百年不变之文章。有作始，自有末流；有末流，还有作始。其变也，皆若有气行乎其间。创为变者，与受变者，皆不及知。是故性情之发，无所不吐，其势必互异而趋俚。趋于俚，又将变矣。作者始不得不以法律救性情之穷，法律之持，无所不束，其势必互同而趋浮。趋于浮，又将变矣。作者始不得不以性情救法律之穷。夫昔之繁芜，有持法律者救之；今之剽窃，又将有主性情者救之矣。此必变之势也。①

在袁中道看来，诗歌的演变大体是“性情”和“法律”不断交换主导权的历史。

诗发于性情，若没有节制，就会有俚俗之病，于是便有法则来规范性情的表达，当法则束缚过严以致浸成格套，则又要以性情激破之，如此循环往复，相互救弊，成就诗文变化之势。袁中道的诗歌循环论是其主要的诗学观点，在多处反复陈说，如《蔡不暇诗序》《阮集之诗序》等文章都有论及。可以发现，这种循环论的主旨实质就是反模拟，但不单是反对拘泥古法，在性灵流弊泛滥的境况下，它更多的是在批评后学文人对性灵诗歌的拙劣模仿，具体来说是对袁宏道的模仿。袁中道相信，中郎是英才独具，别有灵源，其后的师法者“未必有中郎之才之学之趣”②，结果只能是东施效颦，徒得皮毛，不能领其神髓，对性灵趣旨的模仿恰恰是反性灵的，反而背离了文学的真性本质。要救补性灵流风之弊，按袁中道的循环论观念，应该重新以法相制，理想的状态便是“性情”和“法律”相结合，“不为法缚，不为才使”。袁中道的循环论并非是一种机械的诗歌思维，而是从晚明实际的文学问题出发提出的一种解

---

① 袁中道：《花雪赋引》，《珂雪斋集》卷十，上海古籍出版社1989年版，第459页。

② 袁中道：《答须水部日华》，《珂雪斋集》卷二四，上海古籍出版社1989年版，第1047页。

决思路。

在《淡成集序》中，袁中道以人格比况文学，将诗文分为中行、狂狷、乡愿三类。中行便是“言有尽而意无穷”，“一唱三叹，言外之旨蔼如也”①。从主体角度说，中行就是儒家倡导的中庸人格，是德操品性的理想境界。狂狷则是不拘成法格套，“能言其意之所欲言”，但往往有“发泄太尽”的毛病，“发挥有余，蕴藉不足”，但袁中道肯定这种直抒胸臆的做法是可贵的，性灵派文学正属此风格。晚明之际，受泰州学派、李贽等人影响，狂狷成为当时士人一种流行的人格风尚。至于乡愿，从文学上说就是“效颦学步”，一味模拟。袁中道倡言，文学创作“不为中行，则为狂狷”，绝不能落入乡愿一路。很清楚，在这三类诗文当中，袁中道最赞赏的是中行，“言有尽而意无穷”乃是情与理、情与法的和谐统一，这自然是针对性灵派前期浅露率直的毛病所发的，此处可以明显体会到中道对性灵文学的矫引意图。言文即是言人，对诗文风格的评断反映了中道希冀纠导晚明士风的一种文化心态，他说“以真人而为真文”，纠文之偏与纠人之偏具有本质的相关性。性灵文学从自然向人文的转向必然导致性灵美育论从宣发自然真情为宗旨而转向塑造情理相谐的道德人格为目的。

最后值得一提的是袁中道所写的《明民》一文。该文对儒家上行下效的风教观提出了不同的看法，探讨了到底应该如何辅俗化民、教化天下的问题。袁中道不赞成取上之所尚“以开天下之巧窦”的教化方式，解释说：

> 凡上之所明者，为其美（按：“好”义）也。当其始，美者自美，人不知其美也；不美者自不美，人亦不知其不美也。彼之美不美者，无心而自呈，而我静而听之，冥而观之，故玄黄易辨，而我

① 以下几处《淡成集序》中的文字，皆出自《珂雪斋集》卷十，上海古籍出版社 1989 年版，第 485—486 页。

可行吾之彰瘅，以鼓舞天下。若皆知其美，则美之窍开，而天下不美者，亦借美以投我。我本欲以明之，而即乘所明者以受其暗。[1]

中道认为，事物美或不美是自然呈其所是，与人的喜好无关，而若统治者以美示教天下，百姓就知道何谓君王所好，必定纷纷投其美好（“借美以投我”）。由是，“上重孝，则割股庐墓者出矣。上重俭，则敝车羸马者出矣。上以中庸为美，而模棱回互者遍天下矣。上以直节为美，而瞋目而语难者遍天下矣。上以清廉为美，而柴车垢面，挈壶餐以入官者遍天下矣”。于是可知，官民所行之孝、俭、中庸、直节、清廉并非他们的真实品德，而是迎合君王的虚言假行，并从中谋取私利，由此造成的结果是“真人不为我用，而假人散布天下”，“贤者少，而不肖者多”。袁中道在这里描绘了一幅晚明虚浮不堪的官场生态图，但他自己却是站在统治阶层的立场，希图如何使真人为我所用，使假人绝迹天下。此处再次表明，“真人”始终是袁中道和整个性灵美育论所汲汲于求的一种人格理想，“真”无论是指自然人性的真实流露，还是就道德品格的真诚无伪来说，都是衡量人生价值的首要标准，中道说的“真人”更多的是指后者。立足这种真人观，即使在道德人格中存在负面因素，也因其真实而可以被理解。故言：“清之君子，流而为刻；直之君子，流而为讦。彼皆真君子也，谓之非美德不可。”美德的最高标准就是真实不欺。那么应该如何养成这样的美德呢？如前述，统治者不能“轻示其意向”，标举美德以示教天下，否则官民以上之美为美，内中必然掩含私欲，其结果是“移害人心世道”，最终无法实现建基于“真人”的社会道德理想。袁中道相信，正确的做法应该是“不以为美”，“任其性之所出”[2]，即不能因好恶美丑之名相妨碍至诚品格的真实表现，每个人只要率性而为，行之所当行，止之所当止，便自然发而皆中节，符合美德之教的本旨。

---

① 袁中道:《明民》,《珂雪斋集》卷二十,上海古籍出版社 1989 年版,第 844—845 页。

② 本段引文均见袁中道《明民》,《珂雪斋集》卷二十,上海古籍出版社 1989 年版,第 845 页。

在《明文》这篇文章中，袁中道表面上似乎反对统治阶层在国家社会的教化事业中扮演主导性角色，实际上是基于效果的考虑而试图谋求更好的方式。中道性情之狂放恣肆不亚于二兄，一生虽仕途坎坷且醉心佛道，却始终没有放弃家国之念，这一点与袁宗道相似。《明文》最后道出了作者写作此文的真实意图，言曰："惟夫美者，天下之所共慕，而高明者之所共趋。……此处一移，天下之人心悉受其转，而不知害，且移之国运，可不谨哉！"[①] 袁中道关心美育教化对天下人心乃至国运的影响，再结合他对性灵文学观所做的修调工作，我们不难认识到中道美育思想的价值立场所在。

① 袁中道：《明民》，《珂雪斋集》卷二十，上海古籍出版社 1989 年版，第 846 页。

第九章　明代的小说、戏曲美育论

明代是我国古代小说、戏曲发展的高峰期，出现了一大批在文学史上占有重要地位乃至具有世界影响的作家和作品。戏曲方面，繁盛于宋元时期的杂剧继续获得发展，形式和格范经过改革变得更加灵活多样。与此同时，在南戏基础上吸收北曲杂剧的某些因素而发展起来的“传奇”在明代中后期走向兴盛，以汤显祖为代表的“传奇”作家将中国古典戏曲艺术推至一个全新阶段。小说方面，“四大奇书”（《三国演义》《水浒传》《西游记》《金瓶梅》）的问世及《三言二拍》等市井小说的流布，标志着小说作为一种文学体裁在明代终于走向成熟，并取得辉煌的成就。创作的繁荣亦给戏曲、小说理论带来前所未有的创获，不仅出现了朱权的《太和正音谱》、徐渭的《南词叙录》、吕天成的《曲品》、王骥德的《曲律》这些系统的戏曲理论著作，也诞生了李贽、叶昼（生卒年不详）、冯梦龙等文学批评大家。在他们的批评文本中，包含了丰富的戏曲小说美育思想。

尽管有明一代的小说、戏曲理论渊深宏丰、异彩纷呈，但在建朝之初，由于统治者在政治上采取高压态势，实施严酷的文化政策，使得明代初期的小说、戏曲理论相对贫乏，话语权力几由朱权这样的王朝新贵所垄断。这一阶段小说、戏曲的美育旨趣与同时期的诗文美育观可谓异曲同调，皆倡扬风教之旨，强调辅俗化民的伦理功能，甚至要求作品承担粉饰太平、鸣颂国家之盛的政治任务，表达了直接而强烈的政治功利意图。

第一节　“剪灯二话”诸序文与明初的小说美育论

从古代文艺理论的整体发展情况来看，小说理论相比诗文、戏曲理论，在发展态势上总是较为缓慢。南宋时期虽已萌生小说的美学自觉意识，大抵亦是点到即止，不成气候。这一方面是由于小说作为一种文学形制在此时期尚未真正成熟，另则受制于正统文学观念对小说的鄙薄态度。延至明初，小说理论倍显寥落，却也非一无是处，尤可重视者便是《剪灯新话》和《剪灯余话》多篇带有评论性质的序言，其中的小说观念代表了明初小说美学、美育思想的主流。

《剪灯新话》的作者瞿佑（1341—1427，一说 1347—1433），字宗吉，号存斋，钱塘（今浙江杭州）人；元末明初著名诗人、小说家。明洪武中，历官训导、周王府长史；永乐间，因诗获罪，谪戍保安十年，遇赦放归。著有《香台集》《咏物诗》《归田诗话》等二十余种，影响最大、流传最广的莫如《剪灯新话》。《剪灯新话》是明代第一部文言小说集，其文体、题材、趣味皆仿唐人传奇，却能匠心独运，别开生面。小说当中多有以作者亲历之事为素材的创作，蕴含了真切而浓烈的情感，其中虽不乏怪力乱神，却表现出对于世疾时弊的激愤抨击。《剪灯新话》在明初枯闷的文学环境中激起了一股热潮，受到各阶层读者的欢迎，以至仿作续制纷起，最著者便是李昌祺（1376—1451，名祯，以字行）的《剪灯余话》。作者明言自己是读了《新话》之后，“锐欲效颦”“技痒弗已”，且《余话》在题材、叙事上都与《新话》相似，甚至体例、卷数也雷同，故文学史向来将二书并称，名曰“剪灯二话”。“二话”于明初之盛，不仅表现在广泛的阅读热潮上，从当时士人纷纷为之作序亦可见出其在知识群体中的影响力。总数达十余篇的“二话”序言，探讨了小说的性质、功能、创作、语言等方面的问题，可视为明初小说美学最重要的文献。

一、“征诸事则有验，揆诸理则不诬”：小说的艺术性质

瞿佑的《剪灯新话序》表达了对于小说性质和功能的看法，虽囿于传统观念，但体现了为小说价值辩护的强烈意愿。瞿佑称《新话》所记之事“皆可喜可悲，可惊可怪”“自以为涉于语怪，近于诲淫，藏之书笥，不欲传出”，然又竭力寻找辩护的理由：

> 《诗》《书》《易》《春秋》，皆圣笔之所述作，以为万世大经大法者也；然而《易》言“龙战于野”，《书》载“雉雊于鼎”，《国风》取淫奔之诗，《春秋》纪乱贼之事，是又不可执一论也。①

明以前，批评家为肯定小说的价值，抬高其地位，通常将之比附于正史，即认为小说具有史传的性质和史鉴的功能，可以补正史之不足。《隋书·杂传类序》就认为，若将小说“推其本源，盖亦史官之末事也”。刘知几也说：“大抵偏记、小录之书，皆记即日当时之事，求诸国史，最为实录……”② 这种将小说归属于史传的看法普遍存在于古代史学和文论著述中。既然将小说看作史官之记事，批评家便自然以史家标准来评价它，小说“迂怪妄诞，真虚莫测”（《隋书·杂传类序》）这一本质性的审美特征就很容易受到批评。瞿佑并没有反对关于小说的史传性质的传统观念，他言称《剪灯新话》因“涉于语怪，近于诲淫”而打算秘不示人，就是基于史家立场来讲的。然而，此种说法其实是一种以退为进的论辩策略，瞿佑真正意欲说明的是，即使小说所记为“可惊可怪”之事，也仍旧无法抹杀它独有的价值。但瞿佑的辩护不是着眼于“可惊可怪”这一小说审美特质本身，而是从《诗》

---

① 瞿佑:《剪灯新话序》,《中华古文论释林·明代卷》上,北京大学出版社 2011 年版,第 103 页。

② 刘知己:《史通·杂述》,《史通笺注》,贵州人民出版社 1985 年版,第 361 页。

《书》《易》《春秋》这些或本身为史或带有史述性质的儒家经典（儒家有“六经皆史”的观点）那里寻找依据。显然，这些经典无论在纪事或表情方面，皆非全然雅正肃穆、尽善尽美，其中既有对阴暗诡谲的历史的记述，也有激生于人物、事件的悲喜之情的充溢荡漾，甚至将某些明显具有神巫冥虚性质的故事纳入史述系统中，以与正史相参行。瞿佑相信，若儒家的正统史家不排斥所谓奇情逸事，小说就更不必过分忌讳了。

瞿佑的辩护逻辑影响了同时代学者对《剪灯二话》及整个小说的鉴赏态度和评价方式。瞿氏好友桂衡（1368—1398，字孟平）在为《剪灯新话》所作的序中，同样依循了上述思路：

> 余观昌黎韩子作《毛颖传》，柳子厚读而奇之，谓若捕龙蛇，搏虎豹，急与之角，而力不敢暇；古之文人，其相推奖类若此。及子厚作《谪龙说》与《河间传》等，后之人亦未闻有以妄且淫病子厚者，岂前辈所见，有不逮今耶？亦忠厚之志焉耳矣。余友瞿宗吉之为《剪灯新话》，其所志怪，有过于马孺子所言，而淫则无若河间之甚者。而或者犹沾沾然置喙于其间，何俗之不古也如是！①

在桂衡看来，韩愈、柳宗元这样的古文大家尚有《毛颖传》《河间传》这样的虚诞淫靡之作，且后世亦无过多诟病，则时人以真伪标准来批评瞿佑及《剪灯新话》，实在是一种见识上的倒退，是全然站不住脚的。相比瞿佑和桂衡，凌云翰（约1372年前后在世，生卒年不详）对小说性质的看法在一定程度上脱离了史传观念，认识到小说在审美形制上的价值。他说：“昔陈鸿作《长恨传》并《东城老父传》，时人称其史才，咸推许之。及观牛僧孺之《幽怪录》，刘斧之《青琐集》，则又述奇纪异，其事

① 桂衡：《剪灯新话序》，《中华古文论释林·明代卷》上，北京大学出版社2011年版，第104页。

之有无不必论，而其制作之体，则亦工矣。”①《幽怪录》《青琐集》这些唐宋志怪小说自然不像《长恨传》《东城父老传》那样以史实作为故事依据，凌云翰认为，前两种作品的价值不在其能否征诸信史，而在文学形式本身的创造（“制作之体”）达到了相当的高度（“工”）。

《剪灯余话》的作者李昌祺也承认自己的作品“近于滑稽谐谑”，让读者不必“泥其事之有无”，又以《高唐》《洛神》作比，可见已全无是否符合史传风格的顾虑。比起瞿佑拿“六经”作为小说地位的攀缘之径，李昌祺的态度无疑更加坦荡。罗汝敬（1372—1439，名简，以字行）对《剪灯余话》的评价同样如此：

> 彼其《齐谐》之《记》，《幽冥》之《录》，《搜神》《夷坚》之志述，务为荒唐虚幻者，岂得一经于言议哉？若布政公之所记，征诸事则有验，揆诸理则不诬，政人人所乐道，而吾党所喜闻者也，神异云乎哉！②

此处提出了一条评价小说的标准，即“揆诸理”而非“征诸事”。“理”既指外在社会、人生领域的道德伦理，也指小说创作方面的艺术逻辑。按照罗汝敬的看法，“揆诸理”首先是要求价值取向符合基本的道德规范和伦理法则，同时在叙事、描写上要遵循自身的审美规律，勇于追求艺术上的真实（“理不诬”），而无须考量生活中之实有与否。因此，只要故事合“理”，且读者喜闻乐见，即使描写“荒唐虚幻”的神异之事亦无不可。王英（1376—1449，字时彦）也就时人指责《剪灯余话》脱离历史与生活之真实性做出了反驳，他将小说当作诸子百家之学而与经、史并列，以强调其固有价值，说道：“经以载道，史以纪事；其他有诸子

---

① 凌云翰：《剪灯新话序》，《中国历代小说论著选》，江西人民出版社 1982 年版，第 102 页。

② 罗汝敬：《剪灯余话序》，《中华古文论释林·明代卷》上，北京大学出版社 2011 年版，第 107 页。

焉，托词比事，纷纷藉藉，著为之书；又有百家之说焉，以志载古昔遗事，与时之丛谈、诙语、神怪之说，并传于世；是非得失，固有不同，然亦岂无所可取者哉！在审择之而已。”① 经、史、子诸学皆各有特点和功能，小说亦不会因其所述为“幽昧恍惚”之事而失去价值。

从以上各家围绕《剪灯二话》展开的关于小说性质的讨论可以看出，自宋代隐约萌发的自觉的小说文体意识，经元季百年的培育，至明初已初步成型。作家与批评家们在相当程度上认识到了小说独立的文学特质，试图从形式、内容、功能等方面为之做辩护。然而，与对于形式、内容等要素的明晰理解（如坚定维护小说的虚构性质，主张题材上的宽容等）相比，对小说功能的阐发却呈现出观念上的矛盾。这种矛盾一方面表明，所谓小说在美学上的独立于此时仍不彻底，然就审美效用而言，这样的矛盾恰恰成就了小说美育意义上的丰富性。

二、“足为世劝”与“假以自遣”：小说的美育功能

瞿佑、李昌祺等人之所以肯定小说的虚构性质的合理性，是因为在他们看来，虚构不仅不会妨碍小说的文学功能的实现，从接受角度来看，它更对后者有推促作用（“吾党所喜闻者也，神异云乎哉”）。也就是说，瞿、李诸人虽认识到小说区别于其他文学体裁的审美特征，但这无法构成问题的焦点，与大多数成长于儒学传统中的士人作家一样，他们完全站在功利主义视角来审度一切文学问题，其中，与风化世教有关的道德诉求被看作是小说创作的核心意图，也是小说美育价值的关键所在。

在援借儒家经典为《剪灯新话》的虚诞不羁而炽情满怀的叙事风格进行辩护之后，瞿佑说：“今余此编，虽于世教民彝，莫之或补，而劝善惩恶，哀穷悼屈，其亦庶乎言者无罪，闻者足以戒之一义云尔。”② “世

① 王英：《剪灯余话序》，《中华古文论释林·明代卷》上，北京大学出版社2011年版，第106页。

② 瞿佑：《剪灯新话序》，《中华古文论释林·明代卷》上，北京大学出版社2011年版，第103页。

教民彝”是指家国政治层面上的礼教秩序和人伦大道，瞿佑似乎还未有信心将小说的文学功能拔高到如此价值高度，在儒家文人那里，这样崇高的政治文化使命只有寄托于诗文，属于“小道”的小说是无法担当的，但它可以发挥一种直接的道德劝谕效能，通过讲述惩恶扬善的故事以对读者起到道德上的戒惕作用。显然，在传统的政教体制中，道德教化原本就是王权政治的一种实践手段，属于后者功能结构的一部分。只是这种情况到了明代中晚期发生了某种程度的变化，城市工商业的较快发展孕育了初级的市民阶层，由此带来的新的文化趣味和生活情志使明初那种直接服务于王权利益的道德宣谕模式在这时被削弱了。反映在小说当中，此时产生的一些世情小说便搁置了宏大的政治伦理诉求，转而思考如何在世俗社会中营构个体之间的理想的伦理关系，小说的道德教化功能具有了不同于政治意义的社会性内涵。当然，瞿佑尚不可能对这种区分形成自觉意识，但某些市民阶层的道德观念和审美趣味确已在他那里显露出来，所以有必要先在此予以揭示。

瞿佑轻轻点出的淑德之论受到当时士人的高度肯定，并成为他们评论《剪灯新话》的依据。凌云翰就说：“是编（按：指《剪灯新话》）虽稗官之流，而劝善惩恶、动存鉴戒，不可谓无补于世。”[①] 桂衡认为，贯穿《新话》全书的是一种坚实的“褒善贬恶之学”，能对读者产生强烈的道德“训导”作用。嘉靖年间的田汝成（1503—1557，字叔禾）也相信，即使《新话》“假托冥报”“属情妖丽”，但包含“劝百讽一”之旨，故“尚有可采”。[②]

《剪灯新话》的惩教意旨在李昌祺的《剪灯余话》中得到了突出和强化，使《余话》呈现出更加强烈的道德劝谕色彩。作者对此虽没有明言，与其同时及之后的很多批评家却都说得很明白。张光启（生卒年不详，活动于明崇祯年间）指出，尽管李昌祺承认对《新话》钟爱有加且

① 凌云翰：《剪灯新话序》，《中国历代小说论著选》，江西人民出版社1982年版，第102页。
② 田汝成：《才情雅致》，《西湖游览志余》卷一二，浙江人民出版社1980年版，第206页。

竭力追摹，却又“惜其措辞美而风教少关”，“于是搜寻古今神异之事，人伦节义之实，著为诗文，纂集成卷，名曰《剪灯余话》”。张光启称许该书具有“善可法，恶可戒，表节义，砺风俗”的价值，并赋诗赞曰：“四海相传《新话》工，若观《余话》迥难同。搜寻古今希奇事，敦尚人伦节义风。”①《剪灯余话》“敦尚人伦节义风”的价值取向并非迄至明末才有定论，许多批评者于其问世之初便已认识到这一点。王英指出，《余话》的编著标准是“关于世教者录之”，而“其间所述，若唐诸王之骄淫，谭妇之死节，赵鸾、琼奴之守义，使人读之，有所惩劝”②。罗汝敬也有相同的鉴读感受：“矧兹所记，若饼师妇之贞，谭氏妇之节，何思明之廉介，吉复卿之交谊，贾、祖两女之雅操，真、文二生之俊杰识时，举有关于风化，而足为世劝者。”③ 王英和罗汝敬这里提及的几个女性形象分别来自《月夜弹琴记》《鸾鸾传》《琼奴传》《长安夜行录》《连理树记》和《凤尾草记》，她们无一不是贞女烈妇，而这些故事的共同思旨就是宣颂女性的贞节德范。《剪灯余话》总共二十二篇，仅此以颂扬妇德为主题的六篇小说就已占总数的四分之一，可见与《新话》相比，《余话》确实带有愈加浓厚的说教味和道学气。按照刘敬（生卒年不详，活动于明建文、永乐年间）的话说，这些“湖海之奇事，今昔之异闻……可以感发人之善心，可以惩创人之佚志；省之者足以兴，闻之者足以戒”④。

然而，“剪灯二话”在美育旨趣的取向方面表现出相当的矛盾性和丰富性，它既诉诸社会群体层面的道德教化目的，同时又包含了抒发个体

---

① 张光启：《剪灯余话序》，《剪灯余话》张光启刊本卷首，日本天理图书馆藏，见《古本小说丛刊》第五辑。

② 王英：《剪灯余话序》，《中华古文论释林·明代卷》上，北京大学出版社 2011 年版，第 106 页。

③ 罗汝敬：《剪灯余话序》，《中华古文论释林·明代卷》上，北京大学出版社 2011 年版，第 107 页。

④ 刘敬：《剪灯余话序》，《中华古文论释林·明代卷》上，北京大学出版社 2011 年版，第 107 页。

情志、申扬自我价值的强烈要求。如果说，道德宣教是对深厚的载道文学观的一种势所必然的应和，则个体维度的情意之倾诉和疏泄，才是作者面对自己身处之政治现实和社会环境所做出的一种真实的心灵回应，对于读者来说，这在情感和精神上也具有更加鲜活的教范意义。

实际上，瞿佑尽管声称要在小说中贯彻美善刺恶的教化主张，却从来不是一个迂腐的道德教条主义者；恰恰相反，坎坷的生活经历和曲折的仕途遭际使他拥有一个丰富的情感世界，面对社会的动乱、人生的苦难及从中生发的对于理想生活的向往，瞿佑的抒情意愿要远远强于道德功利的诉求。诗人柯潜（1423—1473，字孟时）曾为《归田诗话》作序，称瞿佑“时时发为诗歌，寄兴高远……及谪居塞外，羁穷困约之中，吟咏不废。晚岁归休故里，自顾其才无复施用于世，乃益肆情于诗，以自娱逸于清湖秀岭烟云，出没杳霭之间，浩然与古之达者同归”①。这里描绘的正是瞿佑为宣泄不平之志而遣兴山水、纵情逸乐的诗人形象，此种抒情倾向同样表现在小说当中。与瞿佑过从甚密的凌云翰就对《剪灯新话》的艺术感染力体会至深：“矧夫造意之奇，措词之妙，粲然自成一家言，读之使人喜而手舞足蹈，悲而掩卷堕泪者，盖亦有之。”② 这种艺术感染力首先就来自作者在小说中刻画的个性鲜明、情感浓郁的人物形象以及由这些人物所构成的异彩纷呈的情感世界。《新话》所写之情主要是爱情，全书二十篇，写爱情故事的就有八篇，《秋香亭记》讲的商生与杨采采的故事更是作者对于自身经历的形象写照。与《剪灯余话》处处不逾礼教规范的价值立场不同，《新话》对爱情的态度是相当开放和大胆的。小说塑造了多个挣脱世俗观念、追求爱情自由的男女主人公形象，如《联芳楼记》中的薛兰英、薛惠英姐妹，《金凤钗记》中的兴娘，《翠翠传》中的赵六等。作者借由这些至情人物的言行，肯定了人的本能欲望的自然性和不可压抑性，其所表达的爱情观和婚姻观亦流露出一种崇

① 柯潜：《归田诗话序》，《历代诗话续编》，中华书局1983年版，第1233页。

② 凌云翰：《剪灯新话序》，《中国历代小说论著选》，江西人民出版社1982年版，第102页。

情抑理的思想倾向。

桂衡也看到，瞿佑创作《剪灯新话》的初衷原本是要“藏之箧笥，以自怡悦”，即创作小说并非完全本着道德教化的目的，更重要的是为了发抒个体所积郁的内心情感，通过宣泄情感以清净神志、涤荡心胸。桂衡接着说：“余不敏，则既不知其是，亦不知其非，不知何者为可取，何者为可讥。伏而观之，但见其有文、有诗、有歌、有词、有可喜、有可悲、有可骇、有可嗤。”[①] 桂衡对瞿佑的文学取向不置可否，但对充溢于《新话》各篇作品中的饱满多元的情感意蕴是有充分认识的，以至在序末所作的一首长篇古体中，他如此赞美情感的价值：“世间万事幻泡耳，往往有情能不死。”鼓吹情感的强烈程度已丝毫不亚于晚明的唯情主义思潮。

前文已经指出，相对《剪灯新话》重自然之“情”而言，《余话》尤重礼德之“教”，但在批评者乃至作者本人看来，《余话》并非完全是基于群众教化的社会政治意图而创作的，其背后同样潜藏着深层的个体情感需求。李昌祺称自己操弄文墨是为了“豁怀抱、宣郁闷”，写小说“非平居有意为之”，只因“负谴无聊，姑假此以自遣”。[②] 他还请读者不必对故事太过认真，读后大可一笑了之。刘敬也认为，李昌祺创作小说是为“泄其暂尔之愤懑，一吐其胸中之新奇”[③]，只把它看作“游戏翰墨”。这些说法似与《余话》本身表达的道德功能主旨存在矛盾，但这个矛盾可以从两个角度获得理解。一方面，所谓“自遣”“游戏”云云，可能是作者对自己写作小说的一种消极性辩护。在仍视小说为野史、末技的文化环境中，即使作品很受欢迎，来自士道正统的攻讦和斥责亦难

① 桂衡:《剪灯新话序》,《中华古文论释林 · 明代卷》上,北京大学出版社 2011 年版,第 104 页。

② 李昌祺:《剪灯余话序》,《中华古文论释林 · 明代卷》上,北京大学出版社 2011 年版,第 106 页。

③ 刘敬:《剪灯余话序》,《中华古文论释林 · 明代卷》上,北京大学出版社 2011 年版,第 108 页。

以避免，但在不妨碍传统礼教规范和王教事业的前提下，士大夫某种程度的情志消遣是被允许的。故李昌祺不断强调《余话》是无心之作，刘敬则竭力夸赞李氏才识卓绝、学本圣贤，写作小说绝非着意追求，其真正志向当然还是“登庸庙堂”“论道经邦”。无论如何，这毕竟在一定限度内承认了小说具有疏泄情感、宣发意志的价值功能。另一方面，自遣之说亦非全是托词，自遣心态本身就是个体在追逐庙堂功业过程中遭遇挫折的产物，是为了排解政治上的失意情绪，在这里，主体情志更多与跌宕坎坷的仕途生活相关，而较少指向瞿佑描画的那个个性浓郁的情感世界。进而言之，李昌祺所谓“豁怀抱、宣郁闷”便不是如他自称的那般轻松，而是一种消极的政治心态的表现。由此可以看到，即便从抒发个体生命情感和精神意志这一美育的功能维度来看，“剪灯二话”两位作者的意义追求与价值立场也是存在差异的。

“剪灯二话”的诸篇序文吸收了宋元以来的小说美学成果，在明代初叶的政治语境和文化场域中做出了进一步开拓，特别是围绕小说性质、功能等理论题域，这些序言的阐述开启了明代小说美学、美育思想发展的某些新维度。

第二节　历史演义小说及其他小说批评中的美育思想

我国小说艺术从明代开始步入繁荣期，小说的各种形制、题材、风格在这一时期已经相当完备，长篇小说和短篇小说、文言小说和通俗小说在艺术上都已趋向成熟。在这一文学进程中，历史演义小说之于古典小说发展具有重要意义：一方面是因为它出现时间早，作品数量多，不仅引领一时风尚，而且为小说奠立了一定的艺术规范；而更重要的原因是出现了《三国演义》这种规制宏大、质量上乘、影响深远的鸿篇巨制，这部成书于元末明初的历史小说标志着我国古典小说创作进入到一个崭新阶段。梳检明代小说理论可以发现，明中叶的小说批评大部分是围绕以《三国演义》为代表的历史演义小说展开的，评论形式主要是作品的序跋。万历以后，小说批评基本上是以《水浒传》《金瓶梅》《西游记》《三言》《二拍》这些作品为中心，评论形式除了大量的序跋外，还有作品的评点。批评家在评论当中就小说的性质、价值、功能等问题提出了不少超越前人的看法，在理论认识上达到了较高水平。同样，我们将要重点关注的小说美育思想亦集中体现在这些批评理论当中，尽管小说美育论的思想旨趣总体上没有脱离扬善去恶、尽忠守义这样的价值追求，但其中亦有一些不同取向值得关注。

一、《三国演义》等历史小说批评中的美育思想

《三国演义》开明代历史演义小说之先河，并在同类题材小说中确立了一种至高的艺术典范。自它面世后，论者纷纷，但多为零评碎语，而蒋大器（1455—1530）在弘治七年（1494）所写的《三国志通俗演义序》（署名庸愚子）则被视为最早的一篇《三国演义》专论。

在序文中，蒋大器首先阐述了历史著作的目的和意义，其文曰：

> 夫史，非独纪历代之事，盖欲昭往昔之盛衰，鉴君臣之善恶，载政事之得失，观人才之吉凶，知邦家之休戚，以至寒暑灾祥、褒贬予夺，无一而不笔之者，有义存焉。吾夫子因获麟而作《春秋》。《春秋》，鲁史也。孔子修之，至一字予者，褒之，否者，贬之。然一字之中，以见当时君臣父子之道，垂鉴后世，俾识某之善，某之恶，欲其劝惩警惧，不致有前车之覆。此孔子立万万世至公至正之大法，合天理、正彝伦，而乱臣贼子惧。[①]

蒋大器认为，史书的目的并不是简单地记录历史事件，而是要揭示历史的经验教训，考盛衰得失，明吉凶善恶，以此启教后人，避免前车之覆，

① 蒋大器:《三国志通俗演义序》,《中国历代小说论著选》,江西人民出版社 1982 年版,第 104 页。

孔子作《春秋》正是以之“合天理、正彝伦”，为万世立下政治道德的典则大法。可见，史书的写作和阅读都应该抱着一个思想教育的目的。然而，史书在历史教育上有其局限性，蒋大器说：“然史之文，理微义奥，不如此，乌可以昭后世？……史家秉笔之法，其于众人观之，亦尝病焉。故往往舍而不之顾者，由其不通乎众人，而历代之事愈久愈失其传。”① 史书笔法，笔法古奥，义理幽深，如《春秋》微言大义，实在不是普通人能够理解和领悟的（“不通乎众人”），这就容易使人们失去阅读历史及探究史理的兴趣。在蒋大器看来，像《三国演义》这样的通俗历史小说正好弥补了正统史书的不足。他评论说：

> （《三国志通俗演义》）文不甚深，言不甚俗，事纪其实，亦庶几乎史。盖欲读诵者，人人得而知之，若《诗》所谓里巷歌谣之义也。书成，士君子之好事者，争相誊录，以便观览，则三国之盛衰治乱，人物之出处臧否，一开卷，千百载之事，豁然于心胸矣。其间亦未免一二过与不及，俯而就之，欲观者有所进益焉。②

蒋大器肯定《三国演义》与史书的价值是相同的，开卷便知千百载之事，它的特点在于“文不甚深，言不甚俗”，所以可使“人人得而知之”。蒋大器强调历史小说的通俗性，自然是将平民大众视为主要接受群体，目的是要借助通俗小说，实现历史教育的大众化，而在儒家思想语境中，历史教育的实质便是政道教化，故蒋大器说：“读到古人忠处，便思自己忠与不忠；孝处，便思自己孝与不孝。至于善恶可否，皆当如此，方是

---

① 蒋大器:《三国志通俗演义序》,《中国历代小说论著选》,江西人民出版社 1982 年版,第 104 页。

② 蒋大器:《三国志通俗演义序》,《中国历代小说论著选》,江西人民出版社 1982 年版,第 104 页。

有益。若只读过，而不身体力行，又未为读书也。”[1] 他要求读者在阅读过程中，以古人德操为标准来衡量、反省自身的道德状况，这才是读书的真正目的。《三国志通俗演义序》为其后的历史演义小说批评确立了范式，它所包含的小说美育思想基本上是一种政道教化观，后人的相关论述亦少脱此观念范囿。

另一篇值得关注的《三国演义》评论是张尚德（生卒年不详）所写的《三国志通俗演义引》（署名修髯子）。文章以答客问的形式，表达了作者的历史小说观。有人疑问，三国历史已由史书记录得清楚分明，故《三国演义》在志史陈义方面并无多大价值。张尚德对此反驳道：

> 史氏所志，事详而文古，义微而旨深，非通儒夙学，展卷间，鲜不便思囤睡。故好事者以俗近语，檃括成编，欲天下之人，入耳而通其事，因事而悟其义，因义而兴乎感，不待研精覃思，知正统必当扶，窃位必当诛，忠孝节义必当师，奸贪谀佞必当去，是是非非，了然于心目之下，裨益风教，广且大焉，何病其赘耶？[2]

与蒋大器一样，张尚德也认为，史书因其语言和义理上的特点，只适合通儒夙学阅读，一般读者是没有兴趣的，而历史小说是“以俗近语，檃括成编”，适合大多数人阅读。所谓“檃括成编”就是在尊重历史的基础上，对史料进行裁剪、增删、改写等艺术加工，即蒋大器说的，既“考诸国史”又“留心损益”。在张尚德看来，经过艺术加工的历史小说能符合普通读者的审美趣味，使他们在阅读过程中领悟史事中的道理，明白忠孝节义、是非善恶的道德观念，所以，就“裨益风教”这一功能来说，历史小说相比史书，“广且大焉”。

---

① 蒋大器:《三国志通俗演义序》,《中国历代小说论著选》,江西人民出版社 1982 年版,第 105 页。

② 张尚德:《三国志通俗演义引》,《中国历代小说论著选》,江西人民出版社 1982 年版,第 111 页。

比起蒋大器，张尚德更清楚地认识到，小说的艺术性在很大程度上决定了小说的接受效果，也就是说，相对于历史著作，历史小说的特点正在于其艺术上的感染力和表现力。张尚德要求历史小说“羽翼信史而不违”，即承担辅助正史言说的功能，但在这里，历史之真及其蕴含的政教之善是要借助艺术之美传达出来的。张氏最后反问：“孰谓稗官小说，不足为世道重轻哉！”① 一方面是肯定历史小说羽翼信史的功能，另一方面是宣扬历史小说以艺术为手段的独有的教化意义。

除以上两篇外，明代关于《三国演义》的专评文章还有近十篇，但它们在美育思想方面的论述并无太多新意。自《三国演义》问世后，涌现了大量的仿效之作，尽管有不少粗制滥造的作品，但也有像《隋唐志传通俗演义》《新列国传》《东西汉通俗演义》《唐书演义》这样质量可观的佳作，围绕这些作品展开的各种评论，继续推动明代中叶小说美育论的发展。

《隋唐志传通俗演义》是继《三国演义》后最早出现的历史小说，编纂者是林瀚（1434—1519，字亨大），他写的一篇序文道出了编纂此书的意图，文曰：

> 罗贯中所编《三国志》一书，行于世久矣，逸士无不观之。而隋唐独未有传志，予每憾焉。前寓京师，访有此书，求而阅之，知实亦罗氏原本。第其间尚多阙略，因于退食之暇，遍阅隋唐诸书所载英君名将忠臣义士凡有关于风化者悉为编入，名曰《隋唐志传通俗演义》。盖欲与《三国志》并传于世，使两朝事实愚夫愚妇一览可概见耳。予既不计年劳，抄录成帙，又恐流传久远，未免有鲁鱼亥豕之讹，兹更加订正，付之剞劂，庶几观者无憾，夫“饱食终日，无所用心，不若博奕之犹贤乎已”？若予之所好在文字，固非博奕技

① 张尚德：《三国志通俗演义引》，《中国历代小说论著选》，江西人民出版社 1982 年版，第 111 页。

艺之比。后之君子能体予此意，以是编为正史之补，勿第以稗官野乘目之，是盖予之至愿也夫。①

《隋唐志传通俗演义》是林瀚根据罗贯中的《隋唐志传》修纂而成，其编采的内容是“英君名将忠臣义士凡有关于风化者”，但要以俗语进行演绎，使“愚夫愚妇一览可概见”。林瀚重修《隋唐志传》自然是出于风教的目的。他有意要提升历史小说的地位，言之“非博奕技艺之比”，而作为一名上层官员，林瀚的态度说明通俗历史小说确实受到了精英士人的青睐，但同时，林瀚似乎并不十分愿意将该书当作“稗官野乘”类的一般小说看，而是着力强调其“正史之补”的价值。与张尚德在《三国志通俗演义引》中的那句大胆反问相比，林瀚的说法表明他还没有明确认识到小说艺术的独立价值，而是把小说作为历史叙事的一种通俗化形式来看待，这本质上仍是对小说的偏见。

林瀚提出的“正史之补”的小说价值观对当时的小说批评理论和小说美育观有相当大的影响，从美育的角度说，这一观念直接关系到审美教化的合法性问题。明代著名的刻书家和书商余象斗（约 1561—1637，字仰止）在为《列国志》写的《题列国序》中就认为，过去的史书记载虽详，“然其序事也，或出幻渺；其意义也，或至幽晦”，因为“世无信史，则疑信之传固其所哉。于是吊古者未免簧鼓而迷惘矣”。如果缺乏史料的真实性，历史学习者就会不知真假、不辨曲直，这就违背了历史教育的宗旨。尤其是东周列国这一段历史，史事纷繁，线索众多，倘若不能理出头绪，辨出真伪，并以良史妙笔记之，普通读者是难以解读的。因此，余象斗赞赏《列国志》的作者能够“旁搜列国之事实，载阅诸家之笔记，条之以理，演之以文，编之以序”，使该书成为“诸史之司南，

① 林瀚:《隋唐志传通俗演义序》,《中国历代小说论著选》,江西人民出版社 1982 年版,第 109 页。

吊古者之骏驭”。[1] 余象斗对历史小说的评价非常高，甚至认为后者能够成为史书的典范和楷模，但这一判断的依据显然不是来自小说的审美原则，而是历史叙事的真实性原则。余象斗对历史小说的核心要求就是忠于史实，做到“毫无舛错”，说明他对小说的艺术特性的认识仍然十分有限。

与余象斗的观点相呼应的是陈继儒（1558—1639，字仲醇）。他在评论《列国志》的一篇文章中说：“《列传》始自周某王之某年，迄某王之某年，事核而详，语俚而显，诸如朝会盟誓之期，征讨战攻之数，山川道里之险夷，人物名号之真诞，灿若胪列，即野修无系朝常，巷议难参国是，而循名稽实，亦足补经史之所未赅，譬诸有家者按其成簿，则先世之产业厘然，是《列传》亦世宙间之大账簿也。如是虽与经史并传可也。”[2] 陈继儒对《列国志》的肯定主要是因为该书在叙述史事方面能够做到真实详尽（“事核而详”），认为凭这一点就可以与经史并传。他将《列国志》比作“世宙间之大账簿”，已形象地说明了他对历史小说的纪实功能的高度重视。在另一篇《唐书演义序》中，陈继儒试图对当时已然成熟的通俗演义体裁做出定义，他说：“往自前后汉魏吴蜀唐宋咸有正史，其事文载之不啻详矣，后世则有演义。演义，以通俗为义也者。故今流俗节目不挂司马班陈一字，然皆能道赤帝、诧铜马、悲伏龙、凭曹瞒者，则演义之为耳。演义固喻俗书哉，义意远矣。”[3] 陈继儒把“演义”解释为“以通俗为义”，是从语言和叙事风格的角度来说明的，意思就是让市井百姓皆能知晓历史之“义”，所以，演义就是通俗的正史，正史的幽深意旨借助演义手法传达给大众读者。

据上述诸家的评论可以知道，他们对于历史小说的性质和功能的认识基本上还没有脱离传统的史传观念，仍旧是以历史真实性作为判断小

① 本段引文均见余象斗：《题列国序》，《中国历代小说论著选》，江西人民出版社 1982 年版，第 215 页。

② 陈继儒：《叙列国志》，《中国历代小说论著选》，江西人民出版社 1982 年版，第 139 页。

③ 陈继儒：《唐书演义序》，《中国历代小说论著选》，江西人民出版社 1982 年版，第 135 页。

说价值的最高标准。他们认为，历史小说与经史一样，都是以传道宣教为宗旨，但只看到教化目的的实现是以叙事的真实性为依托，却未有充分意识到小说的艺术感染力和表现力在这一过程中所发挥的重要作用。

然而，并非全部如此，上文述及的张尚德就对小说的艺术性有一定的认识，并理解审美因素在发挥小说教化功能中的关键意义，不过在此方面更值得重视的还是熊大木（约1506—1578）、甄伟（生卒年不详）、袁于令（1592—1674，字令昭）等人的观点。他们开始明确把小说和史书区分开来，尊重小说独有的艺术规律，将历史演义作为小说来审视，因此，在小说的创作和批评方面，就由原来唯真是重的取向而逐渐转向审美的营造和鉴赏。

在《新刊大宋演义中兴英烈传序》一文中，熊大木陈述了对历史小说的看法："或谓小说不可紊之以正史，余深服其论。然而稗官野史实记正史之未备，若使的以事迹显然不泯者得录，则是书竟难以成野史之余意矣。……质是而论之，则史书小说有不同者，无足怪矣。"① 熊大木虽然承认，小说有补正史之不足（"记正史之未备"）的功能，却不认为小说所述之事必须完全遵照史实，否则样样考据翔实，创作就难以展开了。在他看来，历史小说固然一方面要按照"实迹"，但更重要的是"用广发挥"，即发挥想象，允许合理的虚构。如果"小说与本传互有同异者，两存之以备参考"②，这就是承认小说和正史各有价值，可以相互参鉴，但不能相互干涉。

袁于令发展了熊大木"史书小说有不同"的观点，更加强调小说在艺术上的创造性，提出"贵幻"重于"贵真"的审美主张。他在为自己编写的《隋史遗文》所作的序文中论道：

---

① 熊大木:《新刊大宋演义中兴英烈传序》,《中国历代小说论著选》,江西人民出版社 1982 年版,第 117 页。

② 熊大木:《新刊大宋演义中兴英烈传序》,《中国历代小说论著选》,江西人民出版社 1982 年版,第 117 页。

史以遗名者何？所以辅正史也。正史以纪事：纪事者何，传信也。遗史以搜逸：搜逸者何，传奇也。传信者贵真：为子死孝，为臣死忠，摹圣贤心事，如道子写生，面奇逼肖。传奇者贵幻：忽焉怒发，忽焉嘻笑，英雄本色，如阳羡书生，恍惚不可方物。苟有正史而无逸史，则勋名事业，彪炳天壤者固属不磨，而奇情侠气逸均英风史不胜书者，卒多堙没无闻，纵大忠义而与昭代忤者，略已。①

袁于令在这里对正史和小说的价值做出了非常明晰的区分：正史“传信”，故“贵真”；小说“传奇”，故“贵幻”。小说的叙事方式可以奇谲怪诞，变换不拘，内容方面则是讲述“奇情侠气逸均英风”等湮没于正史的人和事。对于历史小说的这种认识应该说已经超越了以往那种拘泥史实的小说观，基本上是以小说家的美学眼光来阐发历史小说的审美特点。袁于令讲述自己编纂《隋史遗文》的原则：“顾个中有慷慨足惊里耳，而不必谐于情，奇幻足快俗人，而不必根于理；袭传闻之陋，过于诬人，创妖艳之说，过于凭己；悉为更易，可仍则仍，可削则削，宜增者大为增之。”② 只要营构出“惊里耳”“快俗人”的艺术效果，就不必计较故事情节是否合于一般的“情”“理”，增删改易完全是“凭己”，这等于是完全肯定了虚构之于小说的审美意义。不难看到，袁于令与其他历史小说作者在创作意图的认识上并无二致，都是以“俗人”“里耳”为对象，达到“昭好去恶，提醒颛蒙”的教育目的，但在实践路径上存在差异。如果说后者更多是采用史之真来向读者灌输道德观念，那么袁于令则倾向于借助艺之美来感染读者心灵，使读者在审美愉悦中实现道德上的洗礼。概括地说，这里其实呈现了两条不同的小说教化路径，一种是以真启善，一种是以美导善。

最后值得一提的是刊于明万历十四年的《新刻续编三国志后传》的

① 袁于令:《隋史遗文序》,《中国历代小说论著选》,江西人民出版社 1982 年版,第 267 页。

② 袁于令:《隋史遗文序》,《中国历代小说论著选》,江西人民出版社 1982 年版,第 267 页。

一篇卷首引文。此书是《三国演义》的续书，作者署名酉阳野史，共十卷，一百四十五回。内容是讲述司马氏一统天下后，蜀国君臣后人逃散四方，重建功业的故事。小说在相当程度上是对《三国演义》中蜀国灭亡悲剧所做的情感补偿，此举当然是为了迎合读者趣味，在艺术上并无可观处。作者为该书写了一篇引文，在这篇引文中，他将小说与史籍彻底区分开来，并就小说的美育功能提出了不同于道德教化论的新看法。文章说：

> 夫小说者，乃坊间通俗之说，固非国史正纲，无过消遣于长夜永昼，或解闷于烦剧忧愁，以豁一时之情怀耳。今世所刻通俗列传，并梓《西游》《水浒》等书，皆不过取快一时之耳目。……今是书之编，无过欲泄愤一时，取快千载，以显后关、赵诸位忠良也。……客或有言曰：书固可快一时，但事迹欠实，不无虚诳渺茫之议乎？予曰：世不见传奇戏剧乎？人间日演而不厌，内百无一真。何人悦而众艳也？但不过取悦一时，结尾有成，终始有就尔。诚所谓乌有先生之乌有者哉。大抵观是书者，宜作小说而览，毋执正史而观，虽不能比翼奇书，亦有感追魏前传，以解颐世间一时之通畅，并豁人世之感怀君子云。①

与士夫文人总是寄予小说以辅俗化民的政教功能不同，作者认为，小说的目的就是供人“消遣”“解闷”“豁一时之情怀”的，哪怕是历史小说（“通俗列传”），与《西游》《水浒》等纯粹的虚构性作品亦无二致，“不过取快一时之耳目”。显然，在作者看来，小说的主要功能是娱乐，是为读者疏畅情绪，去烦解忧，而非教化之用。基于这样的审美目的，是否恪守历史的真实性原则就不再是小说创作和阅读所要考虑的核心问

① 酉阳野史：《新刻续编三国志引》，《中国历代小说论著选》，江西人民出版社 1982 年版，第 171 页。

题，因为小说本就与传奇戏剧一样，“内百无一真”“不过取悦一时”，所以当有人批评《续编三国志后传》“事迹欠实”“虚诳渺茫”时，这位作者提醒读者，对这部作品“宜作小说而览，毋执正史而观”。袁于令尽管为历史小说的艺术价值进行全力辩护，但他仍然没有摆脱史传理念的束缚，而在这篇引文中，作者完全抛开了小说“辅正史”的诉求，不再将历史真理的教育当作小说的意图，从而直接导致了小说美育旨趣的个体化和私人化，这反映出晚明小说美育论的另一种价值取向。

二、《水浒传》《金瓶梅》等小说批评中的美育思想

宋代即已流行于民间的“水浒”故事在元末明初经文人加工改编而成为长篇小说《水浒传》。到明中叶，《水浒传》在民间获得广泛传播，成为当时最受欢迎的小说之一，这引起了许多文人士夫的关注，并纷纷对之发表评论，其中包括李开先、徐渭、袁宏道、胡应麟、徐复祚、谢肇淛、冯梦龙等著名文人，还出现了李贽、叶昼这样的《水浒》批评大家。他们大多高度肯定《水浒传》的艺术成就，并从文学特征、艺术手法、思想内容、社会意义等方面对作品进行了广泛而深入的评析，为后世留下了丰富的批评文献。应该说，围绕《水浒传》的批评，构成了明代晚期主要的小说批评活动。我们在此无法对留存文献做出全面梳理，只就与美育思想有关的论述做简要的概括和分析。

目前公认为最早的评论《水浒传》的文字来自李开先的《词谑》，其称道《水浒》云：“委曲详尽，血脉贯通，《史记》而下，便是此书。且古来更无有一事而二十册者。倘以奸盗诈伪病之，不知序事之法、史学之妙者也。”[①] 李开先将《水浒传》和《史记》等价而论，尽管还有混淆小说与史书的倾向，但高姿态的赞扬态度在明中叶文坛已属难能可贵，且为后来的《水浒》批评奠定了基调。李开先反对时人以“奸盗诈伪”之论来诟病《水浒传》，从小说叙事艺术的角度（“序事之法”“史学之

① 李开先:《词谑》,《中国历代小说论著选》,江西人民出版社 1982 年版,第 115 页。

妙”）对作品做了全面肯定。以“奸盗诈伪”病《水浒》，莫过于田汝成。他在《西湖游览志余》中大肆咒骂《水浒传》：“钱塘罗贯中本者，南宋时人，编撰小说数十种，而《水浒传》叙宋江等事，奸盗脱骗机械甚详。然变诈百端，坏人心术，其子孙三代皆哑，天道好还之报如此。”①田汝成对《水浒传》的彻底否定主要是认为作品之于人心教化具有严重的负面作用，这种看法受到当时不少正统儒家文人的赞同。李开先虽然没有对《水浒传》的思想主题和道德意义做更多的阐说，但他将之与《史记》并称，态度已然鲜明。

汪道昆（1525—1593，字伯玉）的《水浒传叙》（署名天都外臣）是现存最早的一篇关于《水浒传》的专论文章，其论述全面，材料丰富，在早期《水浒传》的研究文献中占有重要地位，其中亦包含了小说教化论方面的认识。

汪道昆将小说的兴起追溯到宋仁宗时代，视其为太平盛世的一种文艺形式，言小说与诗歌相比，“虽不经，亦太平乐事，含哺击壤之遗”，“而《水浒》称为行中第一”。汪道昆对《水浒传》在叙事、写人、摹情方面的文学成就大加称道，赞曰：“载观此书，其地则秦、晋、燕、赵、齐、楚、吴、越，名都荒落，绝塞遐方，无所不通；其人则王侯将相，官师士农，工贾方技，吏胥厮养，驵侩舆台，粉黛缁黄，赭衣左衽，无所不有；其事则天地时令，山川草木，鸟兽虫鱼，刑名法律，韬略甲兵，支干风角，图书珍玩，市语方言，无所不解；其情则上下同异，欣戚合离，捭阖纵横，揣摩挥霍，寒暄嚬笑，谑浪排调，行役献酬，歌舞谲怪，以至大乘之偈，《真诰》之文，少年之场，宵人之态，无所不该。”依此，《水浒传》可谓赅备天地万有，包罗人事万象，尤为难得的是，作者能够将这些事物做艺术上的组织整合：“纪载有章，烦简有则。发凡起例，不杂易于。如良史善绘，浓淡远近，点染尽工；又如百尺之锦，玄黄经纬，一丝不纰。”应该说，在前期的《水浒传》批评文献当中，汪道昆的这篇

① 田汝成：《西湖游览志余》卷二五，浙江人民出版社1980年，第414页。

序文对小说的艺术评价是最全面而准确的。在思想内容的理解上，汪道昆对梁山好汉的盗匪身份和行为抱有很大同情，认为梁山亡命之徒只是庄子说的“窃钩者”，朝中如高俅、蔡京这样的奸臣恶党才是罪无可恕的“窃国者”。前者“虽掠金帛，而不虏子女。唯剪婪墨，而不戕善良。诵义负气，百人一心。有侠客之风，无暴客之恶。是亦有足嘉者”。“高俅之徒，壅蔽主聪，操弄神器，卒使宋室之元气索然，厌厌不振；以就夷虏之手。”但必须指出的是，汪道昆赞赏梁山英雄盗亦有道的侠义精神，实际有借之批评时政、讽谏当权者的意图，这并不表示论者的价值立场是完全立于宋江诸人一边的。因此，当序文最后反驳时人加诸《水浒传》的“诲盗”之名时说：“《庄子・盗跖》，愤俗之情，仲尼删诗，偏存郑卫。有世思者，固以正训，亦以权教。如国医然，但能起疾，即乌喙亦可，无须参苓也。”汪氏自然肯定小说的教化功能，但在他看来，《水浒传》是作为一部反面教材而发挥教化效用的，即所谓“权教”之法，目的是要警醒、激刺统治者，使他们能有所怵惕。由此也可以发现，与历史小说批评中将平民大众视为主要教育对象因而大谈通俗之旨不同，汪道昆不关心小说的通俗性问题，他反而认为《水浒传》“可与雅士道，不可与俗士谈”①，从中可见出他的价值立场和政教意图。

署名五湖老人的《忠义水浒全传序》则对《水浒传》其书、书中诸人及表现的忠义精神大加颂扬，拜服不已，其评价的主要标准是“真”。此“真”不是指小说艺术中与虚构相对的现实之真，而是指人的情性之真。序文开篇即道：“夫天地间真人不易得，而真书亦不易数觏。有真人而后一时有真面目，真知己；有真书而后千载有真事业，真文章。”“真人”“真书”构成了序文作者批评《水浒传》的核心价值维度。他说：“余于梁山公明等，不胜神往其血性。总血性发忠义事，而其人足不朽。至如血性不朽矣，而须眉眼耳鼻，或不经于著述，如是者易湮。”梁山英

① 本段引文均见天都外臣:《水浒传叙》,《中国历代小说论著选》,江西人民出版社 1982 年版,第 124—126 页。

雄的忠义精神来自他们的真情血性，《水浒》一书就是表现这种血性，以使传之不朽。作者大倡血性，标举真人，源于他对所处之社会人世的深刻认识：“今天下何人不似道学，不扮名士，不矜节侠，久之而借排解以润私橐，逞羽翼以剪善类，贤有司惑其公道，仁乡友信其义举，茫茫世界，竟成极龌龊极污蔑乾坤。”假道学、假名士横行，使世界变得“极龌龊极污蔑”。基于此，作者认为，《水浒传》在导真劝善方面是能够发挥积极作用的。在阅读小说过程中，“读半则而笑骂声宛然，读全则而怒痴状宛然，及读上下相关处，而细作者冠冕其胸，奴隶者英雄其胆，仆人渔老，贩子舆夫，每每潜天潜地，忽鬼忽蜮者，又狂豪情烈其肝膈，寓于编不少遗焉”①。小说本于真情真性的艺术魅力会对读者产生巨大的感化效果，能开阔偏狭者之心胸，雄壮畏缩者之胆识，使底层百姓亦能生发出豪情壮志。与汪道昆相比，这篇序言的作者在小说教化意旨的诉求上更具普世性，且充满批判精神，他针对的是人性的普遍状况，而不只是为了解决现实的道德问题。五湖老人的真实身份不可考，但从序言的语言风格、价值立场来看，与李贽很相似，起码在思想取向上可以归入李贽或泰州学派一路。

在《水浒传》乃至中国古典小说批评史上，李贽和叶昼是两个异常显耀的名字。李贽通过他的大量的小说批评实践，极大地提升了小说的文学地位，并提出了一些具有重要学术价值的理论观点，为古典小说批评及理论发展开创了新局面。李贽对《水浒传》的评点之于后世的《水浒传》研究，无论在批评形式还是思想观念上都具有典范性的意义。李贽在《水浒传》批评中体现的小说美育观，我们已在第四章做过分析，这里不再赘论。叶昼的《水浒传》批评对李贽有所继承，但在很多方面突破了李贽的局限，对小说的艺术、思想的探讨比后者都要深入和丰富。

① 本段引文均见五湖老人：《忠义水浒全传序》，《中国历代小说论著选》，江西人民出版社1982年版，第201—202页。

在《批评水浒传述语》[1] 中，叶昼说明了批评《水浒传》的目的和宗旨，他说：

> 盖和尚一肚皮不合时宜，而独《水浒传》足以发抒其愤懑，故评之为尤详。据和尚所评《水浒传》，玩世之词十七，持世之语十三。然玩世处亦俱持世心肠也，但以戏言出之耳。高明者自能得之语言文字之外。[2]

“和尚”本指李贽，实是叶昼托名自述。李贽在《忠义水浒传叙》中称《水浒传》是“发愤之作”，叶昼则认为，评点《水浒传》亦能抒人愤懑，可见小说的创作意图和批评宗旨在这里是完全契合的。所谓“抒其愤懑”，无非就是“借他人酒杯，浇自己块垒”，通过小说的评点，表达评点者关于社会现实或人生境遇的看法和立场。而我们确实可以感受到，叶昼在评点小说过程中所投注的强烈情感，他臧否人物，讥嘲政治，爱憎之情流淌在字里行间，虽是对小说内容的批评，却和现实直接相关。如第五十七回总评说：“一僧读到此处，见桃花山、二龙山、白虎山都是强盗，叹曰：‘当时强盗直恁地多。’余曰：‘当时在朝强盗还多些。’”第二十二回总评道：“或曰：‘知县相公……如何不做强盗？’曰：‘你道知县相公不是强盗么？’”针砭时弊的意图在此显露无遗。这样的例子在叶昼的评语中不胜枚举。再如对“忠义”价值观的理解上。叶昼所言“忠义”更多地倾向于“义”的层面，指梁山英雄之间发自真情真性的兄弟情义，具有浓烈的个性化色彩。小说第四十回讲梁山好汉劫法场，其中李逵独自抡板斧拼死救宋江，眉批道：“真忠义！真好汉！只消遣一

---

① 这是容与堂刻本《李卓吾先生批评忠义水浒传》正文前署名“小沙弥怀林”的四篇评论之一，其余三篇分别是《梁山泊一百单八人优劣》《水浒传一百回文字优劣》《又论水浒传文字》。学界普遍认为，这个评点本和四篇评论都是叶昼托名所作。本文引用的叶昼评语即采自这一版本。

② 叶昼：《批评水浒传述语》，《中华古文论释林·明代卷》下，北京大学出版社 2011 年版，第 168 页。

个也干得事来。”这里反映出叶昼的忠义观与李贽是有所区别的。有学者就指出：“李卓吾强调的‘忠义’过多地重在‘一心招安，专图报国’。而叶昼强调的‘忠义’则重在带有‘侠’意的‘侠忠’‘侠义’。”①

叶昼对小说理论的一个重要贡献是对虚构和真实或者说是艺术和生活之间的关系问题做出了超越前人的阐释，而这个问题在小说美育理论当中亦非常关键。叶昼肯定艺术来源于生活，说道：“世上先有《水浒传》一部，然后施耐庵、罗贯中借笔墨拈出。若夫姓某名某，不过劈空捏造，以实其事耳。……若管营、若差拨、若董超、若薛霸、若富安、若陆谦，情状逼真，笑语欲活，非世上先有是事，即令文人面壁九年，呕血十石，亦何能至此哉？此《水浒传》之所以与天地相终始也。”② 这里揭示了小说的现实基础和反映现实的艺术目的。相对于生活的真实，小说是虚构的，即叶昼所言之“假”，不过此“假”正是艺术真实之所在。这种艺术真实包含两个方面：其一，描写真情。叶昼说：“《水浒传》文字原是假的，只为他描写得真情出，所以便可与天地相终始。”（第十回总评）其二，符合生活逻辑，即符合“人情物理”，否则，若所撰之事完全子虚乌有，“费尽苦心亦不好看”。（第十回总评）因此，叶昼对小说描写的那些“阵法兵机”“九天玄女”“石碣天文”等神秘怪诞情节基本持否定态度，提醒读者“毋为说梦痴人前其可”。③ 可以看出，艺术真实的这两种内涵都是就读者接受的角度而言的，因为只有做到描写真情，表现真实的人情物理，小说才能拥有强大的艺术魅力，才能最大程度地打动读者，达到娱人或育人的目的。如果说《水浒传》是一部伟大的审美教育文本，那么，叶昼的批评和阐发，不管是对现实的批判、忠义精神的宣扬，以及个人情怀的抒寄，无疑都有助于将小说的这种感教功能

① 陈谦豫：《中国小说理论批评史》，华东师范大学 1989 年版，第 71 页。

② 叶昼：《水浒传一百回文字优劣》，《中国历代小说论著选》，江西人民出版社 1982 年版，第 186 页。

③ 叶昼：《水浒传一百回文字优劣》，《中国历代小说论著选》，江西人民出版社 1982 年版，第 186 页。

发挥到最大限度。实际上，叶昼的评语本身也完全是出于真情真性的创造，读者能够从中感受到评点者的情感和立场并受到影响，照此来看，评语也应和小说一样，可以“与天地相终始”的。

除《水浒传》外，《金瓶梅》是晚明小说批评中又一部极受瞩目的文学文本。在明代四大奇书中，《三国演义》纪表帝王将相，《水浒传》颂扬绿林好汉，《西游记》讲述仙魔鬼怪，而《金瓶梅》描写的是现实生活中的世俗人物及其演绎的人情世态，它因此被视作古典世情小说的开拓者。作品以其缜密的结构安排、鲜活的人物塑造、深阔的场景呈现，将我国古典小说艺术提升到一个全新的高度。由于小说中含有较大篇幅的露骨的色情描写，使得作品问世之初便引起广泛争论，尤其是围绕小说的创作宗旨和阅读价值问题，论者间就有“惩教”和“诲淫”的分歧。

袁宏道在给董其昌的一封信中对《金瓶梅》做出了目前可见的最早评价，他说：“《金瓶梅》从何得来？伏枕略观，云霞满纸，胜于枚生《七发》多矣。”[①] 袁宏道赞赏《金瓶梅》“云霞满纸”的文采，但他认为全书远胜枚乘（？—前140，字叔）的《七发》，却不是仅从文采来评论的。《七发》是汉代辞赋家枚乘的一篇赋作。赋中写吴客探望生病的楚太子，认为太子病因贪欲过度，非一般药石能治，只能“以要言妙道说而去也”。于是，吴客就通过陈说音乐、饮食、乘车、游宴、田猎、观涛这六大人间趣事来启发太子，最后又引见文学方术之士，“使之论天下之精微，理万物之是非”，太子“涊然汗出，霍然病已”。《七发》带有鲜明的讽喻意图，无非是劝诫贵族不要贪图声色、耽溺逸乐，而“要言妙道”则是治病良方，说明语言和文学对人的启教作用。袁宏道将《金瓶梅》与《七发》并论，显然是就作品的惩教主旨来说的，在《金瓶梅》问世之初，袁宏道就能有此大胆断见，殊为难得。

署名欣欣子的《金瓶梅词话序》是留存最早的一篇《金瓶梅》序

① 袁宏道：《袁宏道集笺校》卷六，上海古籍出版社1981年版，第289页。

文。作者对小说做了全面的肯定，认为该书是“寄意于时俗，盖有谓也”，即相信小说是有言外之旨的。他言《金瓶梅》“语句新奇，脍炙人口，无非明人伦，戒淫奔，分淑慝，化善恶，知盛衰消长之机，取报应轮回之事，如在目前始终，如脉络贯通，如万系迎风而不乱也，使观者庶几可以一哂而忘忧也”。他又论小说“虽不比古之集理趣，文墨绰有可观。其他关系世道风化，惩戒善恶，涤虑洗心，无不小补”①。可见，序言作者是非常坚定地把《金瓶梅》的思想宗旨归诸“惩教”一说的。对于书中男女性事的描写，他也极力辩护说：“房中之事，人皆好之，人皆恶之。人非尧舜圣贤，鲜不为所耽。”② 在晚明的思想环境中，这种对自然人性的辩护和肯定是很正常的。作者并非赞成纵欲淫乐，只是建议对之持宽容态度，而且如他所揭示的小说本身的意旨，写淫是为了戒淫。不过问题在于，大肆呈览情色到底是为玩赏还是劝诫，其界限在小说具体描写当中是很模糊的，这也是为何会引发主题上的“诲淫”和“惩教”之争的重要原因。

东吴弄珠客在《金瓶梅序》提出了“世戒”说来阐发《金瓶梅》的道德思旨。文曰：

> 作者亦自有意，盖为世戒，非为世劝也。如诸妇多矣，而独以潘金莲、李瓶儿、春梅命名者，亦楚《梼杌》之意也。盖金莲以奸死，瓶儿以孽死，春梅以淫死，较诸妇为更惨耳。借西门庆以描画世之大净，应伯爵以描画世之小丑，诸淫妇以描画世之丑婆净婆，令人读之汗下。盖为世戒，非为世劝也。余尝曰：“读《金瓶梅》而生怜悯心者，菩萨也；生畏惧心者，君子也；生欢喜心者，小人也；

① 欣欣子:《金瓶梅词话序》,《中国历代小说论著选》,江西人民出版社 1982 年版,第 192 页。

② 欣欣子:《金瓶梅词话序》,《中国历代小说论著选》,江西人民出版社 1982 年版,第 192 页。

生效法心者，乃禽兽耳。”[①]

该文作者认为，小说采潘金莲、李瓶儿、春梅三个女性角色的名字为书名，本身就包含了鲜明的“戒世”意图。三个女性各因其所行恶孽而遭惨死报应，作者意在借书中淫妇来描画现实中的“丑婆净婆”，通过展示她们的下场，“令人读之汗下”，以达到警戒世人的目的。而对于不同的读者来说，《金瓶梅》会带来不同的阅读效果，无论是生怜悯心、畏惧心，还是生欢喜心、效法心，皆在于读者自身的道德修养。署名廿公的《金瓶梅跋》更是大胆宣称《金瓶梅》流行是一件“功德无量”的事，为世人不解作者和刊行者的意图而感不平。文中说：“《金瓶梅传》，为世庙时一巨公寓言，盖有所刺也。然曲尽人间丑态，其亦先师不删《郑》《卫》之旨乎。中间处处埋伏因果，作者亦大慈悲矣。今后流行此书，功德无量矣。不知者竟目为淫书，不惟不知作者之旨，并亦冤却流行者之心矣。”[②]

当然，对于持正统观念的文人士大夫来说，《金瓶梅》的“诲淫”倾向是十分突出的。当沈德符听闻冯梦龙怂恿书商购刻《金瓶梅》时，他说：“此等书必遂有人板行，但一刻则家传户到，坏人心术，他日阎罗纠诘始祸，何辞置对？”[③] 而与中郎相比，袁中道对《金瓶梅》的评价很不积极。他说：“天地间一种闲花野草，即不可无，然过为尊崇，可以不必。……近有一小说，名《金瓶梅》……追忆思白言及此书曰：‘决当焚之。’以今思之，不必焚，不必崇，听之而已。焚之亦自有存之者，非人之力所能消除。但《水浒》，崇之则诲盗，此书诲淫，有名教之思者，何

---

① 东吴弄珠客：《金瓶梅序》，《中华古文论释林·明代卷》下，北京大学出版社 2011 年版，第 354 页。

② 廿公：《金瓶梅跋》，《中华古文论释林·明代卷》下，北京大学出版社 2011 年版，第 354 页。

③ 沈德符：《万历野获编·词曲》卷二五，中华书局 1959 年版，第 652 页。

必务为新奇，以惊愚而蠹俗乎？”① 在袁中道看来，《金瓶梅》如“闲花野草”，对于名教无甚价值，文人自然不应鼓吹传播，但也不必刻意禁绝销毁，顺其自然即可，态度可说是相当通脱。

除了《三国演义》《水浒传》《金瓶梅》等长篇小说的评论之外，明代末年《三言》《二拍》的出现，又将批评家的目光移向了短篇小说。不过从对小说的审美教化观念的阐发来看，人们在短篇小说中寄寓的美育理想与对长篇的期待总体上并无甚差别。正如凌濛初在《拍案惊奇序》中所说，由于社会“民佚志淫”，世风堕落，而民间流行的小说又“广摭诬造”“亵秽不忍闻”，所以编写《拍案惊奇》是有“劝讽”之意而抱持“劝善惩恶，有益风化”之宗旨的，这符合当时的小说作家和批评家的主流意趣。有关《三言》批评中的美育思想可参看第六章冯梦龙一节。

第三节　高明、朱权与明初的戏曲美育观

明初统治者为了钳控思想、维护儒家礼乐的正统（实际是为了维护政权的道德合法性）地位，对戏曲采取了严酷的打压政策和限制措施。朱元璋下令：出身倡优之家的子弟不得参加科举。② 徐复祚《曲论》记载：“国初之制，伶人常戴绿头巾，腰系红褡膊，足穿布毛猪皮靴，不容街中走，止于道旁左右行。乐妇布皂冠，不许金银首饰，身穿皂背子，不许锦绣衣服。”③ 统治集团对戏曲的禁锢不单是基于一种社会文化观念上的等级意识，更是认识到，戏曲在熏染人心、营造现实政治的道德心理基础方面所具有的强大功能。毋宁说，压制的目的是为了规范和利用，是为了将戏曲这种文艺形式有效地嵌合进新王朝的政教机制当中。洪武

① 袁中道：《游居杮录》卷九，《珂雪斋集》卷三四，上海古籍出版社 1989 年版，第 1315—1316 页。

② 王利器：《元明清三代禁毁小说戏曲史料》，上海古籍出版社 1981 年版，第 11—12 页。

③ 徐复祚：《曲论》，《中国古典戏曲论著集成》第四册，中国戏剧出版社 1959 年版，第 243 页。

三十年，这一意图在最高的国家律法层面上被确定下来，《御制大明律》规定：禁止伶人妆扮、演绎帝王将相等人物及其故事，但“神仙、义夫节妇、孝子顺孙、劝人为善及欢乐太平不禁”①。朱元璋本人非常重视戏曲的道德教化功能，甚至将一千七百本词曲分赐各藩王子弟，欲借曲文来训诫皇族子弟。其中，高明所作的《琵琶记》尤其受到朱元璋的推崇。《琵琶记》在艺术形式上极大地推动了南戏的发展，奠定了明代传奇繁荣的基础。但它之所以风行明初，更重要的原因在于能够将戏曲的审美创造和道德宣教这两个层面圆融地结合起来，为戏曲的审美教化模式提供一个成功的范例，高明由此可被视为明代戏曲美育理论的发端者。身为皇室成员的朱权在《太和正音谱》中则明确要求戏曲服务于感化人心、重建意识形态的目的，将戏曲的功能与特定的政权体制关联起来，这对明代初期的戏曲美育观念产生了深层的导范作用。

一、“不关风化体，纵好也徒然”：高明的戏曲美育观

高明（1305？—1360）②，字则诚，自号菜根道人，浙江瑞安人，元至正五年登进士第，历仕翰林国史院典籍官、处州录事、福建行省都事。高明博学多闻，于诗文词曲无不工，著有南戏《闵子骞单衣记》和诗文集《柔克斋集》（均散佚），其晚年所作的《琵琶记》被誉为“传奇之祖”。高明在《琵琶记》中表述了自己的戏曲美育观，对明代的戏曲创作和批评产生了深远影响。

高明在《琵琶记》第一出借助一段末白集中表述了自己的戏曲观：

> 今来古往，其间故事几多般。少甚佳人才子，也有神仙幽怪，琐碎不堪观。正是：不关风化体，纵好也徒然。论传奇，乐人易，

① 王利器：《元明清三代禁毁小说戏曲史料》，上海古籍出版社 1981 年版，第 12 页。

② 学界对高明的生卒年向有争论。一般认为，其生年在元大德九年（1305）左右，卒年则有至正十九年（1359）和明初两种说法。当代学者徐永明新近考证高明卒于至正二十年（1360），本文采徐说，可参看徐氏《高则诚生平行实新证》一文，《文学遗产》2006 年第 2 期。

动人难。知音君子，这般另做眼儿看。休论插科打诨，也不寻宫数调，只看子孝共妻贤。

“不关风化体，纵好也枉然”正是高明戏曲美育思想的核心观点。众所周知，才子佳人、神仙幽怪是传统戏曲的惯用题材，但高明认为，如果这些故事只是卖弄风情，或停留在离奇诡谲之事的渲染上，那是绝不足取的。戏曲的主要价值应该在风俗教化方面，是否有益风化而非侈谈风月乃是衡量戏曲作品价值高低的第一标准，这显然是一条凌驾于审美标准之上的道德标准，也是高明提出“风化体”之说的出发点。有当代学者对此分析道：“戏剧‘风化体’的含义，即指戏剧的内容当以道德行为为本位，从而以戏剧中表演的道德行为使民心得到教育感化。故‘风化体’之‘体’，意味着以道德伦理价值为戏剧文学（及搬演）的本体。”① 高明提醒观众，不可拿以往的眼光来赏鉴《琵琶记》，而要“另做眼儿看”，其意在说明，该剧的宗旨不在人情之怡乐，而在人心之教化。他所言之“乐人”和“动人”实质揭示了文艺功能的两个维度——娱乐和教育。“乐人”是指浅俗的感性愉悦，主要表现在语言上的插科打诨和由“寻宫数调”达成的声律之美上。在高明看来，这些艺术技巧只是小技，作家不应在此方面花费太多精神。相反，“动人”才是一切戏曲文学表现的焦点所在，它是“风化”之体必然含有的一种教化效用，是戏曲创作最高的功能旨归。高明所谓“休论”“也不”，即是要突出“关风化”之于戏曲价值的绝对重要性，警告作家们切勿因钻营于语言和声律的形式表现而妨害思想内容的表达。

高明试图通过确立戏曲的“风化”本旨，以抬高后者在传统文学体制中的地位，但他并没有就此否定追求戏曲语言、声律之美的合理性，其谓“纵好也徒然”的“好”，就是指戏曲的审美形式层面，只不过审美之“好”只能以“风化”之善为前提和根本。他将“乐人”和“动

① 李昌集:《中国古代曲学史》,华东师范大学出版社 1997 年版,第 483 页。

人”对立起来，是要告诫观众不可因小失大，但这不表示必须因大而弃小，《琵琶记》卓越的艺术表现力可以说明这一点。《琵琶记》的曲调谱式被后来沈璟等曲律大家奉为南戏曲式之典范，其在戏曲语言上所达到的艺术造诣更是独领风骚两百年之久，几成一代之绝响，直到晚明才诞生真正能与之媲美的作品——《牡丹亭》。另外，从教化机制来看，戏曲与其他文艺体裁一样，其道德效用绝不是凭借理性观念的强制灌输来实现的，尽管它在内容上必定标举“子孝妻贤”这样的道德主题，但须化理于情，进而由情致理，也就是通过主体情感的陶养、心性的感化来求得道德教育的效果，其中遵循的是一条以美求善的价值建构路径。因此，就教化目的本身而言，对于戏曲作品的审美经营仍是其题中应有之义。

《琵琶记》上承宋元杂剧的道德叙事一路，下开明代戏曲的伦理教化模式，为明代的戏曲美育观念奠定了价值基调。我们知道，在关于传统文学的等级观念中，戏曲相较诗、词是一种等而下之的艺术形式，但它以伦理教化为核心的价值诉求却是与其他文学体裁保持一致的。正如清人李黼平（1770—1832，字绣子）所言：从《诗》三百、楚辞，经乐府、唐诗，直到宋词、元曲，虽“为体屡迁，而其感人心移风易俗一尔”。① 古典戏曲这种自觉肩负的教育文化使命在宋、元时期已经得到完全的确认。元末夏庭芝（约1300—1375，字伯和）在比较金院本和宋杂剧的艺术风格时说：“‘院本’大率不过谑浪调笑，‘杂剧’则不然，君臣如：《伊尹扶汤》《比干剖腹》，母子如：《伯瑜泣杖》《剪发待宾》，夫妇如：《杀狗劝夫》《磨刀谏妇》，兄弟如：《田真泣树》《赵礼让肥》，朋友如：《管鲍分金》《范张鸡黍》，皆可以厚人伦、美风化。”② 周德清（1277—1365，字日湛）认为，元曲自关、郑、白、马以来，“观其所述，曰忠，

---

① 梁廷枏:《曲话》,《中国古典戏曲论著集成》第八册,中国戏剧出版社 1959 年版,第 237 页。

② 夏庭芝:《青楼集》,《中国古典戏曲论著集成》第二册,中国戏剧出版社 1959 年版,第 7 页。

曰孝，有补于世"①。高明所处之元、明易代之际乃是宋元戏曲的总结期，在此意义上，他继承并强化了后者当中与儒家政治文化立场相契应的道德叙事，同时意欲肃清那些风月戏玩之作带来的不良影响。可以肯定的是，当儒家的精神文化秩序在元代受到损弃时，许多被放逐到政治权力边缘，但坚守传统文教伦常观念的士人作家仍要竭力延续这种精神秩序，而戏曲在此便成为一条重要的话语途径。《琵琶记》的艺术成就无疑为这种道德文化宣述提供了一种形式操作的典范。

高明的"关风化"之说实有以文叙（续）道的意味，其价值思维继承宋元戏曲观念，更开有明一代戏曲教化论之先河，使道德教化成为明代前期至中期戏曲美育思想的主导取向。我们能够从朱元璋对《琵琶记》的评价中看到关于这种影响的强烈预示。在明初打压戏曲的肃杀氛围中，朱元璋对《琵琶记》却另眼相看，他说："《五经》《四书》，在民间譬诸五谷，不可无；此传乃珍馐之属，俎豆之间亦不可少也。"② 将《琵琶记》类比于《四书》《五经》，自然是从教化功能层面着眼，只要戏曲能够与统治集团的政治基调合拍，并有助于政教意识的培育，就没有理由不获得宽容的对待，而这种宽容当然是建立在利用的前提下。所谓"声乐之入人也深，其化人也速"（《荀子·乐论》），从底层出身的朱元璋同样明白这个道理。同样，急于重塑天下道统的士大夫们也意识到，戏曲不应只是由锣鼓喧闹、浓脂艳粉搭成的一副花架子，而应与其他文学形式一道担负起移风易俗、补裨人心的使命。反过来说，将抽象的道德概念转换成生动的视听形象，在教育实践上也更具可行性，更富有效果。此"寓教于戏"的模式让士人们找到了除诗文之外的另一种宣道手段，且宣道对象不只是君臣士子，更包括广大的布衣庶民，这不能不说是对古代诗教传统的丰富和扩展。我们会发现，尽管到了明代中后期，言情

① 周德清:《中原音韵》,《中国古典戏曲论著集成》第一册,中国戏剧出版社,1959 版,第 175 页。

② 徐复祚:《曲论》,《中国古典戏曲论著集成》第四册,中国戏剧出版社 1959 年版,第 233 页。

已成为戏曲创作和理论的主流取向，但由高明奠基的教化论准则却贯穿明代戏曲的始终，并成为戏曲批评的核心标准。

然而，正如上文所述，《琵琶记》的教化意图具有指向元末社会现实的针对性，但它的成功不在于对道德理想做观念化的宣教，乃更有赖于高超的艺术形式对“风化”之体的有效发用。尽管《琵琶记》在一定程度上也显现出伦理与人情分裂的征象（偏就伦理而罔顾人情），但还远未达到以理代情、弃美就善这样的反审美地步。而高明之后的许多作家或才情不足或受制于社会环境，他们将戏曲当作道德的传声筒，却没有意识到作品的艺术表现力之于宣发价值观念的重要性，其中最甚者莫若丘濬（1421—1495，字仲深）的《伍伦全备记》。作者在该剧开场道“若与伦理无关紧，纵是新奇不足传”，说明搬演这部作品的直接目的就是“使世上为子的看了便孝，为臣的看了便忠，为弟的看了敬其兄”。他直言，整个故事“虽是一场假托之言，实万世纲常之理，其于出出教人，不无小补”（《伍伦全备记》），这显然是对高明“关风化”之说的片面继承与恶性发展，充满了腐臭的道学气，对同类题材的戏曲创作产生了非常消极的影响。

二、“返古感今，以饰太平”：朱权的戏曲美育观

朱权（1378—1448），朱元璋第十七子，别号臞仙、涵虚子、丹丘先生，自称大明奇士。朱权曾参与“靖难之役”，受朱棣（1360—1424）胁迫而助其夺帝位。永乐元年，改封南昌，卒后谥献，世称宁献王。朱权博通经史，精修诗文，于诸子百家、神仙方技、释老医卜无所不窥，对戏曲尤其嗜爱。撰有《文谱》《诗谱》《神隐》《汉唐秘史》《太和正音谱》《琼林雅韵》《务头集韵》等数十种著作，其中后三种是戏曲理论专著。此外，朱权还创作了十几种杂剧，流传下来的只有《冲漠子独步大罗天》《文君私奔相如》两种。

朱权的戏曲美学理论主要体现在《太和正音谱》一书中。该书共计八章，分别是：乐府体式、古今英贤乐府格势、杂剧十二科、群英所编

杂剧、善歌之士、音律宫调、词林须知、乐府。内容上大致可分为两部分：一部分是戏曲文学、音乐理论和相关史料，另一部分是北杂剧曲谱。《太和正音谱》是中国古典戏曲史上最重要的理论著作之一，在理论和史料方面都有很大贡献。朱权在《太和正音谱》中表述的戏曲美学观和美育观一方面来自儒家的礼乐思想传统，另则受制其出身皇室的特殊政治身份，后者促使朱权站在统治阶层的立场，将自己的戏曲观做了更加功利化、精英化的阐发。

《太和正音谱序》的一段文字鲜明地表达了朱权戏曲美育论的思想逻辑和价值取向。其文言道：

> 猗欤盛哉，天下之治也久矣。礼乐之盛，声教之美，薄海内外，莫不咸被仁风于帝泽也，于今三十有余载矣。近而侯甸郡邑，远而山林荒服，老幼聩盲，讴歌鼓舞，皆乐我皇明之治。夫礼乐虽出于人心，非人心之和，无以显礼乐之和；礼乐之和，自非太平之盛，无以致人心之和也。故曰：治世之音安以乐，其政和。是以诸贤形诸乐府，流行于世，脍炙人口，铿金戛玉，锵然播乎四裔，使鴂舌雕题之氓，垂发左衽之俗，闻者靡不忻悦。虽言有所异，其心则同，声音之感于人心大矣。①

这段序言实质论述了艺术（礼乐）与政治之间相互作用的密切关系，并阐明了这种作用关系的内在依据，只是基于作者的特殊身份，这种表述显得相当直白而露骨。朱权在“靖难之役”后陷入的政治困境虽然彻底消磨了他在政治上的野心和斗志，但对于朱氏统治集团合法性的维护和赞颂却是基于其皇室身份的一种本能反应。于是我们看到，与一般的儒家士夫文人将自然、社会秩序和精神文化的价值依据溯归于形上之天道

① 朱权:《太和正音谱序》,《中国古典戏曲论著集成》第三册,中国戏剧出版社 1959 年版,第 11 页。

不同，朱权径直把现实政治（“皇明之治”）视作一切意义的来源，在他看来，正是“天下之治”才赋予人间万事以秩序，并从这种秩序中产生意义。而表现为声教之美、反映礼乐之盛的戏曲，自然也是浸润、生长于“仁风帝泽”之中的，故朱权在另一处说：“盖杂剧者，太平之胜事，非太平则无以出。”① 这句话标示出戏曲与政治之间的两种关系：一方面，安定、清明的社会政治环境是戏曲发展繁荣的前提条件；另一方面，戏曲能够反映时代的社会状况，并应该凭借自身的教化功能去推动、维护“天下之治”的政治盛景。不难发现，此处所论之关目虽在戏曲，价值意图却落实在政治上。换言之，朱权相信，戏曲的价值特质并不在戏曲本身，而是由它的外部因素决定的，其中包括戏曲产生的社会政治条件及其以教化机制为实践中介的外指性的社会政治功能。这里就自然关涉序言所说的“礼乐之和”“人心之和”及“太平之盛”三者之间的关系，此中牵连正是朱权戏曲美育论的思想关节所在。

首先，朱权将戏曲纳入“礼乐”的范畴，目的是为戏曲的功利主义叙事提供价值支持。在儒家的政教体制当中，礼乐既是道德教化的手段，同时也被视作升平治世的重要标志，将戏曲提升至礼乐的地位，便使其在儒家正统的文化价值系统中获具了某种教化的资格，而朱权的戏曲美育论也应被归置到传统礼乐思想的背景下才能获得准确的理解。

在儒家文化思维中，礼乐的价值超越了感官愉乐，而与天地自然秩序和人间世界的兴乱息息相关。《乐记》有云：“乐者，天地之和也；礼者，天地之序也。和，故百物皆化；序，故群物皆别。”（《乐记·乐论》）“乐”的特点是“和”，即“乐从和”，它表现了一种万物亲和无间、圆融自然的状态。“礼”则主要用于规范事物的等级次序，使不同事物能够各安其位，各遵其命。然而，礼乐毕竟由人制作，它虽能映征天地自然的秩序，但直接功能是用来表征（或作用于）人间事体，只不过

① 朱权:《太和正音谱·群英所编杂剧》,《中国古典戏曲论著集成》第三册,中国戏剧出版社 1959 年版,第 43 页。

在儒家那里（尤其到了宋明理学），天地鬼神与人间世界是协同一致、周流贯通的。礼乐与王化政教的紧密关系在《乐记》中得到丰富而深刻的论述。其言道：“是故先王之制礼乐也，非以极口腹耳目之欲也，将以教民平好恶，而反人道之正也。”（《乐记·乐本》）“人道之正”就是个体在家庭和社会生活中应有的道德观念以及由此构成的伦常秩序，它们皆可由礼乐教化而得。这一思路更具体地呈现在以下关于音乐功能的论述中：

> 是故乐在宗庙之中，君臣上下同听之，则莫不和敬；在族长乡里之中，长幼同听之，则莫不和顺；在闺门之内，父子兄弟同听之，则莫不和亲。故乐者，审一以定和，比物以饰节，所以合父子君臣，附亲万民也，是先王立乐之方也。（《乐记·乐化》）

“乐”的政治、道德效用直接且多元，君臣、父子、长幼等纲常伦序皆赖之而得强化和稳固。问题是，礼乐何以能有这样的功能？其作用原理是什么？在《乐记》的作者看来，礼乐是通过作用于个体的情感官能来发挥其现实效用的，“礼乐之说，管乎人情矣！”（《乐记·乐情》）相较于“礼”由外而内地对情感做强制性约束，“乐”则是立足情感本身来对之进行内在的引导。因为“乐”直接发自内心，源生于情感，“凡音之起，由人心生也”，但人心不会无故而生“乐”，“人心之动，物使之然也，感于物而动，故形于声”。（《乐记·乐本》）即是说，音乐虽是人的主观的精神创造，但这一创造活动需要客观外物的触动激发才有可能，这是古典美学中关于“物感说”的最早论述。此处包含了这样一种审美逻辑：物→心→乐，心受物所感而动，“情动于中，故形于声”，因此，外物对人心的感发作用是很关键的。按照这种逻辑，外物的性质条件决定人的情感状态，也决定了音乐的风格属性，故《乐记》言：“其哀心感者，其声噍以杀。其乐心感者，其声啴以缓。其喜心感者，其声发以散。……其爱心感者，其声和以柔。”（《乐记·乐本》）那么，此处所说的感心之“物”是什么呢？它当然可以包括四时节气、山川名物等自然景象[①]，但在《乐记》中，它更多地具有社会政治的内涵，指的是外在的社会条件和政治环境，这就以人心为作用中介，将音乐和政治密切地关联起来。不同的政治环境和社会生活促发不同的心理感受，进而生成不同审美风格的音乐。同样，借助音乐也可反观现实的政象：“是故治世之音安以乐，其政和；乱世之音怨以怒，其政乖；亡国之音哀以思，其民困。声音之道，与政通矣。”（《乐记·乐本》）音乐与政治相通，通道就在人心。

如果社会的治乱兴替是必然的，那么从中生发的音乐自然也会表现出如安乐、怨怒、哀思等多样的风格，所谓“和”则是音乐追求的一种理想境界。音乐之“和”来自人心之“和”，人心之“和”来自政象之“和”，所以，求乐之“和”，实际是求人心之“和”、政象之“和”。而正如上文所言，政治、伦常的谐顺、和序又是“和”乐追求的最终目的，后者通过调和（教化）主体的身心，来影响现实的政治行为。由此我们看到，乐之“和”与政之“和”其实是互为前提、互为结果、互为始终的，借助人心的管道，两者构成了一个功能上的循环，音乐、人心、政治三者在“和”这一价值维度上相互表征、相互感应，形成了一种同构效应。以乐和心、和政、和民，乃至和宇宙天地，此即儒家礼乐教化的根本思路。

朱权的戏曲教化论证深植于这样的礼乐思想传统之中，其致思方式和叙述逻辑无出乎《乐记》的模范，只是前者与现实政治语境联系得更加紧密，《乐记》阐发的礼乐教化和政治的关系在朱权那里被情境化、具体化了。重新来看一下上文已经引述的关于礼乐（戏曲）性质和功能的一段关键文字：“夫礼乐虽出于人心，非人心之和，无以显礼乐之和；礼

① 陆机和刘勰在他们的“物感说”中主要发展的就是“物”的这一层内涵。如陆机《文赋》云：“遵四时以叹逝，瞻万物而思纷，悲落叶于劲秋，喜柔条于芳春，心懔懔以怀霜，志眇眇而临云。”刘勰《文心雕龙·物色》亦道：“春秋代序，阴阳惨舒，物色之动，心亦摇焉。”并将“物感说”总结为：“人禀七情，应物斯感，感物吟志，莫非自然。”（《文心雕龙·明诗》）

乐之和，自非太平之盛，无以致人心之和也。”礼乐出自人心，人心之和是创造礼乐之和的必要条件。然何以有人心之和？必“太平盛世”而后可也，人心感“太平盛世”祥和之象，故能产生“和”乐。反过来，乐之和又能致人心之和，人心之和化诸现实而再造政象之和，即朱权所言：“铿金戛玉，锵然播乎四裔，使鴂舌雕题之氓，垂发左衽之俗，闻者靡不忻悦。”[①] 此莫如皇侃（488—545）在解释《乐记·乐本篇》时说得明白：“夫乐之起，其事有二：一是人心感乐（lè），乐（yuè）声从心而生；一是乐（yuè）感人心，心随乐（yuè）声而变也。”（《礼记义疏》）当朱权使用这套礼乐教化逻辑来说明戏曲的政治功用和文化职能时，已经预设了“天下之治”这样一个现实前提。结合具体的政治语境来说便是：明王朝的升平治世感化了民心，民心“乐我皇明之治”而“形诸乐府”，乐府（戏曲）流播四方，又进一步教化百姓，从而构成一种良性循环。“形诸乐府”自然是作家的使命，是作家对“太平盛世”的由衷感怀：“乐雍熙之治，欲返古感今，以饰太平。”[②] 由是可知，在朱权的戏曲美育思想中，承认并颂赞王朝政治的合法性既是教化逻辑展开的起点，也是其价值诉求的终极，这一点与《乐记》的思想是一脉相承的。与孔孟试图在“礼崩乐坏”时代通过恢复礼乐来重建“三代之治”的审美（政治）理想主义不同，《乐记》的作者认为，要最大程度地发挥礼乐的教化效用，首先就需要一个安定的社会政治环境（“王者功成作乐，治定制礼”），这在一定程度上淡化了孔孟礼乐思想的理想主义，与此同时也更容易将礼乐的功能意义与现实利益绑缚起来，使其走向一种庸俗的政治功利主义。朱权将戏曲比附礼乐，固然有助于提高戏曲的地位，却也不可避免地会降低它的艺术品格。

要全面认识朱权的戏曲美育观，除上述带有浓重政治功利色彩的教

---

① 朱权:《太和正音谱序》,《中国古典戏曲论著集成》第三册,中国戏剧出版社 1959 年版,第 11 页。

② 朱权:《太和正音谱·杂剧十二科》,《中国古典戏曲论著集成》第三册,中国戏剧出版社 1959 年版,第 25 页。

化论思想之外，还应理解其他重要的戏曲美学观点，其中对“行家”和“戾家”的区分犹值得注意：

> 杂剧，俳优所扮者，谓之“娼戏”，故曰“勾栏”。子昂赵先生曰：“良家子弟所扮杂剧，谓之‘行家生活’，娼优所扮者，谓之‘戾家把戏’。良人贵其耻，故扮者寡，今少矣，反以娼优扮者谓之‘行家’，失之远也。”或问其何故哉？则应之曰：“杂剧出于鸿儒硕士、骚人墨客所作，皆良人也。若非我辈所作，娼优岂能扮乎？推其本而明其理，故以为‘戾家’也。”①

据启功考证，宋代就有行家和戾家的说法②，这对概念后来广泛应用于绘画、戏曲批评。所谓行家是指受过专业训练，钻营、精通某事的专家能手；戾家则相反，其本职不在某事，也就是业余或外行。朱权引赵孟頫（1254—1322，字子昂）的话来说明杂剧的行家、戾家之分，表达的却是自己的意思。赵孟頫把良家子弟的杂剧扮演称作“行家生活”，将娼优的演出视为“戾家把戏”，理由是杂剧由文人高士创作，亦当由良家子弟扮演才叫当行本事，只是良人悉耻为之，故成了娼优的专职。但杂剧本是一门舞台艺术，舞台上的表演才是其真正的存在形式，因此，庶近乎专业演员的娼优就成了观众眼中的“行家”，而赵孟頫认为这是反其道而行了。赵孟頫和朱权的这一认识透露出戏曲兴盛初期的一个重要观点，即戏曲的艺术价值是由剧本而非表演决定的。从这样一种文学本位论的立场来看，赵、朱及当时大部分曲作家和曲论家对伶人的轻视在一定意义上似乎是可以理解的。因为就剧本创作而言，其在语言、结构、音律、思想等方面的艺术要求，确非出身社会底层、缺乏系统教育的伶

① 朱权：《太和正音谱・杂剧十二科》，《中国古典戏曲论著集成》第三册，中国戏剧出版社1959年版，第24页。

② 参见启功：《戾家考》，《启功丛编》，中华书局1981年版。

人有能力为之，自然只有具备很高文化修养的文人作家才能胜任这样的工作。

然而，若从美育的角度来说，戏曲的美育实现方式与其他文艺形式相比有其特殊性，戏曲的审美特征和艺术价值必须通过演员的表演才能传递给观众，演员表演实际成为决定戏曲美育效果的关键环节。正如李渔（1611—1680，字谪凡）所言："词曲佳而搬演不得其人，歌童好而教率不得其法，皆是暴殄天物。此等罪过，与裂缯毁璧等也。"[①] 李黼平讲得更明确，他在为梁廷枏（1796—1861，字章冉）《曲话》所作的序中论道："盖文之至者，倾肺腑而出，其词明白坦易，虽妇人孺子莫不通晓，故闻忠、孝、节、义之事，或轩鬓而舞，或垂涕泣而道；而南北曲者，复以妙伶登场，服古冠巾，与其声音笑貌而毕绘之，则其感人尤易入也。"[②] 李渔和李黼平的言论乃是"剧学"理论发展成熟之后产生的观点，"剧学"与固守于音律、文辞的"曲学"不同，它是将戏曲视作一门包括剧本创作、导演、舞台搬演等环节在内的综合艺术，并且注重演出效果和观众的反应。显然，明初的朱权尚未形成关于"剧学"的理论自觉，他对行家、戾家之分的认同，便是以一种儒家文化精英（朱权受道家影响也很大）的视角将戏曲的价值本位固守在文本的文学性上，如他在《太和正音谱·古今群英乐府格式》中对元代诸曲家的评论基本上就是关于文词审美风格的品鉴，而没有对戏曲的表演层面进行论述。就此来说，朱权的戏曲美育论与当时大部分曲论家一样，只注重教化观念的探讨，而没有充分考量表演实践对于实现教化目的的重要性，这一认识局限只有到了明末清初，戏曲的"搬演"理论发展成熟之后才真正得到克服。

---

① 李渔:《李笠翁曲话》,湖南人民出版社 1980 年版,第 105 页。

② 梁廷枏:《曲话》,《中国古典戏曲论著集成》第八册,中国戏剧出版社 1959 年版,第 237 页。

第四节　明代中晚期的戏曲美育思想

明代戏曲理论经历明初的萧条后，自明中叶开始呈现勃兴之势，这一时期的代表理论家是李开先与何良俊。李开先寄兴于民歌俚曲，倡导词曲的真情本色和抒愤功能。何良俊既重视戏曲的格律规范，同时推崇"本色语"，对后来的戏曲美学产生重要影响。16 世纪下半叶，随着戏曲创作进入繁荣期，戏曲理论也迎来了前所未有的创获，此时可谓名家辈出、著述纷呈，代表人物粗略言之即有徐渭、王世贞、王骥德、吕天成、汤显祖、沈璟等，而著述方面除了《曲律》《曲品》这些专著外，还有大量的序跋、笔记和评点。在内容上，围绕教化与言情、藻绘与本色、格律与意趣这三组矛盾展开的辩说和争论构成了明代中晚期戏曲理论叙事的主体内容，而明末的临川、吴江之争则被看作是明代戏曲理论发展高潮的一个重要标志。我们在下文将围绕戏曲美育论的主题，择要人、要论分述之。

一、李开先、何良俊与明中叶的戏曲美育思想

明中叶的戏曲美育思想启自李开先。李开先（1502—1568），字伯华，号中麓，自称中麓山人，山东章丘人。他是冯梦龙之前，明代民间文学和通俗文学的重要整理者和传播者。李开先在戏曲方面做了很多工作，曾编选刻印了杂剧集《改定元贤传奇》，创作了杂剧《皮匠参禅》、传奇《宝剑记》《断发记》《登坛记》（已佚）和院本《一笑散》，并编写了杂谈式的戏曲论著《词谑》，辑录了不少曲坛的趣闻佚事，从中可见出作者的某些戏曲观点。

李开先文学思想的根本取向是尚情贵真，反对拘于一家格调，注重作者主体情思的自由兴发。他认为，作诗如绘画，"移生动质，变态无穷，蕴彩含滋，随心写象，纵横神妙，烘染虚明，此画之大致也"。而写诗就要"感物造端，因声附气，调逸词雄，情幽兴远，风神气骨，超脱

尘凡”[①]。在李开先看来，就情感的自然活泼、随物感发这一点来说，所有的艺术创造都是相通的，这对艺术家的感受力和创造力无疑提出了很高的要求：“非胸中备万物者，不能为诗之方家；而笔端有造化者，始可称画之国工矣。”而依此“随心写象”“感物造端”原则所创作的艺术品，必然是动情感人的。李开先对文艺以情动人的审美效果非常重视，将之奉为艺术评价的重要标准之一。他之所以相信“真诗只在民间”，皆因时调俚曲“语意直出肺肝”，“其情尤足感人”。[②] 这种文学审美观亦充分体现在李开先的戏曲美育论当中。在《〈改定元贤传奇〉后序》一文中，李开先说明了自己编选杂剧的标准：

> 传奇凡十二科，以神仙道化居首，而隐居乐道次之，忠臣烈士、逐臣孤子又次之，终之以神佛、烟花、粉黛。要之激劝人心，感移风化，非徒作，非苟作，非无益而作之者。今所选传奇，取其辞意高古，音调协和，与人心风教俱有激劝感移之功。尤以天分高而学力到，悟入深而体裁正者，为之本也。[③]

李开先肯定戏曲必须具备一定的教化功能，反对那些“徒作”“苟作”和“无益之作”。重要的是，按照他的文学审美观，戏曲要实践其教化意图，绝不能像《伍伦全备记》这种陈腐不堪的教化剧一样，成为道德纲常的机械传声筒，而是要借助丰富饱满的情感力量，在激动人心的同时达到道德劝诫、移风易俗的效果，这就有赖于所谓“激劝感移”的模式，其遵循的是一种自情入、由德出的审美教化逻辑。如此便对戏曲作品的艺术风格有所要求，李开先据之提出的采录标准是“辞意高古，音调协和”，因为这样的作品更能感人心、动人情。

---

① 李开先:《〈海岱诗集〉序》,《明代文论选》,人民文学出版社 1999 年版,第 148 页。

② 李开先:《〈市井艳词〉序》,《明代文论选》,人民文学出版社 1999 年版,第 142 页。

③ 李开先:《〈改定元贤传奇〉后序》,《中国古代戏曲序跋集》,中国戏剧出版社 1990 年版,第 52 页。

李开先在《西野春游词序》中借辨析诗、词文体之异同而探讨了戏曲的本色论。他说："词（按：指戏曲的文词）与诗，意同而体异，诗宜悠远而有余味，词宜明白而不难知。以词为诗，诗斯劣矣；以诗为词，词斯乖矣。"① 诗、词各有体式，给人不同的审美感受，但若文体奢乱，便会在艺术上互相伤害。李开先是比较主张持守诗和词曲的文体界限的，但这并非轻视词曲，只是两者各有所长，其传情达意的审美目的是一样的。在戏曲体系内部也是如此，他说："传奇戏文，虽分南北，套词小令，虽有短长，其微妙则一而已。悟入之功，存乎作者之天资学力耳。然俱以金、元为准，犹之诗以唐为极也。"② 在李开先看来，戏曲存在不同的体裁，对它们的把握和运用要依靠作者的"天资学力"，但终究需要一个标准，那就是"金元风格"，这种"金元风格"其实就是李开先说的"本色"的艺术内涵。他讲道："用本色者为词人之词，否则为文人之词。"③ 我们知道，戏曲所谓本色，主要是指语言上不加雕琢，自然无饰，使人"明白而不难知"。而李开先正是认为，金元词曲创作是"乐于心而生于口"，是"信口直写所见"④，故能当"本色"之称。因此，"词人之词"便是指具有金元风格的词曲，也就是一种不加藻绘的具有自然淳朴风格的词曲。然而，李开先的"本色"之论又不仅是从语言层面来说的，他言作者的"天资学力"和"悟入之功"，乃关乎艺术主体的创造性，其中就包括人的自然真情。李开先对前七子独尊李、杜格调不以为然，论道："本木强之人，乃效李之赏花酣酒；生太平之世，乃效杜之忧乱愁穷，其亦非本色、非真情甚矣！"⑤ 从这里可见，李开先所言本色，乃是以真情为内涵的。

---

① 李开先:《〈西野游春词〉序》,《明代文论选》,人民文学出版社 1999 年版,第 144 页。

② 李开先:《〈西野游春词〉序》,《明代文论选》,人民文学出版社 1999 年版,第 144 页。

③ 李开先:《〈西野游春词〉序》,《明代文论选》,人民文学出版社 1999 年版,第 144 页。

④ 李开先:《李中麓〈闲居集〉序》,《明代文论选》,人民文学出版社 1999 年版,第 150 页。

⑤ 见魏守忠《跋田间四时行乐诗》引李开先语,《中国文学批评通史》,上海古籍出版社 1996 年版,第 327 页。

戏曲是一种表演艺术，戏曲的美育效果应该是在具体表演活动中达成的。李开先在《戏谑》中所记颜容钻研表演技巧的故事，正能反映他对戏曲表演和戏曲鉴赏效果之间关系的看法。文中记载道：

> 颜容，字可观……性好为戏，每登场，务备极情态，喉喑响亮，又足以助之。尝与众扮《赵氏孤儿》戏文，容为公孙杵臼，见听者无戚容，归即左手捋须，右手打其两颊尽赤，取一穿衣镜，抱一木雕孤儿，说一番，唱一番，哭一番，其孤苦感怆，真有可怜之色，难已之情。异日复为此戏，千百人哭皆失声。归，又至镜前，含笑深揖曰："颜容，真可观矣。"①

从这则曲坛轶事可知，明代戏曲演员对表演艺术的钻研探索确实到达了一个很高的水平。他们认为，演员的表演不只是演绎剧情，更要将剧中人物的思想感情传神地表现出来，这样才能感染观众，引起他们的共鸣。观众看颜容演《赵氏孤儿》，"千百人哭皆失声"，情感和道德都接受了一次深刻的洗礼，在此过程中，公孙杵臼和程婴的忠、赵武的孝深植人心。李开先记载这个故事，从某种程度上说正是对表演形式在戏曲审美教育实践中的重要性的肯定。

李开先认为，戏曲不仅能够面对观众承担"激劝人心"的教化任务，对于创作者自己也有重要的精神慰藉作用。他在托名姜大成所作的《〈宝剑记〉后序》中回应了友人对他本有大才却不务诗文正业而乃编词作戏的质疑，他说："此乃所以为中麓也。古来抱大才者，若不得乘时柄用，非以乐事系其心，往往发狂病死。今借此以坐消岁月，暗老豪杰，奚不可也？"② 李开先因上书抨击权贵而遭罢官，壮志难酬，退居田园后便专

① 李开先：《词谑·词乐》，《中国古典戏曲论著集成》第三册，中国戏剧出版社 1959 年版，第 353—354 页。

② 李开先：《〈宝剑记〉后序》，《中国古代戏曲序跋集》，中国戏剧出版社 1999 年版，第 48 页。

心从事民间文学和通俗文学的整理和创作，对他来说，投身词曲绝非单为“坐消岁月”，更重要的是情有所托，志有所伸，能够借以纾解抑郁不平之气。

与李开先同时的何良俊是一位以博学多闻著称于世的学者。何良俊（1506—1573），字元朗，号柘湖，松江华亭人（今上海松江区），《明史》本传称其“少笃学，二十年不下楼”。其于经史百家、诗词书画无所不通，所撰《四友斋丛说》是明清时期一部重要的笔记体著作，载有不少富有价值的文艺、风俗方面的史料。何良俊的戏曲美育思想主要见于此书《词曲》卷。

首先，何良俊赞同《礼记·乐记》所谓“声音之道与政通”的观点。他举例说：“师旷吹律，而知南风之不竞。有人弹琴，见螳螂向鸣蝉，欲其得之也，蔡中郎闻其音，而知有杀心。隋炀帝将幸江都，作翻调《安公子曲》。王令言：‘知其不反。’唐章怀太子作《宝庆曲》，李嗣真闻而知太子废。古之审音者，其神妙如此。”① 儒家的音乐美学观通常认为，一时一地的音乐风格是一时一地的政治状况和百姓心声的反映，故审音而能知政。何良俊重申这样的观点，自然是对词曲有政教价值上的寄托。他对戏曲的声律尤为重视，言道：“词虽不能尽工，然皆入律，正以其声之和也。夫既谓之辞，宁声叶而辞不工，无宁辞工而声不叶。”②“辞工”是指文字工整有文采，“声叶”指声调合乎韵律。何良俊认为，比起辞工，声叶更加重要，“宁声叶而辞不工”一说实为吴江派的先声，这也为吴江、临川之争埋下了伏笔。

何良俊最重要的戏曲美学思想是他的戏曲“本色”观，他将语言的当行、本色作为评价作品的主要标准，并据此批评当时被公认为杂剧、南戏最高典范的《西厢记》和《琵琶记》：“盖《西厢》全带脂

① 何良俊:《四友斋丛说》卷三七,上海古籍出版社 2012 年版,第 241 页。

② 何良俊:《四友斋丛说》卷三七,上海古籍出版社 2012 年版,第 248 页。

粉，《琵琶》专弄学问，其本色语少。盖填词须用本色语，方是作家。”①“带脂粉”“弄学问”是指戏曲语言因藻绘过度而缺乏自然真实。按何良俊的看法，本色就是“寻常说话”而“意趣无穷”，若过多地钻营文辞，必然有失本色，这也成为他贬低《西厢记》的一个重要原因。他说：“盖人生于情，所谓愚夫愚妇可以与知者。观十五国风，大半皆发于情，可以知矣。是以作者既易工，闻者亦易动听，即《西厢记》与今所唱时曲，大率皆情词也。”② 何良俊承认人的本质是情感，文艺是人情之所发这样一个传统观点，所以，情词能够动人。他并不否定《西厢记》确实具有强烈的艺术感染力，但问题就在于，“始终不出一情字”③，质言之，表情太过，动人有余却难免意趣空乏，蕴藉不足，主要原因就是作了太多的“调脂弄粉语”，如“女子施朱傅粉，刻画太过，岂如艳妆素服，天然妙丽者之为胜耶”④。可知何良俊在关于戏曲的语言表现方面，比较倾向于一种自然纯真，简淡疏朗的风格。这里其实也涉及作品的审美接受和作品本身的艺术要求之间的矛盾问题，即受观众欢迎的作品，在艺术上不一定尽善尽美，而何良俊较为重视后者。基于这样的观念，他于元曲四大家中最重郑光祖（1264—?，字德辉），认为“郑德辉所作情词，亦自与他人不同”。他评价《王粲登楼》“摹写羁怀壮志，语多慷慨，而气亦爽烈”，“托物寓意，尤为妙绝”；《㑇梅香》“情意独至，真得词家三昧”；《倩女离魂》“清丽流便，语入本色，然殊不秾郁，宜不谐于俗耳”。⑤ 在何良俊看来，上述作品都具有本色真实，蕴藉宛转的特点。

《四友斋丛说》还记载了一个优人讽谏时政的事例：“阿丑乃钟鼓司装戏者，颇机警，善诙谑，亦优旃敬新磨之流也。成化末年，刑政颇弛。

---

① 何良俊:《四友斋丛说》卷三七,上海古籍出版社 2012 年版,第 244 页。
② 何良俊:《四友斋丛说》卷三七,上海古籍出版社 2012 年版,第 244 页。
③ 何良俊:《四友斋丛说》卷三七,上海古籍出版社 2012 年版,第 245 页。
④ 何良俊:《四友斋丛说》卷三七,上海古籍出版社 2012 年版,第 245 页。
⑤ 何良俊:《四友斋丛说》卷三七,上海古籍出版社 2012 年版,第 244 页。

丑于上前作六部差遣状，命精择之。既得一人，问其姓名，曰：‘公论。’主者曰：‘公论如今无用。’次得一人，问其姓名，曰：‘公道。’主者曰：‘公道亦难行。’最后一人，曰：‘胡涂。’主者首肯，曰：‘胡涂如今尽去得。’宪宗微哂而已。若宪宗因此稍加厘正，则于朝政大有所补正。”① 何良俊对这一优人谏政而皇帝不纳的事例多有感慨，从中颇可见出其欲以戏曲用世的意愿，希冀这一被目为“小技”的文艺形式亦能“于朝政大有所补正”，这说明何良俊的戏曲美育论是含有一定的政治功利取向的。

二、徐渭、王世贞与明晚期的戏曲美育思想

徐渭（1521—1593），字文长，号天池，又号青藤，山阴（今浙江绍兴）人，与古代许多杰出文人一样，徐渭也是一位早熟的天才。他九岁能著文，十六岁作《释毁》，在家乡有“宝树灵珠”之称。早年热衷功名，却八试不第，后入浙闽总督胡宗宪幕下充当谋士，深受器重。徐渭性情孤高耿介，疏狂荡逸，虽不乏权贵之交，却终难容于世俗，一生命运多舛，困苦潦倒。中年更发癫症，多次自戕未死，后因杀妻下狱，经好友张元忭（1538—1588，字子盖）救助才得脱厄。晚岁衣食难继，靠卖字画为生，在贫病交迫中结束了一生。同乡后辈陶望龄（1562—1609，字周望）叹道：“古今文人牢骚困苦，未有若先生者也！”② 然在世人眼里，徐渭是一位旷世“奇”人。学者梅国祯（1542—1605，字克生）致书袁宏道，称徐渭“病奇于人，人奇于诗，诗奇于字，字奇于文，文奇于画”，宏道则说：“余谓文长无之而不奇者也，无之而不奇，斯无之而不奇也，悲夫！”③ 徐渭是一位在诗、文、书、画、戏曲等领域皆取得重要成就的艺术家，其书、画对后世影响尤为深远。戏曲

---

① 何良俊:《四友斋丛说》卷十,上海古籍出版社 2012 年版,第 66 页。

② 袁宏道:《袁宏道集笺校》卷一九,上海古籍出版社 1981 年版,第 716 页。

③ 袁宏道:《徐文长传》,《袁宏道集笺校》卷一九,上海古籍出版社 1981 年版,第 717 页。

方面著有杂剧《四声猿》，是明代杰出的杂剧作品，因此被汤显祖誉为“词坛飞将”。所撰《南词叙录》是我国第一部南戏理论专著，对明代晚期的戏曲思想有直接影响。

徐渭的戏曲美育思想与其总体的文学主张是密不可分的。徐渭在诗文方面是一个强烈的主情论者，视情为诗之本，追求自然真切、自适随性的文风，因此表现出明确的反复古立场，是明中叶较早的反复古主义者。它在《叶子肃诗序》中说：

> 人有学为鸟言者，其音则鸟也，而性则人也。鸟有学为人言者，其音则人也，而性则鸟也。此可以定人与鸟之衡哉？今之为诗者，何以异于是。不出于己之所自得，而徒窃于人之所尝言，曰某篇是某体，某篇则否，某句似某人，某句则否，此虽极工逼肖，而已不免于鸟之为人言矣。①

人与鸟各有其性，两者可以在声音上互相模仿，但不会失去自己本性。学诗者若只是模拟他人之言，无论外表形式如何精雅工整，终非“出于己之所自得”，所以是丧失自性，失却真情真我的。读书也是如此，“凡书之所载，有不可尽知者，不必正为之解，其要在于取吾心之所通，以求适于用而已”②。读书不求甚解，不求完全符合书本原意，而贵在通于己心，适于己用，凸显其之于个体的价值意义。

关于诗歌创作的情感本质，徐渭在《肖甫诗序》中揭示得淋漓尽致。文曰：

> 古人之诗本乎情，非设以为之者也，是以有诗而无诗人。迨于后世，则有诗人矣，乞诗之目多至不可胜应，而诗之格亦多至不可

① 徐渭：《叶子肃诗序》，《徐渭集》，中华书局1983年版，第519页。

② 徐渭：《四书绘序》，《徐渭集》，中华书局1983年版，第521页。

胜品，然其于诗，类皆本无是情，而设情以为之。夫设情以为之者，其趋在于干诗之名。干诗之名，其势必至于袭诗之格而剿其华词。审如是，则诗之实亡矣，是之谓有诗人而无诗。①

由情而生，因情而作，此乃诗歌的自然生发，是诗艺的天然之则。然而随着诗歌的发展，各种体式、规格也相应地建立起来，于是，诗人作诗，纷纷依体法格，循规蹈矩，为写诗而写诗，为诗名而写诗（“干诗之名”）。所谓“设情以为之”，此“情”就不是个体自然流露的真情，而是模仿剿袭、矫真饰伪的假情和虚情，所以徐渭激烈批评当世乃“有诗人而无诗”。在他看来，真情之诗既然是直抒胸臆，出于天机之自然，那么必然也会给读者带来一种感性激荡的效果。他由此从审美接受的角度设立了一条评价诗歌的标准：“试取所选者读之，果能如冷水浇背，陡然一惊，便是兴观群怨之品，如其不然，便不是矣。”② “冷水浇背，陡然一惊”是诗歌带给读者的一种直接而剧烈的情感刺激，读者能够从中获得心灵或道德上的警醒。这显然与儒家温柔敦厚的诗教观大异其趣，但徐渭以这种审美效果来重新定义孔子的“兴观群怨”说，一方面自是对传统诗教观有所不满，另一方面其实又对诗文寄予政教之望，故此他反对“溺于古之空文而无补于今之实用”的迂士酸儒，要求文章“蕴而为道德，发而为经济，以适于今之用”。③

徐渭的上述真情文学观直接贯彻在他的戏曲美学、美育思想当中。《选古今南北剧序》言道：“人生堕地，便为情使。聚沙作戏，拈叶止啼，情昉此已，迨终身涉境触事，夷拂悲愉，发为诗文骚赋，璀璨伟丽，令人读之喜而颐解，愤而眦裂，哀而鼻酸，恍若与其人即席挥尘，嬉笑悼唁于数千百载之上者，无他，摹情弥真则动人弥易，传世亦弥远，而南

① 徐渭：《肖甫诗序》，《徐渭集》，中华书局 1983 年版，第 534 页。

② 徐渭：《答许口北》，《徐渭集》，中华书局 1983 年版，第 482 页。

③ 徐渭：《黄潭先生文集序》，《徐渭集》，中华书局 1983 年版，第 1087 页。

北剧为甚。”[1] 人生而有情，无论诗文或戏曲皆发自人情，亦作用于人情，以情作戏，戏必以情动人，写情愈真，则动人愈深，这是徐渭戏曲美育思想的根本观念，此无疑也是汤显祖、冯梦龙领导的晚明主情论戏剧思潮的先声。具体言，徐渭的戏剧言情说是通过他著名的本色论展开叙述的。

何良俊之后，徐渭对戏曲本色论做了重要的拓展，他的“本色”范畴主要包括两方面含义，一是真，一是俗。《西厢序》道：

> 世事莫不有本色，有相色。本色犹俗言正身也，相色，替身也。替身者，即书评中婢作夫人终觉羞涩之谓也。婢作夫人者，欲涂抹成主母而多插带，反掩其素之谓也。故余于此本中贱相色，贵本色，众人啧啧者我呴呴也，岂惟剧者，凡作者莫不如此。[2]

徐渭把“本色”和“相色”相对立，“本色”就是个体的真实自我，就是在戏曲表演中自然展现角色本有的性格内涵；“相色”犹如“婢作夫人”，代人演戏，既成不了真正的被模仿者，又掩饰了真实自我，两头都是假，徐渭因此明确表达了“贱相色，贵本色”的观点。

在徐渭看来，表情之真和用语之俗在本质上是互相关联的。他说：

> 语入要紧处，不可着一毫脂粉，越俗越家常，越警醒，此才是好水碓，不杂一毫糠衣，真本色。……至散白与整白不同，尤宜俗宜真，不可着一文字，与扭捏一典故事，及截多补少，促作整句。锦糊灯笼，玉镶刀口，非不好看，讨一毫明快，不知落在何处矣！[3]

---

① 徐渭:《选古今南北剧序》,《徐渭集》,中华书局 1983 年版,第 1296 页。
② 徐渭:《西厢序》,《徐渭集》,中华书局 1983 年版,第 1089 页。
③ 徐渭:《又题昆仑奴杂剧后》,《徐渭集》,中华书局 1983 年版,第 1093 页。

这里将戏曲作为一种通俗艺术的审美本色深刻地揭示出来。如果说，诗歌是士人个体一种抒情言志的语言形式，它允许诗人可以对之孤芳自赏，自得于其中，那么戏曲本就是一种面向平民百姓的大众艺术，它既以娱情悦性为目的，又承担着辅俗化民的职责，若刻意规模，粉妆矫饰，便会破坏通俗本色，无法实现最大的传播效果。故徐渭说："曲本取于感发人心，歌之使奴、童、妇、女皆喻，乃为得体。……与其文而晦，曷若俗而鄙之易晓也。"[①] 若能使人人"易晓"，"俗而鄙"又何妨，亦唯俗，才可使人人"易晓"。他据此批评《香囊记》"如教坊雷大使舞，终非本色"[②]；评价《琵琶记》各出中，"惟《食糠》《尝药》《筑坟》《写真》诸作，从人心流出……最不可到。如《十八答》，句句是常言俗语，扭作曲子，点铁成金，信是妙手"[③]。总之，徐渭相信，戏曲语言"越俗越雅，越淡薄越滋味，越不扭捏动人越自动人"[④]。一切唯真、俗、自然是取。徐渭对戏曲"本色"的倡导，更多的是从观众接受的角度来考量的，这不仅由上文分析可知，还可从他对南、北曲的不同艺术特色的评论中见出，他说："听北曲使人神气鹰扬，毛发洒淅，足以作人勇往之志。信胡人之善于鼓怒也，所谓'其音噍杀以立怨'是已。南曲则纡徐绵眇，流丽婉转，使人飘飘然丧其所守而不自觉，信南方之柔媚也，所谓'亡国之音哀以思'是已。"[⑤] 徐渭撰《南词叙录》是为当时受到正统曲界轻视、打压的南戏传奇辩护，他的一个重要依据就是认为南北戏对于观众具有不同的审美教育价值，所以没必要厚此薄彼。

徐渭题有一幅戏台榜联，其曰："随缘设法，自有大地众生；作戏逢场，原属人生本色。"[⑥] 不仅舞台上能够演绎人生，人生本就是一台戏，

---

① 李复波、熊澄宇:《南词叙录注释》,中国戏剧出版社 1989 年版,第 49 页。
② 李复波、熊澄宇:《南词叙录注释》,中国戏剧出版社 1989 年版,第 51 页。
③ 李复波、熊澄宇:《南词叙录注释》,中国戏剧出版社 1989 年版,第 55 页。
④ 徐渭:《又题昆仑奴杂剧后》,《徐渭集》,中华书局 1983 年版,第 1093 页。
⑤ 李复波、熊澄宇:《南词叙录注释》,中国戏剧出版社 1989 年版,第 76 页。
⑥ 徐渭:《戏台》,《徐渭集》,中华书局 1983 年版,第 1160 页。

所以逢场作戏正是人生本色。一生在磨难困顿中蹒跚前行的徐渭，已将戏曲、人生之本色，一齐透悟了。

王世贞（1526—1590），字元美，号凤洲，又号弇州山人，江苏太仓人，官至刑部尚书，与李攀龙（1514—1570，字于鳞）、宗臣（1525—1560，字子相）、梁有誉（1521—1556，字公实）、徐中行（1517—1578，字子舆）、吴国伦（1524—1593，字明卿）、谢榛（1495—1575，字茂秦）结交唱和，史称"后七子"。王世贞是明代第二次文学复古运动的领袖，自嘉靖后期始，独操文柄二十年，成为当时公认的文坛宗主。《明史》本传称他："才最高，地望最显，声华意气笼盖海内。一时，士大夫及山人、词客、衲子、羽流，莫不奔走门下。"王世贞著述宏丰，有《弇州山人四部稿》《续稿》等传世。

王世贞的文学思想前后期有较大差异。早年倡导摹古崇法，主张文自西汉、诗自盛唐后便无足观，中年后，倡导"自然"说、"辞达"说，以"无法"为"法"，对前说做了大幅修正。作为第二次复古运动的领袖，王世贞尽管崇古却不泥古，重法而不泥法，直言"剽窃模拟，诗之大病"[①]，更提出才、思、格、调之说，积极调和复古派内部的分歧，在文学观念上表现得相当灵活通脱，近似前七子中的何景明。王世贞提倡主情求真的文学精神，主张以"真我"抒写"真诗"，作诗须"取于性情之真"[②]，这与明代晚期的文学思想主潮是合拍的。王世贞的文学思想在后七子中是最丰富的，限于主题和篇幅，下面只就其戏曲美育观做一概要。

王世贞的戏曲观点集中在《艺苑卮言》附录卷一，后单独录出刊印，称为《曲藻》。王世贞首先在《曲藻序》中揭示了曲的发生学条件："曲者，词之变。自金、元入主中国，所用胡乐，嘈杂凄紧，缓急之间，词不能按，乃更为新声以媚之。而诸君如贯酸斋、马东篱……白仁甫辈，

---

① 王世贞：《艺苑卮言》卷四，凤凰出版社 2009 年版，第 66 页。

② 王世贞：《章给事诗集序》，《明代文论选》，人民文学出版社 1999 年版，第 219 页。

咸富有才情，兼喜声律，以故遂擅一代之长。”① 曲是词的变体，这种变化从客观上说是源于胡乐的冲击，主观上则有赖于一些富有才情的作家的积极创造。《曲藻》开篇又从文体的历史发展和不同文体的接受特点的角度来分析曲的起源：“三百篇亡而后有骚、赋，骚、赋难入乐而后有古乐府，古乐府不入俗而后以唐绝句为乐府，绝句少宛转而后有词，词不快北耳而后有北曲，北曲不谐南耳而后有南曲。”② 所谓“难入乐”“不入俗”“少婉转”“不快北耳”“不谐南耳”，其实都是从鉴赏因素来说明文体变化的原因，强调了文学接受之于文学变革的重要作用。而南、北曲之所以互不入南北人之耳，自然是因为艺术上的差异，王世贞分析道：“北字多而调促，促处见筋；南字少而调缓，缓处见眼。北则辞情多而声情少，南则辞情少而声情多。北力在弦，南力在板。北宜和歌，南宜独奏。北气易粗，南气易弱。”③ 这就通过对比，从文辞、韵调、情感、演奏、歌唱、气声几个方面，完整地梳理了南曲和北曲的艺术特点，并概括出它们的艺术风格：“大抵北主劲切雄丽，南主清峭柔远，虽本才情，务谐俚俗。”④

据上述不难理解，王世贞评论戏曲何以多从作品的艺术感染力和观众的接受效果立论。他反对何良俊将《拜月亭》置于《琵琶记》之上，说前者“中间虽有一二佳曲，然无词家大学问，一短也；既无风情，又无裨风教，二短也；歌演终场，不能使人堕泪，三短也。”⑤ 从这里可知，王世贞是重视戏曲的教化功能的，认为《拜月亭》“无裨风教”乃是其一大缺陷。而更直接的原因是作品无法从情感上打动观众，使人堕泪，这正是王世贞衡量戏曲作品艺术魅力的一条重要标准，即是否动人。他

---

① 王世贞:《曲藻》,《中国古典戏曲论著集成》第四册,中国戏剧出版社 1959 年版,第 25 页。
② 王世贞:《曲藻》,《中国古典戏曲论著集成》第四册,中国戏剧出版社 1959 年版,第 27 页。
③ 王世贞:《曲藻》,《中国古典戏曲论著集成》第四册,中国戏剧出版社 1959 年版,第 27 页。
④ 王世贞:《曲藻》,《中国古典戏曲论著集成》第四册,中国戏剧出版社 1959 年版,第 25 页。
⑤ 王世贞:《曲藻》,《中国古典戏曲论著集成》第四册,中国戏剧出版社 1959 年版,第 34 页。

赞赏《琵琶记》“体贴人情，委曲必尽”[①]、《荆钗记》“近俗而时动人”，批评《香囊记》“近雅而不动人”、《五伦全备》则“是文庄元老大儒之作，不免腐烂”[②]。由于王世贞在文坛的地位和声望，他的上述戏曲观念和见解对后来的戏曲批评和创作产生了较大的影响。

晚明戏剧理论界名家辈出，各家在戏曲观念上虽有分歧，或重声律或重辞采或重意趣，但在戏曲需承担教化之职、发挥风教之用这一认识上却是一致的。王骥德（？—1623），字伯良，号方诸生，所著《曲律》，意在为南曲立法。该著分四卷，含四十条细目，论及戏曲艺术的几乎所有元素，堪称中国古代最为详备的戏曲理论专著。尽管《曲律》大部分内容都是探讨戏曲审美形式层面的问题，但作者仍然不忘提倡戏曲必须要“关风化”。他说：“古人往矣，吾取古事，丽今声，华衮其贤者，粉墨其慝者，奏之场上，令观者借为劝惩兴起，甚或扼腕裂眦，涕泗交下而不能已，此方为有关世教文字。……故‘不关风化，纵好徒然’，此《琵琶》持大头脑处，《拜月》只是宣淫，端士所不与也。”[③] 王骥德显然赞同高则诚在《琵琶记》中倡导的戏曲须“关风化”的政教立场，但对他来说，这并非刻板的道德说教，而是作品以其震撼人心的力量，使观众在“扼腕裂眦”“涕泗交下”的情感激荡中获得“劝惩”的教育效果，而这是与音调声律的编排（“丽今声”）有直接关系的。

祁彪佳（1602—1645），字虎子，又字宏吉，别号远山堂主人，著有《远山堂曲品》《远山堂剧品》两部戏曲批评著作，前者专评传奇，后者专评杂剧。祁彪佳评论戏曲，比较注重作品“警世”“醒世”的社会作用，其戏曲美育思想集中体现在《孟子塞五种曲序》一文中。文道：“子曰：‘诗可以兴，可以观，可以群，可以怨。’然则诗而不可兴、可观、可群、可怨者，非天下之真诗也。呜呼今天下之可兴、可观、可群、可

---

① 王世贞：《曲藻》，《中国古典戏曲论著集成》第四册，中国戏剧出版社 1959 年版，第 33 页。
② 王世贞：《曲藻》，《中国古典戏曲论著集成》第四册，中国戏剧出版社 1959 年版，第 34 页。
③ 王骥德：《曲律》，《中国古典戏曲论著集成》第四册，中国戏剧出版社 1959 年版，第 160 页。

怨者，其孰过于曲者哉？盖诗以道性情，而能道性情者莫如曲。曲之中有言夫忠孝节义、可亲可敬之事者焉，则虽騃童愚妇见之，无不击节而忭舞；有言夫奸邪淫慝可怒可杀之事者焉，则虽騃童愚妇见之，无不耻笑而唾詈。自古感人之深而动人之切，无过于曲者也。”① 祁彪佳在这里将戏曲提高到一个前所未有的地位。他据儒家诗学观指出，可以“兴观群怨”的诗方为“真诗”，“真诗”可“道性情”。祁彪佳所言“真诗”的性质具有强烈的道德政治的指向性，而“性情”其实也是一种道德情感。他相信，戏曲就是当世的“真诗”，具有与传统诗歌相同的教化价值，在效果方面更有过之而无不及。祁彪佳对戏曲政教意义的高扬体现了晚明文人对戏曲等通俗文学在社会文化价值上的认识和期待达到了一个新阶段，这无疑是通俗文学在晚明兴盛所带来的必然要求。

① 祁彪佳:《孟子塞五种曲序》,《中国古代戏曲序跋集》,中国戏剧出版社 1990 年版,第 290 页。

第十章　明代的书画、音乐及园林美育思想

考察艺术史可以发现，如绘画、书法这些最能代表中国艺术精神的艺术形式，发展到明代实际已趋向衰落，尽管仍有数不胜数的名家巨擘不断崛起于这三百年的艺苑，往来驰骋，奋勇鼓荡，但终究难挽疲颓之势，总体成就已不如前代。此犹如诗文的境况，贯穿明代文学史的三次复古运动是儒家文人意欲重振古典文化理想的努力，但每一次努力都只能拉大与那个辉煌的古典背影的距离。与书画这些传统的士人艺术的衰落形成对比的是，建筑（包括园林）、雕塑、工艺美术这些高度技术化、专业化的艺术门类取得了辉煌的成就，这一定程度上反映了古代艺术审美重心的转移，这不仅体现在艺术实践方面，也可从艺术理论的发展变化上见出。明代是绘画、书法、音乐等传统艺术理论的总结期，又是建筑、工艺美术等新兴艺术理论的发展期，在这些艺术理论中包含了较有价值的美育思想，值得梳理和分析。

第一节　明代的绘画美育思想

明代有非常丰富的绘画美学思想，产生了品目繁多、形式多样的绘画理论著作，许多文人都有一些谈画、论画的文献传世。概括来说，重要的有：明初宋濂的《画原》，王履的《画楷序》《华山图序》，王绂的《书画传习录》等；明中叶何良俊的《四友斋画论》、李开先的《中麓画品》等；明晚期莫是龙的《画说》，屠隆的《画笺》，董其昌的《画旨》《画禅室随笔》，李日华的《六砚斋笔记》《竹懒论画》，陈继儒的《妮古

录·论画》，顾凝远的《画引》等。明代画论大都崇尚文人画，这与由吴门画派推动的文人画风在明中晚期的兴盛直接相关。崇尚文人画风的绘画美学概括起来就是重士气、重创作个性和画家情性的抒发，这种画论到了董其昌的南北宗说而集大成。我们所要探讨的绘画美育思想在这些崇尚文人画的画论中有不同程度的表述。下文将择要述之。

一、王履与明初的绘画美育思想

明初的绘画美育论首先值得注意的是宋濂的《画原》一文。宋濂是一位具有深厚理学背景的文人，他依其道学观念提出了“书画同道”说。在他看来，文字和绘画都是圣人用以“正名万物”的工具，如此才能区分高下卑贱以教百姓，故其言：“非书则无纪载，非画则无彰施……书与画非异道也，其初一致也。”[①] 宋濂进而认为，画在古时是“附经而行”，与经典一同发挥政教功能的。他说：

> 古之善绘者，或画《诗》，或图《孝经》，或貌《尔雅》，或像《论语》暨《春秋》，或著《易》象，皆附经而行，犹未失其初也。下逮汉魏晋梁之间，讲学之有图，问礼之有图，列女仁智之有图，致使图史并传，助名教而翼群伦，亦有可观者焉。世道日降，人心寖不古若，往往溺志于车马士女之华，怡神于花鸟虫鱼之丽，游情于山林水石之幽，而古之意益衰矣。[②]

这段话充分表达了宋濂的绘画美育观。在宋濂看来，绘画只有用于助名教、翼人伦的政教事业才是有价值的，他完全反对对绘画艺术做单纯的审美鉴赏（“怡神”“游情”），将之看作“世道日降”“人心不古”的表现，故对顾恺之、陆探微之后的绘画史几乎完全持否定态度。据此可知，

---

① 宋濂:《画原》,《中国画论类编》,人民美术出版社 1986 年版,第 95 页。

② 宋濂:《画原》,《中国画论类编》,人民美术出版社 1986 年版,第 95—96 页。

宋濂的绘画美学观和美育论是极端保守的，是有很浓的道学味的。

明初最可重视的绘画美学、美育思想是由画家和医家王履（1332—?，字安道）撰写的《画楷序》和《华山图序》两篇文章。《画楷序》是王履为自己编录的“三马二夏”（马远、马逵、马麟、夏珪、夏森）作品集所作的序。在序文中，王履深切袒露自己对于绘画的痴好。他说：

> 余壮年好画，好故求，求故蓄，蓄故多，多而不厌，犹谓未足也；复模之习之，以充其所愿欲者。噫！是非癖欤？惟其癖也，故不知为无用而独视为有用。故人或予慫弗听也，人或予毁弗较也，人或予需弗予也。孜孜惟是之从，与诚正修齐之道几半。於乎！癖之深也，乃至此乎?①

王履对于绘画的痴好完全是一种无关功利的生命趣味，是个体内在的情感需求，如他所说，乃“锻与蜡屐之云”。“锻”与“蜡屐”的典故分别来自东晋士人嵇康和阮孚。嵇康大热天在树下打铁，阮孚无事便以蜡涂木屐作消遣，皆为悠闲的嗜好。王履表明自己是“泉石之姿”，然市尘喧嚣，故画事乃“精神心术之所寓”。而王履将画事之好视为儒家修身之道的一部分（“与诚正修齐之道几半”），实意在为绘画艺术的价值合理性辩护，并希冀提高它的文化地位。王履如此评论三马、二夏的作品：“以言五子之作欤，则粗也而不失于俗，细也而不流于媚，有清旷超凡之远韵，无猥暗蒙尘之鄙格，图不盈咫而穷幽极遐之胜，已充然矣。”不难看出，王履是在借绘画评论来表达对一种超尘脱俗的理想人格的企慕，“不失于俗”“不流于媚”“清旷超凡”正是他自己的生命情怀的写照。因此，他说真爱三马、二夏的作品，不是无理性的溺爱，而是从自己的趣

① 王履:《画楷序》,《中国画论类编》,人民美术出版社1986年版,第704—705页。

味和情怀出发，“珍乎其所足珍而不能以不珍耳”①。应该说，王履的《画楷序》开创了明代重士气、重个性、重画家之性情抒发的文人画画论的先河。

《华山图序》被公认为是明代绘画美学的代表作。王履在文中主要探讨了绘画的艺术创造法则，揭示了画家的主观创造和客观物象在营构审美意象过程中相互作用的机理。

> 画虽状形主乎意，意不足谓之非形可也。虽然，意在形，舍形何所求意？故得其形者，意溢乎形，失其形者形乎哉！画物欲似物，岂可不识其面？古之人之名世，果得于暗中摸索耶？彼务于转摹者，多以纸素之识是足，而不之外，故愈远愈讹，形尚失之，况意？苟非识华山之形，我其能图耶？②

王履认为，绘画乃是一种以意写形、以形表意的审美创造活动。它以描绘现实中的客观物象为目的，但这个过程受到画家的情感意趣的支配，缺乏情感意趣的形象不是真正的艺术形象。然“意在形”，情感意趣只能由形象来表现，只能通过形象传达给欣赏者，故舍“形”无所求“意”，因此，“画物似物”应是绘画创作所遵循的重要原则。王履的这种看法显然是对宋元文人画漠视形象刻画而只一味抒发画者个体精神志趣的艺术取向的不满，可以看出他有对文人画进行审美反拨的意思。那么画家如何画物才能似物呢？王履反对只是模仿前人旧作，认为画家应该走到大自然当中，直接观察自然万物，并以此过程中产生的审美感受为依据来摹象写物，如是方能描画出真实的艺术形象。

绘画作品最终要靠审美形象或审美意象来呈现，但如前述，审美形

① 本段引文均见王履:《画楷序》,《中国画论类编》,人民美术出版社 1986 年版,第 704—705 页。

② 王履:《华山图序》,《中国画论类编》,人民美术出版社 1986 年版,第 703 页。

象不只是对外在物象的客观摹写，它更需熔铸画家饱满丰富的情感意趣。在王履看来，这种审美形象的创造不是即刻完成的，而是一个在日常生活中不断凝练深化的过程。他说：

> 既图矣，意犹未满，由是存乎静室，存乎行路，存乎床枕，存乎饮食，存乎外物，存乎听音，存乎应接之隙，存乎文章之中。一日燕居，闻鼓吹过门，怵然而作曰："得之矣夫。"遂麾旧而重图之。①

作品的情感意趣来自画家对日用常行的各个方面的感受和品察，当这种感觉经验积累到一定程度，在某一外在事件的触动下，画家突有"怵然"之醒，此即所谓灵光乍现、灵感迸发，从而体悟到"形"与"意"完美统一的最佳意象，并将之付诸笔墨。

既然无论"形"或"意"及其统一之审美意象都来自于对现实客体的真实体验，而现实客体是千变万化、流转不息的，则运用旧的或单一的绘画技法能否准确地把握当下的审美对象就很成问题了。王履由是说：

> 斯时也，但知法在华山，竟不知平日之所谓家数者何在。夫家数因人而立名，既因于人，吾独非人乎？夫宪章乎既往之迹者谓之宗，宗也者从也，其一于从而止乎？可从，从，从也；可违，违，亦从也。违果为从乎？时当违，理可违，吾斯违矣。吾虽违，理其违哉！时当从，理可从，吾斯从矣。从其在我乎？亦理是从而已焉耳。谓吾有宗欤？不拘拘于专门之固守；谓吾无宗欤？又不远于前人之轨辙。②

---

① 王履：《华山图序》，《中国画论类编》，人民美术出版社 1986 年版，第 703 页。
② 王履：《华山图序》，《中国画论类编》，人民美术出版社 1986 年版，第 703 页。

这段论述将画家对待前人之法所应持有的正确态度揭示得异常透彻。王履认为，法是因人而立，画家须根据创作的实际情况，即所要表现的客体对象来决定何法可从，何法可违（“法在华山”）。从法或违法，皆是画家主体的抉择，而从根本上说是对某种普遍的艺术精神法则（“理”）的遵从，在此意义上，从是从，违亦是从，所以不必固守传统，也不必担心违背传统。王履最后将自己的艺术创作原则归结为一句话：“吾师心，心师目，目师华山。”这句话其实是从张璪“外师造化，中得心源”这一著名观点转化而来，只是两者的思想侧重点不同。“师造化”在张璪那里是艺术创作的必要工夫和阶段，但他真正重视的是画家的灵台心境对造化之物的摄取、涵融和消化，因此画家所画之物是从心源中自然流出，心源即是造化所在。王履承认“心”的作用，但似乎更强调这种作用所据之展开的现实条件，所以讲“目师华山”。然又需指出的是，目所师之“华山”其实已不是纯粹客观的自然物，而是投注了画家情趣的审美对象，是审美之眼的观照物，故不妨说，华山之可师，亦有赖于人之目，这从本质上便与主体精神相关了，从而又回归到画家的艺术修养问题上。王履试图通过阐明“法在华山”这一理念，号召画家勇于去故就新、变革常法，表达了要开辟新的艺术气象的愿望。

比王履稍后的王绂（1362—1416，字孟端），在他所著《书画传习录》中强调经史知识之于画学的重要性，鼓吹“采道德之言”以资艺事，实际是倡导画家通过学习理学来陶养性情，藉之提升画艺境界。然若看他具体的画论思想，又不乏一种高逸的个性化的士人气息，这大概因为他本人就是卓有成就的画家，故能深得画艺之个中三味，在观念上便不至于刻板僵化。王绂说：“古人作画，其精神贯注处，眼光四射，如兔起鹘落，稍纵即逝。后来作者精心临摹，尚未易究其指归，况率意改作？”[①]这是讲艺术创作过程中表现出的精神高度集中、亢奋的审美兴发状态。接着论道：对于绘画，“高人旷士，用以寄其闲情；学士大夫，亦时彰其

① 王绂：《书画传习录》，《中国画论类编》，人民美术出版社 1986 年版，第 99 页。

绝业。凡此皆外师造化，未尝定为何法何法也！内得心源，不言得之某氏某氏也。兴至则神超理得，景物逼肖；兴尽则得意忘象，矜慎不传。亦未尝以供人耳目之玩，为己稻粱之谋也。惟品高故寄托自远，由学富故挥洒不凡，画之足贵，有由然耳”①。王绂同样借用张璪“外师造化，中得心源”一说来批评当时画坛的摹袭之弊。他认为，绘画全凭画家内在意兴的驱动，兴至而作，兴尽而止，便能达到“神超理得”“得意忘象”的艺术境界。众所周知，王绂所说的“兴”是传统美学的一个核心范畴，它由儒家诗学中的“兴、观、群、怨”和“赋、比、兴”之说发展而来。简言之，作为美学范畴的“兴”主要是指心、物相感相合而生的一种审美情感。如贾岛《二南密旨》云：“感物曰兴。兴者，情也。谓外感于物、内动于情，情不可遏，故曰兴。”艺术创作的冲动正是来自感物而生的不可遏之情，也就是“兴”。若无“兴”便要“养兴”，清人王昱（1714—1748，字日初）有言：“未作画前全在养兴，或睹云泉，或观花鸟，或散步清吟，或焚香啜茗，俟胸中有得，技痒兴发，即伸纸舒毫，兴尽斯止。至有兴时续成之，自必天机活泼，迥出尘表。”② 按王绂上文所论兴至、兴尽之说，与王昱的意思并无二致。然而，画家个体存在差异，因此其所涵养之“兴”在品味境界上也会有不同。在王绂看来，这与画家的道德品格、知识学养直接相关，故言“品高故寄托自远”“学富故挥洒不凡”。王绂反对将绘画当作纯粹的娱人和获利的手段，而将其视之为士人道德情志的寄托，这就要求画者在动笔之前即须兴高意远，不作功利之想，如此方能自成高格，这说明了画者的心性修养之于绘事的重要性，这也正是《书画传习录》的主旨所在。

二、何良俊、高濂与明中晚期的绘画美育思想

明代绘画美学在嘉靖年间开始呈现出活跃的发展态势，众多文人纷

① 王绂：《书画传习录》，《中国画论类编》，人民美术出版社 1986 年版，第 99 页。
② 王昱：《东庄论画》，《中国画论类编》，人民美术出版社 1986 年版，第 189 页。

纷撰写画学专论，推动了当时绘画批评的热潮。何良俊的绘画美学及美育观在隆、嘉时期是具有代表性的，他的画论思想主要见于《四友斋丛说》第二十八、二十九两卷，后世辑为《四友斋画论》。

画论开篇，何良俊即从传统的书画同源说来阐明绘画的社会文化功能，他说：

> 夫书画本同出一源，盖画即六书之一，所谓象形者是也。《虞书》所云："彰施物采"，即画之滥觞矣。古《五经》皆有图，余又见有《三礼图考》一书，盖车舆、冠冕、章服、象服、褕狄、笄袆之类，皆朝廷典章所系，后世但照书本言语，想象为之，岂得尽是？若有图本，则仪式具在，按图制造，可无舛错，则知画之所关，盖甚大矣。[①]

何良俊这里的陈述思路及观点和宋濂相差无几，也认为绘画和文字一样，承担着重要的政教功能，它通过图像将古代的典章制度、器物礼仪形象化地展现出来，以使后人能够更加准确地学习"三代典型"，故何良俊认为，"画之所关甚大"，"甚大"者，自然指其礼乐政教的意义。

在立定这一根本思想后，何良俊展开了他的画学叙事。他赞同其他论者所谓"画特忌形貌采章，历历具足，甚谨甚细，而外露巧密"[②]这样的判断，认为追求形似和细节的完备逼真是深谙画道者所不屑的。在当时绘画评鉴所普遍采用的逸品、神品、妙品、能品这四种审美品级中，何良俊认为，那些以形象逼肖取胜的画作只属于能品，甚至是能品中的更次等，而要能够创作出并欣赏画作中的逸品、神品，对画家和鉴赏者的要求是很高的，他们必然是"神迈识高、情超心慧者""历数百代而难

① 何良俊：《四友斋丛说》卷二八，上海古籍出版社2012年版，第186页。
② 何良俊：《四友斋丛说》卷二八，上海古籍出版社2012年版，第187页。

其人也"[①]。何良俊多以是否有韵来评鉴画作的高低，他认为"元人之画远出南宋诸人之上"，因前者独具神韵。他评价元四家（黄公望、倪瓒、王蒙、吴镇）"经营位置，气韵生动，无不毕肖"；论赵集贤《秋林曳杖图》"胜韵出尘，真是其兴之所寄"，其余画作亦"皆有神韵，非画工所能到也"；说赵孟頫、高克恭（1248—1310，字彦敬）及沈周的画"品格在宋人上，正以其韵胜耳"；[②] 又讲山水画诸大家如董源（约943—约962，字叔达）、巨然（生卒年不详）、关仝（生卒年不详）、荆浩（约850—?，字浩然）、李成（919—967，字咸熙）、范宽（950—1032，字中立）等，是"笔力神韵兼备"，乃山水画之正脉。与此相对，何良俊"所谓少韵者，盖指南宋院体诸人而言"[③]，其中也包括明初戴进这样的浙派院体画家。那么，何良俊所说的"韵"是指什么呢？在中国绘画美学中，韵与气并称而为"气韵"；谢赫（479—502）在《画品》中提出著名的"六法"，第一法就是"气韵生动"。按徐复观的考察，"所谓'气'，常常是由作者的品格、气概，所给予于作品中力的、刚性的感觉"[④]，"所谓'韵'，乃是超线条而上之精神意境"[⑤]。徐复观又通过对《世说新语》中"韵"的用法的梳理发现，"韵"在南北朝时期是一个用于人伦鉴识的重要概念，"指的是一个人的情调、个性，有清远、通达、放旷之美，而这种美是流注于人的形相之间，从形相中可以看得出来的。把这种神形相融的韵，在绘画上表现出来，这即是气韵的韵"[⑥]。由此可知，气韵或韵绝不仅是一个纯粹关于作品形式本身的审美评价范畴，它根本上与作者的人格境界和品性气质相关，是后者在绘画作品中的体现。何良俊说的"韵"也是延从以上意义来讲的。他认为，画家要创制有韵

---

① 何良俊:《四友斋丛说》卷二八，上海古籍出版社2012年版，第187页。
② 何良俊:《四友斋丛说》卷二九，上海古籍出版社2012年版，第192页。
③ 何良俊:《四友斋丛说》卷二八，上海古籍出版社2012年版，第191页。
④ 徐复观:《中国艺术精神》，华东师范大学出版社2001年版，第98页。
⑤ 徐复观:《中国艺术精神》，华东师范大学出版社2001年版，第102页。
⑥ 徐复观:《中国艺术精神》，华东师范大学出版社2001年版，第106页。

之作，必须具备两个条件："一须人品高；二要师法古。"[1] 其中第一点尤为重要。如何良俊指出，陈惟允、赵善长、马文璧等画家的作品之所以以韵胜，首先"因此辈皆高人，耻仕胡元，隐居求志"[2]，即他们具有崇高的政治气节和道德操守，这便赋予作品以高拔绝俗的风格气质，再加上师法荆、关、董、巨等山水画的正宗巨匠，远超前代就是很自然的事了。何良俊又称倪瓒（1301—1374，字元镇）的作品纯是写画家"胸中逸气"，而不去计较形象的刻画与修饰，后来的摹习者若无此"逸气"，便不能体悟其中奥妙，更无法获得倪瓒作品那样的韵致。与此相对，何良俊对院体画家多有批评，他尽管称赞戴进是"院体中第一手"，具备精湛熟练的表现技巧，却认为他没有高尚的人品和超逸的气质，所以作品也缺乏某种韵味。

何良俊是较早系统探讨文人画美学的艺术评论家，他引入"韵"这一范畴作为绘画评鉴的核心标准，一方面是说明画家的人格修养和精神境界对画作艺术品格的决定作用，另一方面则是阐述绘画作为文人寄情言志、抒表人生意趣之手段的重要价值。在何良俊这里，艺术创作论、鉴赏论和修养论是融合在一起的，这种绘画美学的观念模式在崇尚文人画的明代画论中比较普遍。

屠隆（1544—1605，字长卿）撰有《画笺》二十六则，论及画法、鉴赏、装裱等问题，其美学取向同样是推崇文人画，反对一味模仿古人，主张"以天生活泼为法"。其中论"元画"一则是屠隆对文人画的总体看法："评者谓士大夫画，世独尚之。盖士气画者，乃士林中能作隶家。画品全法气韵生动，不求物趣，以得天趣为高。观其曰写，而不曰画者，盖欲脱尽画工院气故耳。此等谓之寄兴，但可取玩一世，若云善画，何以上拟古人而为后世宝藏？如赵松雪、黄子久、王叔明、吴仲圭之四大家，及钱舜举、倪云林、赵仲穆辈，形神俱妙，绝无邪学，可垂久不磨，

① 何良俊:《四友斋丛说》卷二九，上海古籍出版社 2012 年版，第 192 页。
② 何良俊:《四友斋丛说》卷二九，上海古籍出版社 2012 年版，第 192 页。

此真士气画也。”[①] “士大夫画”即是文人画，又叫“士气画”。一般认为，这类画有两个特点，一是以书法用笔入画，故曰写而不曰画。屠隆讲到看画之法时就说：“画看之法，如看字法。……须着眼圆活，勿偏己见，细看古人命笔立意，委曲妙处方是。”[②] 二是有书卷气，不求形似而重笔墨情趣和画境神韵，以此表达文人的情怀和兴致。在屠隆看来，文人画的一个重要的艺术追求就是摒弃宋画的“画工院气”，营造形神俱妙、气韵生动的情调境界，这就达到了所谓的“天趣”之妙。屠隆重视绘画艺术对于画家的抒情寄兴作用，说道：“人能以画寓意，明窗净几，描写景物，或观佳山水处，胸中便生景象。或观名花折枝，想其态度绰约，枝梗转折，向日舒笑，迎风欹斜，含烟弄雨，初开残落，布置笔端，不觉妙合天趣，自是一乐。”[③] 当然，按屠隆看法，这种天趣之乐只能属于高雅脱俗的文人士大夫群体而不足为一般人道，所以他才说：“古画不可出示俗人。”[④]

高濂（字深甫，生卒年不详，大致生活在万历年间）编写的《遵生八笺》是一部讲养生的杂书。全书从八个方面论述延年祛病之术，卷五《燕闲清赏笺》则把鉴赏清玩古物当作修身养性的重要内容，其中就包括绘画作品的赏析。高濂在画论方面主要是提出了“三趣说”，即天趣、人趣、物趣。其言曰：

> 余所论画以天趣、人趣、物趣取之。天趣者神是也，人趣者生是也，物趣者形似是也。夫神在形似之外，而形在神气之中。形不生动，其失则板；生外形似，其失则疏。故求神似于形似之外，取生意于形似之中。生神取自远望，为天趣也；形似得于近观，人趣也。故图画张挂，以远望之：山川徒具峻削而无烟峦之润，林树徒

① 屠隆：《画笺》，《中国画论类编》，人民美术出版社 1986 年版，第 1237 页。
② 屠隆：《画笺》，《中国画论类编》，人民美术出版社 1986 年版，第 1239 页。
③ 屠隆：《画笺》，《中国画论类编》，人民美术出版社 1986 年版，第 1240 页。
④ 屠隆：《画笺》，《中国画论类编》，人民美术出版社 1986 年版，第 1242 页。

作层叠而无摇动之风，人物徒肖尸居壁立而无语言顾盼步履转折之容，花鸟徒具羽毛、文采、颜色锦簇而无若飞若鸣若香若湿之想，皆谓之无神。四者无可指摘，玩之俨然形具，此谓得物趣也。能以人趣中求其神气生意运动，则天趣始得具足。[①]

按高濂所论，“天趣”是一种超于形迹之外的审美气韵，体现了作品最高的艺术境界与精神格调，即传统美学中所谓味外之味、味外之旨的内涵。山川之峻削，树木之层叠、人物之逼肖、花鸟之艳丽，皆限于静态的形似层面，只得“物趣”之妙，唯有表现其“烟峦之润”“摇动之风”“语言顾盼步履转折之容”“若飞若鸣若香若湿之想”，才是一种“神气生动”的天趣，当中充溢着画家的士气。显然，这种自然活泼的神韵并不是凭空存在的，而是通过具体的审美形象显现流溢出来的，观者对它的感悟体验亦是在对形象的感知中展开的，即“取生意于形似之中”，故此，高濂不同意为求天趣而完全摒弃物趣的流行观点。在他看来，宋人院画虽天趣不及唐画，但物趣过之，时人评之精巧太过而无神，在创作上完全忽略形象塑造，这种观念及取法是有失偏颇的。

高濂所言天趣、物趣，意涵较为明确，但“人趣”所指比较模糊。简而言之，人趣是指画家融施于绘画过程的人格、胸次、气质等主体精神元素，它会影响物趣的创造和天趣的表现。当代学者概括出高濂之“三趣”的结合过程和方式是：“以‘人趣’求‘物趣’，从‘物趣’显出‘天趣’。也就是，以画家某种美的胸次、气质、情思去感受、熔铸绘画对象，并有如造化生物那样自然地去表现绘画对象，从对物的形色描写中，揭示出物的神气，物的灵魂、物的内在生命。同时，也以绘画表现出画家自己的人品、胸次、气质、情思、趣味。”[②] 我们可以看到，与何良俊、屠隆等人的绘画美学、美育观独倡士气、神韵而轻视形式经营

① 高濂：《燕闲清赏笺论画》，《中国画论类编》，人民美术出版社 1986 年版，第 121 页。
② 郭因：《中国绘画美学史稿》，人民美术出版社 1981 年版，第 280 页。

不同，高濂认为，唯有“三趣”齐备才是好画，才具有最高的鉴赏价值，因此他不满于那些为单纯表现士气而忽略物趣的画作。

除上述诸家外，莫是龙、陈继儒、李日华等人的绘画美育思想基本上亦无脱于文人画美学的范围。莫是龙（1537—1587，字云卿）编有《画说》十五则。他就作品的艺术意蕴的创造问题提出了“传神”“味外之味”等要求，这些都与画家的胸次、气质、品格直接相关。莫是龙认为，画家有何等胸次与气质，画作便会有相应的韵味和意境，作品在艺术上的高下之别，实为画家主体精神修为的差异性体现。陈继儒论画重“笔墨之妙”，指出“文人之画不在溪径而在笔墨”，“笔墨”关乎画家的力、巧、神、胆、学、识几种能力[①]，它们同样属于画家人品、胸次的范畴。陈继儒又认为，画家要提高艺术修养和精神境界，需“多文”和读“万卷书”，“多文”必晓画，读得万卷书，作品便“无俗态”。因此，他同意前人说的倪瓒画作之所以“笔意萧散”，是由于“胸次清旷”这样的观点。李日华（1565—1635，字君实）论画的文字统编为《竹懒论画》。就绘画艺术的社会文化价值来说，李日华重视其人文政教的功能，认为绘画应该具备“存典故，备法戒”[②] 的作用。从创作和鉴赏看，李日华尤其强调画家人品之于画品的决定性意义。他说：“姜白石论书曰：‘一须人品高。’文徵老自题其《米山》曰：‘人品不高，用墨无法。’乃知点墨落纸，大非细事，必须胸中廓然无一物，然后烟云秀色，与天地生生之气自然凑泊，笔下幻出奇诡。若是营营世念，澡雪未尽，即日对丘壑，日摹妙迹，到头只与髹采圬墁之工争巧拙于毫厘也。”[③] 在李日华看来，画家必须摒弃俗念，超脱形制和物欲的束缚，才能与天地之气相融，高逸的气质和深阔的胸襟才能创作出气象非凡的作品。至于如何提高画家的精神修养，李日华还是认为要多读书：“绘事必须多读书。读书

---

① 陈继儒：《眉公论画山水》，《中国画论类编》，人民美术出版社 1986 年版，第 753—754 页。

② 李日华：《竹懒论画》，《中国画论类编》，人民美术出版社 1986 年版，第 130 页。

③ 李日华：《竹懒论画》，《中国画论类编》，人民美术出版社 1986 年版，第 131 页。

多，见古今事变多，不狃狭劣见闻，自然胸次廓彻。”如此作画，“山川灵秀，透入性地，时一洒落，何患不臻妙境”[①]。这种认为须以读书来增长见闻、开阔胸襟从而提高画家的艺术修养与创造力的观点在明代崇尚文人画的画论当中是相当普遍的，它体现了将知识、道德、审美高度融合的典型的文人趣味。

三、董其昌的绘画美育思想

依前述可知，崇尚文人画的明代绘画美学、美育思想，从各家具体论说看虽有一定分别，但总体旨趣和立场相当一致。从明初至晚期，多是陈陈相因，承袭前说，真正具有开疆辟域意义的创造性理论并不多。直到董其昌提出南北宗说，才终于在绘画思想领域激起一声巨响。南北宗说既是对明季近三百年绘画美学（主要是文人画美学）的总结，又成为明后三百年画论的主流，因此，董其昌的画学思想之于明清绘画美学、美育的发展便具有承前启后的重大意义。

董其昌（1555—1636），字玄宰，号思白、香光居士，松江华亭人，授翰林院编修，官至南京礼部尚书，谥“文敏”。尽管董其昌一生时官时隐，在仕、隐之间数度徘徊，但早年立定的书画翰墨之志却从未动摇过，在创作和理论上都取得了很高成就。明代画坛有所谓“浙派”“吴派”之争，前者宗南宋院体，后者师法元代文人画。在晚明时期，浙派已为吴派所取代，而吴派自身亦渐显颓势。董其昌出入宋元，集众家所长，他说：“画平远师赵大年，重山叠嶂师江贯道，皴法用董源麻皮皴及《潇湘图》点子皴。树用北苑、子昂二家法。石用大李将军《秋江待渡图》及郭忠恕雪景。李成画法有小幅水墨，及着色青绿，俱宜宗之。集其大成，自出机轴。再四五年，文、沈二君，不能独步吾吴矣。”[②] 文、沈即是吴派的代表人物文徵明（1470—1559，以字行）和沈周（1427—1509，

---

① 李日华：《竹懒论画》，《中国画论类编》，人民美术出版社 1986 年版，第 134 页。
② 董其昌：《画旨》，《容台集 · 别集》卷四，西泠印社出版社 2012 年版，第 674 页。

字石田）。董其昌在此表达了要超越吴派，自辟新路的强烈意愿，只是他意识到，艺术的创新不能孤绝独行、凭空而就，只有在充分吸收、融合传统的基础上，方可“自出机轴”，另成气象。故清人姜绍书在介绍董其昌生平时，对其绘画艺术有这样的评价：“画仿北苑、巨然、千里、松雪、大痴、山樵、云林。精研六法，结岳融川，笔与神合。气韵生动，得于自然。所谓云峰石迹，迥出天机，笔意纵横，参乎造化者也……”①

正是在绘画实践当中对传统绘画艺术谱系及其风格特征的深度理解与把握，董其昌提出了画分南北二宗的说法。他说：

> 禅家有南北二宗，唐时始分画之，南北二宗亦唐时分也，但其人非南北耳。北宗则李思训父子着色山水，流传而为宋之赵幹、赵伯驹、伯骕，以至马、夏辈，南宗则王摩诘始用渲淡，一变构研之法，其传为张璪、荆、关、董、巨、郭忠恕、米家父子，以至元之四大家。亦如六祖之后，有马驹、云门、临济儿孙之盛而北宗矣。要之摩诘所谓云峰石迹，迥出天机，笔意纵横，参乎造化者。东坡赞吴道子、王维画壁亦云：“吾于维也无间然。”知言哉！②

这段话是关于南北分宗说最重要的一段论述，除了说明南北宗各自的传承谱系之外，主要是告诉我们，画学中所谓南北宗的划分与画者籍贯无关，而是拿禅家北渐南顿的不同修习工夫所做的类喻，这有似于严羽以禅家论诗的思路。了解董其昌生平及思想可知，他的禅学造诣很高，独好南派五宗之一的曹洞宗。禅学对董其昌的人生处世、艺术创作和美学观念具有根本性的影响，所以他以禅论画乃是顺理成章的事情。就艺术上来说，董其昌划出的南北二宗确有各自的特点。简单概括，北宗代表

---

① 姜绍书：《无声诗史》卷四，藏修堂丛书本第四集。

② 董其昌：《画旨》，《容台集·别集》卷四，西泠印社出版社 2012 年版，第 677 页。按：董其昌好友莫是龙《画说》中亦有与此段几乎完全相同的文字，一般认为是后人编辑时误录董文所致。

李思训（651—716，字建晛）、李昭道（生卒年不详，字希俊）、马远（约1140—约1225，字遥父）、夏圭（生卒年不详，字禹玉）等画家，其画笔格遒劲，线条刚硬，布局严谨整饬，总体风格多显奇峭雄健。而以王维（701—761，字摩诘）为宗主，以董源、巨然、米家父子（米芾、米友仁）、元四家为中坚的南宗，作品裁构清秀、线条曲柔，风格萧散幽淡，重在画家自然真趣的表达。中国士人一生浸淫于儒、释、道思想，多主柔淡平和而反对快猛刚硬，董其昌奉南宗为画艺正宗显然是受此文化观念的影响。

董其昌就南北宗进一步论道：

> 李昭道一派，为赵伯驹、伯骕，精工之极，又有士气。后人仿之者得其工，不能得其雅。若元之丁野夫、钱舜举是已。盖五百年而有仇实父，在昔文太史亟相推服。太史于此一家画，不能不逊仇氏，故作以赏鉴增价也。实父作画时，耳不闻鼓吹阗骈之声，如隔壁钗钏，顾其术亦近苦矣。行年五十，方知此一派，画殊不可习。譬之禅定，积劫方成菩萨，非如董、巨、米三家，可一超直入如来地也。[①]

董其昌在此提出了一个重要的评鉴准则，即“士气”，画有士气，则不论风格派别。李昭道（更有其父李思训）虽为北派宗主，青绿山水，精工细刻，极尽富丽，然不乏士气；但后人“得其工，不能得其雅”，多在技巧上用功磨炼，如此绘就的作品往往是“力胜于韵”，难窥画家本人的精神气质，这就不如董、巨、米等南派画家，于蹊径之外求笔墨，以自然意气合天机造化，犹若南宗禅法，“直入如来地”。董其昌还认为，要使绘画作品士气充盈，须以书法笔意入画，言道：“士人作画，当以草隶奇

① 董其昌：《画旨》，《容台集·别集》卷四，西泠印社出版社2012年版，第709页。

字之法为之，树如屈铁，山如画沙，绝去甜俗蹊径，乃为士气。”①

董其昌对士人画的倡举尤可在对王维的推崇中见出。王维在画坛的地位是在唐以后慢慢确立起来的，至北宋时期，他已经被视为山水画、文人画的一位开宗立派的人物。《宣和画谱》说：“维之画出于天性，不必以画拘，盖生而知之者。……是其胸次所存，无适而不潇洒。移志之于画，过人宜矣……后来得其仿佛者，犹可以绝俗也。”② 这里已经指出王维的画境根本上与其人格、胸次之潇洒、悠然有关，是移主体情志于画的结果。当然，在推重王维的宋人当中，产生最大影响的还是苏轼，其《题王维画》一诗说摩诘：“平生出入辋川上，鸟飞鱼泳嫌人知……行吟坐咏皆目见，飘然不作世俗词。”对王维山水画的绝俗趣味和隐逸精神的把握是非常准确的，以苏轼在文人中的崇高地位，他的评价对后世的影响是可想而知的。董其昌钦慕苏轼的人品文章，对后者的画论亦多表赞同，他对王维的态度必然深受东坡感染，但真正原因还是体认到王维诗画风格与其人生趣旨的深刻关联。他说摩诘“十九赋《桃源行》……志在林泉，声出金石”，虽“崎岖涉世”，却钟情于山水、超脱尘网之外③，故董其昌对王维画作有如此评价：“云峰石迹，迥出天机，笔意纵横，参乎造化者。”董其昌有很浓的隐逸之趣，一生多次辞官，陈继儒说他“游戏禅悦，视一切功名文字，直黄鹄之笑壤虫而已”④。他对王维以及整个南宗画系的崇扬不得不说是自家人生意趣的一种投射。

在标榜士气的艺术观念背景下，董其昌又提出了“淡”的审美标准。他说：

> 作书与诗文同一关捩。大抵传与不传，在淡与不淡耳。极才人之致，可以无所不能，而淡之玄味，必由天骨，非钻仰之力、澄练

① 董其昌:《画旨》,《容台集·别集》卷四,西泠印社出版社2012年版,第674页。
② 王群栗:《宣和画谱》,浙江人民美术出版社2012年版,第101—102页。
③ 董其昌:《画旨》,《容台集·别集》卷四,西泠印社出版社2012年版,第708—709页。
④ 陈继儒:《容台集序》,《容台集·附录》,西泠印社出版社2012年版,第725页。

之功，所可强入。萧氏《文选》，正与淡相反者，故曰六朝之靡……苏子瞻曰："笔势峥嵘，辞采绚烂，渐老渐熟，乃造平淡，实非平淡，绚烂之极。"犹未得十分，谓若可学而能耳。《画史》云："若其气韵，必在生知。"可为笃论矣。[①]

"淡"是中国艺术的至高追求，诗、文、书、画都把"淡"标举为一种审美极境。董其昌对"淡"的解释主要是两点：其一，"淡"与作者性情有关，所谓"大雅平淡，关首神明"[②]。其二，"淡"非人力强作而能得，乃是自然天成，"必由天骨"。画之气韵，"必在生知"，说的也是同一个道理，"气韵"便有"淡"的意思。实际上，这两点可合而言之，即艺术的平淡超逸的风格气韵是从作者的人格、性情中流露出来的，并非由技巧雕琢而来。董其昌在《诒美堂集序》对"淡"的定义是："质任自然，是之为淡。"[③] 这就是要求作者在创作过程中顺乎万物自然之性，包括人之性与物之性，而关键仍在于人性的自然呈露，物性之自然始终要以人性合之，于是，问题就归结到了人格修养上了。进而言之，艺术品的审美品性是直接由艺术家的人格修养的境界决定的，这显然是明代文人画论的一贯认识。那么，人格修养有何途径呢？董其昌提倡读万卷书，行万里路[④]，学习知识，增长见闻。这似乎与他所说的气韵不可学、一任自然天真的看法是矛盾的，但两者其实并不冲突，重要的是，获得的知识见闻要转化为主体的人格与性情。此犹如严羽在《沧浪诗话》中的那一个著名论断："诗有别材，非关书也；诗有别趣，非关理也。然非多读书、多穷理，则不能极其至。"[⑤] 今人徐复观对这个问题做了很好的总结，他说："人文的教养愈深，艺术心灵的表现也愈厚。因此，学问教

---

① 董其昌：《容台集·别集》卷一，西泠印社出版社2012年版，第592页。
② 董其昌：《诒美堂集序》，《容台集》卷一，西泠印社出版社2012年版，第177页。
③ 董其昌：《诒美堂集序》，《容台集》卷一，西泠印社出版社2012年版，第178页。
④ 董其昌：《画旨》，《容台集·别集》卷四，西泠印社出版社2012年版，第675页。
⑤ 郭绍虞：《沧浪诗话·诗辨》，人民文学出版社1983年版，第26页。

养之功，通过人格、性情，而依然成为艺术决不可少的培养、开辟的力量。不过，学问必归于人格、性情。所以艺术家的学问，并不以知识的面貌出现，而系以由知识之助所升华的人格、性情而出现。”①

董其昌的南北宗之说在学术上其实并不严谨，其所论与画史不尽相符，尽管影响巨大，却也遭遇各种诟病。然在我们看来，与其将南北宗说看作一种严肃的学术观点，不如视为晚明士人在艺术思想领域展开的一种人生价值叙事，在这种叙事中，艺术理想、生命情怀乃至宇宙精神是相互构成、高度融合的。董其昌相信，画家须有涵纳宇宙的胸次，画道则在表现宇宙“生机”，故得画道者往往多寿。他因此主张画家要“以画为寄”“以画为乐”，如此方能脱尽习气，自由抒发真情真性。董其昌的绘画美育论既是明代绘画美学思想发展出的最后一座高峰，同时也是后者的深刻总结，对后来的绘画美学、美育思想产生了极其重要的导范作用。

第二节　明代的书法、音乐和园林美育思想

明代在书法、音乐、园林等艺术理论领域，都诞生了颇具系统性的理论专著，如项穆的《书法雅言》、徐上瀛的《溪山琴况》、计成的《园冶》等，它们都是各自领域具有代表性乃至开创性的著作。在这些论著中，有的是直接谈到艺术对于个体心性化育的重要价值，有的则是通过艺术创作论、本体论和鉴赏论来说明艺术在人格修养及营构一种富有趣味的精神生活方面所发挥的根本作用。下文将以上述三部论著为中心，分析明代的书法、音乐和园林美育思想。

一、《书法雅言》与明代的书法美育思想

从古代书法艺术的总体发展来看，明代已走入了书势的衰落期。明

---

①　徐复观:《中国艺术精神》,华东师范大学出版社 2001 年版,第 253 页。

去古已远，晋、唐的法帖真迹已难得见，因此追摹前人的古韵高法并非易事，这也是为何明前两百年的书坛会如此深刻而持久地受到赵孟頫书法影响的宏观原因之一。当时书家可谓人人学赵书，无人不受其熏陶，直到董其昌出，表白“脱去右军老子习气”的雄心，进而在创作上开拓新路，书风才为之一变。明代书法名家不少，其中张弼（1425—1457，字东海）、沈周、陈献章（1428—1500，字公甫）、吴宽（1435—1504，字原博）诸人在意法、风格上皆有新创之举，是明代多元化的文人意趣在书界的体现。而自称“书第一”的徐渭，更凭其强烈的个性化创造在明代书坛划下了极其绚丽的一笔。明代还出现了数目可观的书学著述，较著者有姜立纲（1444—1499，字廷宪）的《中书楷法》、丰坊（？—1576，字人翁）的《书诀》、项穆的《书法雅言》、赵宧光（1559—1625，字凡夫）的《寒山帚谈》及董其昌《画禅室随笔》中谈书法的部分，此中以项穆的《书法雅言》最具体系性。该著全面探讨了书法艺术的历史、技法、风格、价值等问题，因其鲜明的儒家立场，作者尤为关注人品和书品的关系，特别重视书法的政教功能，所以相比其他书学论著，《书法雅言》包含了更为丰富的美育思想，表述也更加直接明确。

中国历代书家及书学思想大都重视书者情性品格的修养在书法创作中的优先意义，其核心观念是：人品决定书品，人格主导书格，从书法之风神骨气可见出人的精神品性。唐张怀瓘（生卒年不详）认为，学习书法要“先其天性，后其习学”，书法创作“从心者为上，从眼者为下”[①]。苏轼则指出，论书必要论书者生平，“苟非其人，虽工弗贵也”[②]，即是说，书法的艺术价值首先不是来自技巧的创造，而是由书者自身品性赋予的。这一观念由黄庭坚继承，并明确了书者品性的道德内涵，其言曰：“学书须要胸中有道义，又广之以圣哲之学，书乃可贵。若其灵府

---

① 张怀瓘：《书议》，《中国美学史资料类编 · 书法美学卷》，江苏美术出版社 1988 年，第 6 页。

② 苏轼：《东坡书说》，《中国美学史资料类编 · 书法美学卷》，江苏美术出版社 1988 年，第 9 页。

无程，政使笔墨不减元常、逸少，只是俗人耳。”[①] 应该说，明以前，类似上述关于书法与书者之间的价值关联性的认识是相当普遍的。在此背景下，项穆将这一观念认识做了系统性的发挥，强调书法是人格的表现，阐明了在书法创作中精神与形式的相互渗透机制及其意义。

项穆（约1550—约1600），字德纯，号贞元，秀水（今浙江嘉兴）人，所著《书法雅言》凡十七篇，分别是书统、古今、辨体、形质、品格、资学、规矩、常变、正奇、中和、老少、神化、心相、取舍、功序、器用、知识。全书开篇就先说明书法的政教功能，言曰：“书之作也，帝王之经纶，圣贤之学术，至于玄文内典，百氏九流，诗歌之劝惩，碑铭之训戒，不由斯字，何以纪辞。故书之为功，同流天地，翼卫教经者也。”[②] 显然，项穆这里是把文字与书法的功能相混同了，而以文字的功能来代言书法的功能，但这也正可看出项穆对书法所谓“劝惩”“训戒”“翼卫教经”之价值的明确定位。他进而认为：“学术经纶皆由心起，其心不正，所动悉邪。”[③] 由此把一种心性决定论的思路引入书学当中。如果说，“书以人传”的观念在项穆之前已成为古代书法美学的一种共识的话，项穆则为这条共识做了一个重要的注释，即书之能以人传者，在人心之可传也，故曰：“书法乃传心也。”[④] 于是，一种以正心修身为本务的书艺修养逻辑便呼之欲出了：

> 柳公权曰：心正则笔正。余则曰：人正则书正。取舍诸篇，不无商、韩之刻；心相等论，实同孔、孟之思。六经非心学乎？传经

① 黄庭坚:《山谷文集》,《中国美学史资料类编 · 书法美学卷》,江苏美术出版社 1988 年,第 10 页。

② 项穆:《书法雅言》,《中国历代美学文库 · 明代卷》中,高等教育出版社 2003 年版,第 299 页。

③ 项穆:《书法雅言》,《中国历代美学文库 · 明代卷》中,高等教育出版社 2003 年版,第 300 页。

④ 项穆:《书法雅言》,《中国历代美学文库 · 明代卷》中,高等教育出版社 2003 年版,第 316 页。

非六书乎？正书法，所以正人心也。正人心，所以闲圣道也。[①]

项穆试图从书统中寻绎儒家由六经所传承的道统，实际上则是以儒家道统来建构书统，它们的关联点在于，两者皆“心学”，即修心养性、道德教化之学。既然“六经皆心学”，经又以书传，故作书亦必不能不由心，从中便自然可以获得这样一个推论：“书学皆心学”，经、道、心、书是浑然一体的。然而，道可明可晦，心可正可邪，书艺亦据之可高可低，项穆由此深信，正人心乃是书艺的首务，人心正则书法正，他说：“心为人之帅，心正则人正矣。笔为书之充，笔正则事正矣。人由心正，书由笔正。”然又如何正心呢？项穆接着道：“欲正其书者，先正其笔，欲正其笔者，先正其心。若所谓诚意者，即以此心端已澄神，勿虚勿贰也。致知者，即以此心审其得失，明乎取舍也。格物者，即以此心博习精察，不自专用也。正心之外岂更有说哉？”[②] 把正心放到格、致、正、诚的儒家修身程序中来定位，又以正心来解释格物、致知、诚意三条目，不能不说是受到心学思潮的影响。而以“正”论书法作品，显然绝不仅指涉审美形式层面，却更多是指由主体的崇高人格所决定的作品雅正的精神气韵。概言之，无论人和书，皆须合于儒家圣道。项穆还举了大量的例子来说明：“如桓温之豪悍，王敦之扬厉，安石之躁率，跛扈刚愎之情自露于毫楮间也。……至于褚遂良之遒劲，颜真卿之端厚，柳公权之庄严，虽于书法，少容夷俊逸之妙，要皆忠义直亮之人也。若夫赵孟頫之书，温润闲雅，似接右军正脉之传，妍媚纤柔，殊乏大节不夺之气。”[③] 每一位书法大家的艺术风格都直接来自他们的人格特质，是书者情性修养的

① 项穆：《书法雅言》，《中国历代美学文库·明代卷》中，高等教育出版社2003年版，第300页。

② 项穆：《书法雅言》，《中国历代美学文库·明代卷》中，高等教育出版社2003年版，第316页。

③ 项穆：《书法雅言》，《中国历代美学文库·明代卷》中，高等教育出版社2003年版，第316页。

对象化。

由心正、人正而得书正，所谓“正”，即有不偏不倚、行乎中道的意思，这就与项穆所遵奉的中和美学观联系起来。在项穆看来，无论是自然、艺术还是人本身，皆合于“中”的客观规律，对中和之美的追求乃人的天性使然。他说：“人心之良，皆好乎中和。宫室，材木之相称也；烹炙，滋味之相调也；笙箫，音律之相协也。人皆悦之。使其大小之不称，酸辛之不调，宫商之不协，谁复取之哉？试以人之形体论之，美丈夫贵有端厚之威仪，高逸之辞气；美女子尚有贞静之德性，秀丽之容颜。岂有头目手足粗邪癞瘇，而可以称美好者乎？形象器用无庸言矣，至于鸟之窠，蜂之窝，蛛之网，莫不圆整而精密也。可以书法之大道，而禽虫之不若乎？”① 中和不仅是自然、艺术的形质特点和人的本能心理要求，它更是华夏礼乐文化的价值本体。“中也者，无过不及是也。和也者，无乖无戾是也。然中固不可废和，和亦不可离中，如礼节乐和，本然之体也。礼过于节则严矣，乐纯乎和则淫矣。所以礼尚从容而不迫，乐戒夺伦而皦如。中和一致，位育可期，况夫翰墨者哉。”② 项穆将书法的中和美学观纳入到儒家礼乐法度中来看待，以政治文化的价值标准来论证美学理想的合法性，这其实是很明确地把书法视作礼乐教化体系的一部分了。由是，项穆认为，在书法创作中只要遵循这种中和观，便可获得巨大的政教文化意义：“法书仙手，致中极和，可以发天地之玄微，宣道义之蕴奥，继往圣之绝学，开后觉之良心。功将礼乐同休，名与日月并曜。岂惟明窗净几，神怡务闲，笔砚精良，人生清福而已哉。”③

最后可值一提的是项穆关于书法鉴赏的看法，他运用极其形象的语

---

① 项穆：《书法雅言》，《中国历代美学文库·明代卷》中，高等教育出版社 2003 年版，第 307 页。

② 项穆：《书法雅言》，《中国历代美学文库·明代卷》中，高等教育出版社 2003 年版，第 312 页。

③ 项穆：《书法雅言》，《中国历代美学文库·明代卷》中，高等教育出版社 2003 年版，第 315 页。

言来描述书法鉴赏各环节的审美活动特点，并提出耳鉴、目鉴、心鉴三种鉴赏方式。言曰：

> 大要开卷之初，犹高人君子之远来，遥而望之，标格威仪，清秀端伟，飘飘若神仙，魁梧如尊贵矣。及其入门，近而察之，气体充和，容止雍穆，厚德若虚愚，威重如山岳矣。迨其在席，器宇恢乎有容，辞气溢然倾听。挫之不怒，惕之不惊，诱之不移，陵之不屈，道气德辉，蔼然服众，令人鄙吝自消矣。又如佳人之艳丽含情，若美玉之润彩夺目，玩之而愈可爱，见之而不忍离，此即真手真眼，意气相投也。故论书如论相，观书如观人，人品既殊，识见亦异。有耳鉴，有目鉴，有心鉴。若遇卷初展，邪正得失，何手何代，明如亲睹，不俟终阅，此谓识书之神，心鉴也。若据若贤有若帖，其卷在某处，不恤货财而远购焉。此赢钱之徒收藏以夸耀，耳鉴也。若开卷未玩意法，先查跋语谁贤，纸墨不辨古今，只据印章孰赏，聊指几笔，虚口重赞，此目鉴也。①

“论书如论相，观书如观人”，这是项穆书法鉴赏论的核心观点。据上述，并结合项穆的总体书学思想，这句话可以论指三种意思。其一，从作品角度看，以人喻书，将书当作人来品鉴，观之若“高人君子”，若神仙、佳人，各种神态风仪跃然纸上；其二，从作者角度看，以书观人，观书相而识作者之人心，从书品见出作者之人品；其三，从欣赏者角度看，各人因人品、识见的差异决定人们会采用不同的品鉴方式，反过来说，从所采用的品鉴方式可以见出欣赏者的审美修养和人格境界。据文中对耳鉴、目鉴、心鉴的描述来看，三者其实并无涉及具体的技术细节，主要是就品鉴活动本身的趣味格调之雅俗高低展开议论的。毫无疑问，项

① 项穆:《书法雅言》,《中国历代美学文库・明代卷》中,高等教育出版社 2003 年版,第 320—321 页。

穆所肯定的，乃是人、书相通而直得作品神韵的心鉴，耳鉴、目鉴在他看来都是一些附庸风雅、沽名钓誉之辈玩弄的虚伪把戏，他们并不懂得真正的艺术鉴赏，这种批评对于我们反思当下的艺术品鉴活动仍具有重要意义。

项穆的书法美育思想在明代各种书学中尽管最为丰富而系统，但从明代活跃的书学思想总体来看，书法美育论自然不止项穆一家，许多书家或文人都对这一问题发表了见解。

明初方孝孺反对时人重法度而轻书意的取向，认为在重“法”的同时还要把握“意”，而书意来自书者的人格气质。方孝孺道：“晋宋间人以风度相高，故其书如雅人胜士，萧洒酝藉，折旋俯仰，容止姿态，自觉有出尘意。陵夷至于中唐，法度森然大备，而怒张挺勃之气亦已露矣。唐初诸贤去古未远，故犹有晋宋遗风。……古人所为，常使‘意’胜于‘法’，而后世常‘法’胜于‘意’。‘意’难识而‘法’易知。”[①] 徐渭依其鲜明的文人个性，反对书法的艳形媚骨，对世人爱好赵（孟頫）书不以为然，讥赵书纯是女媚之态。徐渭重视在书法中寄托兴致，表达艺术家的个人情志。他说：“凡临摹直寄兴耳。铢而较，寸而合，岂真我面目哉？临摹《兰亭》本者多矣。然时时露己笔意者，始称高手。予阅兹本，虽不能必知其为何人，然窥其露已笔意，必高手也。优孟之似孙叔敖，岂并其须眉躯干而似之邪？亦取诸其意气而已矣。”[②] 徐渭的这种看法与其主情论美学观是相符契的，即书法与诗文、绘画一样，是抒发自我真情的手段，只有“时时露己”，表现“真我面目”，才是“高手”。丰坊（？—1576，字人翁）在书学上尤重法度和功夫，学书讲究严格追摹古法，规模形制，但同时他又认识到，作书论书，必然深刻地与主体的人品情性相联系，言曰：“古人论诗之妙，必曰沉着痛快。惟书亦然，

---

① 方孝孺：《题褚遂良书唐文皇哀册墨迹》，《逊志斋集》卷一八，宁波出版社 2000 年版，第 593 页。

② 徐渭：《书季子微所藏摹本〈兰亭〉》，《徐渭集》，中华书局 1983 年版，第 577 页。

沉着而不痛快，则肥浊而风韵不足；痛快而不沉着，则潦草而法度荡然。曾子曰：‘士不可以不弘毅。’弘则旷达，毅则严重。严重则处事沉着，可以托六尺之孤，旷达则风度闲雅，可以寄百里之命，兼之而后为全德，临大节而不可夺也。姜白石云：‘一须人品高。’此其本欤?”① 这段话流露出的浓烈的士人情怀使我们相信，丰坊在书学上提倡循法度而反新变，重技巧而摹古制，根本原因还是对主导书法艺术发展的儒家政道精神的信崇。董其昌论书与论画一样，皆以禅法来领会书学精义，说道：“大慧禅师论参禅云：‘譬如有人具万万资，吾皆籍没尽，更与索债。’此语殊类书家关捩子。……盖书家妙在能合，神在能离。所欲离者，非欧、虞、褚、薛诸名家伎俩，直欲脱去右军老子习气，所以难耳。那吒拆骨还父，拆肉还母。若别无骨肉，说甚虚空粉碎，始露全身。”② 在董其昌看来，学习古人自是必要，但不能拘于技法定则，关键在于得其精神，最终确立自家面目，故学古是为了离古，所谓“拆骨还父，拆肉还母”。董其昌据此对临帖提出了异于时人的看法：“临帖如骤遇异人，不必相其耳目、手足、头面，而当观其举止、笑语、精神流露处。庄子所谓‘目击而道存’者也。”③ “精神流露处”便是道之所在，在书画作品中即表现为“气韵生动”的审美意境。不过董其昌总是讲，气韵不可学，乃“生而知之”，但非真不可学，而是强调作者的知识、道德修养的重要性，只要脱去尘俗，随手写出，莫非高格雅韵，如此人格化为书格，书格尽显人格。

二、《溪山琴况》与明代的音乐美育思想

中国音乐艺术源远流长，音乐审美意识成熟得相当早。而考察音乐史可以发现，自上古三代始，华夏先人就把音乐与政教礼仪活动联系在

---

① 丰坊:《书诀》,《中国历代美学文库 · 明代卷》上,高等教育出版社 2003 年版,第 375 页。

② 董其昌:《画禅室随笔 · 书法》,《中国历代美学文库 · 明代卷》中,高等教育出版社 2003 年版,第 238 页。

③ 董其昌:《画禅室随笔 · 书法》,《中国历代美学文库 · 明代卷》中,高等教育出版社 2003 年版,第 238 页。

一起，将音乐宗教化、伦理化、政治化，教化之用被视作音乐的最大价值，这种观念在《尚书》《周礼》等先秦典籍中都有丰富的记述，至西汉时期，《礼记》对之做了系统化的阐释，此后成为中国古代音乐思想的主导观念。明代的乐教思想承前代而来，但随着社会世俗化进程的加剧和心学浪潮的冲击，人们对音乐的人文价值也产生了一些新的认识。不过可以看到，犹如历史上的多数音乐理论一样，明代的大部分乐学著述也都是一些零散的、片段的文字，缺乏思想的系统性，直到出现了朱载堉（1536—1611，字伯勤）的《乐律全书》和徐上瀛的《溪山琴况》才改变了这一局面。

徐上瀛（约1582—1662），字青山，号石泛山人，江苏太仓人，明末清初著名琴家，虞山派代表人物之一，时人誉为“今世之伯牙”。《溪山琴况》是徐上瀛仿照司空图《二十四诗品》的体例，根据明初冷谦（生卒年不详，约卒于永乐年间）的《琴声十六法》而作的一部琴学专著。作者从指与弦、音与意、形与神、德与艺等方面深入探讨了琴乐的风格、技巧、意蕴等问题，是古典琴乐美学的集大成之作。《溪山琴况》提出了“和”“静”“清”“远”“古”“淡”“恬”“逸”“雅”“丽”“亮”“采”“洁”“润”“圆”“坚”“宏”“细”“溜”“健”“重”“轻”“迟”“速”二十四况。所谓“况”，即审美情趣、况味、意态等，二十四况并非指二十四个审美范畴，而是指涉了一些共同的音乐美学问题，包括风格、意境、趣味、修养、技巧等。

《溪山琴况》的核心美学观念是“和”，这在开篇第一“况”即已阐明。文曰：“稽古至圣，心通造化，德协神人，理一身之性情，以理天下人之性情，于是制之为琴。其所首重者，和也。”① “和”是儒、释、道三家共享的审美原则，尽管在价值诉求上各有不同，徐上瀛这里所表达的明显是一种儒家的乐教理想，其所谓“和”即是儒家的“中和”审美

① 徐上瀛:《溪山琴况》,《中国历代美学文库 · 明代卷》下,高等教育出版社 2003 年版,第 266 页。

观。如论“润”况时说：“凡弦上之取音，惟贵中和”，“润之之为妙，所以达其中和也”。[1] 论“轻”况时又说：“不轻不重者，中和之音也，起调当以中和为主。”[2] 徐上瀛相信，这种以“中和”为美的琴乐能够沟通神人，调和情理，通过涵养人的性情，达到教化天下的目的。在确立了“和”的美学原则后，徐上瀛立即转入到演奏技巧的讨论上，并将“和”的精神贯穿其中。他说：“和之始，先以正调品弦、循徽叶声，辨之在指，审之在听，此所谓以和感，以和应也。和也者，其众音之窾会，而优柔平中之橐籥乎？论和以散和为上，按和为次。……吾复求其所以和者三，曰：弦与指合，指与音合，音与意合，而和至矣。”[3] 只要在演奏中做到三合（和），就能达到琴乐的“至和”境界。这三合中，音与意合尤其重要。在徐上瀛看来，“音从意转，意先乎音，音随乎意”，而“欲用其意，必先练其音；练其音，而后能洽其意”，如此便能“以音之精义而应乎意之深微”。在这里，“意”和“音”是一种主从关系，但若要准确地传达“意”，“音”的技巧至关重要，所以要“先练其音”。所谓音与意合，便是由高超的技巧演奏出的音声触发听者的情感体验，打动人的心灵情意。不仅如此，徐上瀛认为，音与意合的审美效果还能带来一种超越琴声的弦外之韵，引发听者的无穷联想，言曰：“其有得之弦外者，与山相映发，而巍巍影现；与水相涵濡，而洋洋徜恍。暑可变也，虚堂疑雪；寒可回也，草阁流春。”[4] 这正是古典美学追求的韵外之致、味外之旨的审美意境。

音乐固然是借由技巧来展现，学习音乐通常也是从技巧入手，但徐

---

① 徐上瀛:《溪山琴况》,《中国历代美学文库 · 明代卷》下,高等教育出版社 2003 年版,第 271 页。

② 徐上瀛:《溪山琴况》,《中国历代美学文库 · 明代卷》下,高等教育出版社 2003 年版,第 273 页。

③ 徐上瀛:《溪山琴况》,《中国历代美学文库 · 明代卷》下,高等教育出版社 2003 年版,第 266 页。

④ 徐上瀛:《溪山琴况》,《中国历代美学文库 · 明代卷》下,高等教育出版社 2003 年版,第 267 页。

上瀛告诫学琴者，无论学习或演奏，都要避免重技轻意或以技害意，而须更加重视审美主体的主导作用。如果说，琴乐的审美理想是“和”，那么，首先就要求演奏者的性情与精神人格达到“和”的境界。徐上瀛道：“神闲气静，蔼然醉心，太和鼓鬯，心手自知，未可一二而为言也。太音希声，古道难复，不以性情中和相遇，而以为是技也，斯愈久而愈失其传矣。”① 合于大道的太古之音之所以远逝，就是操乐者重技轻意、重艺轻道所致，唯有“神闲气静，蔼然醉心”，以中和之性情方可体悟声音之道。然而如何才能修得中和之性情呢？这就需要“雪其躁气，释其竞心”“扫尽炎嚣”“心无尘翳”，质而言之，就是要摒弃情欲，求得心灵的超脱和人格的高洁。宋人朱长文（1039—1098，字伯原）所谓“乐在人和不在音赋”说的正是此意。

不仅中和之美要求主体具备中和之性情，其他不同的风格境界也对操琴者的气质、性情和精神状态提出了相应的要求。如论“静”：“静由中出，声自心生，苟心有杂扰，手指物挠，以之抚琴，安能得静？惟涵养之士，淡泊宁静，心无尘翳，指有余闲，与论希声之理，悠然可得矣。”② 又论“逸”：“先正云：‘以无累之神合有道之器，非有逸致者则不能也。’第其人必具超逸之品，故自发超逸之音。本从性天流出，而亦陶冶可到。如道人弹琴，琴不清亦清。……所为得之心而应之手，听其者而得其人，此逸之所征也。”③ 再论“迟”：“古人以琴能涵养情性，为其有太和之气也，故名其声曰‘希声’。未按弦时，当先肃其气，澄其心，缓其度，远其神，从万籁俱寂中泠然音生，疏如寥廓，窅若太古，

① 徐上瀛：《溪山琴况》，《中国历代美学文库·明代卷》下，高等教育出版社2003年版，第267页。

② 徐上瀛：《溪山琴况》，《中国历代美学文库·明代卷》下，高等教育出版社2003年版，第267页。

③ 徐上瀛：《溪山琴况》，《中国历代美学文库·明代卷》下，高等教育出版社2003年版，第269页。

优游弦上，节其气候，候至而下，经叶厥律者，此希声之始作也。”① 这些论述其实都是在重述由《乐记》奠立并一直延传下来的那个古老的音乐美学观念，即音由心生，情动于中而发于声，故审美主体的性情与人格决定了音乐的审美风格，而音乐实际上就成为个体借由抒表情志的审美手段，徐上瀛因此说要“藉琴以明心见性”。

在儒家的政治美学观念中，人心与乐声的关联最终是落实到政教诉求上的，一方面，鉴赏音乐能够知人、观政，同时，音乐能够感教人心、美化风俗，此即《乐记》所谓“声音之道与政通”。徐上瀛对音乐价值功能的看法根本上也没有脱离传统的认识。他引《乐志》中的话说道：“琴有正声，有间声。其声正直和雅，合于律吕，谓之正声，此雅、颂之音，古乐之作也。其声间杂繁促，不协律吕，谓之间声，此郑卫之音，俗乐之作也。雅、颂之音理而民正，郑卫之曲动而心淫。然则如之何而可就正乎？必也黄钟以生之，中正以平之，确乎郑卫不能入也。”② 可见，徐上瀛始终强调琴乐对世俗人心的感教作用，以求实现心正、民正的政道意图，为此，他主张采用正直和雅的雅、颂之乐，避免使用轻薄浮浪的俗乐（“郑卫之曲”）。琴乐本身属于大雅之质，所以一定要避免将雅音翻为俗调，而俗调之“俗”既指风格上的，又与技法有关，徐上瀛言道：“喜工柔媚则俗，落指重浊则俗，性好炎闹则俗，指拘局促则俗，取音粗厉则俗，入弦仓卒则俗，指法不式则俗，气质浮躁则俗。”然则何以克“俗”呢？他说得很简洁：“但能体认得‘静’‘远’‘淡’‘逸’四字，有正始风，斯俗情悉去，臻于大雅矣。”③ 尽管在市民文化和通俗文艺蓬勃兴盛的晚明时期，徐上瀛这种扬雅抑俗的美学立场与时代的新兴

---

① 徐上瀛：《溪山琴况》，《中国历代美学文库・明代卷》下，高等教育出版社 2003 年版，第 273 页。

② 徐上瀛：《溪山琴况》，《中国历代美学文库・明代卷》下，高等教育出版社 2003 年版，第 268 页。

③ 徐上瀛：《溪山琴况》，《中国历代美学文库・明代卷》下，高等教育出版社 2003 年版，第 270 页。

审美趣味相对立，但他对雅乐的坚守在古典音乐文化及审美信仰的传承方面是有重要意义的。

朱载堉所撰《乐律全书》是明代另一部重要的乐学著作，在中国古代音乐理论史上占有突出地位。它是一部关于乐舞律历的百科性质的专著，解决了一些历史上遗留的音乐技法和律学方面的难题，特别是对十二平均律的确立贡献尤大，不过全书因为没有直接涉及音乐美育问题，故在此不做详述。除乐学专著外，如王阳明、李贽、李开先、汤显祖等思想家或文人，也都就乐教提出了许多富有价值的见解，构成了明代音乐美育论的重要内容，这在本书的相关专章中已有阐述，不再赘论。

三、《园冶》与明代的园林美育思想

从先秦台榭的萌芽、秦汉苑囿的初具规模，到六朝园林的长足发展，直至明清园林的成熟兴盛，园林艺术在中国具有悠久的发展历史。与一般的实用性建筑不同，园林“是山池、建筑、园艺、雕刻、书法、绘画等多种艺术的综合体”①，它既是一个巨大的审美活动场所，也是一个复杂的审美对象。从魏晋开始，在富丽宏伟的皇家园林和贵族园林之外，出现了朴实无华的文人园林。到了明代中晚期，许多在官场上失意的文人归隐故里，将大量精力投入园林的营造，促成了园林艺术在明末的繁荣。与皇家贵族园林讲究外在的形制规模不同，文人园林高度体现了士大夫文人的审美情趣和生命情怀，花木、山石的布置，亭台楼榭的设计，以及整体格局的规划，无不反映出兴造者或园主的精神格调和人生志趣，准确地说，就是超离世俗、寄托林泉的隐逸之志。园林艺术的兴盛同时带来了造园理论的繁荣，在很多文人杂著中都有讨论园林的文字，但成就最大的莫若计成所撰的系统总结和阐述造园技艺与法则的《园冶》一书。

计成（1582—?），字无否，号否道人，明末松陵（今江苏吴江）人，擅长诗画，少年时期即有画名，画风宗关仝、荆浩。成年后，因雅好山

① 刘敦桢:《中国古代建筑史》,中国建筑工业出版社 1984 年版,第 343 页。

水而游历南北风景名胜，同时为诗文、绘画及造园活动搜集素材。作为晚明的造园名家，计成主持建造了四座园林，分别是为武进吴玄所造之东第园，为仪征汪士衡所造之寤园，为扬州郑元勋所造之影园，为怀宁（今安庆）阮大铖所造之石巢园。计成将其所宗之荆、关画意融入造园当中，使园林景观呈现出独特的山水画意境，这是文人审美意趣在园林艺术中的高度体现。在建造寤园的间隙，计成总结了十多年的造园经验，归纳整理了使用过的建筑方案和工程图式，撰成《园冶》一书。《园冶》共分三卷，卷一包括《兴造论》《园说》《相地》《立基》《屋宇》和《装折》六章，配图 73 幅；卷二为《栏杆》一章，专论各种栏杆样式，配图 100 幅；卷三则有《门窗》《墙垣》《铺地》《掇山》《选石》和《借景》六章，配图 62 幅。《园冶》从选址设计、择材施工、建造技术、赏鉴方法等方面，对古典园林艺术做了系统总结，建构了一个较为完整的中国园林美学体系。

众所周知，无论诗文或书画，中国古典艺术皆以师法自然为最高创造原则。园林的景观造型本就是对自然界之山水、木石等物质形态的直接借用和提炼，故相比纯粹的人文艺术，文人士夫在园林艺术当中寄寓了更加鲜明的自然主义旨趣。“自然”在美学上与“人工”相对。经历两千多年的造园史，中国造园艺术积累了丰富的经验，形成了复杂、严谨的程式与法度。这些程式与法度尽管能为园林建造提供有效的实践原则和方法，但也会导致因循守旧、刻意规模的弊病。因此，当园林发展至明代，在艺术上达到高度纯熟的同时，也不可避免地陷入了程式化的困境，人工做作、过度装饰的现象日趋严重，这便在当时由文人主导的造园界引发出回归自然天趣的呼声，“自然”被重彰为园林的核心审美标准。如归有光（1507—1571，字熙甫）对造园艺术的美学认识是：“人力既殚，天工乃见。”[①] 袁宏道则称道苏州徐园是：“巧逾生成，幻若鬼

① 归有光:《题玉女潭记》,《震川先生集》,上海古籍出版社 1981 年版,第 390 页。

工。”[1] 当有人以造园事请教顾东桥（1476—1545，字华玉），东桥答曰：“多栽树，少建屋。”[2] 在这样一种自然主义的潮流中，计成提出了“虽由人作，宛自天开”[3] 的艺术创造原则和赏鉴标准，希冀在园林中深求“山林趣味”。

“虽由人作，宛自天开”阐发的是在园林艺术中，施筑技艺与其所达成的艺术效果的关系。园林自然有赖人工所作，但最终呈现的应是一种不见人工痕迹的浑然天成的景致，这是人工艺术所达到的审美至境。自然主义在技艺上要求大巧若拙，返璞归真，以合于自然妙道。园林景观虽是借人工巧力布置安排而得，但工巧应无背于山石林泉的自然本性，所谓自出天机自长成，如此方是“以艺合道”。故在计成这里，“清水出芙蓉，天然去雕饰”的“天开”之美必然要高于“错彩镂金”、精雕细琢的工巧之美，但这并不表示要否定人工作用，因为“宛自天开”的艺术效果须靠“人作”完成。造园家的设计方案和审美理念必要通过人工的精心措置才能化为艺术现实，“天开”之美虽已脱尽斧凿痕迹，若无斧斤精妙之用，“天开”之美亦无从谈起，毕竟，园林无论如何近乎自然，它仍是一种人造的自然。因此不妨说，天工必是人作，如何由人作而达天工才是造园艺术的现实问题。

在《园说》这篇关于园林造艺的概论中，计成说明应如何建造一个充满自然生机的园林景观，并紧密结合游赏者的身心感受来解释规划方案的依据。《园说》道：

> 凡结林园，无分村郭，地偏为胜，开林择剪蓬蒿；景到随机，在涧共修兰芷。径缘三益，业拟千秋，围墙隐约于萝间，架屋蜿蜒于木末。山楼凭远，纵目皆然；竹坞寻幽，醉心即是。轩楹高爽，

① 袁宏道：《园亭纪略》，《袁宏道集笺校》卷四，上海古籍出版社1981年版，第180页。

② 周晖：《金陵琐事》，《中国造园论》，山西人民出版社2003年版，第26页。

③ 计成：《园冶·园说》，《园冶注释》，中国建筑工业出版社1988年版，第51页。

窗户虚邻；纳千倾之汪洋，收四时之烂熳。梧阴匝地，槐荫当庭；插柳沿提，栽梅绕屋。结茅竹里，浚一派之长源；障锦山屏，列千寻之耸翠。虽由人作，宛自天开。刹宇随环窗，仿佛片图小李；岩峦堆劈石，参差半壁大痴。萧寺可以卜邻，梵音到耳；远峰偏宜借景，秀色堪餐。紫气青霞，鹤声送来枕上；白苹红蓼，鸥盟同结矶边。看山上个篮舆，问水拖条枥杖；斜飞堞雉，横跨长红；不羡摩诘辋川，何数季伦金谷。一湾仅于消夏，百亩岂为藏春；养鹿堪游，种鱼可捕。凉亭浮白，冰调竹树风生；暖阁偎红，雪煮炉铛涛沸。渴吻消尽，烦顿开除。夜雨芭蕉，似杂鲛人之泣泪；晓风杨柳，若萝扰女之纤腰。移竹当窗，分梨为院；溶溶月色，瑟瑟风声；静扰一榻琴书，动涵半轮秋水，清气觉来几席，凡尘顿远襟怀；窗牖无拘，随宜合用；栏杆信画，因境而成。制式新番，裁除旧套；大观不足，小筑允宜。①

依据“宛自天开”的美学精神，计成在园林建造的每个环节都强调了要因循自然，“因境而成”，避免拘牵强作，这样才能筑造出得体合宜、妙合天然的景致。而更为重要的是，这种自然主义的施造原则乃是以人的感知视角和体验效果作为根本的评判依据的。屋架蜿蜒于树梢之上，是为依楼远眺，尽收美景；屋宇高爽，窗前空旷，是为接纳千顷汪洋的波光，收揽四季烂漫的花信；择佛教寺庙为邻，能时常听到释语梵音；远处道观紫气缭绕，在睡枕上就能听见传来的仙鹤声；一湾清水能消夏避暑，在凉亭饮酒调冰，自觉凉风习习；冬日暖阁围炉，煮雪冲茶，声如波涛，听之干渴全消，烦闷顿除。月色荡漾，秋风细碎，影乱了一床琴书，吹皱了倒映着半轮明月的秋水，此时襟怀开阔，俗尘远去。

在园林景观中营造一种自然天成的境界并非仅是遵循某种客观的艺术法则，关键在于符应人的身心需求和生命情调，目的是为个体构筑一

① 计成:《园冶·园说》,《园冶注释》,中国建筑工业出版社 1988 年版,第 51 页。

个赏心悦目、怡情骋怀的生活空间。这样的生活空间应该远离喧嚣的市井，纯是一片自然无饰的山水田园世界，所以在园林选址上，计成认为，“市井不可园”① “园地惟山林最胜”②。在园林建造的各个程序上，计成都在追求这种“天开”之美。《掇山》篇论堆山叠石：“岩、峦、洞、穴之莫穷，涧、壑、坡、矶之俨是；信足疑无别境，举头自有深情。蹊径盘且长，峰峦秀而古。多方景胜，咫尺山林，妙在得乎一人，雅从兼于半土。”③ 岩、峦、洞、穴叠得曲折而无止境，涧、壑、坡、矶堆得仿若真山，令人信步所至，不作他境之想，举头观望，自得深情于其中。《相地》篇云：“古之乐田园者，居于畎亩之中；今耽丘壑者，选村庄之胜，团篱落，处处桑麻；凿水为濠，挑堤种柳；门楼知稼，廊庑连芸。……堂虚绿野犹开，花隐重门若掩。掇石莫知山假，到桥若谓津通。桃李成蹊，楼台入画。园墙编棘，窦留山犬迎人；曲径绕篱，苔破家童扫叶。秋老扫房未割，西成鹤廪先支。安闲莫管稻粱谋，沽酒不辞风雪路。归林得意，老圃有余。”④ 这里描绘的田园怡乐景象，实在令人神思爽朗，胸次澄明，读之已生出尘之志，若真能燕居此中，如何再作俗世之想。以上说明，对于文人士大夫来说，园林不仅是暂时安憩身心、娱情逸性的所在，而是从根本上被构筑为一个超离于日常现实之上的精神家园。相对于由虚礼严法所编织的充满斗争与倾轧的现实世界，园林不啻为人间仙府。

文人在园林中体味山野之趣，托寄林泉之志，在精致疏朗的人造自然中觅得一方清净天地。如果说，个体在由道德礼法和社会规则架构的日常生活境域中所体享到的是以物质、荣誉、权力为内容的世俗之乐，那么，园林乃是对这种世俗之乐的否弃和超越；它所涵育的山川江湖、花木林石无不具有超尘脱俗的品质，给人带来的是一种挣脱世情羁绊的

① 计成:《园冶·相地》,《园冶注释》,中国建筑工业出版社 1988 年版,第 60 页。
② 计成:《园冶·相地》,《园冶注释》,中国建筑工业出版社 1988 年版,第 58 页。
③ 计成:《园冶·掇山》,《园冶注释》,中国建筑工业出版社 1988 年版,第 206 页。
④ 计成:《园冶·相地》,《园冶注释》,中国建筑工业出版社 1988 年版,第 62 页。

雅致清逸的审美愉悦；而这种审美愉悦的精神格调就是与“俗”相对的“雅”，“雅”因此成为园林最突出的艺术品格。计成在《园冶》中就表达了这样一种崇“雅”的园林美学与美育思想，提出“林园遵雅”① 的审美诉求，强调“从雅遵时，令人欣赏”② 的造园理念。

与对自然主义的追求一样，对“雅”的遵奉也是自始至终地体现在造园过程中。《立基·书房基》云：“书房之基，立于园林者，无拘内外，择偏僻处，随便通园，令游人莫知有此。内构斋、馆、房、室，借外景，自然幽雅，深得山林之趣。”③ 书房要立于偏僻幽静处，与整个园林结构浑然一体，不会给人以矫作之感，却有自然幽雅的山林之趣。《园冶》中常用“幽”来述雅，其以“幽”所论之物、人、境皆具“雅”的品格。《借景》篇道：“扫径护兰芽，分香幽室；卷帘邀燕子，闲剪轻风。……幽人即韵于松寮，邀士弹琴于篁里。……梧叶忽惊秋落，虫草鸣幽。”④ 幽人、幽室、幽鸣，成就一片远离尘嚣的幽境。《相地》篇讲园林选址惟山林最胜，“槛逗几番花信，门湾一带溪流，竹里通幽，松寮隐僻，送涛声而郁郁，起鹤舞而翩翩”⑤，可谓不劳人事，自成天趣，自有雅格。若要选在城市地，“必向幽偏可筑，邻虽近俗，门掩无哗……能为闹处寻幽”⑥。而关于园林屋宇的筑造，计成崇尚简朴素淡的风格，提出了“雅朴”的概念。《兴造论》讲屋宇的规模，言曰：“其屋架何必拘三、五间，为进多少？半间一广，自然雅称。”筑造屋宇不在规模的大小，只要自然高雅，哪怕披厦半间亦无不可。而在房屋具体部件的设计上，“升拱不让雕鸾，门枕胡为镂鼓。时遵雅朴，古摘端方。画彩虽佳，木色加之

---

① 计成:《园冶·门窗》,《园冶注释》,中国建筑工业出版社 1988 年版,第 171 页。
② 计成:《园冶·墙垣》,《园冶注释》,中国建筑工业出版社 1988 年版,第 184 页。
③ 计成:《园冶·立基》,《园冶注释》,中国建筑工业出版社 1988 年版,第 75 页。
④ 计成:《园冶·借景》,《园冶注释》,中国建筑工业出版社 1988 年版,第 243 页。
⑤ 计成:《园冶·相地》,《园冶注释》,中国建筑工业出版社 1988 年版,第 58 页。
⑥ 计成:《园冶·相地》,《园冶注释》,中国建筑工业出版社 1988 年版,第 60 页。

青绿；雕镂易俗，花空嵌以仙禽”①。栏杆可以“信画而成，减便为雅”②。户槅款式“从雅……花纹各异，亦遵雅致”③。

郑玄《周礼注》释“雅”曰：“雅，正也，古今之正者，以为后世法。”所谓“正”主要是指一种社会政治规范，更引申为道德之正，人格之正。就艺术上来说，是指那种符合政教规范的审美风格，如《大雅》《小雅》，故言“雅”，必内含着道德之“正”的立场诉求。由此来看就不难理解，园林的幽风雅意乃是造园者及园主的人格志趣的一种投射，是文人士大夫不合流俗、清高自适的超迈精神的体现。计成在《园冶》中呈露的这种人文意蕴在晚明的园林美学中是较为普遍的，可资类比的是文震亨（1586—1645，字启美）《长物志》中的园林思想。

《长物志》一书，凡《室庐》《花木》《水石》《禽鱼》《书画》《几榻》《器具》《衣饰》《舟车》《位置》《蔬果》《香茗》十二卷，都直接或间接地与园林艺术相关。《长物志》是对晚明士人闲雅清居生活方式的美学总结，其以园林为中心而建构出来的造物艺术理论和物赏体系，将明中叶以来文人士大夫崇尚的自然、清雅的生活风尚和审美理想推向了极致。沈春泽（字雨若，生卒年不详）在为《长物志》写的序中，阐发了这种物赏美学所包含的人文旨趣，他说：

> 夫标榜林壑，品题酒茗，收藏位置图史、杯铛之属，于世为闲事，于身为长物，而品人者，于此观韵焉，才与情焉，何也？挹古今清华美妙之气于耳、目之前，供我呼吸，罗天地琐杂碎细之物于几席之上，听我指挥，挟日用寒不可衣、饥不可食之器，尊逾拱璧，享轻千金，以寄我之慷慨不平，非有真韵、真才与真情以胜之，其调弗同也。④

① 计成:《园冶·相地》,《园冶注释》,中国建筑工业出版社 1988 年版,第 79 页。
② 计成:《园冶·栏杆》,《园冶注释》,中国建筑工业出版社 1988 年版,第 137 页。
③ 计成:《园冶·装折》,《园冶注释》,中国建筑工业出版社 1988 年版,第 114 页。
④ 沈春泽:《长物志序》,《长物志校注》,江苏科学技术出版社 1984 年版,第 10 页。

“长物”意指多余的物什，它们并非生活必需品，“寒不可衣、饥不可食”，是仅供人把玩品赏的闲物，而赏鉴之事亦是闲事。然而，品物实为品人，因无关乎功利，长物纯然是个体情志意气的表达和寄托，对它们的持有和品味能够鲜明地反映出个体的才情和格调（“观韵”），所以赏鉴虽是闲事，却是一项真情投注的事业。就此言，长物不再是多余的，它本然性地构成了个体生命经验的一部分，对长物的品赏实质表达了对一种生命经验和生活方式的珍视与呵护，对物境的经营则是对某种理想的士人人格的经营。那么，这种士人人格的总体特质是什么呢？作为文震亨好友的沈春泽代前者做了点示，他说：“近来富贵家儿与一二庸奴钝汉，沾沾以好事自命，每经赏鉴，出口便俗，入手便粗，纵极其摩娑护持之情状，其污辱弥甚，遂使真韵、真才、真情之士，相戒不谈风雅。”① 晚明社会盛兴奢靡浮华之风，原本只属于贵族或士人阶层的文物清玩流入民间，普通民众尤其是新兴商人群体对之表现出浓厚的兴趣，对文物清玩的搜罗和品鉴成为他们日常生活的一种审美时尚。而此种社会文化现象对文震亨这样出身艺术世家（其曾祖父即文徵明）并具有超凡品味的文人来说是不能容忍的。在他看来，附庸风雅的行为是对高雅趣味的败坏，更是对表现在这种趣味中的文化精神和道德品格的污辱。站在文震亨的立场，必须将真正的高雅趣味及其所关联的政道品节从俗流中拯救出来，只有这样才能维护他所属的那个阶层的文化身份和文化权力。“相戒不谈风雅”只是故作姿态的权宜之计，趣味的拯救须从生活本身入手，包括生活环境的营构，生活物品的选择和使用，所有内容都旨在创造——或重建——一种与上文沈春泽所鄙弃的“粗”“俗”品味相对的“风雅”的生活格调，进而培育完全不同于“庸奴”“钝汉”的“真韵、真才、真情之士”。

与《园冶》不同，《长物志》虽不是讨论专业的园林营建问题，但其所论之室庐、花木、水石、器具、衣饰等物什，乃是园林艺术不可或

① 沈春泽：《长物志序》，《长物志校注》，江苏科学技术出版社 1984 年版，第 10 页。

缺的构成部分，是园林建筑的重要内容。毕竟，园林不是纯粹的建筑物，而是一个高度艺术化的生活世界。正是在这个生活世界中，文震亨通过频繁地呈现雅、俗趣味的对立，表达了重塑士人的文化身份和精神品格的迫切心志。

《室庐》篇总论提出了对居所的要求："吾侪……混迹廛市，要须门庭雅洁，室庐清靓。亭台具旷士之怀，斋阁有幽人之致。……令居之者忘老，寓之者忘归，游之者忘倦。"① 士人的居所，非如寻常百姓的房舍，止于遮风避雨的物理功能，它还应是士人高蹈旷达的心性情怀和审美意趣的体现。居游其间，能够洗刷生活的倦意（"忘倦"），挣脱尘世的烦扰（"忘归"），甚至令人遗忘时间的流逝（"忘老"），直达无生之域和超脱之境，这就是所谓"旷士""幽人"的雅居之地。"幽人"就是指高雅脱俗的隐士，在《长物志》中，文震亨言"幽"，即有"雅"的意思。再看《室庐》篇论"门"的制作："用木为格，以湘妃竹横斜钉之，或四或二，不可用六。"横格取二、四便有简雅之趣，六数便显烦琐了。"若用石梱，必须板扉。石用方厚浑朴，庶不涉俗。"② 门槛宜用木质而不是石质，非用石质不可，则以"方厚浑朴"者为佳。可以看出，关于数量、材料的选择，都是以"雅致"为衡量依据的。《栏杆》一节道："木栏为雅。柱不可过高，亦不可雕鸟兽形。亭、榭、廊、庑，可用朱栏及鹅颈承坐……卍字者宜闺阁中，不甚古雅。"③ 《花木》篇论及玫瑰，以为其"非幽人所宜佩"，因为玫瑰"嫩条丛刺，不甚雅观，花色亦微俗，宜充食品，不宜簪带"④。与玫瑰的俗相对，梅花可视为雅士的专属，"幽人花伴，梅实专房""花时坐卧其中，令神骨俱清"⑤。又论"几榻"家具之属，其总论云："古人制几榻，虽长短广狭不齐，置之斋室，必古

① 文震亨:《长物志·室庐》,《长物志校注》,江苏科学技术出版社 1984 年版,第 18 页。
② 文震亨:《长物志·室庐》,《长物志校注》,江苏科学技术出版社 1984 年版,第 20 页。
③ 文震亨:《长物志·室庐》,《长物志校注》,江苏科学技术出版社 1984 年版,第 25 页。
④ 文震亨:《长物志·花木》,《长物志校注》,江苏科学技术出版社 1984 年版,第 56 页。
⑤ 文震亨:《长物志·花木》,《长物志校注》,江苏科学技术出版社 1984 年版,第 50 页。

雅可爱，又坐卧依凭，无不便适。……今人制作，徒取雕绘文饰，以悦俗眼，而古制荡然，令人慨叹实深。”[①] 就榻言，“有古断纹者，有元螺钿者，其制自然古雅”[②]；就书桌言，“中心取阔大，四周镶边，阔仅半寸许，足稍矮而细，则其制自古。凡狭长混角诸俗式，俱不可用，漆者尤俗”[③]；就椅言，如元螺钿椅者，“大可容二人，其制最古”。椅子要“宜矮不宜高，宜阔不宜狭，其折叠单靠、吴江竹椅、专诸禅椅诸俗式，断不可用”[④]。在文震亨这里，雅物必崇古制而有古意，其整体风格是素淡简洁、清秀自然。崇古或复古是古代艺术思潮和创作实践中的一个永恒主题。与“今”之“俗”相对，“古”必合于“雅”，它代表了一种正统、合法的审美趣味。工艺器具作为道德和审美论述中不可或缺的一部分，其所谓“古”，“并不仅仅意味着‘年代学上的古老’，而且暗示了‘德行上的高贵’”[⑤]。古雅之美是对一种古老的道德理想以及与之关联的政治景象的形式化表征，喜好古雅之美，自然反映了个体道德人格的追求向度。由此，文震亨反复辩明的雅与俗的对立，便不仅仅是审美趣味层面上，其实质目的乃是借由标示一种卓尔不俗的审美品位，来突出与之关联的道德价值观和文化精神。

细观《长物志》不难发现，文震亨在文中表达的对雅物的体贴和珍重，主要是通过对俗物的贬斥展开的。英国学者柯律格敏锐地指出，在文震亨这里，“某物是否为‘雅物’，不仅在于它的材料、构造和装饰的形制，还在于其功能，即如何以及在何种情境中使用它”[⑥]。质言之，雅的价值意蕴很大程度是在人对物的使用过程中体现出来的，是在人与物

---

① 文震亨:《长物志·几榻》,《长物志校注》,江苏科学技术出版社 1984 年版,第 225 页。

② 文震亨:《长物志·几榻》,《长物志校注》,江苏科学技术出版社 1984 年版,第 226 页。

③ 文震亨:《长物志·几榻》,《长物志校注》,江苏科学技术出版社 1984 年版,第 232 页。

④ 文震亨:《长物志·几榻》,《长物志校注》,江苏科学技术出版社 1984 年版,第 235 页。

⑤ [英]柯律格:《长物:早期现代中国的物质文化与社会状况》,生活·读书·新知三联书店 2015 年版,第 76 页。

⑥ [英]柯律格:《长物:早期现代中国的物质文化与社会状况》,生活·读书·新知三联书店 2015 年版,第 77 页。

构成的功能性关系中获得认证的。照此看，若某物在审美形式上合于雅制，却无法被正确地使用和品鉴，则雅物亦会落堕成俗物。按沈春泽和文震亨的看法，这种情况主要就是发生在那些到处搜刮珍玩却“出口便俗，入手便粗”的财富新贵身上。当然，有些物品本身即是俗制，充满俗味，尽管“俗”字本身已表达了价值上的否定，但文震亨仍旧要从功能机制来判定，于是，“俗”被阐释为“不可用”“不宜”“不入品”。这类表否定义的词组在评价俗物时反复出现，语气果断，不容辩说，使我们强烈感受到隐伏在文本背后的一种价值焦虑。无论是雅向俗的堕落，还是俗对雅的侵害，晚明的世俗化浪潮使得对古典审美理想和道德精神的坚守变得异常艰难，但文震亨的立场是决绝的，只是现实的社会政治情势已不允许持续这样的坚守，所以，当重塑文化身份和道德理想的愿望随着明王朝的覆灭而烟消云散时，文震亨的决绝立场便只能带他走向殉道之路了。

参考文献

1.〔春秋〕老子著,〔三国魏〕王弼注,楼宇烈校释:《老子道德经注》,中华书局2011年版。

2.〔战国〕孟子著,杨伯峻译注:《孟子译注》,中华书局1960年版。

3.〔西汉〕班固著,〔唐〕颜师古注:《汉书》,中华书局1962年版。

4.〔东汉〕赵岐:《孟子注疏》,《十三经注疏》清嘉庆刊本影印本,中华书局2009年版。

5.〔三国魏〕阮籍著,陈伯君校注:《阮籍集校注》,中华书局1987年版。

6.〔三国魏〕嵇康著,戴明扬校注:《嵇康集校注》,人民文学出版社1962年版。

7.〔南朝梁〕僧祐编撰,刘立夫、胡勇译注:《弘明集》,中华书局2011年版。

8.〔南朝梁〕刘勰著,范文澜注:《文心雕龙注》,人民文学出版社1958年版。

9.〔南朝梁〕刘勰著,詹锳义证:《文心雕龙义证》,上海古籍出版社1989年版。

10.〔南朝梁〕钟嵘著,陈廷杰注:《诗品注》,人民文学出版社1961年版。

11.〔南朝梁〕颜之推著,檀作文译注:《颜氏家训》,中华书局2007年版。

12.〔唐〕孔颖达:《礼记正义》,《十三经注疏》清嘉庆刊本影印本,中华书局2009年版。

13.〔唐〕孔颖达:《毛诗正义》,《十三经注疏》清嘉庆刊本影印本,中华书局2009年版。
14.〔唐〕孔颖达:《周易正义》,《十三经注疏》清嘉庆刊本影印本,中华书局2009年版。
15.〔唐〕皎然著,李壮鹰校注:《诗式校注》,人民文学出版社2003年版。
16.〔北宋〕张载著,章锡琛点校:《张载集》,中华书局1978年版。
17.〔北宋〕程颢、程颐著,王孝鱼点校:《二程集》,中华书局1981年版。
18.〔北宋〕王群栗校:《宣和画谱》,浙江人民美术出版社2012年版。
19.〔南宋〕胡宏著,吴仁华点校:《胡宏集》,中华书局1987年版。
20.〔南宋〕朱熹著,朱杰人、严佐之、刘永翔主编:《朱子全书》,上海古籍出版社、安徽教育出版社2002年版。
21.〔南宋〕黎靖德编,王星贤点校:《朱子语类》,中华书局1986年版。
22.〔南宋〕陆九渊著,钟哲点校:《陆九渊集》,中华书局1980年版。
23.〔南宋〕严羽著,郭绍虞校释:《沧浪诗话校释》,人民文学出版社1983年版。
24.《明太祖实录》,台湾"中央研究院"历史语言研究所校印国立北平图书馆藏红格本。
25.〔明〕宋濂著,罗月霞主编:《宋濂全集》,浙江古籍出版社1999年版。
26.〔明〕刘基著,林家骊点校:《刘伯温集》,浙江古籍出版社2011年版。
27.〔明〕高启著,〔清〕金檀辑注,徐澄宇、沈北宗校点:《高青丘集》,上海古籍出版社1985年版。
28.〔明〕方孝孺著,徐光大校点:《逊志斋集》,宁波出版社2000年版。
29.〔明〕杨荣:《文敏集》,景印文渊阁四库全书本。
30.〔明〕李梦阳:《空同集》,景印文渊阁四库全书本。
31.〔明〕李东阳著,周寅宾点校:《李东阳集》,岳麓书社1984年版。

32.〔明〕李东阳著，钱振民辑：《李东阳续集》，岳麓书社 1997 年版。
33.〔明〕王九思：《渼陂续集》，续修四库全书本。
34.〔明〕王守仁著，吴光、钱明、董平、姚延福编校：《王阳明全集》，上海古籍出版社 1992 年版。
35.〔明〕王廷相：《王氏家藏集》，四库全书存目丛书本。
36.〔明〕王艮著，陈祝生等校点：《王心斋全集》，江苏教育出版社 2001 年版。
37.〔明〕王艮：《明儒王心斋先生遗集》，民国元年刊袁承业编校本。
38.〔明〕王畿著，吴震编校整理：《王畿集》，凤凰出版社 2007 年版。
39.〔明〕颜钧著，黄宣民校点整理：《颜钧集》，中国社会科学出版社 1996 年版。
40.〔明〕田汝成：《西湖游览志余》，浙江人民出版社 1980 年版。
41.〔明〕何良俊著，李剑雄校点：《四友斋丛说》，上海古籍出版社 2012 年版。
42.〔明〕归有光著，周本淳校点：《震川先生集》，上海古籍出版社 1981 年版。
43.〔明〕王栋：《明儒王一庵先生遗集》，载《王心斋全集》，江苏教育出版社 2001 年版。
44.〔明〕王襞：《明儒王东厓先生遗集》，载《王心斋全集》，江苏教育出版社 2001 年版。
45.〔明〕方祖猷、梁一群、李庆龙等编校整理：《罗汝芳集》，凤凰出版社 2007 年版。
46.〔明〕何心隐著，容肇祖整理：《何心隐集》，中华书局 1960 年版。
47.〔明〕徐渭：《徐渭集》，中华书局 1983 年版。
48.〔明〕徐渭著，李复波、熊澄宇注释：《南词叙录注释》，中国戏剧出版社 1989 年版。
49.〔明〕张建业主编：《李贽全集注》，社会科学文献出版社 2010 年版。
50.〔明〕王世贞著，陆洁栋、周明初批注：《艺苑卮言》，凤凰出版社

2009 年版。
51.〔明〕紫柏著，孔宏点校：《紫柏老人集》，北京图书馆出版社 2005 年版。
52.〔明〕焦竑著，李剑雄点校：《澹园集》，中华书局 1999 年版。
53.〔明〕汤显祖著，徐朔方、杨笑梅校注：《牡丹亭》，人民文学出版社 1963 年版。
54.〔明〕汤显祖著，徐朔方笺校：《汤显祖诗文集》，上海古籍出版社 1982 年版。
55.〔明〕胡应麟：《诗薮》，上海古籍出版社 1979 年版。
56.〔明〕董其昌著，邵海清点校：《容台集》，西泠印社出版社 2012 年版。
57.〔明〕袁宗道著，钱伯城标点：《白苏斋类集》，上海古籍出版社 1989 年版。
58.〔明〕袁宏道著，钱伯城笺校：《袁宏道集笺校》，上海古籍出版社 1981 年版。
59.〔明〕袁中道著，钱伯城点校：《珂雪斋集》，上海古籍出版社 1989 年版。
60.〔明〕冯梦龙：《挂枝儿・山歌》，上海古籍出版社 1993 年版。
61.〔明〕冯梦龙：《情史》，凤凰出版社 2011 年版。
62.〔明〕冯梦龙著，高洪钧编注：《冯梦龙集笺注》，天津古籍出版社 2006 年版。
63.〔明〕沈德符：《万历野获编》，中华书局 1959 年版。
64.〔明〕计成著，陈植注释：《园冶注释》，中国建筑工业出版社 1988 年版。
65.〔明〕文震亨著，陈植校注：《长物志校注》，江苏科学技术出版社 1984 年版
66.〔清〕钱谦益：《列朝诗集小传》，上海古籍出版社 2008 年版。
67.〔清〕黄宗羲著，沈芝盈点校：《明儒学案》，中华书局 1985 年版。

68.〔清〕顾炎武著,黄汝成集释:《日知录集释》,上海古籍出版社 2006 年版。
69.〔清〕张廷玉等撰:《明史》,中华书局 1974 年版。
70.〔清〕叶燮:《原诗》,据《原诗·一瓢诗话·说诗晬语》,人民文学出版社 1979 年版。
71.〔清〕严可均辑:《全上古三代秦汉三国六朝文》,中华书局 1965 年版。
72.〔清〕何文焕辑:《历代诗话》,中华书局 1981 年版。
73.〔清〕刘熙载著,薛正兴点校:《刘熙载文集》,江苏古籍出版社 2001 年版。
74.〔清〕丁福保:《历代诗话续编》,中华书局 1983 年版。
75. 中国戏曲研究院编:《中国古典戏曲论著集成》,中国戏剧出版社 1959 年版。
76. 郭因:《中国绘画美学史稿》,人民美术出版社 1981 年版。
77. 田素兰:《袁中郎文学研究》,台湾文史哲出版社 1981 年版。
78. 王利器选编:《元明清三代禁毁小说戏曲史料》,上海古籍出版社 1981 年版。
79. 黄霖、韩同文:《中国历代小说论著选》,江西人民出版社 1982 年版。
80. 刘敦桢:《中国古代建筑史》,中国建筑工业出版社 1984 年版。
81. 李泽厚:《中国古代思想史论》,人民出版社 1985 年版。
82. 叶朗:《中国美学思想史大纲》,上海人民出版社 1985 年版。
83. 俞剑华主编:《中国画论类编》,人民美术出版社 1986 年版。
84. 冯友兰:《中国哲学史新编》,人民出版社 1988 年版。
85. 侯镜昶选编:《中国美学史资料类编·书法美学卷》,江苏美术出版社 1988 年。
86. 蒙培元:《理学范畴系统》,人民出版社 1989 年版。
87. 陈谦豫:《中国小说理论批评史》,华东师范大学 1989 年版。

88. 吴毓华选编:《中国古代戏曲序跋集》,中国戏剧出版社 1990 年版。
89. 陈来:《有无之境——王阳明哲学的精神》,人民出版社 1991 年版。
90. 杨布生、彭定国:《中国书院与传统文化》,湖南教育出版社 1992 年版。
91. 孙培青、李国钧主编:《中国教育思想史》,华东师范大学出版社 1995 年版。
92. 郑振铎:《中国俗文学史》,东方出版社 1996 年版。
93. 袁震宇、刘明今:《中国文学批评通史·明代卷》,上海古籍出版社 1996 年版
94. 左东岭:《李贽与晚明文学思想》,天津人民出版社 1979 年版。
95. 李昌集:《中国古代曲学史》,华东师范大学出版社 1997 年版。
96. 侯外庐等主编:《宋明理学史》,人民出版社 1997 年版。
97. 蒙培元:《心灵超越与境界》,人民出版社 1998 年版。
98. 蔡景康编选:《明代文论选》,人民文学出版社 1999 年版。
99. 左东岭:《王学与中晚明士人心态》,人民文学出版社 2000 年版。
100. 陈文新:《明代诗学》,湖南人民出版社 2000 年版。
101. 毛文芳:《晚明闲赏美学》,台湾学生书局 2000 年版。
102. 李泽厚:《华夏美学》,天津社会科学院出版社 2001 年版。
103. 徐复观:《中国艺术精神》,华东师范大学出版社 2001 年版。
104. 郭绍虞主编:《中国历代文论选》,上海古籍出版社 2001 年版。
105. 葛兆光:《中国思想史》,复旦大学出版社 2001 年版。
106. 龚杰:《王艮评传》,南京大学出版社 2001 年版。
107. 左东岭:《明代心学与诗学》,学苑出版社 2002 年版。
108. 徐复观:《徐复观文集》,湖北人民出版社 2002 年版。
109. 聂付生:《冯梦龙研究》,学林出版社 2002 年版。
110. 叶朗总主编:《中国历代美学文库》,隋唐五代卷,宋辽金卷,明代卷,高等教育出版社 2003 年版。
111. 吴震:《阳明后学研究》,上海人民出版社 2003 年版。

112. 余英时:《士与中国文化》,上海人民出版社 2003 年版。
113. 张家骥:《中国造园论》,山西人民出版社 2003 年版。
114. 易闻晓:《公安派的文化阐释》,齐鲁书社 2003 年版。
115. 陈来:《中国近世思想史研究》,商务印书馆 2003 年版。
116. 聂振斌:《中国古代美育思想史纲》,河南人民出版社 2004 年版。
117. 谭帆、陆炜:《中国古典戏剧理论史》,华东师范大学出版社 2005 年版。
118. 龚鹏程:《晚明思潮》,商务印书馆 2005 年版。
119. 许建平:《李贽思想演变史》,人民出版社 2005 年版。
120. 黄卓越:《明中后期文学思想研究》,北京大学出版社 2005 年。
121. 程芸:《汤显祖与晚明戏曲的嬗变》,中华书局 2006 年版。
122. 彭国翔:《儒家传统:宗教与人文主义之间》,北京大学出版社 2007 年版。
123. 姚文放主编:《泰州学派美学思想史》,社会科学文献出版社 2008 年版。
124. 廖可斌:《明代文学复古运动研究》,商务印书馆 2008 年版。
125. 杨国荣:《心学之思——王阳明哲学的阐释》,中国人民大学出版社 2009 年版。
126. 吴震:《泰州学派研究》,中国人民大学出版社 2009 年版。
127. 郭绍虞:《中国文学批评史》,商务印书馆 2010 年版。
128. 潘立勇:《一体万化——阳明心学的美学智慧》,北京大学出版社 2010 年版。
129. 牟宗三:《从陆象山到刘蕺山》,吉林出版集团 2010 年版。
130. 李世葵:《〈园冶〉园林美学研究》,人民出版社 2010 年版。
131. 周群:《袁宏道评传》,南京大学出版社 2011 年版。
132. 黄卓越主编:《中华古文论释林·明代卷》,北京大学出版社 2011 年版。
133. 张学智:《明代哲学史》,中国人民大学出版社 2012 年版。

134. 嵇文甫:《晚明思想史》,东方出版社 2013 年版。
135. 罗宗强:《明代文学思想史》,中华书局 2013 年版。
136. 肖鹰:《中国美学通史·明代卷》,江苏人民出版社 2014 年版。
137. [德]席勒著,冯至、范大灿译:《审美教育书简》,北京大学出版社 1985 年版。
138. [美]牟复礼、[英]崔瑞德主编:《剑桥中国明代史》,中国社会科学出版社 1992 年版。
139. [日]冈田武彦著,吴光等译:《王阳明与明末儒学》,上海古籍出版社 2000 年版。
140. [德]康德著,邓晓芒译:《判断力批判》,人民出版社 2002 年版。
141. [日]沟口雄三著,索介然、龚颖译:《中国前近代思想的演变》,中华书局 2005 年版。
142. [日]岛田虔次著,甘万萍译:《中国近代思维的挫折》,江苏人民出版社 2010 年版。
143. [日]荒木见悟著,廖肇亨译:《明末清初的思想与佛教》,上海古籍出版社 2010 年版。
144. [英]柯律格著,高昕丹、陈恒译:《长物:早期现代中国的物质文化与社会状况》,生活·读书·新知三联书店 2015 年版。